# MES 79 PREMIÈRES ANNÉES

ISAAC STERN
et
CHAÏM POTOK

# MES 79 PREMIÈRES ANNÉES

*traduit de l'américain par Marie-Stella Pâris*

NiL éditions

Titre original : MY FIRST 79 YEARS


---

ISBN 2-84111-205-5
(édition originale : ISBN 0-679-45130-7 Alfred A. Knopf, New York)
Publié avec l'accord d'Alfred A. Knopf/Random House, Inc.

*À mon adorable épouse, Linda, qui m'a tellement soutenu sans avoir la moindre idée de ce à quoi elle s'engageait, et à mes merveilleux enfants, Shira, Michael et David, que j'aime profondément et qui auraient pu la prévenir !*

ISAAC STERN

# *Introduction*

Être un musicien n'est pas un métier ; c'est un mode de vie. Deux règles s'imposent à celui qui veut se consacrer à la musique : avoir une idée claire de ce qu'il veut faire et l'arrogance de la suivre. L'artiste ne peut entrer en scène comme s'il disait au public : « Excusez-moi, je suis là. » Il doit croire en lui-même et le faire savoir immédiatement : « Je vais jouer. *Écoutez !* »

Pour moi, faire de la musique, c'est un art, une affaire extrêmement personnelle qui implique l'interprète, l'instrument et le public. Il est vraiment trop facile d'ignorer ou de feindre l'ignorance des règles fondamentales de la musique, et de dire ou de penser : « C'est ainsi que je le sens, je ferai ce que je voudrai, je n'ai aucun besoin de reconnaître les limites du bon goût ou de connaître l'historique de la composition musicale ou encore d'avoir une idée rudimentaire de l'histoire de l'interprétation. » Mais respecter la stricte discipline de la musique et, en acceptant ces limites, développer une démarche personnelle ; développer sa sensibilité avec honnêteté et surtout savoir convaincre l'auditeur — ne pas aller vers lui, mais le faire venir à soi — telle est la marque de cet art.

Il existe certainement des instrumentistes très originaux qui entrevoient des possibilités au-delà des limites académiques que représentent quelques taches noires sur du papier blanc couvert de lignes, mais leur originalité provient d'une connaissance et d'une perception approfondies des origines de la créativité musicale, du merveilleux potentiel des sons et du phrasé imaginatif qui donnent à une exécution particulière son attrait et son authenticité. C'est la preuve de ce qui est pour moi une vérité fondamentale : il existe de nombreuses manières de jouer magnifiquement de la musique. C'est la raison pour laquelle la même œuvre peut paraître si différente entre les mains de nombreux grands artistes, tout en restant fidèle à toutes les possibilités, à toutes les variantes, à l'imagination de l'esprit créateur qui l'a écrite. Tel est le miracle de la musique : la recherche exigeante et perpétuelle de nouveaux moyens plus efficaces pour jouer merveilleusement un morceau précis. Pour cette raison, aucun artiste ne peut donner une exécution définitive.

J'ai passé toutes mes années de formation en Amérique, à une époque où il y a eu un apport d'influences de cultures musicales en provenance de la plupart des pays d'Europe. Les gens avec lesquels j'ai étudié à San Francisco et à New York avaient une expérience européenne. Les musiciens européens ont exercé une énorme influence sur l'école des cordes, des bois et des cuivres en Amérique. De nos jours, le son américain est un hybride varié et coloré issu des meilleures graines d'Europe. Sans ce phénomène d'attraction que représentait l'Amérique, cette force musicale unique n'aurait jamais pu se développer comme elle l'a fait.

Je pense à la chance, au merveilleux concours de circonstances qui m'ont permis de grandir et de jouer avec de grands musiciens européens, en commençant avec Pierre Monteux, puis avec Otto Klemperer et Frederick Stock, et ensuite avec Eugene Ormandy, Charles Munch, George Szell, Fritz Reiner, William Steinberg, Thomas Beecham, et tant d'autres encore. J'ai le privilège d'avoir joué avec des chefs d'orchestre célèbres, dont certains ne jouissent pas d'une renommée internationale, mais qui sont des amis fidèles et constants, avec lesquels j'ai eu et j'ai encore du plaisir à faire de la musique ; ils font partie de mon patrimoine musical.

Dans mon enfance, j'ai côtoyé les violons de Fritz Kreisler, Jascha Heifetz, Jan Kubelik, Bronislaw Huberman, Nathan Milstein, David Oïstrakh et Joseph Szigeti, ce qui a été pour moi de la plus haute importance. Quelqu'un a dit de Szigeti qu'il semblait avoir appris à jouer du violon dans une cabine téléphonique ; il était si *maladroit*. Mais c'était l'un des musiciens les plus profonds que j'ai jamais connus et un excellent ami. Je lui ai souvent rendu visite en Suisse, où il habitait. Il était toujours très nerveux en scène. Je me souviens d'une exécution qu'il a donnée au Carnegie Hall au milieu des années 1940. Dans la première œuvre, il était mal à l'aise et pas tout à fait dans l'esprit de la composition. Ensuite, il a joué la *Sonate en sol majeur* de Brahms, l'une des œuvres les plus éthérées, les plus poignantes et les plus émouvantes de toute la littérature du violon — une musique qui ne se joue pas, mais qui se vit. On essaie de montrer à quel point elle est l'essence même de la vie, une façon d'apprécier l'acte de vie. Szigeti s'est lancé et a pris son envol. Je crois qu'il était accompagné de Nikita Magaloff — le pianiste a toujours un rôle primordial et vital dans ce genre de musique. C'est l'une des exécutions les plus enrichissantes que j'ai jamais entendues. Il n'y avait pas un souffle dans la salle. On n'écoutait pas une exécution, on était entouré d'une aura dorée de musique.

C'est grâce à de tels moments que l'on sait pour quelle raison on est musicien et ce que représente le fait de jouer. Quand on joue, on se retrouve un peu hors de soi-même, en train de se regarder et de s'écouter. On le savoure physiquement ; on s'y vautre sur le plan psychologique ; on en jouit totalement. On s'élève à un niveau qui va au-delà des mots. On ne fait qu'un avec quelque chose qui vous dépasse. Finalement, c'est cela la musique.

C'est cette passion de la musique — la façon dont elle s'est développée en moi et les efforts que j'ai déployés toute ma vie pour la partager avec les autres — que j'essaie de traduire dans ces pages.

# 1.

Au petit matin du 11 octobre 1937, je suis monté à bord d'un bus à deux étages dans la 72e Rue à Manhattan. J'avais dix-sept ans. Au cours des six heures qui ont suivi, personne n'a su où j'étais : ni ma mère, que j'avais laissée sans lui dire que j'allais sortir, ni nos amis. Le bus a parcouru Manhattan sur toute sa longueur, de Washington Square à Washington Heights et retour, et j'ai enchaîné trajet sur trajet, assis à l'étage supérieur, regardant les rues sans avoir conscience de ce que voyaient mes yeux. Je vivais un moment essentiel de ma vie et j'avais besoin d'être seul. Dans ma tête tournaient les critiques de mes débuts au Town Hall de New York, la veille au soir, et je les trouvais désastreuses

Après avoir écrit que je « voguais sur la sonate *Le Trille du diable* de Tartini avec un aplomb incroyable, révélant une belle et grande sonorité sur la corde de sol et un son agréable sur les autres cordes », un critique ajoutait une remarque mordante sur ma « compréhension généralement originale de la structure et du contenu musical de la composition ancienne et honorable ». À propos de mon interprétation du *Concerto en la mineur* de Glazounov, ce même critique écrivait que « l'œuvre ne faisait remonter à la surface aucun élément nouveau de la part du violoniste » et faisait allusion à « quelques souillures techniques ». Un autre commençait son article avec ces paroles condescendantes : « De Californie, cette terre lointaine où abondent les prodiges du violon, les sempiternels défenseurs du cinéma et le soleil, nous vient encore un autre violoniste » ; il mentionnait ensuite, presque fortuitement, que j'avais « de nettes possibilités ». Un troisième écrivait : « Il a un bon son, surtout dans la partie inférieure de la gamme », mais il ajoutait à propos de ma technique : « On ne saurait la trouver transcendante. » Et cet autre critique qui mentionnait que les violonistes semblaient « aussi répandus en Californie que les oranges », tout en concédant que « son talent est indubitable », avant de conclure néanmoins : « On n'est pas totalement convaincu qu'il a vraiment traversé la ligne de partage des eaux entre l'instrumentiste prometteur et l'artiste. »

J'avais espéré que mes débuts au Town Hall seraient pour moi l'occasion de percer, d'entamer une carrière de concertiste. Mais les critiques new-yorkais me renvoyaient chez moi. Et, à bord de ce bus, je me demandais inlassablement si je devais persister à devenir concertiste ou accepter l'un des nombreux postes que me proposaient des orchestres symphoniques à New York pour une rémunération supérieure à tout ce que j'avais rêvé gagner, ce qui aurait représenté la sécurité pour ma famille.

Les heures passaient. Je l'ignorais, mais ma disparition avait provoqué une immense panique. Ma mère avait appelé nos amis et le bureau de concerts et commençait à envisager une aide de la police. Pendant ce temps, j'essayais de prendre une décision. Mon esprit ruminait. Pour ce concert au Town Hall, j'étais venu de San Francisco, où j'ai grandi et où je vivais encore avec mes parents et ma jeune sœur, Eva. Mon père, Solomon — un homme austère d'environ quarante-cinq ans —, était né à Kiev. Sur les photos on le voit jeune homme dynamique, portant le bouc, de hautes bottes et une chemise ouverte en soie, avec un chevalet et un pinceau à la main. Il était issu de la haute bourgeoisie, comme ma mère, Clara, qui avait sept ans de moins que lui. Elle était née à Kreminiecz, ville située sur la frontière russo-polonaise. Mes parents m'ont dit qu'ils avaient toujours considéré que cette ville était russe, tout comme leurs familles installées là depuis une ou deux générations. La semaine où je suis né, ma mère a reçu une bourse pour étudier le chant au conservatoire de Saint-Pétersbourg, alors dirigé par le célèbre compositeur Alexandre Glazounov. Là, elle a dû porter une étoile jaune, ce qui était la règle pour les juifs vivant hors de l'arche. Durant les années troubles 1918-1920, à la suite de la révolution bolchevique, Kreminiecz changeait de mains à peu près tous les quinze jours. J'y suis né le 21 juillet 1920, alors que la ville était polonaise. Au milieu de la guerre civile russe et peu après l'échec de l'invasion de la Pologne par les bolcheviques, mon père obtint un passeport polonais et un visa pour les États-Unis. Le passeport indiquait sa profession, artiste peintre, et son domicile, Kreminiecz. Après des mois de voyage à travers la Sibérie et l'océan Pacifique, nous sommes arrivés à San Francisco, où le frère aîné de ma mère s'était installé quelques années plus tôt. J'étais âgé de dix mois.

Mes parents parlaient le russe mais pas l'anglais. Ils savaient un peu de yiddish. C'est une langue très expressive, parfois intraduisible, et mes parents ne l'utilisaient que pour renforcer ou colorer certaines remarques. Ils n'avaient mené en rien une vie ressemblant même de loin à celle d'une famille juive à Kreminiecz. Je pense que mon père n'a jamais fait sa *bar-mitzva*[1] et, comme il n'a jamais insisté, je ne l'ai donc pas faite non plus. À la maison, on ne respectait pas les traditions juives — la *'halla*[2] tous les vendredis soirs, les bougies, les prières. La religion ne jouait aucun rôle dans ma vie de famille. Mais la politique, oui — nous étions des réfugiés russes. Mes parents avaient reçu une bonne éducation et ils étaient libéraux par nature. Une vérité m'a impressionné et m'impressionne encore : un Russe peut sortir de Russie, mais la Russie reste toujours présente au cœur d'un Russe. Mes parents n'avaient rien à voir avec la vie soviétique ou la cause communiste. Ils avaient de longues discussions politiques entre eux et avec le groupe d'émigrés russes dont ils faisaient partie.

Mon père n'avait aucune formation. Doté d'un certain tempérament artistique, ayant quelques notions de peinture, il est donc devenu peintre en bâtiment... ; il a d'ailleurs été gravement atteint de saturnisme à la fin de sa vie. Il aimait la compote de pruneaux et le chocolat chaud ; il buvait du café

1. Cérémonie religieuse célébrant le rite de passage des adolescents de treize ans à la société des juifs pratiquants adultes. (*N.d.T.*)

2. Pain tressé traditionnel du vendredi soir. (*N.d.T.*)

ou plutôt du sucre arrosé d'un soupçon de café. Pour lui un petit déjeuner normal se composait d'œufs, de saucisses, de petits pains, de fromage — ce qui a probablement contribué à développer les ulcères dont il souffrait. Durant les années de la Grande Dépression, il a commencé à faire du porte-à-porte pour vendre du café MJB. Parfois, aux pires moments de cette époque, quand nous n'avions pas de quoi acheter à manger, nous recevions des échantillons de nourriture : des boîtes de conserve sans étiquette dont le contenu ne se révélait qu'une fois ouvertes.

Les deux maisons dont je me souviens à San Francisco sont celle de Buchanan Street et celle située au 383 de la 29e Avenue. Devant la maison de Buchanan Street, un escalier menait à la porte principale ; elle était située sur l'une des collines escarpées typiques à San Francisco qui effraient ceux qui n'y ont jamais vécu. La maison de la 29e Avenue, jaune pâle ou blanc sale, se trouvait à environ cinq pâtés de maisons de la baie et à trois ou quatre kilomètres de l'océan Pacifique et de la plage, là où il y avait un abri et des rochers pour les phoques ainsi qu'un énorme bâtiment, Fleischaker Pool, disposant de trois ou quatre piscines, certaines remplies d'eau de mer, certaines chauffées — un endroit très prisé. Tout près, se trouvait le palais des Beaux-Arts, construit pour l'Exposition universelle de 1915.

Telle fut la topographie ordinaire de ma vie. Dans mon enfance, j'allais avec mes parents et ma sœur, ainsi qu'avec des cousins, des oncles et des tantes, pique-niquer le dimanche au Golden Gate Park, l'un des plus grands et des plus beaux parcs urbains de la région ; je me rappelle toutes nos promenades : les buffles, le grand aquarium, la maison de thé et le jardin japonais avec ses petits ponts, le Kezar Stadium, résidence des San Francisco Seals[1], pépinière des New York Yankees, où jouaient les batteurs Joe DiMaggio et Dom DiMaggio. Leur entraîneur était le fameux Lefty O'Doul. J'ai

1. Les San Francisco Seals étaient une équipe de base-ball de San Francisco. Un joueur devait passer par trois niveaux d'équipe, de A à AA, à AAA *farm teams* dans les Seals avant de pouvoir entrer chez les New York Yankees, célèbre équipe new-yorkaise. (*N.d.T.*)

assisté à mes premiers matchs de football dans ce stade. La ville était aussi le centre culturel de la Californie dans toutes les disciplines à l'exception du cinéma avec des théâtres, le Geary et le Curran, l'Opéra et l'Auditorium des anciens combattants, une immense bibliothèque municipale et de superbes magasins. À cette époque-là, aucune dame ne descendait en ville sans porter chapeau et gants. Il y avait peu de gratte-ciel. J'entends encore aujourd'hui la corne de brume et me souviens de la riche odeur marine pénétrant dans la baie. Seuls les ferries traversaient la baie pour vous mener à Oakland, aux trains et au Marin County. Ils partaient du Ferry Building sur l'Embarcadero, le coin des docks où les bateaux chargeaient et déchargeaient. À Chinatown, le plus grand quartier chinois au monde hors de Chine, les panneaux étaient tous en chinois ; le quartier avait son propre central téléphonique également chinois. Le secteur de la rue Fillmore, temple de la drogue et de la musique rock pendant les années 60, était alors le quartier commerçant juif. On pouvait y acheter des harengs et des pickles, du saumon fumé et salé et du pain de seigle. Les rues Fillmore et Divisadero ressemblaient au sud-est de New York. Voilà le monde dans lequel j'ai grandi.

Parfois, ma mère chantait et mon père jouait du piano. À six ans, j'ai commencé à prendre des leçons de piano, peu avant la naissance d'Eva. À cette époque, nous habitions au nord du Golden Gate Park. De l'autre côté de la rue vivaient les Koblick, famille avec laquelle mes parents s'étaient liés d'amitié. Leur fils, Nathan, jouait déjà du violon.

Je dis souvent que ce n'est pas en rentrant un beau jour d'un concert que j'ai réclamé un violon à mes parents. Je n'ai pas non plus, à l'âge de cinq ou six ans, tapoté des mélodies au piano. Rien de tout ça ; rien de si mystérieux, rien de si romantique. Mon ami Nathan Koblick jouait du violon ; j'ai donc voulu en jouer. Je n'arrive pas à me souvenir à quoi ressemblait Nathan dans son enfance. Adulte, il était grand, émacié, avec un long nez et une expression sardonique et chagrine sur le visage. Il a été courtier en assurances, puis il est devenu un bon violoniste tuttiste à l'Orchestre symphonique de San Francisco.

Je ne me souviens pas comment j'ai reçu mon premier violon ; ma famille me l'a probablement acheté. J'ai eu un professeur, puis un autre et encore un autre. Ces professeurs — dont aucun ne s'est révélé particulièrement efficace — estimaient que mes progrès trop rapides dépassaient leur capacité d'enseignement. J'ai insisté pour continuer le violon, non pas parce que je pensais être musicien, mais parce que Nathan Koblick en jouait toujours. Mes parents ont dû demander conseil à des amis et je me suis retrouvé inscrit à l'école du dimanche de l'importante synagogue réformée de San Francisco, Temple Emanu-El. Je me suis révélé être un excellent élève ; j'ai vite appris à lire l'hébreu et je suis devenu le meilleur lecteur de ma classe. Je ne comprenais pas un traître mot de ce que je lisais, mais c'est une autre histoire. Au temple, le *hazan*[1], Reuben Rinder était un excellent *hazan* de la vieille école, et il aimait la musique. Un jour, j'ai eu l'occasion de jouer du violon au temple. Reuben Rinder m'a entendu par hasard et a soudain compris qu'il avait un talent en face de lui. Il savait que ma famille n'avait pas les moyens de m'offrir des leçons ; nous avions à peine de quoi vivre. Il a donc parlé de moi à une certaine demoiselle.

J'en suis réduit à faire des conjectures sur tout ce qui s'est passé et que je n'ai pas compris à l'époque. Temple Emanu-El a été fondé en 1850 par des juifs allemands. Le bâtiment où je suis allé à l'école du dimanche a été construit par des gens riches et influents, qui avaient une culture musicale et artistique et qui apportaient leur soutien à l'orchestre symphonique, à l'opéra et au conservatoire de musique de San Francisco. Parmi eux, il y avait une petite dame charmante, Lutie Goldstein. Juchée sur des talons de hauteur raisonnable, pas des talons aiguilles, elle portait de longues jupes, des gants blancs, un petit chapeau noir parfois agrémenté d'une voilette. Son visage était celui d'une fée et elle était toujours prête à sourire. Il ne lui restait qu'une sœur. Leur père avait fait fortune dans le commerce des fruits et légumes. Les deux sœurs vivaient, me semble-t-il, au Mark Hopkins Hotel. Je revois encore Lutie D. Goldstein se déplaçant dans une Cadil-

1. Chantre professionnel. (*N.d.T.*)

lac avec chauffeur. Quelle classe ! Elle faisait partie du groupe de personnes auxquelles le conservatoire, l'orchestre symphonique et l'opéra demandaient toujours de l'aide. Reuben Rinder suggéra que je joue pour elle. Et elle m'« adopta ». C'est elle qui appela sur moi l'attention du conservatoire et qui finança de nombreuses années mes études musicales.

À cette époque, les responsables du conservatoire étaient Lilian Hodgehead et Ada Clement, deux femmes décidées à encourager la culture et l'enseignement musical à San Francisco. Le conservatoire, installé dans un bâtiment délabré, disposait cependant d'un véritable corps enseignant. Mon premier professeur convenable fut Robert Pollak. Sur une photographie de sa classe, je figure avec mon amie Miriam Solovieff, qui réside aujourd'hui à Paris. Elle avait six ans et moi huit. Nous sommes restés amis jusqu'à ce jour. J'ai conservé une autre photographie dédicacée de M. Pollak, tout seul cette fois, datée de 1930 : « À mon élève bien-aimé Isaac Stern — Puisse-t-il veiller chaque jour sur le trésor que la nature lui a donné. »

Ensuite, mon professeur a été Nathan Abas. J'étais alors violon solo de l'orchestre du conservatoire. Le critère de sélection d'un violon solo était le talent et de pouvoir assurer la direction d'un groupe d'instrumentistes. Je me souviens avoir joué avec Ernest Bloch, le célèbre compositeur suisse, directeur de l'école à cette époque ; il en dirigeait aussi l'orchestre. L'une des œuvres qu'il a dirigées, alors que j'étais violon solo, a été son *Concerto grosso n° 1.* Je portais des culottes courtes et, lorsque j'étais assis, mes pieds ne touchaient pas le sol.

La musique faisait partie intégrante de la vie de mes parents ; elle leur était naturelle mais ne remplissait aucune fonction sociale. Ils épargnaient sou à sou pour aller au concert ; ils possédaient un phonographe Victrola qu'ils faisaient démarrer à l'aide d'une manivelle ; le bras descendait et comportait à son extrémité une aiguille en bambou qui s'usait après une demi-douzaine d'utilisations. À la maison, nous avions des enregistrements de Stokowski et de Toscanini.

Les professeurs du conservatoire se sont vite rendu compte que j'avais un talent exceptionnel et, dès que mes parents l'ont compris, ils ont aussitôt fait pression sur moi pour que je travaille. Ils voulaient désespérément que je sois musicien, un bon musicien. Ils s'attendaient naturellement à ce que je devienne un instrumentiste accompli, mais ce n'est pas la réussite qui les motivait le plus. Ils voulaient surtout que mes aptitudes se confirment. Mon père s'intéressait beaucoup à mon travail et ma mère encore davantage. Elle était tout le temps à la maison et faisait en sorte que je continue à travailler lorsque l'envie de faire autre chose me prenait.

À dix ans, j'ai soudain découvert que j'étais capable de faire par moi-même des choses que personne ne m'avait enseignées — déplacer l'archet de façons multiples et nouvelles ; sentir mes doigts sur les cordes ; faire ressortir des nuances. Je ne crois pas à ce qui vient de nulle part. Selon moi, il se produit une accumulation d'expériences qui donne soudain un sens au moi et permet de réaliser par soi-même. Ces stades diffèrent d'un enfant à un autre ; ils dépendent beaucoup des influences qu'il subit. Dans mon cas, un beau jour, je suis soudain devenu mon propre maître. Je *voulais* jouer ; je *voulais* apprendre à mieux jouer, et y parvenir car je commençais à me griser de mes propres aptitudes. C'est alors que les choses ont changé : lorsque j'ai su que je pouvais aller beaucoup plus loin. Plus jamais je n'ai eu besoin qu'on m'incite à travailler.

À peu près à la même époque, un employé du ministère de l'Éducation de San Francisco s'est subitement réveillé et a voulu savoir pourquoi je n'étais pas scolarisé. Mes parents m'avaient retiré de l'école à l'âge de huit ans, car ils pensaient préférable que je travaille uniquement mon violon. De temps à autre, j'avais de prétendus précepteurs ; ils m'aidaient à maîtriser la langue et m'enseignaient des rudiments de mathématiques. Le ministère décida que je devais subir des tests pour évaluer mon retard scolaire. On m'a fait passer le test d'intelligence Stranford-Binet, qui était supposé mesurer l'acuité mentale d'un enfant à un âge donné. J'ai passé celui correspondant à mon âge et l'on a découvert que j'avais le niveau d'un garçon de seize ans. Le ministère a conclu que j'avais raison d'étudier seul et que je ne devais rien changer à mon mode de travail, mais je me demande ce que j'ai manqué en n'ayant jamais fréquenté le collège et l'université. Toute ma vie, j'ai appris en parlant avec les gens, en discutant et en écoutant les autres essayer de me convaincre que j'avais tort sur certains sujets. J'ai fait profession de m'instruire hors des voies traditionnelles.

Quelques mois plus tard, j'ai fait mes débuts en récital, au Sorosis Hall. Sur le carton d'invitation, le conservatoire de musique de San Francisco annonçait : « Isaac Stern, élève de Nathan Abas, âgé de dix ans, donnera un récital de violon avec Mlle Dora Blaney au piano », le mardi 28 avril 1931. Le critique musical du *San Francisco Chronicle* assistait au concert. Le lendemain, son article parlait d'un « enfant violoniste au talent exceptionnel » et de son excellente maîtrise technique de l'instrument. Vers la même époque, je suis allé écouter la pianiste Ruth Slenczynska. Son père était là et, sachant que j'étais un jeune violoniste prometteur, il m'a abordé en disant : « Montrez-moi vos mains. » J'ai tendu les mains avec soumission. Il en a pris une et a dit : « Pas fameux, vous ne serez jamais un "joueur de violon". »

Sur une photo de moi prise un an plus tard, à l'âge de onze ans, je tiens un violon. Cette photo a été publiée dans le *Call-Bulletin* de San Francisco, avec la légende suivante : « Isaac Stern, violoniste talentueux de onze ans, élève de Nathan Abas, donnera un récital à la Community Playhouse jeudi prochain dans la soirée. » J'y ai joué la *Sonate en sol mineur* de Giuseppe Tartini, *Aboda* d'Ernest Bloch, l'*Ave Maria* de Franz Schubert, le mouvement lent de la *Symphonie espagnole* d'Édouard Lalo, le *Scherzo-Tarentelle* d'Henri Wieniawski, et quelques autres morceaux. Le critique musical du *Chronicle*, Alexander Fried, a écrit que le récital de violon « a prouvé qu'il appartient à la catégorie supérieure des talents précoces » et a souligné ma façon de jouer une sonate de Tartini en remarquant : « Sa compréhension de la musique, nourrie par une instruction caractéristique, ressort particulièrement. » C'est justement la même œuvre que j'allais jouer six ans plus tard pour mes débuts au Town Hall — avec beaucoup moins de louanges de la part du critique new-yorkais Samuel Chotzinoff.

C'est Lutie D. Goldstein qui a soutenu l'idée de m'envoyer travailler à New York avec Louis Persinger ; elle a payé le voyage, la location de l'appartement et les leçons. Louis Persinger avait été le professeur de Yehudi Menuhin à San Francisco et s'était depuis lors installé à New York, où il était l'un des plus grands professeurs de musique de la ville. Quelqu'un avait proposé de me faire jouer devant lui. J'avais presque treize ans ; poursuivre mes études avec Persinger semblait alors l'étape suivante la plus logique. Une lettre de recommandation lui fut envoyée, lui demandant de me prendre pour élève ; il accepta. Mes parents en furent informés ; après quelques discussions, ils m'en parlèrent à leur tour. Je devais aller à New York avec ma mère ; nous y passerions six mois ; je travaillerais avec Louis Persinger ; mon père et ma sœur resteraient à San Francisco. Personne ne me demanda mon avis. « C'est pour le bien d'Isaac. » Et Isaac se conforma à ce plan.

Je me suis donc retrouvé un beau jour dans le ferry à destination d'Oakland, avec ma mère et Lutie Goldstein. Nous y avons fait, ma mère et moi, nos adieux à ma bienfaitrice et nous sommes montés à bord du train transcontinental pour Chicago. Nous avions sans doute des couchettes, car je ne me souviens pas avoir passé de nuit assis. Arrivés à destination, nous avons pris le Broadway Limited jusqu'à New York. Les trains traversaient le pays en un temps record, en trois jours. J'emportais un violon qui m'avait été prêté à San Francisco — violon dont j'ai oublié le nom et l'origine.

Louis Persinger était un homme chaleureux, d'environ cinquante-cinq ans, généralement vêtu d'une veste et d'une chemise de sport. Il était petit et trapu ; sa tête, au sommet assez dégarni, était entourée d'une couronne de cheveux. Toujours avec un petit rire dans la voix, il avait un visage souriant. Nous avons fait connaissance dans son studio ; je ne me souviens ni de l'adresse ni de ce que je lui ai joué. En revanche, je le revois parfaitement en train de jouer du piano, puis s'emparant de son violon et esquissant l'accompagnement, *pizzicato*, en plaçant l'instrument sous son bras.

Au cours des mois qui ont suivi, je suis allé au moins une fois par semaine prendre mes leçons. Je passais le reste de mon temps avec ma mère dans notre appartement à travailler, toujours travailler. J'étais totalement surpris par la faculté de Louis Persinger à jouer par cœur les parties du piano de toutes les œuvres que je préparais pour mes cours. C'était un homme doux, gentil, aimable, ni strict ni exigeant — et, rétrospectivement, je ne suis pas sûr que l'amabilité était ce dont j'avais besoin. Dans mon enfance, on ne m'avait enseigné que quelques exercices très rudimentaires du *Carl Flesch Book of Scales and Etudes*. Flesch présentait une série de gammes, tout d'abord en notes isolées, puis en tierces, en sixtes, en octaves, en octaves doigtées et en dixièmes ; cette méthode a fourni une excellente formation à de nombreux instrumentistes — genre de formation que je n'ai jamais reçu. C'est une arme dont je n'ai jamais disposé ; j'ai dû fourbir les miennes au fil des ans.

Une fois épuisée la réserve d'argent que nous avait donnée Lutie Goldstein, quelques milliers de dollars, je suis retourné à San Francisco. Je n'étais plus au conservatoire depuis environ un an. Lutie Goldstein savait que l'Orchestre symphonique de San Francisco venait d'engager un nouveau violon solo, Naoum Blinder, et pensa à lui comme professeur. Lorsque celui-ci est arrivé, en 1931, l'orchestre entamait une grève qui a duré un an. Le chef d'orchestre, Issay Dobrowen, parti peu après le début de la grève, a été remplacé par Pierre Monteux, en 1932 ou 1933, l'un des très grands chefs de notre époque, le premier avec lequel j'ai joué.

Naoum Blinder s'était enfui d'Union soviétique quelques années plus tôt avec sa femme et sa petite fille : il avait commencé une tournée de concerts au Japon et n'était jamais retourné en Russie. Finalement, il était venu à New York enseigner à l'Institute of Musical Art, qui allait devenir la Juilliard School. Sa fille, qui avait mon âge, était morte subitement à New York.

Venu à San Francisco tenir le rôle de violon solo de l'orchestre, Blinder s'était retrouvé à un poste fantôme à cause de la grève. Ce fut mon premier véritable professeur ; en fait, mon seul vrai professeur. J'ai travaillé avec lui pendant cinq ans, jusqu'à l'âge de dix-sept ans, et je n'ai ensuite plus jamais étudié le violon avec quelqu'un d'autre.

Blinder a influencé pour le restant de mes jours ma vision sur la façon de faire de la musique et de l'enseigner. Il n'avait reçu aucune formation musicale classique ; il n'avait ni les connaissances en harmonique ni la théorie des instrumentistes allemands qui avaient étudié à Berlin dans les années 20 et au début des années 30. Il n'avait pas non plus été formé selon la méthode de Carl Flesch ni selon celle de l'école russe, où le jeu du violon s'enracine à force de répétitions et d'interminables exercices, gammes et études. Il avait vécu à une époque agitée et avait une approche plus intuitive de la musique. Il avait travaillé avec Adolf Brodsky en Grande-Bretagne. Auparavant, à Odessa, il avait été l'élève de Piotr Stoliarski, qui avait été le professeur de Milstein, d'Oïstrakh et de bien d'autres violonistes. C'est Brodsky qui avait donné la création mondiale du *Concerto pour violon* de Tchaïkovski ; il existait donc un lien direct entre Blinder et ce concerto.

C'était le musicien le plus intuitivement doué que l'on puisse imaginer et il pensait au violon en termes de beauté et de richesse de chant. Grâce à lui j'ai appris un certain nombre de choses qui ont fait ma force, et j'ai négligé celles qui ont constitué mes faiblesses. Chose primordiale, il m'a appris à écouter, à penser par moi-même, à devenir moi-même et non pas à l'imiter ou être simplement son disciple, et je trouve que c'est ce que j'ai appris de plus précieux.

D'autre part, contrairement à d'autres grands pédagogues, il n'a pas insisté sur les exercices quotidiens et sur la pratique constante des gammes. Je devais utiliser les gammes d'un concerto de Beethoven ou les accords d'une sonate de Bach pour m'entraîner à penser harmoniquement. J'ai joué les gammes de diverses compositions, en modifiant toujours les doigtés pour m'adapter à l'orientation musicale de la gamme en question. À la génération qui m'a précédé, de grands violonistes tels Heifetz et Milstein ont partagé cette tradition profondément enracinée dans la formation de base des mains et du bras de l'archet ; ils ont développé ainsi, au fil du temps, une aisance et une force de jeu. Il en va de même d'autres violonistes de ma génération, comme Arthur Grumiaux, le grand violoniste belge, ou comme le Russe Leonid Kogan ; et, plus près de nous, de Gidon Kremer ou, aujourd'hui, d'instrumentistes comme Itzhak Perlman, Pinchas Zukerman, Anne-Sophie Mutter. J'envie cette formation qu'on peut comparer à un jeu de construction qu'ont reçu tous ces merveilleux artistes, et qui leur a donné une base de départ aussi solide que le rocher de Gibraltar. Je me souviens que Heifetz, probablement le plus grand défenseur du violon classique, demandait toujours aux jeunes violonistes qui avaient le courage de jouer devant lui, et réussissaient néanmoins à ne pas lâcher leur instrument malgré leur peur, de faire des gammes dans d'étranges tonalités — non seulement ut majeur, ré majeur ou la majeur, mais également fa dièse mineur ou mi bémol majeur, en gammes, en arpèges, en octaves — afin de vérifier s'ils possédaient les rudiments du métier, première condition à l'étude du violon.

Naoum Blinder ni aucun des professeurs qui l'ont précédé ne m'ayant ainsi formé, j'ai dû acquérir seul certaines de ces bases. J'ai eu la chance d'avoir des facilités naturelles pour le violon et une bonne oreille qui captait les harmonies sous-jacentes de ce que j'étais en train de jouer, qu'il s'agisse d'une pièce de virtuosité rapide ou d'une superbe mélodie lente. Et cela me donnait cette liberté que j'entends dans certains de mes premiers enregistrements. Lorsque j'ai entamé une véritable carrière de concertiste, j'ai appris comment aborder une nouvelle œuvre et exercer mes mains en la travaillant ; comment compenser les difficultés physiques et trouver des moyens de rendre la musique simple et évidente en apparence.

Aujourd'hui, je ne suis pas totalement convaincu d'avoir été assez doué pour faire tout ce que mon oreille et mon imagination exigeaient sans passer par les rudes moments d'interminable préparation et de répétition stupide qu'imposait l'autre type de formation. Pourtant cette méthode impitoyable de formation physique, machinale, forçait les doigts à évoluer selon des schémas préétablis au lieu d'encourager une certaine souplesse pour les modifier. Je pensais à l'époque, et je le pense toujours, que les instructions musicales du compositeur à propos d'une série de notes, quelle qu'elle soit, étaient toujours plus importantes que le fait de les jouer techniquement, mais je sais que beaucoup de collègues intelligents, talentueux et compétents ne sont pas d'accord avec moi. En tout cas j'ai dû par moi-même surmonter de nombreux problèmes physiques et techniques, et j'ai répondu aux difficultés croissantes auxquelles j'ai été confronté en apprenant de plus en plus d'œuvres pour le violon. C'est ce que Naoum Blinder trouvait préférable que je fasse.

C'était un homme grand et corpulent ; il portait toujours une chemise et une cravate, et généralement une veste et un gilet avec une chaîne et une montre en or. J'ai encore celle-ci ; sa veuve me l'a donnée. Il avait beaucoup d'élèves. En tant que violon solo de l'orchestre, il était devenu LE professeur de la région ; les jeunes venaient à lui de toute part. Il n'était jamais dogmatique, jamais grossier, jamais caustique. Il parlait avec une dignité qui lui était inhérente. Son affabilité faisait sa force. Il n'a jamais étouffé l'approche musicale personnelle d'un élève afin que l'on reconnaisse le professeur et non l'élève. Au bout d'un certain temps, ses élèves ont constitué la moitié du pupitre des violons de l'orchestre. Il possédait une personnalité d'une force exceptionnelle, sans jamais montrer la moindre trace d'égoïsme. Il m'a encouragé à suivre mon instinct et ne m'arrêtait que s'il pensait que j'avais tort. Autrement dit, il m'a laissé développer ma propre voix sur mon instrument. Sa façon d'enseigner est devenue ma règle de vie de musicien. Je lui en serai éternellement reconnaissant. Il a été le seul facteur primordial de mon évolution.

Nous étions très proches. Par la suite, après être devenu un violoniste itinérant très demandé, lorsque je suis revenu le voir, j'ai eu le droit de l'appeler Nousha. D'une certaine façon, il m'a adopté, moi et ma future carrière, en souvenir de sa fille défunte — mais il m'a fallu évidemment des années pour le comprendre. Lorsque j'ai commencé à avoir du succès et à faire des tournées, si j'étais à proximité de San Francisco, j'allais le voir et je jouais pour lui ; nous avions alors l'habitude de parler de musique. Nous avons été bons amis jusqu'à sa mort, en 1965 ; et je suis resté proche de sa femme, Genia, jusqu'à la mort de celle-ci, en 1989.

Naoum Blinder et Pierre Monteux étaient devenus très intimes et leurs femmes s'entendaient comme des sœurs. Elles se ressemblaient beaucoup : boulottes de la tête aux pieds

D'une grande amabilité, elles cherchaient à se lier avec la meilleure société, tout en s'assurant que leurs maris en faisaient partie. Et elles étaient toutes deux d'excellentes maîtresses de maison. Blinder avait formé un quatuor à cordes, tout d'abord avec Willem Dehe au violoncelle, puis avec son propre frère, Boris, qui était devenu violoncelle solo de l'Orchestre symphonique de San Francisco. J'aimais les entendre jouer. Par son intermédiaire, j'ai fait la connaissance de tous les chefs de pupitre de cet orchestre. À l'âge de treize ans, j'ai commencé à faire de la musique de chambre une ou deux fois par semaine avec les meilleurs musiciens de la ville, qui m'ont pris comme mascotte. J'ai joué avec les violoncellistes Herman Reinberg et Willem Dehe, l'altiste Al White, la violoniste Mafalda Guarnaldi, le pianiste Lev Schorr, et avec Frank Hauser, un élève de Blinder qui l'a plus tard remplacé comme violon solo.

Je me souviens du docteur Leo Eloesser, un grand chirurgien, qui était le médecin de l'orchestre à titre officieux ; il en a soigné presque tous les instrumentistes. Homme de petite taille, doté d'un cou d'oiseau, il adorait les faux cols amidonnés de deux centimètres et demi de haut et ressemblait à un jeune homme prématurément vieilli. Il jouait de l'alto de façon horrible. Durant la guerre civile espagnole, il avait créé et financé un hôpital de campagne et était parti pour l'Espagne s'occuper des blessés des troupes loyalistes. Un homme exceptionnel. Nous faisions de la musique de chambre dans son appartement ou chez Herman Reinberg. Nous jouions des trios, des quatuors, des sextuors. On mettait des partitions sur le pupitre et on jouait encore deux quatuors. Nous avions faim et soif de musique et de nourriture et toutes deux nous étaient données en abondance.

J'étais le petit nouveau, mais les hommes avec lesquels je jouais me traitaient en égal. Ils avaient une trentaine, une quarantaine, une cinquantaine d'années ; une ou deux générations nous séparaient ; mais j'étais accepté comme un collègue. Ils ne manifestaient aucune condescendance. Je faisais très attention à ne pas commettre de trop grosses fautes, car je savais que je ne m'en tirerais pas comme ça. Chaque fois qu'ils m'entendaient en faire une, ils me réprimandaient avec une sévérité difficile à imaginer. Ils étaient sans pitié — et je leur en serai toujours reconnaissant. Ils m'ont appris la place fondamentale qu'occupe la musique de chambre dans la vie d'un musicien.

À cette époque, j'assistais à tous les concerts en ville, emmené par les uns ou par les autres. Et j'étais autorisé à suivre toutes les répétitions de l'orchestre, même celles d'opéra. À quinze ans, j'ai entendu pour la première fois tout le cycle de la Tétralogie, *L'Anneau du Nibelung*, sous la baguette du célèbre chef wagnérien Artur Bodanzky, avec une distribution où figuraient des chanteurs locaux comme Lauritz Melchior, Kirsten Flagstad, Elisabeth Rethberge, Lotte Lehmann et le grand baryton-basse Friedrich Schorr. De grandes représentations qui m'ont laissé une impression durable.

En regardant Monteux répéter et diriger, j'ai commencé à retenir le répertoire. Et j'écoutais aussi des enregistrements à la maison sur notre phono Victrola, comme celui de la *Symphonie n° 4* de Brahms dirigée par Stokowski ; je me souviens encore aujourd'hui du dernier mouvement, la passacaille, où, je crois, le solo de flûte s'élevant dans les cieux était joué par William Kincaid.

La même année, j'ai découvert tous les quatuors de Beethoven et de Bartók, joués par le Quatuor de Budapest. Il se produisait à Berkeley, de l'autre côté de la baie de San Francisco, où Darius Milhaud était alors compositeur en résidence. J'ai fait du tennis avec Alexander (Sasha) Schneider, second violon du quatuor et, malgré cela, nous sommes devenus très proches ; lorsque je me suis installé à New York en 1940, il est devenu mon meilleur ami, tant sur le plan personnel que musical, jusqu'à sa mort en 1993. Ses idées sur la vie et la musique ont exercé sur moi une profonde influence. Il a été mon critique le plus sévère et le plus implacable ; il me disait la « vérrrité » à haute voix ; il a également été mon plus grand supporter musical. Quelle révélation d'entendre le cycle complet des six quatuors de Béla Bartók ! Cela m'a poussé à apprendre ce langage musical du XX$^{e}$ siècle, qui repose sur les plus grands du passé, de Mozart à Beethoven et Brahms.

Au cours de toutes ces années d'adolescence, j'ai entendu Rachmaninov jouer toutes les sonates de Beethoven, et Artur Schnabel, Fritz Kreisler, Jascha Heifetz. Ma vie n'était que musique, toute sorte de musique. Il ne s'agissait pas seulement de jouer du violon, mais *d'être un musicien*. Je parlais, je faisais, je vivais la musique. La riche vie culturelle de San Francisco a été mon terrain d'entraînement.

Il a fallu ce long retour en arrière pour que je me rende compte à quel point j'ai eu une jeunesse heureuse. À San Francisco, on pouvait vivre toute l'année en plein air ; on écoutait constamment de la musique ; on mangeait assez bien. Je me souviens encore de l'époque où nous habitions dans Buchanan Street, à un ou deux pâtés de maisons d'Union Street. Mon « adolescence » a tourné autour de deux amis, tous deux également élèves de Blinder : Nathan Ross, un Canadien qui louait une chambre chez nous, et Henry Shweid. Nathan travaillait dans sa chambre et moi dans la mienne. Quand nous faisions une pause, nous sortions et jouions au tennis près de la maison ; ma passion pour ce sport est née là. Ensuite, lorsque nous avions soif, nous allions acheter une pastèque et la dévorions. Il y avait un fabuleux glacier au coin d'Union Street et de Van Ness Street. Avec Henry Shweid, nous avions l'habitude de suspendre nos séances de travail pour aller déguster les plus gros *milk-shakes* que Dieu ait jamais inventés. Vingt centimètres de hauteur et si épais que la cuiller restait toute droite dans le verre. Ça c'était du milk-shake ! Ma mère se demandait toujours pourquoi je ne perdais pas de poids.

Durant ces années, je n'ai pas eu de rendez-vous galants. Un jour, une jeune élève de Blinder, vêtue d'une robe diaphane, m'a demandé de l'« écouter jouer ». J'ai écouté et puis c'est tout. Je ne savais que faire d'autre. Ma vie, c'était la musique.

Pendant quelque temps, j'ai eu un précepteur et je me suis mis à lire sérieusement. Entre les séances de violon, se sont succédé les œuvres d'Arthur Conan Doyle, d'Agatha Christie, de Joseph Conrad, de John Dos Passos, et de Shakespeare. J'ai été profondément marqué par *L'Homme, cet inconnu*, d'Alexis Carrel. Il m'a fait prendre conscience du pouvoir terrifiant de l'esprit humain.

Chez nous, il y avait toujours du monde à la table familiale ; les amis et les membres de la famille. S'y tenaient toutes sortes de conversations d'adultes et je savais ainsi ce qui se passait en politique. Nous lisions le matin le *Chronicle* et l'*Examiner* et l'après-midi le *Daily News*. Autant qu'il m'en souvienne, il n'y avait pas de journaux russes ou juifs à la maison. La langue usuelle était l'anglais, à laquelle se mêlait parfois un peu de russe. Ma sœur Éva, de sept ans ma cadette, pendant toutes ces années, était très occupée par ses études.

Et, naturellement, il y avait les films. Pour aller au cinéma, il fallait se rendre au centre-ville au Golden Gate Theater sur Market Street, l'artère principale. C'était l'époque heureuse du cinéma, avec des orchestres dans la fosse. J'aimais surtout les westerns et les comédies romantiques où jouait Carole Lombard.

En février 1935, j'ai donné mes premiers récitals au Veterans Auditorium. J'ai joué le *Concerto pour deux violons* de Bach, avec Naoum Blinder. Notre accompagnatrice, Betty Alexander, était la première pianiste avec laquelle j'ai travaillé sur le plan professionnel. Je me souviens également avoir joué le *Concerto pour violon* d'Ernst, une œuvre d'une difficulté diabolique, que je n'ai jamais eu le courage de rejouer depuis. Les critiques ont été favorables. Un an plus tard, je me suis produit pour la première fois avec l'Orchestre symphonique de San Francisco au Civic Auditorium, une énorme salle de congrès. J'y ai joué le *Concerto en si mineur* de Saint-Saëns, sous la direction de Willem Vandenberg, qui était alors chef assistant et violoncelle solo de l'orchestre. Le critique du *Chronicle* de San Francisco, Alfred Frankenstein, a écrit : « Sa façon de jouer n'a plus rien de celle de l'enfant prodige. »

En mars 1937, ce fut mon premier concert vraiment professionnel, sous la direction de Pierre Monteux. L'un des concerts diffusés en direct d'une côte à l'autre des États-Unis les vendredis après-midi et sponsorisés par la Junior Chamber of Commerce de San Francisco. Tout à coup, le pays a entendu ce jeune garçon de l'Ouest jouer le *Concerto pour violon* de Brahms. Cela s'est apparemment très bien passé, car cela a été le point de lancement immédiat de ma première tournée, dans le nord-ouest de la côte Pacifique.

Betty Alexander était une fois encore ma pianiste. Gracieuse et calme, elle me semblait beaucoup plus âgée qu'elle ne l'était en réalité : elle approchait de la cinquantaine. Sa chevelure blonde était tirée en arrière et elle s'habillait toujours merveilleusement dans ce que l'on pourrait, si l'on veut, appeler le style anglais : des ensembles en tweed léger et des chaussures confortables. Elle était très bien élevée et d'une grande amabilité, tout en sachant faire preuve de fermeté lorsqu'il le fallait. Elle vivait à San Francisco dans Lombard Street, une artère raide, sinueuse et étroite, qui ne comptait alors que quelques maisons.

Durant l'été 1937, j'ai joué le *Concerto pour violon n° 3* de Saint-Saëns avec le chef d'orchestre Basil Cameron. Avant le concert, il m'a soigneusement donné des conseils sur l'attitude à tenir en scène à la fin du deuxième mouvement, au moment où l'orchestre joue *plik plik plik plik*, puis la harpe *pyappyap-pyappyappyap* et où je joue les harmoniques *papapapopopop* avec la flûte. Un passage très délicat : « Tu sais, Isaac, permets-moi de te dire comment avoir du succès aujourd'hui et au cours des années à venir. Lorsque tu arrives à cet endroit, lève les yeux au ciel comme si tu jouais pour les anges et tout l'auditoire applaudira. » Je ne me rappelle plus si j'ai levé les yeux comme il le fallait !

À dix-sept ans, je m'étais déjà produit dans de nombreux endroits et les gens commençaient à dire : « Il a vraiment du talent, il devrait aller à New York et y faire ses débuts. » De là vint l'idée de m'y envoyer prouver ma valeur, le rêve de toute famille de musiciens. Il était trop tôt pour Carnegie Hall, avec ses deux mille huit cents places, mais la seconde salle, celle du Town Hall, était magnifique et possédait une merveilleuse acoustique. Elle comportait environ mille cinq cents places.

Lutie Goldstein s'est rendue chez un luthier de San Francisco et lui a demandé un violon de qualité ; il lui a vendu un giambattista guadagnini pour la somme de 6 500 dollars qu'elle m'a offert. Une agence new-yorkaise s'est occupée de louer la salle, imprimer les billets, faire de la publicité, rencontrer les critiques. Pour la deuxième fois, je suis parti à New York avec ma mère, grâce à Lutie Goldstein.

Mon sort semblait, en quelque sorte, dépendre de ce voyage, surtout pour mes parents. Depuis que j'avais dix ans, ils réglaient leur vie sur les besoins de leur enfant si doué et espéraient mon succès de tout cœur. Menuhin jouissait alors d'une renommée mondiale et il avait seulement quatre ans de plus que moi. Deux autres prodiges avaient émergé de San Francisco : la pianiste Ruth Slenczynska et le violoniste Ruggiero Ricci. À San Francisco, tout le monde me considérait comme un prodige aussi magique. Des amis de l'orchestre m'ont accompagné sur le ferry. Le moment était venu de gagner à ma cause la scène du Town Hall.

Des habitants de San Francisco ont écrit à leurs amis newyorkais pour qu'ils assistent au concert et ils ont été nombreux à prendre des billets. On a aimablement prié les critiques de venir, ce qui explique peut-être en partie pourquoi ils m'ont vu d'un mauvais œil. On a distribué aussi beaucoup de billets gratuits pour remplir la salle. Mais elle était loin d'être pleine. Je portais un costume et une cravate sombres et une chemise blanche. Je n'ai à peu près aucun souvenir des heures qui ont précédé le concert. Mon accompagnateur était Arpád Sándor. Nous avons répété et j'ai donné le concert : Bach, Wieniawski, Tartini, Novaček, Glazounov, Szymanowski. Un énorme programme. L'un de mes amis m'a dit ensuite : « Isaac, que cherchais-tu à faire, jouer tout le répertoire du violon en un seul concert ? » Je ne me rappelle pas précisément le public. Je me suis probablement comporté ce jour-là comme je le fais toujours : j'ai joué du violon en lui jetant, de temps à autre, un coup d'œil. Lorsque mon esprit a clairement saisi la présence d'êtres vivants, je peux fermer les yeux et me contenter de jouer, car je sais que le public est là et écoute. J'ai toujours besoin d'avoir une vision des visages qui m'entourent.

Après le concert, les gens sont venus dans les coulisses. Ma mère. Des amis. Ensuite, nous sommes allés dîner. Il y avait tout près un excellent bar à bière où l'on mangeait de la choucroute. J'avais besoin de me nourrir.

Les critiques ont commencé à tomber le lendemain. À cette époque, elles étaient publiées juste après le concert. Je suis sorti tôt, j'ai acheté les journaux et les ai consultés en compagnie de ma mère. Amère déception ! J'étais le grand espoir du monde musical de San Francisco. Tout s'était passé si facilement jusqu'alors ; j'avais reçu tellement de compliments que j'avais simplement considéré comme acquis que Town Hall viendrait s'ajouter à mes succès. Chacun des trois orchestres symphoniques de radio de New York me proposait le poste de violon solo — ce qui signifiait de l'argent pour la famille au lieu d'une lutte permanente pour en gagner, la sécurité au lieu de l'incertitude, la stabilité au lieu d'une vie d'éternel voyageur. Et si je retournais à San Francisco pour y travailler davantage encore un ou deux ans, comment pouvais-je avoir la certitude de rencontrer alors au Town Hall le succès ?

À l'issue de ces interminables allers et retours tandis que ma mère téléphonait avec frénésie pour savoir où j'étais, je me suis dit : « Tant pis ! » J'avais tant investi de ma vie dans la musique, je ne pouvais pas renoncer maintenant. J'essayerais encore une année, encore deux années. Je retournerais à San Francisco et je travaillerais, travaillerais, travaillerais, et je jouerais. Et je reviendrais au Town Hall tenter ma chance une seconde fois.

# 2.

À San Francisco, mes débuts au Town Hall ont été présentés comme un succès absolu. Personne n'a semblé penser qu'ils pourraient porter un coup fatal à ma carrière ; tout le monde a lu les commentaires favorables des critiques et passé sous silence les doutes et les réserves. Pour l'*Examiner* : « Un auditoire très exigeant l'a acclamé comme un génie d'un rare talent. » L'ironie et la condescendance new-yorkaises ont semblé totalement inexistantes pour le *Daily News*, qui a pris pour un compliment la remarque du *Sun* de New York affirmant que les violoncellistes étaient aussi nombreux en Californie que les oranges, en ajoutant :

> « Mais parmi les nombreux comptes rendus parvenus à San Francisco, sur le magnifique succès qu'Isaac Stern a remporté à New York, Naoum Blinder apprécie surtout la lettre qui suit et qui émane de Louis Persinger, avec lequel Isaac a travaillé au cours d'un bref séjour à New York avant d'être l'élève de M. Blinder. M. Persinger a écrit ce qui suit à M. Blinder : "Il ne fait aucun doute que vous avez reçu des comptes rendus détaillés du magnifique succès qu'a remporté Isaac Stern au récital qu'il a donné ici, mais je tiens à ajouter un mot de félicitation pour la façon remarquable dont il a évolué depuis la dernière fois où je l'ai entendu. J'ai bien sûr assisté au récital, et l'une des choses qui m'a le plus impressionné dans le jeu d'Isaac, c'est son APPROCHE musicale de chacune

des œuvres exécutées. J'entends par là l'ESPRIT, si l'œuvre exige du brio, de la poésie, de l'intensité, de la simplicité musicale ou un millier d'autres choses... Le jeune garçon a certainement révélé une ÂME de musicien et la public a vite reconnu sa valeur et lui a fait une véritable ovation." »

L'article du *Daily News* concluait en remarquant : « Les mots en lettres capitales ont été écrits tels quels par M. Persinger. »

Mais rien n'a pu atténuer ma déception. Dès mon retour à la maison, je me suis mis à travailler comme un fou ; j'étais totalement obsédé. J'ai obtenu quelques engagements — Seattle, Portland, Vancouver —, assez nombreux pour commencer à me rendre compte ce que voulait dire voyager, jouer, travailler, se produire en public. Au début, ma mère m'a accompagné mais j'ai surtout voyagé seul ou avec Betty Alexander.

Une fois, au wagon-restaurant, j'ai vu une femme d'une beauté incroyable dont je suis tombé instantanément amoureux. Elle portait un pantalon et un pull-over d'où émergeait un cou exquis, incroyable, celui d'un cygne. Elle avait de grands yeux noirs et prenait son petit déjeuner avec calme. Je n'avais rien vu de si beau de toute ma vie. C'était Vivien Leigh. Je n'ai pas osé lui parler. Je ne l'ai plus jamais rencontrée.

En dehors des tournées, je travaillais avec Blinder ou seul pour me perfectionner. Il m'a fallu enrichir mon instinct personnel pour qu'il se fortifie, qu'il gagne en aisance. J'ai dû apprendre les œuvres plus en profondeur ; j'ai dû les mouler réellement dans mon *swing* — pour emprunter un mot à la boxe. Et il fallait faire la même chose avec le violon : travailler jusqu'à ce que tout ce qui est physique devienne automatique. J'ai joué chez des particuliers, dans des temples, à des festivals et à des célébrations — partout où je pouvais avoir un auditoire, le programme que je comptais présenter à New York. J'ai appris à mes mains et à mes doigts à comprendre ce qu'ils faisaient et à reconnaître ce qu'ils éprouvaient ainsi, à sentir où ils allaient et à ressentir que le terme était atteint.

Très tôt, j'ai pu m'exprimer de moi-même de manière intense avec la musique, j'en ignore la raison, mais elle a toujours été pour moi une sorte de livre ouvert. C'était mon talent. J'employais alors le langage et le timbre propres à un musicien adolescent, mais c'était musical. Je me suis ensuite appliqué à donner du lustre à la maîtrise du son, et à mieux prendre conscience de la diversité de l'expression musicale.

J'ai accompli, à cette époque, de grands progrès en matière de concentration. Il ne s'agissait pas de travailler plus longtemps, mais de se concentrer assez pour apprendre en trois heures ce qui m'aurait pris normalement douze heures. Je n'étais pas d'accord avec toute la critique new-yorkaise, mais j'étais conscient de certaines faiblesses et elles étaient liées à la concentration. J'ai donc travaillé dans ce sens, en m'y contraignant totalement. L'idée de contrainte est peut-être un peu forte. Impatience, désir, anticipation — ces mots sont plus proches de mon état d'esprit cette année-là. New York m'avait aiguisé l'appétit, je voulais tout le repas.

Il me semblait que le défi de revenir au Town Hall ne pouvait se passer cette fois d'un conseil professionnel. J'avais besoin d'un bon imprésario. Depuis deux ans environ, ma carrière était gérée par Wilfrid Davis, un jeune Irlandais rougeaud, roux et bon buveur, qui connaissait bien le milieu musical de San Francisco. Davis avait parlé de moi à un imprésario, Paul Stoes, qui avait un bureau à New York et représentait deux formations majeures : les Petits Chanteurs de Vienne et le chœur des Cosaques du Don. Sur le conseil de Wilfrid Davis, il m'a entendu jouer et m'a pris dans son écurie. Originaire du Texas, blond, il avait des convictions politiques qui auraient fait passer, auprès de lui, Attila pour un libéral. Je n'ai jamais connu plus grand buveur et réactionnaire aussi mal embouché. Mais il adorait la musique et s'est vite pris d'une profonde affection pour moi. Il aimait le violon mais n'avait pas réussi à faire une carrière. Je pense qu'il a projeté sur moi les espoirs qu'il nourrissait pour lui-même.

En évoquant ces souvenirs, je me rends compte de la chance que j'ai eue de rencontrer des gens qui m'appréciaient non seulement parce que j'étais violoniste mais également pour moi-même. Naoum Blinder, Paul Stoes, tous deux croyaient profondément en moi. C'est Stoes qui a organisé ma deuxième apparition au Town Hall : « Paul Stoes présente Isaac Stern ». Et, à peine deux ans plus tard, quand je suis revenu à New York, j'ai pu régler une partie des frais avec mes maigres revenus de violoniste itinérant ; Lutie Goldstein a — évidemment ! — couvert les dépenses que je n'ai pas pu prendre en charge.

Le concert a eu lieu un samedi après-midi de février 1939. Je n'ai pas ressenti le même sentiment de jubilation que la première fois. Mon accompagnateur était Wolfgang Rebner. Et le même scénario s'est reproduit : les répétitions, le costume noir, la chemise blanche, la cravate noire ; la vision du public sous mes paupières closes pendant que je jouais ; ma mère, des amis, sincères de surcroît, en coulisses après le concert ; un souper tardif dans le bar à choucroute voisin ; ma sortie à l'aube pour acheter les journaux. Cette fois, les critiques étaient positives, chaleureuses. Aucune réticence, aucun compliment équivoque, aucune condescendance. C'était le jour et la nuit. Le *Times* me qualifiait de violoniste doté d'une bonne technique, avec une sonorité « ronde et voluptueuse » et une « merveilleuse maîtrise » d'archet. Et le critique du *Herald Tribune* a écrit : « M. Stern devrait faire partie des violonistes les plus importants de notre époque. » C'était un monde différent. J'étais soudain accepté. J'avais reçu la clé d'une carrière de musicien.

À mon retour, tout le milieu musical de San Francisco savait ce qui s'était produit à New York et c'était un bonheur partagé. Mes amis de l'orchestre ont sûrement organisé une fête, mais je ne m'en souviens pas. Je suis certain qu'à la maison nous avons mangé, bu et dansé — c'était, après tout, un foyer russe. Naoum Blinder était ravi et fier. Et Paul Stoes réservait des concerts pour moi. Cette deuxième prestation au Town Hall a constitué le véritable début de ma vie professionnelle.

# 3.

C'est ainsi qu'a commencé la lutte lente, régulière et soutenue pour construire une carrière. Je suis entré à l'université du monde réel. De 1926 à 1939, j'avais fait mes classes élémentaires avant d'aller au collège et à l'université. Puis est venu le troisième cycle entre 1939 et 1943. À l'université, on vous enseigne au mieux à apprendre. Je le savais déjà. J'ai donc commencé à mettre mon savoir au service de ma profession. Paul Stoes essayait de me trouver des concerts sur la côte ouest et dans le reste du pays. Il téléphonait à des chefs d'orchestre, leur donnait mon répertoire, les concertos que je connaissais à l'époque, leur faisait part des critiques dont j'avais fait l'objet et leur demandait s'ils m'engageraient. Mon cachet ne dépassait pas les quelques centaines de dollars. J'acceptais tous les engagements.

La côte ouest m'a initié à une vie de voyageur. J'ai appris à apprécier de petits avantages : par exemple, d'avoir une couchette inférieure au lieu d'une couchette supérieure dans le train. Si je voyageais avec Betty Alexander, elle prenait naturellement la couchette inférieure ; je grimpais et tentais de trouver le moyen de me déshabiller, de me mettre en pyjama et de m'installer avec seulement vingt centimètres au-dessus de la tête, en gardant l'étui à violon sur la couchette à côté de moi. Le violon était le guadagnini de 6 500 dollars que m'avait offert Lutie Goldstein. Giambattista Guadagnini, qui a vécu entre 1711 et 1786, se situe un ou deux échelons au-dessous de Stradivari et de Guarneri parmi les luthiers de qualité. Mon guadagnini était le centre de mon univers, et je ne le lâchais jamais, où que j'aille. Et je suis allé partout où l'on a voulu m'entendre. Quel que soit l'endroit, les critiques ont été excellentes. Plus tard, lorsqu'il m'est arrivé de faire preuve d'une certaine nonchalance arrogante, les critiques ne se sont pas privés de commentaires. Mais, ils n'ont rien pu m'apprendre, car ils n'en savaient tout bonnement pas assez. Ils pouvaient seulement réagir à une exécution donnée. Au cours de ma carrière, très peu de critiques ont formulé des avis intelligents ou constructifs. Néanmoins, dans ma jeunesse, j'en ai fait mes délices. J'ai parfois voyagé en autocar, séjournant dans des hôtels à 2 dollars la nuit. Paul Stoes m'emmenait dans sa Buick passer des auditions. Nous allions d'une ville à une autre. Les amortisseurs de la Buick n'étaient pas fameux — je me souviens du bruit que faisait mon siège lorsqu'on franchissait une voie ferrée.

Des années plus tard, grâce à Stoes, j'ai rencontré Fritz Kreisler. Nous allions tous deux, Stoes et moi-même, à Philadelphie l'entendre, puis nous l'accompagnions de la salle de concertss jusqu'à son hôtel, un pâté de maisons plus loin. Le public le suivait dans la rue, l'applaudissant. Après s'être changé, il nous emmenait dans un restaurant allemand, où il dévorait avec bonheur — car sa femme, Harriet, n'était pas là — de la soupe à la tortue (fraîche), du homard, un steak, des entremets, chaque plat accompagné du vin qui lui convenait, et il expliquait toujours pourquoi tel vin, tel cru allait avec tel plat, tout en exposant point par point les joies de la vie et les relations entre la musique et la littérature. Cet homme d'une extraordinaire culture irradiait le *gemütlichkeit* viennois, d'ailleurs dans tous ses enregistrements, le son est doré, mielleux. Il n'utilisait qu'environ 70 % de son archet, touchant rarement les 15 % du haut ou du bas. En outre, il n'aimait pas se servir du petit doigt et s'arrangeait souvent pour s'en passer. Stoes lui avait sans doute organisé ses tournées à une époque. J'ai joué devant lui et il s'est montré très encourageant. Je me souviens encore de lui en scène, tirant sur sa moustache et repoussant le petit protège-revers en velours qu'il portait sur son habit, puis regardant le public avec bienveillance, comme un grand-père sa famille, avant de commencer à jouer. C'était un homme exceptionnel.

Au cours de cette première année de tournée, 1938-1939, j'ai dû donner sept concerts, surtout dans de petites villes... À cette époque, il existait deux grands bureaux de concerts. L'un de ces bureaux, Community Concerts, était une filiale du Columbia Radio Network et organisait des concerts pour environ mille cinq cents villes. La deuxième organisation importante était la NCAC, la National Concert and Artist Corporation, filiale, elle, de la radio NBC. Sous le nom de Civic Concerts, elle retenait des artistes pour environ neuf cents villes. Outre ces deux organismes, il y avait un grand imprésario indépendant, Sol Hurok, qui représentait des artistes de très haut niveau, comme Artur Rubinstein, Marian Anderson, Jan Peerce et Roberta Peters.

La NCAC était dirigée par George Engles et Marks Levine, que tout le monde appelait Max, un New-Yorkais expérimenté et dur à cuire, qui parlait à toute vitesse, en avalant la moitié des mots, et qui était aussi chaleureux qu'un iceberg et légèrement gélatineux. Engles et Levine décidèrent de fusionner avec Hurok car ils avaient besoin de l'exceptionnelle réserve d'artistes de Hurok, et Hurok voulait un champ d'action plus large : la fusion a eu lieu au début de l'année 1940.

La même année, ils ont fait une offre pour acheter Paul Stoes : ils voulaient le chœur des Cosaques du Don et les Petits Chanteurs de Vienne. Stoes commençait à se lasser de la précarité de sa situation, il ne disposait que de deux attractions majeures, il se replia à la NCAC, qui avait la Hurok Division l'écurie de Sol Hurok. Mais Stoes signerait à une seule condition : que la NCAC me prenne aussi. Au cours de la discussion qui s'ensuivit, il fallait décider qui me reprendrait, la NCAC ou Hurok ? Hurok n'était pas vraiment enthousiaste à l'idée d'ajouter un musicien quasiment inconnu à son auguste liste d'artistes, mais il accepta. Stoes passa son temps à voyager pour la NCAC, tout en surveillant de près néanmoins l'évolution de ma carrière. Hurok a prétendu m'avoir « découvert ». En fait, c'est Paul Stoes qui m'a imposé.

Au début, Hurok m'associa à ses attractions vedettes. À toutes fins utiles, il disait aux organisateurs de concerts : « Je vous donne une bonne livre d'Artur Rubinstein, ou de Marian Anderson, si vous prenez trois onces d'Isaac Stern. » C'est ainsi qu'on débutait ! J'évoluais dans l'antichambre du succès. Je me souviens d'une répétition du *Concerto pour violon* de Tchaïkovski avec l'Orchestre philharmonique de New York sous la direction d'Artur Rodzinski. Ce concerto dure une quarantaine de minutes, mais le chef ne m'a accordé que dix-huit minutes de répétition. C'est ainsi qu'on traitait un petit nouveau, comme pour dire : « Il a bien de la chance d'être ici. On le laissera faire ce qu'il peut au concert et on le verra à la fin. » Le public des petites villes avait de la chance de rencontrer quelques-uns des plus beaux talents, des artistes qu'ils n'auraient sinon jamais entendus. Sur les vingt-cinq concerts donnés dans l'année, environ sept se tinrent dans des villes minuscules. Durant ces années, j'ai appris à nouer des liens ; par nature, j'ai toujours été sociable ; les gens devenaient rapidement de vrais amis. Je les revoyais au cours des années suivantes, dès que je revenais jouer dans leur ville. Un réseau d'amis.

Pendant toutes ces années, je n'ai eu à faire face qu'une seule fois à un acte manifeste d'antisémitisme. En 1939, ma famille a quitté San Francisco pour s'installer à New York. Cet été-là, nous avons fait un voyage en voiture dans le nord de l'État de New York ; mon père souffrait à l'époque d'une infection pulmonaire et nous pensions que le bon air lui ferait du bien. Nous nous sommes arrêtés dans un hôtel de la région du lac Saranac mais l'employé nous a répondu que l'hôtel n'acceptait pas les juifs. Je n'ai aucun souvenir de ce que j'ai ressenti ni de la moindre conversation avec ma mère ou mon père au sujet de cette rebuffade. Je me rappelle en revanche très précisément de notre hôtel dans les Catskill Mountains de l'État de New York en septembre 1939, lorsque nous avons entendu à la radio que l'Allemagne avait envahi la Pologne et que la Seconde Guerre mondiale avait éclaté. C'est alors que j'ai vraiment pris conscience de l'existence de l'Europe. Mes parents étaient bien sûr tout à fait au courant de la situation, mais l'invasion de la Pologne m'a amené à me concentrer sur cette partie du monde, et sur ce problème que l'on appelait le nazisme ; elle m'a forcé à me rendre compte qu'il y avait une France, une Grande-Bretagne, une Russie. N'oubliez pas que tout cela se passait avant 1941, l'Amérique était résolument neutre, parfois même isolationniste. Ma mère, comme mon père, avait de la famille en Europe. Ils n'ont reçu de nouvelles de personne pendant la guerre, mais, vers la fin des hostilités, ils ont entendu dire, sans que ce soit vraiment sûr, que leurs familles avaient fait partie d'un groupe important de juifs amassés dans une grange et brûlés vifs. Aucun membre de leurs familles n'a survécu.

À l'automne 1941, je suis resté seul à New York. Il était très important pour moi de vivre là — ma carrière démarrait — et je me suis installé dans l'appartement de Herb et Elsie Katzman, dont j'avais fait la connaissance à l'occasion des concerts donnés au Town Hall. Ils habitaient sur Central Park West dans la 66e rue. Herb Katzman avait une boutique de vêtements très prospère au milieu de Manhattan et était violoniste amateur. Le soir, il invitait souvent quelques musiciens de premier ordre et ils jouaient tous ensemble des quatuors. Des années plus tard, j'ai amené chez lui Jack Benny, qui a également joué. Herb et Elsie — « Hé, Hoib, qui aurons-nous à dîner ce soir, Hoib ? » — ont remplacé mes parents. Herb Katzman était un joueur invétéré, qui m'a introduit dans le monde des turfistes. Il avait l'habitude de parier 50 ou 100 dollars, auxquels j'ajoutais parfois 2 ou 3 dollars. Sa passion du jeu, son insouciance à l'égard de l'argent étaient très impressionnantes. Il avait à peu près cinquante-cinq ans ; sa femme, petite et vive, à la voix haut perchée, était blonde et se coiffait avec soin. Ils m'ont fait rencontrer tant de gens. Et la musique était omniprésente. Je jouais dans leur appartement ; je partais en tournée ; je revenais chez eux et je jouais. Il y avait des pupitres à musique débordant de partitions dans leur salon. Herb collectionnait les partitions de quatuors. Lui et Elsie aimaient la musique, ils aimaient les gens, ils aimaient inviter des amis à dîner et à faire de la musique. Et je sais qu'ils m'aimaient. J'ai passé plus d'un an chez eux. C'est dans cet appartement qu'une amie d'ami a comblé une lacune de mon éducation en m'initiant, avec beaucoup de chaleur et de tendresse, à ce mystérieux rite qui rapproche du sexe opposé. Quelle joie ! Je crois que mon jeu y a gagné une nouvelle patine !

New York était maintenant mon point d'ancrage pour les tournées. Un DC-3 vous faisait traverser le pays, en six escales et en un temps étonnant : quatorze heures, si je me souviens bien. Lorsqu'une ville se trouvait sur le circuit des concerts, j'allais y jouer tôt ou tard. Ces années passées à l'université de la vie m'ont beaucoup apporté. J'ai appris à voyager dans toutes sortes de circonstances ; j'ai appris à jouer n'importe où, en train, dans les chambres d'hôtel, dans les salles de spectacle locales. J'ai appris ce que signifiait être sur scène. J'ai appris à surmonter mes craintes. Avant chaque exécution, il y avait toujours la nervosité provoquée par l'excitation ; lorsque je commençais à jouer, je plongeais dans la musique. J'affûtais mon art.

Au début de l'année 1940, j'ai eu comme accompagnateur à New York et Palo Alto Leopold Mittman. Comme un autre pianiste, Alexander Zakin, il avait fait ses études dans les années 30 à la Hochschule für Musik de Berlin. Ils avaient alors formé le Quatuor des quatre pianos et, chose étonnante, ils réussissaient toujours au cours de leurs voyages à trouver quatre pianos. Mittman et Zakin avaient quitté l'Allemagne avec trois pas d'avance sur les nazis, et étaient finalement arrivés en Amérique. Mittman a été mon accompagnateur jusqu'à la fin de l'année 1940. Zakin l'a remplacé et est resté durant trente-trois ans à mes côtés.

Durant l'hiver 1940-1941, j'ai fait ma troisième tournée nationale , trente engagements, avec orchestre ou bien en récital. À La Nouvelle-Orléans, juste après ma prestation avec l'orchestre symphonique de la ville, le chef d'orchestre m'a signé un autre engagement pour l'année suivante. Le fait d'être redemandé immédiatement était l'un des signes de l'ascension d'une carrière.

Au milieu de l'année 1941, j'atteignis ma majorité et je suis retourné à San Francisco remplir une demande de papiers d'identité. J'avais reçu la nationalité américaine par filiation lorsque mon père était devenu citoyen américain en 1927, mais j'ai ressenti le besoin d'avoir mes propres papiers. Le

7 décembre 1941, j'étais à la maison en train d'écouter à la radio la retransmission hebdomadaire du concert dominical de l'Orchestre philharmonique de New York. Le soliste était Artur Rubinstein. La diffusion a été subitement interrompue par l'annonce de l'attaque surprise de Pearl Harbor. Le lendemain, les États-Unis déclaraient la guerre au Japon. Puis l'Allemagne déclarait la guerre aux États-Unis. Je ne me rappelle d'aucune conversation avec mes parents ou avec mes amis, mais nous partagions tous une même colère face à cette attaque et un grand désir de voir les États-Unis se défendre. Je pense que quiconque a vécu cette période doit encore se souvenir de la nouvelle soudaine de l'attaque et du discours du président Roosevelt au Congrès le lendemain, discours qui mentionnait ce jour comme « une date qui restera dans l'infamie ». J'entends encore le son de sa voix, sa façon d'exprimer ces mots, sa tristesse et sa colère. Notre entrée en guerre n'a pas eu de répercussion immédiate sur ma carrière. Il ne me semble pas que le public se soit comporté différemment. La musique constituait un havre de calme et de repos après les comptes rendus quotidiens des combats et des listes de pertes, après que la guerre eut accompli ses besognes. La musique était devenue un îlot de paix absolument indispensable qui permettait à chacun de s'évader, au moins un instant, des énormes tensions inscrites dans les consciences en temps de guerre.

Au tout début de l'année 1942, à chaque fois que mon programme de voyage me l'a permis, j'ai joué pour les troupes dans les bases et les hôpitaux. Des villes éloignées, de grandes villes ; de petites salles, de grands auditoriums ; des récitals avec Zakin, des concerts avec des chefs d'orchestre célèbres. Ma carrière prenait lentement de l'essor et il devenait évident que je devais bientôt relever le défi qui allait en être la prochaine étape : les débuts au Carnegie Hall.

J'avais besoin de vivre ailleurs. Malgré toute l'affection que je portais aux Katzman, j'avais l'impression d'évoluer plus vite qu'eux ; tout était devenu trop familial ; je faisais trop partie de leur vie. Pour me préparer correctement au Carnegie Hall, j'avais besoin d'un temps propre de travail et de réflexion. J'avais rencontré à New York Hy Goldsmith, un professeur de physique à City College. Il avait quinze ou vingt ans de plus que moi : il était timide, gentil, discret, c'était un brillant scientifique qui ne s'est jamais préoccupé de passer son doctorat. Passionné de musique, son savoir était encyclopédique, sur la musique de chambre notamment. Il savait par cœur plus de partitions que la majorité des musiciens et connaissait les numéros d'opus et de Koechel de tous les quatuors de Beethoven et de Mozart. Lorsque je lui ai parlé de mon projet au Carnegie Hall et que je lui ai demandé s'il connaissait un endroit où je pouvais aller habiter et travailler, il m'a invité à m'installer chez lui. Hy vivait dans un appartement assez incroyable sur la West 72e rue, dans l'Oliver Cromwell Hotel. L'appartement jouxtait le château d'eau. Il fallait prendre l'ascenseur jusqu'au trentième étage, puis monter à pied deux étages, pour accéder chez lui, au-dessus de la cage de l'ascenseur. L'appartement, immense, mesurait à peu près quinze mètres de long sur dix mètres de large avec une petite scène en diagonale dans un coin de la pièce, sur laquelle se trouvait un piano. Autrefois, cet endroit avait été une salle de bal ! Il y avait également une petite cuisine et une salle de bains tout en marbre noir ; chaque fois que l'on se lavait, cela laissait des marques. J'ai passé là environ un an et cela restera l'une des périodes les plus enrichissantes pour l'esprit de ma vie. Hy Goldsmith partait donner ses cours et j'avais l'appartement pour moi tout seul. Je travaillais, travaillais, et travaillais encore.

Certains soirs, les meilleurs musiciens de la ville venaient nous rejoindre : de jeunes pianistes qui préparaient ou entamaient leur carrière de soliste et des intrumentistes d'orchestres radiophoniques qui étaient vraiment de premier ordre : NBC, Blue and Red et CBS. La musique de chambre débutait vers huit heures du soir. À dix heures, un peu fatigués, nous faisions une pause pour manger la montagne de sandwiches venant de l'épicerie voisine. Nos agapes terminées, d'autres musiciens, qui avaient fini leurs prestations, nous rejoignaient et nous formions de nouveaux groupes. Nous nagions dans un bain de musique. Il n'y avait aucune velléité sociale ou carriériste, juste le simple plaisir d'explorer ensemble la littérature musicale. Les voisins ne nous entendaient pas, nous aurions pu lancer des fusées, personne ne l'aurait su. Nous jouions généralement jusqu'à une heure du matin. Ensuite nous mangions encore un peu et buvions de la bière et des sodas, parfois du vin. Lorsque les autres musiciens partaient, je ne me couchais pas, je jouais des sonates avec l'un de mes amis, un pianiste de talent, Sidney Foster. Et j'allais finalement au lit.

Hy Goldsmith, qui croyait en moi, voulait s'assurer que j'étais prêt à jouer au Carnegie Hall. Quand aucun musicien n'avait été invité, ou qu'il travaillait très tard, il me réveillait et me disait : « Lève-toi et joue cette œuvre, joue-la tout de suite ! » Il m'obligeait à me lever, à m'habiller, à prendre mon violon. Au milieu de la nuit ! Il pensait que si j'y parvenais dans ces conditions, je ne serais pas troublé par le Carnegie Hall.

Après une tournée, quand je revenais à l'appartement, c'était pour faire davantage de musique : de la musique de chambre, de la musique de chambre, de la musique de chambre — elle faisait partie de mon sang, elle faisait partie de moi-même en tant qu'individu, en tant que musicien. Jusqu'à ce jour, elle reste le fondement de mon art.

Lorsque je suis arrivé le 8 janvier 1943 sur la scène du Carnegie Hall, j'étais vraiment prêt. « S. Hurok présente Isaac Stern, violoniste. » J'ai choisi les morceaux qui me permettraient de réaffirmer que j'étais musicien, qui me prouveraient et prouveraient aux autres que j'avais le droit d'être là. Des œuvres de Mozart, Bach, Szymanowski, Brahms, Wieniawski. Alexander Zakin était au piano. J'ai joué presque avec un air de défi pour leur montrer à tous ce dont j'étais capable. La concentration pure !

Irving Kolodin, critique musical du *Sun* de New York, semble avoir ressenti ce défi. « Le programme... que [Stern] a joué hier soir, a-t-il écrit dans son article, aurait terrifié la plupart des virtuoses endurcis... mais M. Stern a survécu au défi qu'il s'était lancé avec une dextérité et des ressources musicales imposantes. » Le critique du *Herald Tribune* de New York m'a qualifié de « musicien doté d'une bonne sensibilité et d'une superbe technique ». Un an plus tard, presque jour pour jour, le 12 janvier, j'ai rejoué au Carnegie Hall. L'article de

Virgil Thomson dans le *Herald Tribune* a été très élogieux : « Isaac Stern... est l'un des meilleurs violonistes du monde. »

Le deuxième concert au Carnegie Hall m'a fait jouir d'une immense considération. À vingt-quatre ans, j'avais atteint ma majorité de musicien, j'avais fait ma *bar-mitzva*.

Hy Goldsmith a déménagé à Chicago, où il a collaboré à la mise au point de la bombe atomique. Lorsque je m'y rendais, je passais une soirée à faire de la musique de chambre avec des musiciens locaux. Hy et d'autres scientifiques y ont parfois assisté : beaucoup de savants sont mélomanes ; il y a une relation entre les mathématiques, la musique et la science.

Des travaux secrets très importants sur la bombe atomique se sont déroulés à cette époque sous le Stagg Stadium de Chicago. Hy et quelques autres savants m'ont un jour demandé si je voulais participer à une expérience qui les aiderait à déterminer un temps de réaction à certaines altitudes et profondeurs. Il existe un film où l'on me voit installé dans un lieu clos avec quantité de fils reliés à moi. On m'a tendu un violon et on m'a dit de jouer quelque chose. J'ai joué le presto de la *Sonate pour violon seul en sol mineur* de Bach, alors que, dans la pièce, les niveaux de pression et d'oxygène descendaient bien au-dessous du niveau de la mer pour remonter largement au-dessus. Les savants ont enregistré les réactions de mes mains aux différentes atmosphères. Je n'ai jamais vu ce film, qui reste encore secret aujourd'hui.

Hy Goldsmith est devenu le rédacteur en chef du *Bulletin for Atomic Scientists* ; je l'avais d'ailleurs aidé à rédiger sa candidature et son curriculum vitæ pour ce poste. Il était promis à un grand avenir en physique. Mais un été, deux ou trois ans après la guerre, pendant qu'il était en vacances avec la famille de sa sœur dans le nord de l'État de New York ou dans le Vermont, il est allé faire une promenade le long d'un cours d'eau et a glissé. Sa tête a heurté un rocher et il est mort sur le coup.

# 4.

Mon ordre d'incorporation, posté le 14 juin 1943, a été envoyé chez mes parents à San Francisco.

> Compliments :
> Vous vous êtes soumis à une commission locale composée de vos voisins dans le but de déterminer votre aptitude à la formation et au service dans les forces armées des États-Unis ; il vous est notifié par la présente que vous avez été sélectionné pour recevoir votre formation et effectuer votre service dans les forces armées.

Je devais me présenter au bureau de recrutement de San Francisco, le 24 juin. J'ai obtenu un sursis. Le second ordre d'incorporation m'a été adressé le 25 septembre. Cette année-là, j'avais déjà honoré dix-neuf concerts et je devais en donner encore dix-sept avant la fin du mois de décembre et seize autres avant l'été suivant. Je me suis présenté le 6 octobre comme cela m'avait été prescrit. La visite médicale a révélé des pieds très plats. Le médecin m'a interrogé sur la cicatrice que j'avais à la base de la colonne vertébrale. Vers dix-douze ans, j'avais eu un très gros kyste juste au-dessous du coccyx. Cela ne présentait aucun caractère malin, un vestige, m'avait-on dit — et à l'époque je l'ai cru —, de ce qui constituait autrefois la queue. Ils m'ont opéré et, je l'ai su par la suite, ont enlevé tant de chair qu'on aurait pu enfoncer la main jusqu'au poignet. J'ai appris à dormir sur le ventre. Pour ces deux raisons médicales, j'ai été reconnu physiquement inapte et j'ai été réformé du service dans les forces armées des États-Unis et classé 4-F.

Dans *Le Jongleur de Notre-Dame*, un texte du XIII^e^ siècle repris par Anatole France, un homme jongle avec des massues devant la statue de la Vierge Marie parce que c'est sa seule façon de prier. En ce qui me concerne, ce que je faisais de mieux, c'était jouer du violon ; j'ai pensé que je pouvais participer à l'effort de guerre grâce à la musique. J'ai joué dans les cantines à l'entrée des artistes à New York, à Philadelphie. Pendant six jours à San Francisco, j'ai joué avec Zakin dans six hôpitaux de la région. Nous arrivions dans les salles avec un petit piano, nous jouions environ cinq morceaux et passions dans la salle suivante (de vingt à trente minutes par salle). Un jour, à Oakland, nous avons fait six salles de l'hôpital. L'*Ave Maria* était la pièce préférée des hommes. J'ai également joué des nocturnes de Chopin, des préludes de Gershwin, le *Perpetuum mobile* de Novaček, les *Airs bohémiens* de Sarasate et d'autres pièces aussi populaires.

Au même moment, j'ai commencé à penser qu'il était de mon devoir de participer à l'effort de guerre outre-mer. Je suis entré en contact avec l'United Service Organizations[1] — l'USO — qui organisait les divertissements des armées, je leur ai dit qui j'étais et me suis porté volontaire pour former un groupe de musiciens classiques souhaitant voyager et jouer pour les troupes. L'USO m'a répondu que, de temps à autre, un soliste partait pour l'Europe afin de jouer pour les troupes, mais qu'il n'existait pas de tel groupe. Au début, personne n'a semblé savoir que faire de cette idée originale, mais j'ai finalement reçu une autorisation et j'ai réuni un groupe composé de moi-même, de mon ami Alexander Zakin et de trois membres du Metropolitan Opera : le ténor Fred Jagel, une soprano ravissante, Polyna Stoska, et le baryton Robert Weede, qui allait devenir par la suite une vedette de la comédie musicale de Broadway *Most Happy Fella*.

Au début du printemps 1944, j'ai été incorporé à San Francisco et j'ai endossé l'uniforme vert de l'USO. Je suis ensuite

1. Centre d'accueil pour les militaires américains. (*N.d.T.*)

allé rejoindre à New York les autres membres du groupe qui ne devait être connu que comme l'Unité nº 264. Nous avons attendu pendant quelque temps nos ordres de mission, et, lorsqu'ils sont arrivés, ils nous sommaient, avec la logique de l'armée, de retourner à San Francisco. Nous y avons découvert que l'on nous envoyait à Hawaï et dans le Pacifique Sud.

Nous nous sommes envolés. Nous n'avions aucun rang officiel — nous étions des amuseurs —, mais si nous avions été capturés par les Japonais, nous aurions eu automatiquement le grade de capitaine. Comment se seraient-ils débrouillés pour le faire savoir à l'ennemi ? Je n'en ai pas la moindre idée.

À Hawaï, nous avons joué dans des hôpitaux et des bases d'entraînement, puis nous avons pris un vol pour la Nouvelle-Calédonie. Dans une lettre postée de là-bas le 25 mai 1944, j'ai écrit que le vol de Hawaï était « calme et merveilleux » et que parfois « nous nous ennuyions tellement que j'ouvrais mon étui à violon et me mettais à jouer ; et Mlle Stoska et M. Jagel se joignaient à moi — un concert à dix mille pieds d'altitude ! Nous traversions l'équateur en jouant et en chantant au-dessus des nuages, avec un commandant, un général et deux colonels pour tout public ».

La suite de la lettre raconte que nous jouions dans diverses bases de Nouvelle-Calédonie, pour aller ensuite dans d'autres îles, nous habituant rapidement à

> « prendre notre douche et à nous raser à l'eau froide ; aux latrines sans eau. Le besoin de ce genre de musique est incroyable par ici — nous sommes les pionniers dans ce domaine et la réaction est merveilleuse ; et pour moi le plus merveilleux, c'est la façon dont l'idée de musique et la valeur de la musique s'intègrent parfaitement à l'ensemble de l'effort de guerre ici... L'armée a tout organisé en matière musicale et cela fonctionne sans heurts, en totale coopération, avec l'accord enthousiaste de notre armée de terre. Nous avons notre propre voiture et notre chauffeur, un nouveau piano droit de guerre Steinway et un excellent système de sonorisation, de telle sorte que nous pouvons à tout moment emporter la totalité des

accessoires de notre spectacle. Certaines des réactions réchauffent vraiment le cœur — nous trouvons tout cela épatant ».

En Nouvelle-Calédonie, nous avons été logés dans un hôpital. L'île, qui était ravitaillée à peu près une fois par mois, entrait dans la troisième semaine de son cycle. On y manquait de jus d'orange et d'autres denrées. Marins, soldats et aviateurs concoctaient le « jus de torpille », une boisson qui produisait le même effet à celui qui en buvait que le démarrage de l'hélice d'une torpille, le buveur jouant le rôle de la torpille. Les latrines se trouvaient au bout d'une très longue jetée qui se prolongeait sur l'océan Pacifique ; on pourrait appeler ça un système « naturel ». On s'asseyait là, en regardant l'océan, et l'on voyait un morceau de l'île, quelques arbres, puis l'immense étendue d'eau bleue magnifique.

Certains artistes de divertissement et interprètes — Bob Hope, Jack Benny, Jascha Heifetz — rayonnaient dans des régions du Pacifique Sud et d'Europe, qui étaient devenues des zones de combat depuis peu de temps. Nous n'avons jamais été si près de ces zones, mais nous avons donné des centaines de concerts — à Hawaï, à Guam, en Nouvelle-Calédonie, aux îles Kanton (Phœnix), aux îles Fidji, aux Nouvelles-Hébrides, aux îles Florida et Russell et d'autres dont j'ai oublié le nom. Nous avons joué n'importe où, pour tous les soldats se trouvant dans les parages, pour un groupe de dix personnes dans un hôpital de campagne comme pour cinq mille autres réunies dans un champ et en quête de distraction. Nous avons également joué à des offices religieux. Afin qu'il supporte la chaleur et l'humidité du Pacifique Sud, nous avons fait arranger le Steinway de l'armée — un petit piano droit peint en vert, qui avait été « tropicalisé » et qui voyageait à l'arrière de notre camion.

Les soldats voulaient avant tout voir la belle blonde, Polyna Stoska, et se rincer l'œil. Une femme ! Ils tapaient du pied, sifflaient et passaient un bon moment. Elle jouait le jeu, chantait ses mélodies et flirtait. Bob Weede et Fred Jagel chantaient quelques chansons de variétés.

J'avais joué pour de nombreux publics avant de partir outre-mer et je savais qu'un auditoire raffiné sur le plan musical est capable de jauger tout de suite les capacités d'un interprète ; il perçoit instantanément la prétention et ne la pardonne jamais. Tous ces auditeurs auxquels j'ai été confronté dans le Pacifique Sud m'ont appris à m'imposer non seulement par ma compétence, mais aussi, ce qui était encore plus important, par une familiarité sincère et un total manque d'affectation. Je ne commençais donc jamais avec Bach ou Mozart, mais avec *Le Vol du bourdon* ou le thème du film *Intermezzo* ou un arrangement de *Hoedown* de Copland ou une chanson de Stephen Foster. C'était ma façon de leur dire « Salut ». Une fois qu'ils avaient perçu notre sincérité profonde, ils se rasseyaient et l'on pouvait jouer ce qu'on voulait. Je terminais généralement par des œuvres en solo de Bach qu'ils écoutaient d'un air extasié et reconnaissant.

Un jour, nous avons dû jouer devant une foule de marines, qui étaient en permission dans une petite île des Nouvelles-Hébrides. Ils avaient participé à de durs combats et subi de lourdes pertes. Ce jour-là, peu avant le concert, ils avaient appris qu'au lieu de retourner au combat ils avaient tous une permission pour rentrer chez eux. L'endroit où étaient rassemblés ces joyeux marines, qui buvaient de la bière néo-zélandaise, une bière beaucoup plus forte que la nôtre, avait à peu près la taille de trois terrains de football. Et nous étions là, tous les cinq, faisant de notre mieux pour jouer et chanter ; mais ni nos cris ni nos plaisanteries cordiales lancées en marchant de long en large n'y faisaient. Il n'y avait aucune raison de chercher à jouer dans une arène pour un auditoire en train de célébrer une si bonne nouvelle. J'ai donc pris deux bières, me suis assis près du piano et me suis contenté de parler et de me détendre avec ces gars. C'était formidable de voir tomber la barrière entre l'interprète et l'auditoire, de partager, dans ce moment heureux de détente, la joie qu'ils ressentaient.

Par la suite, nous avons pris un vol à destination de Guadalcanal, où l'on nous a logés dans les tentes de l'hôpital de campagne n° 9, tout près de la plage. On voyait les épaves des bâtiments de débarquement depuis le rivage. Nous avons joué dans quelques camps voisins de l'hôpital. Certaines zones n'avaient pas été déminées et la rumeur courait que les Japonais se terraient encore au fond de cavernes dans les collines. Mais nous n'en avons jamais vu aucun au cours des nombreux jours que nous y avons passés et l'histoire avait probablement été inventée pour pimenter notre présence. La nuit, dans le Pacifique Sud, il n'y avait aucune lumière ambiante ; le ciel était totalement clair et la Voie lactée ressemblait à un tapis tissé au-dessus de notre tête ; on avait l'impression de pouvoir monter jusqu'à elle et la toucher. Je n'ai jamais plus approché les constellations d'aussi près ; j'avais presque le sentiment d'être obligé de baisser vivement la tête. Une vision extraordinaire.

Lors du retour pour Honolulu, l'avion B-24 était équipé de sièges-baquets munis d'une sorte d'urinoir que l'on vidait par un hublot sur le ciel situé tout près du poste de tir du mitrailleur de queue. Tôt le matin, éprouvant un besoin naturel, je me suis frayé un chemin jusque-là. En regardant vers le soleil levant, j'ai vu émerger d'une mer rouge sang la première île Hawaïenne. Nous étions à dix mille pieds d'altitude. Au-dessous de nous, apparemment toute proche de nous, c'était la pleine lune, à peine argentée. Au cours de tous mes voyages, je n'ai jamais plus contemplé ce spectacle où la couleur argentée de la lune se mêle au sang du soleil.

Durant le vol de Honolulu à San Francisco, l'une des plus longues étapes outre-mer à l'époque pour les avions à hélices, alors que nous étions à peu près à mi-chemin tous couchés sur le sol de l'avion, emmitouflés dans les couvertures, cherchant le sommeil (avec le vrombissement de l'avion, on se trouve dans un environnement inhabituel et nos antennes fonctionnent différemment), les moteurs m'avaient endormi en me berçant. Au milieu de la nuit, je me suis réveillé en sursaut : les quatre moteurs s'étaient arrêtés, je n'entendais plus que le sifflement rapide de l'air. Le pilote, fatigué par le manque de sommeil, avait oublié de passer d'un réservoir à l'autre. Le silence n'a duré que quelques secondes, mais au milieu de l'océan Pacifique, j'ai connu un moment d'anxiété intéressant. Notre groupe de musiciens a ainsi circulé pendant sept semaines, parcourant trente-deux mille kilomètres en avion et donnant soixante et un concerts devant plus de cent quarante mille militaires. Nous sommes rentrés aux États-

Unis en juin 1944, peu après le débarquement des Alliés en Europe.

Mes parents et ma sœur avaient décidé de s'installer définitivement à New York, à Manhattan, 67 Riverside Drive, et j'ai emménagé avec eux. Entre mon retour du Pacifique Sud et mon nouveau départ pour l'USO un an plus tard, j'ai donné plus de cinquante concerts aux États-Unis et au Canada : au Carnegie Hall, avec l'Orchestre philharmonique de New York, sous la direction d'Artur Rodzinski ; à Philadelphie, avec l'Orchestre de Philadelphie, sous la direction de Pierre Monteux ; et de très nombreux récitals, avec Zakin.

J'étais à San Francisco, au mois d'avril 1945, le jour où l'on a annoncé la mort du président Roosevelt. J'étais au centre-ville lorsque j'ai appris cette nouvelle. Je venais de monter dans un ascenseur. Deux hommes d'affaires s'y trouvaient. L'un dit à l'autre : « Je suis content, ce fils de chienne est mort. » J'ai empoigné ce type par le gilet et la chemise, prêt à le frapper. Les autres m'en ont empêché. Je suis sorti fou furieux de l'ascenseur.

La guerre en Europe s'est achevée en mai 1945, mais celle contre le Japon a continué. Peu après la capitulation allemande, l'USO m'a envoyé avec mes amis artistes au Groenland et en Islande. L'avion qui devait nous emmener, lourd et rempli de passagers, avait commencé à rouler sur la piste quand subitement le pilote a écrasé les freins, a fait demi-tour et s'est arrêté. Il semble que l'un des moteurs était en panne. Nous avons été regroupés dans un autre C-46 et, au moment où il commençait à avancer sur la piste, l'un des moteurs a pris feu. Le troisième C-46 a réussi à décoller.

Le Groenland est une île de 2 175 600 kilomètres carrés. C'est une immense calotte glaciaire, formée de quatre-vingt-cinq pour cent de glace pouvant atteindre trois cents mètres d'épaisseur, et entourée de montagnes qui semblent surgir de la mer. C'était un tremplin vers l'Europe pour la VIII^e armée aérienne des États-Unis et elle servait aussi de station météorologique pour recueillir des informations vitales nécessaires aux prévisions météo en Europe. À la fin de la guerre en Europe, la VIII^e armée aérienne a commencé à utiliser le

Groenland comme base de ravitaillement en combustible. La base où nous étions se trouvait à Narsarssuak, sur la côte sud-ouest, l'un des sites les plus difficiles au monde à approcher en avion. Nous avons dû survoler un fjord de cent kilomètres de long au-dessous du niveau des montagnes avoisinantes avant de toucher le sol au début de la piste d'atterrissage, qui commençait juste au bord de l'eau et remontait jusqu'au glacier.

Nous avons joué pour de petits groupes de cinquante, cent personnes, ou parfois quelques dizaines de jeunes gens isolés dans des stations météo ou des postes d'observation et avons essayé de leur donner autant de musique qu'ils en voulaient, et ils en voulaient beaucoup.

Nous habitions dans le logement des officiers de l'hôpital. J'ai passé une bonne partie de mes nuits à tenter de les empêcher d'investir la chambre de Polyna Stoska ; ils voulaient tenir des « conférences privées » avec elle. Je me suis approprié quelques bouteilles d'alcool destinées aux officiers pour les distribuer à des sous-officiers ou à des hommes du rang que j'ai chargés de faire la garde devant sa porte. Elle était évidemment parfaitement capable de se débrouiller toute seule, mais j'ai pensé qu'un peu d'aide ne pouvait pas faire de mal. Un jour, nous nous sommes rendus à la base aérienne située dans le Nord et le pilote m'a laissé occuper un moment son siège et m'essayer au pilotage. Nous volions au-dessus de la glace. J'ai utilisé le manche à balai pour opérer quelques petits virages à droite et à gauche, quelques piqués et quelques montées. Ensuite, je me souviens seulement que Zakin est arrivé en courant dans le cockpit en criant : « Je le savais, bon sang de bonsoir, retire tes mains de ce volant ! »

Le jour où nous devions quitter le Groenland, le temps s'est gâté et nous sommes restés bloqués pendant quelques jours. Il n'y avait plus la moindre nourriture fraîche, rien que des oignons. La viande était surgelée, les légumes en boîte, le lait, les pommes de terre et les œufs en poudre. J'ai beaucoup travaillé le *Concerto pour violon en mi mineur* de Mendelssohn, beaucoup joué au gin-rummy et je suis même allé à la chasse au phoque avec un officier, en traîneau. Là j'ai découvert le parfum « enrichissant » qui émane de l'arrière-train de quatorze ou quinze chiens. Nous avions des fusils, mais nous n'avons trouvé aucun phoque.

En Islande, presque un an jour pour jour après notre passage à Guadalcanal, nous nous sommes trouvés à soixante-quinze kilomètres à l'intérieur du cercle arctique. Nous jouions au base-ball à deux heures du matin, car il n'y avait pas de nuit. À Reykjavik, nous avons donné un concert en habit à la demande du gouvernement islandais. L'Islande était un poste intéressant pour les Américains, car il y avait cinq fois plus de femmes — toutes plus belles les unes que les autres — que d'hommes ; on faisait vite connaissance et ces relations étaient chaleureusement exploitées. Le personnel stationné là se sentait coupé du reste du monde. Un soir, au club des officiers, j'ai été nommé membre honoraire du FBI — Forgotten Bastards of Iceland (bâtards oubliés d'Islande).

À bord du vol de retour aux États-Unis, il y avait un énorme berger allemand appartenant au commandant de la base de l'armée de terre, qui voulait que son chien rentre avec lui. Par manque de chance, nous avons essuyé une mauvaise tempête et l'avion, secoué par des vents féroces, s'est mis à se cabrer, à descendre et à faire des embardées. Le chien a vomi à mes pieds. Près de moi étaient suspendus des écouteurs. D'un bras je me suis accroché à un accoudoir pour ne pas être éjecté de mon siège, de l'autre je m'en suis emparé et j'ai entendu le pilote qui disait : « Où diable est donc cette fichue piste d'atterrissage ? » Et à la réponse de la tour de contrôle : « Vous êtes juste au-dessus de nous ! Nous vous entendons ! » Le pilote a répliqué : « Je ne vois rien du tout. » Il y a eu soudain un coup de vent, j'ai regardé par la fenêtre et j'ai vu une percée dans les nuages ; nous étions inclinés à quarante-cinq degrés et foncions directement vers le sol. Je n'ai jamais senti un avion remonter si vite. Nous avons atterri sains et saufs. Quant au berger allemand, il était tout tremblant.

À certains égards, pendant les années de guerre, j'ai avancé en roue libre. J'ai connu une idylle torride avec une très belle jeune femme. Il y avait beaucoup de soirées ; le sexe se déchaînait. Lorsque je suis rentré d'Islande, l'été 1945, toujours en uniforme, je suis allé directement chez ma petite amie. Je la revois encore m'ouvrant la porte de son appartement et s'écriant : « Isaac ! » J'étais arrivé au cours d'une soirée. Tous ses amis se sont rassemblés autour de moi. C'était délicieux de rentrer chez soi et d'être chaleureusement embrassé. Je n'étais allé au Groenland et en Islande que pour jouer du violon, mais, pour eux, je revenais de la guerre.

# 5.

Au cours des mois qui ont suivi la fin de la guerre, ma carrière s'est épanouie, j'ai donné vingt concerts en trois mois. Et j'ai signé mon premier contrat d'enregistrement, conclu au cours d'un déjeuner avec Goddard Lieberson, qui dirigeait alors Columbia Records. Grand, maigre, taciturne, doté d'un nez aquilin et plein de charme, il était extrêmement bien élevé, maîtrisait merveilleusement la langue anglaise et composait lui-même un peu. Il entretenait des relations, aussi bien personnelles que professionnelles, avec les plus grands musiciens classiques de son temps et c'est également lui qui a eu l'idée à cette époque d'acheter les droits et de faire les premiers enregistrements des comédies musicales de Broadway. Il a soutenu des artistes que d'autres trouvaient trop jeunes ou trop inaccessibles — comme Stravinski, qui était son ami intime. Il a insisté pour faire enregistrer presque toutes les œuvres de Stravinski alors susceptibles d'être gravées sur disque et il s'est finalement arrangé pour que j'enregistre le *Concerto pour violon*, sous la direction du compositeur.

Nous avons évoqué quelques points de détail et scellé l'accord avec une poignée de main. Un ou deux jours plus tard, j'ai reçu un contrat en bonne et due forme, qui, si j'ai bonne mémoire, tenait sur une page. De nos jours, chacune des deux parties doit faire appel à des conseils juridiques onéreux qui livrent en général, après environ trois mois, un contrat de base de soixante-dix ou quatre-vingts pages en petits caractères, où rien n'est oublié, des caries dentaires que l'artiste aura besoin de faire soigner aux ayants droit qui toucheront des redevances sur l'enregistrement jusqu'à la dixième génération.

Pour ce tout premier disque, Alexander Zakin est au piano : la *Sonate en ut mineur* de Beethoven et la *Sonate en ré majeur* de Haendel, enregistrées dans le merveilleux studio de l'East 30th. Street, une église désaffectée à l'acoustique exceptionnelle. À peu près à la même époque, j'en ai enregistré un avec orchestre au Carnegie Hall, avec l'Orchestre philharmonique de New York, sous la direction d'Efrem Kurtz, charmant musicien très professionnel, perpétuellement souriant, qui portait toujours une chemise bleu foncé ou noire avec une cravate, et parlait l'anglais avec un mélange d'accent russe et français. Sa femme, issue de l'éminente famille Rosenwald, était elle-même violoniste et possédait un magnifique stradivarius. Nous avons alors enregistré le *Concerto pour violon en ré mineur* de Wieniawski. À cette époque, il fallait procéder par séquences d'environ trois minutes et demie. Nous devions déterminer avec beaucoup de soin les endroits où nous nous arrêterions, puis reprendre un peu en arrière avant de commencer la séquence suivante. Les enregistrements étaient gravés sur des disques de cire transformés ensuite en matrices qui servaient à presser les 78 tours en Vinylite que l'on utilisait à cette époque. Le concerto représentait l'équivalent de cinq faces sur les disques en cire et nous l'avons enregistré en six faces. Nous n'avions fait aucune faute, mais il a fallu refaire une prise, parce qu'un musicien avait laissé tomber son archet — bruit que l'on ne pouvait ni effacer ni expliquer. Je pourrais ajouter que, parfois, certains membres de l'orchestre laissaient délibérément tomber leur archet ou heurtaient leur instrument à vent contre quelque chose (par accident, bien sûr !), pour allonger la séance et être payés davantage. Mais ici, l'archet est vraiment tombé accidentellement. Ce disque, qui est toujours disponible, est vraiment le reflet d'une exécution sur le vif, puisque seule une séquence de trois minutes et demie a fait l'objet de deux prises. L'assurance, l'arrogance et l'ignorance de la jeunesse !

Cette année-là, pendant l'été, j'avais joué la *Symphonie espagnole* de Lalo au Hollywood Bowl, sous la direction de Stokowski. Plusieurs directeurs des Warner Brothers, qui assistaient au concert, ont pensé que mon jeu possédait la vigueur et le style correspondant au jeu dramatique de John Garfield dans le film *Humoresque*, qui était en cours de tournage. En décembre, on m'a donné à lire le scénario en me demandant de suggérer des œuvres pouvant s'adapter au film, ainsi que des touches professionnelles susceptibles d'enrichir son authenticité. J'ai travaillé en étroite collaboration avec Garfield ; je lui ai montré comment jouer et poser avec le violon pour des gros plans. Je lui ai dit quels vêtements porter et lui ai fait répéter plusieurs scènes ; j'ai discuté musique avec lui, je lui ai même parfois donné des conseils pour des scènes qui n'étaient pas directement liées à la musique afin qu'il puisse pénétrer son personnage de musicien. Pendant que je travaillais à ce film, j'ai continué à donner des concerts et, pour répondre à tous ces engagements, j'ai dû traverser le continent à treize reprises.

Lorsque l'on regarde Garfield jouer du violon dans *Humoresque*, on voit en réalité trois personnes. Garfield est debout, les mains derrière le dos, le menton posé sur le violon. Derrière lui, un musicien professionnel tient le violon et bouge les doigts de la main gauche, une autre personne l'archet, pendant que la musique que j'ai enregistrée est diffusée par des haut-parleurs. Pour toutes ces scènes, la caméra filme sous un angle qui ne montre que John Garfield. Mais lorsque l'on ne voit que des mains, ce sont les miennes.

En entrant sur la scène du Carnegie Hall pour mon concert du 22 mars 1946, je me suis glissé sous le menton le guarnerius « Vicomte de Panette », que je venais d'acquérir pour la somme de 65 000 dollars. Ce magnifique violon, en parfait état, avait un superbe vernis rouge orangé et un son vigoureux de ténor aigu, riche en clarté et en puissance.

Un mois plus tard, je rentrai de Géorgie, et à ma grande surprise, lorsque je suis descendu du train à New York, ma sœur m'attendait sur le quai — ce qui ne présageait rien de bon.

— Que se passe-t-il ? C'est papa ?

— Oui.

— Qu'est-il arrivé ?

— Il est mort.

Notre domestique l'avait trouvé par terre dans la salle de bains de notre appartement ; il avait succombé à une crise cardiaque.

Dans mon enfance, mon père s'était éloigné de moi parce que, à ses yeux, je devenais trop américain. J'aimais le base-ball, le tennis, le football, le cinéma. Il était un peu iconoclaste et est resté un émigré jusqu'au jour de sa mort. Ma mère et moi, nous aimions beaucoup les films américains ; il les détestait, surtout les westerns. Je l'entends encore me dire qu'il ne trouvait aucun intérêt à voir un film dans lequel presque tout le monde se faisait tuer. Il lisait les journaux et se tenait parfaitement au courant de ce qui se passait dans le monde. Il était citoyen américain ; il votait. Mais il restait profondément lié à la culture russe. La découverte des camps de la mort l'avait beaucoup affecté. Il avait emmené sa famille en Amérique pour échapper aux persécutions qui se sont terminées par l'Holocauste et vivre dans ce pays, mais il n'a jamais pu oublier ses origines. Lui et ma mère s'étaient mariés jeunes en Russie et, d'après ce que j'ai pu constater alors et ce dont je me souviens aujourd'hui, leur mariage a été très heureux. Ma mère s'est toujours montrée très gentille et affectionnée envers lui ; leur relation tenait à la fois de la camaraderie et du mariage enflammé. Il a conservé en lui toute sa vie une grande partie de la Mère Russie, même s'il n'éprouvait pas la moindre sympathie pour le socialisme ou le communisme. Nous étions devenus très proches au cours des dernières années de sa vie. Lorsque j'ai remporté mes premiers succès, personne n'a été plus fier de moi, même s'il ne l'a jamais dit ni montré. Mais il classait mes partitions dans des dossiers annotés, les cousait ensemble et les rangeait avec soin dans un tiroir pour que je puisse les consulter facilement. Il a assisté à mon succès au Carnegie Hall en 1944 et a su, dès lors, que je réussirais comme soliste. J'aurais tant aimé qu'il vive cinq ou dix ans de plus ; il aurait apprécié ma carrière comme personne. Il a été enterré hors de New York, dans un cimetière non confessionnel. C'était le corollaire naturel de nos vies à cette époque ; un service funèbre religieux et un enterrement dans un cimetière juif auraient été contraires à notre manière de vivre. La mort de mon père a marqué la fin de la première partie de ma vie.

Au cours des deux années suivantes, j'ai donné cent quatre-vingt-treize concerts, dans presque tous les coins des États-Unis — en Californie, dans l'État de New York ; au Texas, dans le Dakota du Nord. Il y a eu des voyages occasionnels au Canada. J'ai aussi joué à La Havane — toujours accompagné par Alexander Zakin —, qui m'était apparue comme la capitale d'une île heureuse, où les hôtels étaient superbes et les gens de tout milieu très aimables. Un merveilleux jus de pastèque frais à de petits étals dans la rue et de délicieux sandwiches grillés au fromage que l'on achetait à des camelots dans la rue faisaient notre plaisir. Et, surtout, un public vraiment soucieux de partager une vie civilisée. C'est là que j'ai entendu pour la première fois le grand chef d'orchestre Erich Kleiber, figure légendaire en Allemagne, qu'il avait quittée au début des années 30 pour parcourir l'Amérique du Sud en allant d'un pays à l'autre, créant et formant des orchestres. Il passait quelques années dans un pays à constituer un orchestre et, quand la qualité le satisfaisait, il partait dans un autre pays. « J'ai fait mon boulot et maintenant je dois aller faire la même chose ailleurs. » À La Havane, il a eu un orchestre qui ne comprenait que deux musiciens professionnels. Les autres instrumentistes étaient des policiers, des pompiers, des éboueurs, deux médecins ! Erich Kleiber, qui jouissait d'une renommée internationale et dont le fils, Carlos Kleiber, est maintenant un chef d'orchestre célèbre, prévoyait au moins vingt à trente répétitions par concert. Quand je lui ai dit à quel point j'étais étonné qu'un tel mélange d'individus puisse donner un aussi bon résultat, il m'a expliqué qu'il faisait venir chaque pupitre de l'orchestre — premiers violons, seconds violons, altos, violoncelles, contrebasses, hautbois, clarinettes, trompettes, bassons, cors — en groupes séparés dans sa chambre d'hôtel, pour les faire répéter et déchiffrer. C'était un formateur passionné et, en outre, un très grand musicien. J'ai pris beaucoup de plaisir à écouter des membres de son orchestre jouer la *Symphonie concertante* de Haydn, qui comprend des parties solistes importantes pour le premier violon, le violoncelle solo, le hautbois et le basson — vraiment une belle exécution ! C'était un faiseur de miracles musicaux.

À cette époque, j'ai compris qu'un artiste doit donner l'impression d'avoir confiance en lui, et sembler dire : « Restez tranquilles et écoutez ! » Je ne l'entends pas dans un sens facile ou égoïste ; c'est quelque chose que perçoit instantanément l'auditoire et qui est vraiment impossible à expliquer. Il faut monter sur scène avec son talent, le visage à découvert, et exhiber sa marchandise. L'artiste doit avant tout créer un lien avec ses auditeurs ; sentir qu'il joue pour eux et qu'ils veulent l'entendre. Ce dialogue constant, cet embrassement affectueux entre l'interprète et les auditeurs leur donnent envie de vous voir revenir et jouer encore une fois. Pendant ces années-là, il m'est arrivé de travailler avec autant d'intensité dans l'effort et la concentration que pour la préparation de mes débuts au Carnegie Hall.

Je me souviens de ma prestation en 1947, à Rochester, avec le chef d'orchestre Leonard (Lenny) Bernstein. Nous nous étions croisés, mais n'avions jamais travaillé ensemble. Il avait fait des débuts explosifs en novembre 1943, à la tête de l'Orchestre philharmonique de New York dans des œuvres de Strauss et de Schumann, en remplaçant au pied levé et à la perfection Bruno Walter, tombé subitement malade. Nous avons joué le *Concerto pour violon n° 1 en ré majeur* de Prokofiev, une œuvre très difficile, que j'abordais pour la première fois ; j'avais déployé une énorme énergie pour l'apprendre. En l'interprétant, nous nous sommes laissé emporter et avons vécu un moment époustouflant. Nous avons eu tellement de succès que nous avons bissé le deuxième mouvement, le *scherzo*. À partir de là, nous sommes devenus de très bons amis, avons souvent joué ensemble, fait des disques et passé beaucoup de temps l'un avec l'autre. Bernstein est l'un des plus grands esprits que j'aie jamais côtoyés : intelligent, curieux, engagé, presque effrayant tant il était brillant. Il absorbait des idées venant de tous côtés, comme une éponge. Il avait reçu une éducation rigoureuse : Talmud par son père, instruction générale à la Latin School de Boston, puis à Harvard. Il était pratiquement l'enfant adoptif de Serge Koussevitzky, qui l'appelait « Lenoushka ».

À chaque concert Lenny portait des boutons de manchette qu'il lui avait offerts. Juste avant d'entrer en scène, il avait l'habitude de les embrasser et de faire une courte prière. Et il ne pouvait se passer de ce rituel.

Au début de l'année 1948, j'ai donné mon premier concert avec Koussevitzky et l'Orchestre symphonique de Boston. C'était à nouveau le *Concerto pour violon n° 1* de Prokofiev. J'étais dans ma chambre d'hôtel, lorsque le violon solo assistant, Alfred Krips, m'a appelé pour me dire :

— Isaac, n'oublie pas, c'est la première fois que tu joues avec Koussevitzky. N'aie en aucun cas la moindre discussion ou le moindre désaccord avec lui en présence de l'orchestre. Tout ce que tu veux dire, tu le diras après la fin de la répétition, en privé, en coulisses.

J'ai continué à répéter jusqu'à la toute dernière minute, puis je me suis précipité à la répétition avec l'orchestre. Je portais un pull-over assez vilain. Koussevitzky est arrivé vêtu d'une veste en soie noire impeccable : un « gentleman » venant travailler dans un environnement artistique. Je l'ai regardé et je lui ai dit :

— Maître, je suis vraiment désolé, veuillez me pardonner. Je n'ai pas eu le temps de m'habiller.

— Hmmph, bien.

Nous avons commencé et, après les quatre premières mesures, nous n'étions déjà plus ensemble. Je me suis arrêté :

— Qu'est-ce qui ne va pas ?

— Maître, pouvons-nous le refaire ?

— Bien sûr.

Mais, à nouveau, les hautbois ne jouaient pas en même temps que moi et je me suis arrêté. Je suis allé vers lui, je lui ai montré la partition et j'ai entendu derrière moi un soupir horrifié d'Alfred Krips. J'ai parlé calmement avec Koussevitzky, en russe — ce qui voulait dire pour lui, je l'ai su par la suite, que nous conversions en privé et non que nous discutions devant l'orchestre. Il m'a dit :

— N'oubliez pas, cette répétition est entièrement pour vous. Deux heures, vous me direz tout ce que vous voulez.

— Merci.

Ça a pris deux heures. Nous sommes arrivés à la fin du délicat dernier mouvement. Le soliste joue tout le temps en haut des cordes, ce qui est très inconfortable. Tout est orchestre, tout est couleur, de petits éclairs de lumière passent de façon fulgurante, on entend des murmures, et le violon erre quelque part au-dessus. Un pays de fées. Après avoir terminé, Koussevitzky a dit :

— Messieurs, c'est très bien. Mais la fin doit être irréelle.

Tout le monde a opiné de la tête avec la plus grande gravité.

— Oui, maestro, irréelle.

Et Koussevitzky :

— Nous allons le refaire.

Une fois encore, nous sommes arrivés vers la fin, l'orchestre jouant parfaitement et, soudain, Koussevitzky s'est écrié avec son accent russe : « CE N'EST PAS IRRÉEL. » Je ne savais pas ce qu'il voulait dire. Mais au concert ce soir-là — avec la concentration, l'ineffable prodige de l'exécution en concert — ce fut fantastique.

À cette époque, l'une des expériences les plus difficiles que j'ai vécues s'est présentée au début des années 50, pendant que je préparais ma première prestation avec William Steinberg et l'Orchestre symphonique de Pittsburgh. Un jeune chef a demandé un jour à Steinberg comment il mémorisait une partition. Steinberg l'a regardé et lui a répondu : « Je ne l'apprends pas par cœur. Je la sais. » C'est ce que j'ai toujours essayé de faire : étudier une partition jusqu'à ce que je la sache. Or il se trouve que je n'avais pas commencé à étudier assez tôt l'œuvre que je devais jouer pour la première fois avec Steinberg, le *Concerto pour violon n*° *2* de Bartók. J'ai commencé à travailler mesure par mesure, page par page. J'ai mis de côté tout le reste. Je jouais tant que je pouvais, jusqu'à l'épuisement. J'allais ensuite dormir quelques heures, je me levais et je recommençais. J'ai travaillé cette œuvre vingt-quatre heures sur vingt-quatre pendant trois semaines et demie, en prenant mes repas chez moi et en dormant par petits sommes. À la fin, je la savais. Je l'ai jouée au Carnegie Hall dix ans et deux mois après mes débuts dans cette salle, en 1943.

# 6.

Au milieu du mois d'août 1948, j'ai franchi une nouvelle étape de ma carrière en emportant mon violon en Europe. Au cours de cette tournée dans une Europe qui souffrait des séquelles de la guerre, je me suis produit en Suisse, en Italie, en Suède, en Norvège et en France. Pas en Allemagne. De toute ma carrière, je ne m'y suis jamais rendu. Lorsque je joue du violon, je m'engage dans un dialogue avec mes auditeurs qui revient à leur faire l'amour. Je parle aux gens individuellement et collectivement, en même temps. Je sais à quel point cela peut paraître impossible, mais certaines personnes sont venues me voir après un concert pour me dire : « Vous savez, j'ai eu l'impression que vous ne jouiez que pour moi. » Mes souvenirs viscéraux de la période nazie, inhumaine et effroyable, m'empêchent totalement de parler et de faire l'amour à un auditoire composé d'Allemands. C'est mon fardeau personnel — il n'y a rien à gagner à le faire porter par les générations futures. Je pousse les jeunes violonistes, pianistes et violoncellistes à aller en Allemagne et à rencontrer des hommes et des femmes de leur génération. D'ailleurs, je n'ai pas transmis ce fardeau à mes enfants ; je suis sincèrement heureux que mes deux fils, eux-même musiciens, entretiennent des relations durables avec des orchestres et des auditeurs allemands. C'est assez triste de le porter moi-même.

Mes premières tournées européennes — en 1948 et 1949 — ont été organisées par Frederick Horwitz, un agent européen, courtois et cultivé, qui avait fui l'Allemagne hitlérienne vers 1933 et créé l'Organisation artistique internationale — l'OAI — à Paris. Par la suite, son fils, Michael Rainer, qui avait fait ses études aux États-Unis, s'est joint à lui et, à la mort de son père, a pris la tête de l'OAI et est devenu mon agent général pour l'Europe. Il travaillait avec des agents particuliers dans tous les pays européens où j'allais jouer au cours des quarante années suivantes. Avec sa femme, Lena, ils étaient prévenants et attentionnés envers leurs artistes — Artur Rubinstein, Rudolf Serkin, Marian Anderson et de nombreux autres. Sa mort a été une lourde perte pour le monde du concert.

L'une des raisons fondamentales qui m'ont poussé à me rendre en Europe a été l'envie de découvrir une civilisation dont le développement musical s'étale sur plus de quatre siècles, une civilisation qui a fait de la musique un élément essentiel de son bien-être culturel et économique — expérience très différente de la culture musicale américaine plus récente. Ma première impression m'a toutefois amené à la conclusion suivante : dans l'ensemble, il y avait beaucoup de similitudes entre l'Europe et l'Amérique en ce qui concerne le public ; dans les deux cultures, une partie du public qui assistait aux concerts dans les grandes villes était extrêmement raffinée et perceptive, alors que la musique était moins bien comprise en province.

Mais, naturellement, il y avait aussi des différences. La première était l'accueil merveilleusement chaleureux d'un auditoire européen une fois qu'il avait décidé d'accorder ses faveurs à un artiste. Il lui exprimait son amitié et son enthousiasme sans la moindre réserve et il n'y avait plus aucune inhibition. (Mais on m'a également dit que le rejet d'un interprète ou d'un compositeur était tout aussi véhément. Heureusement, je n'y ai pas été confronté.) Une réaction positive aussi spontanée a une valeur inestimable pour un artiste : elle procure un sentiment de relation instantanée, qui rend l'exécution d'autant plus vivante pour tous. Autre différence notable : le public européen, à l'exception peut-être des Britanniques, se faisait sa propre idée sur un interprète avant même la parution des critiques. Évidemment, l'Europe manquait alors de papier et d'électricité, ce qui entraînait souvent des retards de deux jours à deux semaines dans la parution des critiques. Mais, en Suisse ou en Suède, où l'économie n'avait pas vraiment souffert de la guerre et où elles étaient publiées rapidement, on ressentait une impression analogue : ces critiques ne revêtaient pas la même importance qu'une critique new-yorkaise pouvait avoir.

Avant même de me rendre en Europe, j'avais le sentiment que la réputation d'un niveau culturel élevé résultait moins d'un amour de la culture pour elle-même que de l'importance naturelle de la culture musicale sans se limiter à une fonction artistique, particulièrement en Europe centrale. En Allemagne comme en Autriche, les grandes sources de l'instruction musicale avant 1933, l'intégration de la musique dans la culture nationale ont été dues dans une large mesure au fait que Bach, Haydn, Mozart, Beethoven, Schubert, Brahms, Wagner, Mahler, Hugo Wolf, Strauss, Bruckner, pour ne citer qu'eux, étaient tous des compositeurs nationaux et appartenaient donc à la culture de ces pays. Si la plupart des Américains étaient familiarisés avec *Porgy and Bess* et les chansons de Stephen Foster, la plupart des Européens connaissaient bien les *lieder* de Schubert et les symphonies de Beethoven et de Brahms — résultat d'une fierté à la fois culturelle et nationaliste. À chaque pays s'ajoutait une culture propre : comme en France l'influence de Debussy et de Ravel ; en Italie la musique de Verdi et de Puccini...

Tout cela conduisait à une forme assez naturelle de chauvinisme musical à l'égard du Nouveau Monde. Par exemple, un critique a dit que, bien que je sois américain, j'avais l'âme musicale d'un Européen. Les critiques avaient du mal à concevoir qu'un Américain puisse avoir une réelle culture musicale (c'est-à-dire européenne). Ils ignoraient totalement à quel point le niveau musical avait évolué en Amérique. En fait, la plupart des orchestres que j'ai entendus à l'étranger étaient loin de tenir la comparaison avec les dix plus grands orchestres américains. Il y avait bien sûr des exceptions : Berlin, Vienne, Amsterdam... Mais la plupart des Européens n'avaient aucune idée de toutes les musiques nouvelles que jouaient les ensembles importants comme ceux d'avant-garde d'un bout à l'autre des États-Unis. Pour la majeure partie de l'Europe, l'Amérique se trouvait à l'échelon inférieur de la hiérarchie musicale. La première fois que je suis monté sur une scène européenne, j'ai senti la salle dire : « Allez, vas-y. Montre-nous ce que tu sais faire. Nous, qui connaissons vraiment la musique, nous jugerons. » Ils ont jugé. La tournée a remporté un immense succès. J'ai été accueilli partout avec un enthousiasme explosif, ce qui était étonnant et fort agréable. Je n'avais encore jamais recueilli une telle approbation générale et ça faisait vraiment du bien. En outre, j'ai reçu régulièrement des offres fermes d'engagements pour revenir l'année suivante, mais j'ai évité de faire des promesses avant d'en avoir parlé à Sol Hurok.

La tournée en Grande-Bretagne, cette année 1948, a été organisée par Harold Holt, Ltd. M. Harold Holt était un homme jovial et amusant, de carrure imposante, toujours en train de rire ; c'était la personnalité la plus respectée dans le domaine de l'organisation artistique en Grande-Bretagne. Lorsqu'il a lancé ma carrière, j'ai été programmé dans ce que l'on appelait alors la Celebrity Concert Series, une série de concerts dans de nombreuses villes du pays, notamment Newcastle-on-Tyne, Liverpool, Manchester et bien d'autres encore. Il faisait gris et brumeux, la Grande-Bretagne venait juste de sortir des difficultés d'après-guerre. Les vitres des trains étaient sales et l'on trouvait des plombs dans le gibier que divers hôtels du pays proposaient pour le dîner. Tous mes hôtes m'ont toujours reçu avec beaucoup d'hospitalité et de prévenance ; ils ont fait en sorte que je me sente le bienvenu, même si je leur étais totalement inconnu. Cette attitude n'a jamais été aussi manifeste qu'au premier récital que j'ai donné à Édimbourg. Usher Hall, qui allait par la suite devenir la principale salle de concerts du Festival d'Édimbourg, pouvait accueillir environ mille huit cents personnes. Et j'ai eu un énorme auditoire : à peu près cinquante-quatre personnes à ce premier concert, auquel assistait notamment un certain Ian Hunter !

Ils étaient si éparpillés que je les ai invités à se regrouper aux deux ou trois premiers rangs. Des années plus tard, Ian Hunter a été nommé directeur du Festival d'Édimbourg, et quelques années après la mort de Harold Holt, il est devenu administrateur de Harold Holt, Ltd. Le nom et le prestige de ce bureau ont survécu, mais Ian en était le moteur.

Après cette première tournée avec M. Holt, je lui ai proposé de ne plus me faire jouer en province, mais de me faire engager pour un ou deux concerts seulement avec les plus grands orchestres londoniens et d'attendre que ma réputation s'établisse avant de repartir en tournée. Cette décision a abouti aux premiers concerts à Londres avec Sir Thomas Beecham et le Royal Philharmonic Orchestra. Et la sagesse de cette décision allait se confirmer car mon auditoire merveilleux et fidèle a grandi au fil des ans.

Je suis rentré aux États-Unis, où j'ai donné dix-huit concerts. En janvier, après un récital avec Zakin à Caracas, au Venezuela, je me suis envolé pour Barranquilla, en Colombie. La région était en train de vivre une petite révolution et, lorsque nous avons atterri, l'avion a été subitement entouré de soldats armés de fusils. Tous les passagers qui débarquaient ont dû placer leurs valises sur un chariot pour qu'on les inspecte. J'avais évidemment mon violon. En aucun cas, je n'aurais laissé un militaire de dix-neuf ans y toucher, et je me suis donc mis à faire des objections. Immédiatement, je me suis retrouvé avec Zakin sous la menace d'une arme à feu en direction du terminal et, de là, nous avons été emmenés en ville pour être jetés en prison. J'ai hurlé que je voulais téléphoner et j'ai appelé le consul américain qui est venu rapidement régler ce malentendu.

À Recife, au Brésil, au cours de cette première tournée en Amérique du Sud, la salle était aérée, c'est le moins que l'on ait pu en dire : les portes gondolées ne fermaient pas, les fenêtres étaient cassées. On entendait des chiens aboyer dans le lointain. La bataille consistait à savoir quels sons domineraient — ceux des chiens ou ceux du violon. Au troisième rang du public se tenait un homme qui passait son temps à prendre des photos. Je lui ai fait signe à plusieurs reprises de baisser son appareil, mais il a continué à canarder sans la moindre interruption. J'ai finalement cessé de jouer, je l'ai regardé et, en levant les bras, j'ai crié : « Dehors ! » Le public a applaudi. Je suis resté là à attendre. Il s'est levé, a quitté la salle et là seulement je me suis remis à jouer.

En Amérique du Sud, le public qui s'intéressait à la musique était d'origine européenne. Je me rappelle le plaisir que j'ai éprouvé au Teatro Colón de Buenos Aires, une salle de deux mille deux cents places, à l'italienne, comme les théâtres lyriques européens, avec plusieurs balcons et un tel espace entre les rangées du parterre que l'on pouvait accéder à sa place sans déranger quiconque. La perfection de l'acoustique m'a particulièrement étonné. On dit souvent : « On aurait pu entendre une mouche voler. » Dans cette salle, c'était le cas. L'acoustique donnait à la musique une magnifique résonance, chaude et riche, et une clarté tout à fait remarquable. Mais comme au théâtre lyrique, l'éclairage de la scène convenait mal à des récitals. Je me souviens du lampadaire orné de pompons qui semblait provenir d'une belle maison et qui se trouvait sur la scène, près du clavier du piano, ajoutant une touche intime à cette énorme salle. Il y était encore lorsque j'y suis retourné bien plus tard.

Il me vient en mémoire une énorme tempête de neige qui s'est abattue subitement sur New York à la même époque : trente centimètres de neige ont recouvert la ville en une nuit. Je devais donner un concert avec l'Orchestre symphonique de Saint Louis, sous la direction de Vladimir Golschmann. Mais les aéroports étaient fermés. J'ai pris mon violon et deux sacs et, enfoncé jusqu'aux genoux dans la neige, je suis allé jusqu'au métro. Puis j'ai pris un train à Pennsylvania Station, qui a été énormément retardé par la neige, et je suis arrivé à Saint Louis avec une vingtaine de minutes de retard. On m'a conduit directement dans la salle et je suis entré sur scène en vêtements de voyage, mon pantalon plein de faux plis. J'ai joué, correctement si je m'en souviens bien, Mozart — sans répétition. Quel moment fabuleux !

Une fois, avec Zakin, allant dans le Wisconsin, la neige a perturbé tout le voyage. Nous nous sommes retrouvés prisonniers d'une congère. J'ai laissé Zakin dans la voiture avec les bagages et le violon et je me suis frayé péniblement un chemin jusqu'à la ville la plus proche, à un kilomètre et demi, pour trouver une dépanneuse susceptible de nous sortir de là. Nous avons finalement pris un train et sommes arrivés à Milwaukee une demi-heure avant le concert. La ville était paralysée par la même tempête et moins de cent cinquante personnes ont réussi à rejoindre la salle. Une fois encore, je leur ai demandé de se regrouper près de la scène et nous avons donné le récital pour les courageux qui étaient venus.

L'un des rares concerts que j'ai manqués dans ma carrière supposait d'aller de Los Angeles à San Diego — deux heures en voiture ou vingt minutes en avion. Pour une fois, j'avais opté pour l'avion ; je me suis endormi puis réveillé une heure plus tard — nous étions toujours en vol. Le mauvais temps nous avait ramenés à Los Angeles, où je me suis mis à téléphoner avec frénésie. L'Orchestre philharmonique de Los Angeles, en tournée, m'a remplacé par une symphonie. J'ai appelé mon ami Danny Kaye pour qu'il me témoigne un peu de sympathie et de commisération, mais, en fait, j'ai eu droit à un énorme éclat de rire et à une invitation à le rejoindre pour déguster l'un de ces dîners chinois qu'il adorait préparer. C'était un grand ami, un passionné de musique et un virtuose de la cuisine.

À New York, j'habitais encore avec ma mère et ma sœur dans notre appartement au sixième étage de l'immeuble situé au coin de la 79$^{e}$ rue et de Riverside Drive. L'appartement comportait un long couloir qui desservait diverses pièces, y compris la cuisine. La grande salle à manger et le grand salon donnaient sur Riverside Drive et sur l'Hudson River. Un piano était disposé dans le salon, ainsi qu'un divan, des fauteuils et de petites tables. Les chambres à coucher donnaient sur d'autres immeubles à l'arrière de l'appartement.

Avec Alexander Zakin, nous répétions chez moi quatre ou cinq fois par semaine, lorsque nous préparions des programmes. S'il s'agissait seulement de lire de la musique en général, nous choisissions un moment qui nous convenait à tous deux. Il me semblait essentiel de travailler très régulièrement avec Shura (diminutif affectueux que je lui donnais). Nous avions conclu un accord : il touchait une somme comparable à ce qu'un pianiste de son envergure aurait gagné en un an, que nous donnions un seul concert ou quarante. Autrement dit, il ne s'agissait pas d'un accord au coup par coup, mais d'un arrangement permanent, qui s'appliquait autant à notre travail qu'à notre vie privée. Pour les prestations qui sortaient de notre calendrier de concerts normal — enregistrements, radio, télévision — je m'arrangeais toujours pour que l'organisme qui nous engageait lui verse des émoluments supplémentaires ; sinon, je m'en chargeais personnellement. Ainsi, nous n'avions ni l'un ni l'autre à nous inquiéter ; nous étions engagés l'un envers l'autre. Je ne suis pas sûr que d'autres artistes aient pratiqué ce genre d'arrangement personnel et professionnel. Beaucoup de pianistes ont travaillé en étroite collaboration avec de grands artistes — Emmanuel Bay avec Heifetz, Franz Rupp avec Marian Anderson par exemple — mais je ne pense pas que leurs relations aient été aussi étroites que la nôtre.

Nous décidions ensemble du répertoire. Nos répétitions étaient intenses et concentrées ; elles se déroulaient dans les conditions de travail les plus chaleureuses que l'on puisse imaginer. Nous éprouvions beaucoup d'affection et un très grand respect l'un pour l'autre. Zakin, musicien extrêmement compétent, avait un jeu parfait ; il possédait une extraordinaire maîtrise technique, qui ne se manifestait jamais avec ostentation. Il m'a souvent apporté une aide considérable pour exécuter certaines cadences ou arranger certains passages de piano afin de faire ressortir plus clairement la ligne musicale. Heureusement, l'appartement de Riverside Drive se trouvait dans un vieil immeuble d'une très bonne construction. Nous répétions jour et nuit sans le moindre conflit avec les voisins. Ils nous entendaient probablement un peu, mais ils ne se sont jamais plaints. Et nous n'avons jamais fait payer à personne le droit d'écouter nos répétitions !

Pour nos programmes, mes choix musicaux reposaient entièrement sur mes goûts personnels. Si vous jouez un morceau que vous n'aimez pas simplement pour une question de durée, ou parce que d'autres personnes l'aiment, ou parce que vous avez besoin de quelque chose de léger ou d'éclatant à un certain moment du programme, vous ne parviendrez pas à le faire aimer du public. Ce que vous jouez à un moment donné doit être le morceau de musique que vous préférez vous-même. Il doit signifier quelque chose pour vous dont vous voulez communiquer le sens à votre auditoire. Lorsque vous êtes sur scène, vous ne pouvez faire semblant ; l'auditoire perçoit votre conviction ou votre manque de conviction. J'ai la chance d'avoir toujours aimé toutes sortes de musique : les classiques, pour leur grandeur et leur beauté ; les contemporains, parce que les compositeurs de ma génération ont quelque chose d'important à dire, à moi et à notre époque ; et même les soi-disant chevaux de bataille, ces classiques d'une immense popularité — les concertos de Mendelssohn et de Tchaïkovski, les sonates de Beethoven et de Brahms, *Tzigane* de Ravel, les *Danses slaves* de Dvořák. Je ne me lasse pas plus de ces œuvres que le public. Elles sont aimées parce qu'elles le méritent. Zakin et moi les jouions donc avec plaisir.

Je me souviens que nous étions en train de répéter le jour où John Glenn s'est envolé dans l'espace pour la première fois. Je voulais absolument voir l'événement et me suis arrangé pour placer un petit poste de télévision sur le piano afin que nous puissions répéter jusqu'à la mise à feu. Nous avons travaillé de façon soutenue et, au moment où l'on a annoncé que la fusée était prête pour le lancement, nous nous sommes arrêtés pour regarder les dernières secondes du compte à rebours. Nous avons entendu un bruit terrible et vu un nuage ondulant. Lentement, à regret, la fusée a quitté la gravité de la Terre et a commencé à s'élever dans le ciel. En regardant ces images, je me suis mis à penser à l'avenir. J'imaginais bien que les personnes responsables du programme spatial finiraient par arriver à envoyer des fusées sur la Lune. Je me suis tourné vers Zakin et lui ai dit très sérieusement : « Qu'aimerais-tu jouer avec moi pour le premier concert que nous donnerons pour la colonie de la Lune ? » Il m'a regardé, il a regardé l'écran du téléviseur, puis m'a regardé de nouveau et a répondu, avec autant de sérieux : « N'aimerais-tu pas faire appel à un pianiste local ? »

Zakin était petit, blond, et recevait les faveurs des femmes jusqu'à ce qu'il rencontre l'Isabelle qu'il allait épouser. Il parlait l'anglais avec l'accent de sa Russie natale, ainsi que le polonais et l'allemand. Il se faisait une idée assez morose de la vie. L'une de ses remarques préférées à la fin d'un concert, après notre dernier bis, était : « Bon, encore un concert qui nous rapproche de la tombe. » L'optimisme russe. Je pense que l'équipe que j'ai formée avec Zakin, mon compagnon d'armes durant trente-trois ans, a été l'une des plus durables collaborations — sinon *la* plus durable — entre un violoniste et un pianiste dans l'histoire de la musique moderne.

Ma mère était souvent dans l'appartement et nous écoutait répéter. Elle était petite, encore plus petite que moi, et assez corpulente. Des photos, prises dans les années 20 et 1930, montrent déjà une femme solidement charpentée, et elle a encore grossi au cours des années suivantes. La nourriture était l'un de ses grands centres d'intérêt : la préparer, la servir, la manger. Ces trois étapes l'enthousiasmaient. Nous avions à peu près les mêmes yeux : gris-vert. Sa voix féminine, vraiment douce, possédait cette sonorité et cet accent qui sont la quintessence d'une juive russe utilisant aisément l'anglais comme seconde langue. Son accent et sa syntaxe avaient la cadence d'une autre langue. Lorsque je pense à ma mère, les mots « douceur », « amour », « immense soutien » me viennent à l'esprit. Elle était pleine d'espoir pour la réussite de ma carrière ; elle l'a regardée évoluer favorablement avec fierté durant les années 1940 ; mais elle n'a jamais été arriviste comme le sont certaines mères d'artistes. Elle ne s'intéressait que vaguement à la politique. Je ne me souviens d'aucune chose qu'elle ait vraiment détestée.

À l'âge de quinze ans, j'étais déjà un professionnel et ma sœur, Eva, n'avait que huit ans. Excellente élève, elle a terminé ses études à Lowell High School en deux ans. À treize ans, elle est entrée dans un groupe sioniste, Hashomer Hatza'ir (Les Jeunes Pionniers), formé de jeunes gens de Los Angeles et de San Francisco, qui se réunissaient pour se préparer à une vie future en Israël. Elle est restée à peu près un an dans ce groupe, avant de le quitter. Elle a ensuite passé un an à l'université de Californie, puis a décidé de poursuivre ses études sur la côte est. Elle s'est rendue à New York. Grâce à Hy Goldsmith, qui travaillait alors aux Nations unies, elle a obtenu un travail temporaire aux National Laboratories de Brookhaven, où elle a fait la connaissance d'un physicien, William Hornyak, qu'elle a épousé par la suite. Pédagogue de talent, il est devenu directeur d'études du département de physique à l'université du Maryland. Peut-être, l'attention dont j'ai fait l'objet a-t-elle parfois donné à Eva l'impression d'être négligée ou de ne pas bénéficier d'un soutien familial solide. Mais la profonde affection que nous avons l'un pour l'autre n'a jamais fléchi. Une fois adultes, nous sommes devenus très proches et le sommes toujours.

Un interprète choisit et prépare un répertoire en pensant à la diversité musicale, en cherchant à mettre en valeur ses compétences et à émouvoir son auditoire, sans jamais oublier que le monde de la musique est extrêmement complexe car il est dépourvu d'absolus — sauf lorsque ce qu'il fait est mauvais, absolument mauvais, dans un mauvais tempo, avec des idées fausses, une compréhension erronée de la période de l'histoire de la musique à laquelle l'œuvre a été composée et une méconnaissance de la façon dont elle était alors jouée. En répétant et en travaillant, il faut apprendre quels sont les éléments variables. La plupart des gens continuent à penser que les mots *piano*, *forte*, *mezzo forte*, *mezzo piano* — c'est-à-dire doux, fort, moyennement fort, moyennement doux — ne veulent rien dire en eux-mêmes. Chacune de ces indications se réfère simplement au son qui la précède ; le genre de *piano* ou le genre de *forte* que l'on joue ou que l'on utilise dépend presque entièrement de l'endroit où il se présente dans le corps de l'œuvre. Et la relation entre la qualité et la quantité de son est liée à la maîtrise et à la compréhension par l'interprète du concept global du compositeur. Lorsque l'on joue la première note d'une œuvre, il faut déjà savoir où l'on espère parvenir en atteignant la note finale de ce mouvement, s'il s'agit d'une œuvre en trois ou quatre mouvements ; il faut connaître les relations tonales, harmoniques et de tempo entre ceux-ci pour que cette partition forme un tout, de la première à la dernière note.

Et l'on se souvient d'exécutions d'une même œuvre par beaucoup de grands artistes ; elles paraissaient si différentes et pourtant toutes si justes. Comment un morceau peut-il être joué de façons si diverses ? Parce que, en pénétrant l'œuvre dans sa totalité, l'interprète apprécie la masse sonore et la vitesse requises par la partition en tenant compte de ses propres capacités sonores et techniques afin de pouvoir donner une impression de facilité dans les passages difficiles. Dans toute bonne exécution, il y a une logique inexorable qui vous force à admettre qu'elle a vraiment un sens et qu'il doit en être ainsi. Ensuite, vous entendrez quelqu'un d'autre jouer la même chose différemment et vous vous ferez la même remarque. Au-delà de la connaissance de l'instrument et de l'histoire de la musique qu'il a nécessairement acquises, l'artiste vit en une sorte de symbiose personnelle indéfinissable avec son instrument, que ce soit le violon, le piano, le violoncelle ou ses propres cordes vocales. Lorsqu'il joue, il entend l'œuvre à sa manière, très personnelle et particulière. Tout grand artiste a une force d'interprétation distinctive. Il la cherche tout au long de sa vie : elle est simple et unique. La responsabilité la plus lourde d'un interprète consiste à savoir à quel point une œuvre est complexe, entremêlée et difficile — et comment la faire paraître simple et évidente. C'est ce que nous nous sommes efforcés de faire avec Zakin à propos de toutes celles que nous avons choisies pour composer notre répertoire au cours de ces années, pendant les répétitions comme pendant les exécutions.

# 7.

L'un des principaux problèmes politiques de la période d'après-guerre s'est posé lorsqu'il fut question de se prononcer sur la conduite de certains musiciens allemands qui avaient participé à la vie culturelle de l'Allemagne nazie. Wilhelm Furtwängler était un musicien exceptionnel — et un pur Allemand. Lorsque Hitler a pris le pouvoir en 1933, Furtwängler était le chef de l'Orchestre philharmonique de Berlin. Il a commencé par faire ce qu'il pouvait pour protéger et aider les musiciens juifs de son orchestre, qui avaient l'interdiction de participer à quelque activité culturelle que ce soit. Mais lorsque les choses sont devenues vraiment difficiles, il a baissé les bras et a laissé les événements suivre leur cours. Il croyait en l'Allemagne ; l'Allemagne était le véritable centre de sa vie. C'est toute la différence qui le sépare des frères Busch (Fritz, le chef d'orchestre, et Adolf, le violoniste) et d'autres musiciens non juifs qui ont pourtant choisi de quitter l'Allemagne nazie. Furtwängler aurait été reçu avec les honneurs et acclamé n'importe où dans le monde, mais il a choisi de rester en Allemagne. Pour autant que je sache, il n'a jamais adhéré au parti nazi, mais, pendant toute la guerre, il a dirigé de la musique dans l'Allemagne nazie.

Il y avait un chef d'orchestre très connu, Paul Kletzki, qui était un merveilleux musicien et avec lequel j'ai souvent joué à la Scala, en Suisse, en Amérique et ailleurs. C'était un juif polonais qui avait des compétences musicales remarquables ; il possédait un charmant sens de l'humour typique de l'Europe centrale, un sourire forcé et d'énormes sourcils — l'un de ses sourcils partait vers le haut, l'autre vers le bas, ce qui donnait à son visage une expression unique. Protégé de Furtwängler, il avait habité chez lui et était considéré comme un membre de sa famille, comme un véritable fils. En 1933, Kletzki a fui l'Allemagne et s'est retrouvé en Italie, sans travail, mourant pratiquement de faim et parvenant difficilement à survivre avec trois ou quatre bols de spaghettis par semaine. Il m'a dit que lorsqu'il a lu dans les journaux que Furtwängler allait diriger en Suisse au Festival de Lucerne, il lui a écrit à son adresse suisse : « En souvenir de l'intimité qui a été la nôtre à Berlin et des longues périodes où nous avons vécu ensemble, je vous demande amicalement de m'envoyer de l'aide ici en Italie. Je vous le demande pendant que vous n'êtes pas en Allemagne pour que vous puissiez le faire avec des fonds étrangers qui ne passeront pas nécessairement par une autorité allemande. » Kletzki a longtemps attendu la réponse. Finalement, Furtwängler lui a écrit : « Mon cher Paul, en tant que vieil ami, j'aimerais beaucoup vous aider. En tant qu'Allemand, je ne peux pas. »

Quelques années après la guerre, Furtwängler a été invité aux États-Unis à prendre la succession d'Artur Rodzinski à la tête de l'Orchestre symphonique de Chicago. Un certain nombre d'artistes — parmi lesquels Arthur Rubinstein, Vladimir Horowitz, Nathan Milstein, Jascha Heifetz, Gregor Piatigorsky, moi-même et bien d'autres — ont vite fait savoir, par une lettre signée de tous et adressée à la direction et au conseil d'administration, que si ce poste était confié à Furtwängler, ils ne rejoueraient jamais plus avec l'Orchestre symphonique de Chicago. Furtwängler n'a pas été nommé.

Au cours de ma première tournée européenne, j'ai donné un récital dans la charmante salle Gaveau, à Paris ; puis j'ai été invité au Festival de Lucerne, où le chef d'orchestre était Charles Munch, que j'aimais beaucoup et dont j'avais fait la connaissance plusieurs années auparavant en Amérique. Nous nous détendions dans la loge avant le concert lorsqu'un homme est entré accompagné de quelques personnes. Âgé d'une soixantaine d'années, il était grand, cadavérique, avec les yeux enfoncés, de hautes pommettes, les cheveux gris plutôt clairsemés. Je lui ai été présenté : Wilhelm Furtwängler. Je l'ai salué de façon assez formelle et à une certaine distance. Il m'a répondu poliment, puis a entamé une conversation avec Munch. Je me suis assis sur un divan en cuir assez défoncé et me suis adressé directement à ceux qui m'entouraient, mais pas à Furtwängler. À un moment, Munch, qui se tenait à côté de Furtwängler, a dit quelque chose de drôle. Je me suis tourné vers lui et vers Furtwängler et j'ai éclaté de rire — et un flash s'est déclenché. Quelqu'un avait pris une photo, qui, je l'ai découvert plus tard, a été diffusée. On m'y voyait en train de rire franchement avec Furtwängler, mais sur cette photo, tous les autres, y compris Munch, avaient disparu. Et elle circulait avec le commentaire suivant : « Si Stern peut s'amuser avec Furtwängler en coulisses en Europe, pourquoi l'attaque-t-il et refuse-t-il de jouer avec lui aux États-Unis ? » Je pense que les partisans de Furtwängler ont également fait paraître cette photographie dans des journaux. Un petit exemple de la politique de pouvoir après la guerre dans une arène très mineure.

J'ai toujours senti qu'il était trop facile pour ceux d'entre nous qui vivions du côté américain de l'océan, épargnés par les horreurs de la guerre, de dire aux autres : « Pourquoi n'êtes-vous pas des héros ? Pourquoi n'offrez-vous pas vos poitrines nues aux mitrailleuses ? » Je comprends fort bien la position de musiciens européens tels Georg Solti et quelques autres pour lesquels j'éprouve de la sympathie. Après la guerre, ils ont trouvé des postes dans ce pays ravagé qu'était l'Allemagne et ils ont participé à la reconstruction de son infrastructure musicale ; ils n'avaient pas le choix ; il leur était impossible de quitter l'Europe sans une certaine réputation musicale, qu'ils ne possédaient pas encore. Mais certains musiciens de renom auraient pu quitter l'Allemagne avant la guerre et venir en Amérique, où ils auraient eu beaucoup de succès et gagné beaucoup d'argent. Wilhelm Furtwängler en faisait partie.

Contrairement à Richard Strauss, Furtwängler n'a jamais été antisémite. Je crois que c'était un homme assez agréable, à l'esprit très ouvert. Mais, fatalement, c'était aussi un faible, qui a préféré fermer les yeux devant ce qui se passait autour de lui, qui a décidé de rester, même à l'époque nazie, *le* chef d'orchestre allemand.

# 8.

Sol Hurok mesurait environ un mètre soixante-dix, il était rondelet et costaud, avec un visage expressif toujours prêt à sourire. Il avait un sens de l'humour caché : il riait ou se moquait facilement des autres et de lui-même. Il roulait les r, avec une voix nettement marquée par ses années de formation en Russie et ses origines juives et parlait plusieurs langues, toujours avec l'accent yiddish. Il avait l'habitude de porter des chapeaux mous à larges bords avec désinvolture, en retournant un bord vers le bas, comme George Raft dans les premiers temps du cinéma, et de beaux pardessus à col de fourrure ; à la fin de sa vie, il arborait une canne à pommeau d'argent. Plus qu'un manager, c'était un imprésario, l'un des plus grands du siècle. Il a découvert, promu et présenté quantité d'artistes et de spectacles. Ce qui veut dire qu'il a pris des risques. Il a avancé de l'argent sur ses fonds propres ou trouvé le financement nécessaire pour soutenir des musiciens inconnus. Il engageait de jeunes artistes qui cherchaient à percer et les prenait à l'essai pendant deux ans pour voir si leur carrière démarrait ; sinon, il s'en désintéressait. Il a fait des fortunes, mais il a aussi perdu beaucoup d'argent. C'était un homme flamboyant qui avait une totale confiance en lui, le seul que j'aie jamais connu qui parlait de lui-même à la troisième personne — « Hurok a dit que » ; « Hurok pense ainsi » ; « Hurok l'a fait » — de la façon la plus naturelle du monde.

Il pensait toujours aux « individus », à l'homme du commun. Et même s'il aimait l'argent et son rang social, il était convaincu que les arts devaient être accessibles au plus grand nombre. C'est lui qui a fait venir en Amérique les compagnies de ballet européennes. Il avait un sens extraordinaire de ce qui faisait recette. Lorsqu'il avait une compagnie de ballet — russe, britannique, française — ou n'importe quel artiste qui se produisait à New York, pour un seul jour ou pour six semaines, il était chaque soir au théâtre, vérifiant la location, le public, les sièges vides. Il ne vivait que pour ses artistes, pour ses concerts — à tel point qu'il semblait ne s'intéresser à rien d'autre. Pourtant, bien qu'il fût le patron, nous sommes devenus très proches. Environ cinq ans après le début de notre collaboration, Hurok ou ses avocats et comptables ont décidé qu'il devrait y avoir un contrat écrit ; on m'en a présenté un, qui contenait des clauses totalement inacceptables. Je les ai récrites et je lui ai rapporté le contrat. Il l'a regardé, l'a mis dans un tiroir et nous n'avons plus jamais vu, ni l'un ni l'autre, quoi que ce soit qui ressemble à un contrat.

À un certain moment, je me suis aperçu que le fait de l'appeler « M. Hurok » ne correspondait pas à l'intimité que je ressentais entre nous. Je ne voulais pas l'appeler « Sol » ce qui aurait été trop audacieux et aurait manqué de respect, compte tenu de notre différence d'âge. Je me suis donc mis à l'appeler « papa » lorsque nous étions seuls ou au téléphone ; une fois, je l'avais entendu dire qu'il était Papa Hurok pour quantité de jeunes gens. Il m'a beaucoup appris. Notamment, lorsque, par la suite, j'ai fait des tournées qui me procuraient d'excellents revenus, plusieurs imprésarios m'ont dit : « Pourquoi n'obtenez-vous pas un cachet plus élevé ? Vous le valez, nous gagnons de l'argent sur votre nom. Pourquoi ne demandez-vous pas davantage ? » Lorsque j'en ai parlé à Hurok, il m'a dit : « N'oublie pas une chose. Ne demande jamais plus que ce que tu peux gagner honnêtement compte tenu des possibilités de l'imprésario local. L'imprésario doit toujours gagner de l'argent. Demande un petit peu moins et tu seras certain d'assurer ta carrière avec lui. » Il avait parfaitement raison. Et depuis 1938, je n'ai jamais connu de mauvaise saison, ou de saison moins bonne que la précédente. J'ai entretenu de bonnes et durables relations avec les administrateurs de tous les plus grands orchestres, ainsi qu'avec les imprésarios individuels.

Hurok s'intéressait aussi beaucoup à la politique et aux affaires internationales ; c'était une sorte de socialiste de salon. Le dimanche, il écoutait les nouvelles à la radio et, par la suite, il a regardé les débats à la télévision. Comme il était constamment en voyage en Europe, d'où il faisait venir des artistes, il avait beaucoup d'amis influents et de contacts au Département d'État. Il était connu pour son esprit. Ainsi, lorsque Vladimir Horowitz, après avoir quitté la scène pendant douze ans, est revenu au Carnegie Hall donner un récital, ce fut l'événement musical de la décennie, un événement sensationnel. Hurok voulait absolument devenir l'imprésario de Horowitz, mais celui-ci refusait parce que Hurok était l'imprésario et l'ami intime d'Artur Rubinstein, le rival numéro un de Horowitz. Après le concert, lorsque l'on a demandé à Hurok ce qu'il pensait de la prestation de Horowitz, il a fait cette réponse mémorable :

— Eh ! À quoi vous attendiez-vous ? Douze ans de travail pour un seul programme.

Une fois, lors d'une interview à la radio, son interlocuteur lui a dit :

— Vous savez, vous avez le don de choisir des artistes et des spectacles qui remportent d'énormes succès. Il y a en vous une touche de magie. Comment est-ce possible ?

Hurok a répondu :

— Je ne sais pas ce qui remplit les salles. Je sais une chose. Si les gens ne veulent pas venir, rien ne les forcera.

L'assistante personnelle de Sol Hurok, Mae Frohman, faisait marcher le bureau et était la confidente en laquelle il avait le plus confiance et qui lui servait de lien avec ses artistes. Hurok s'était beaucoup impliqué dans le ballet : à lui tout seul, il a éveillé l'intérêt de l'Américain moyen pour cet art en faisant venir aux États-Unis des compagnies européennes. Mae Frohman était particulièrement proche du Ballet Theatre, la compagnie fondée par Lucia Chase ; cette femme riche appartenait à une famille qui possédait un commerce de tapis réputé. Lucia Chase était elle-même une danseuse enthousiaste, une excellente comédienne et tenait des rôles secondaires dans des ballets, apportant souvent à sa danse un humour piquant ; elle avait en outre une forte présence sur scène.

L'une des grandes étoiles de cette compagnie, Nora Kaye, avait un physique puissant et pouvait supporter toutes les exigences du ballet classique. Elle ne possédait ni la grâce, ni le charme, ni la sensibilité ineffable d'étoiles comme Margot Fonteyn ou Alicia Markova, mais elle avait un sens du théâtre inouï et elle était capable d'extérioriser n'importe quel état d'âme ou n'importe quelles facettes du rôle qu'elle dansait : drame, tragédie, humour. Antony Tudor a créé et repris pour elle des ballets, qui ont ensuite constitué le fonds de répertoire du Ballet Theatre : *Pillar of Fire*, *Lilac Garden*, etc. Pour des raisons qui importent peu ici, Nora a vécu une crise personnelle et artistique qui lui a fait quitter le Ballet Theatre et le monde de la danse. C'est durant cette période que Mae Frohman me l'a présentée. Je la connaissais de réputation, mais je ne l'avais jamais vue danser. Elle avait un corps ferme et dense, plus arrondi que celui des ballerines classiques. Son visage n'était pas très beau : le nez trop large, les sourcils épais. Même si la structure de son visage était remarquable et attirait d'emblée l'attention, on n'aurait pas pu affirmer de prime abord qu'elle était belle s'il avait fallu la décrire. Sa voix était l'élément le moins heureux de son physique : aiguë et colorée par un accent de Brooklyn qui révélait clairement ses origines juives russes et ses débuts new-yorkais. Le timbre de sa voix, son ton monotone et nasal l'ont empêchée de devenir l'une de nos grandes actrices dramatiques. En voyant Nora on découvrait une personnalité, une vivacité, une force capable d'exprimer un rire naturel et un ardent désir de profiter de la vie. Nous avons ressenti une attirance presque instantanée l'un pour l'autre et une liaison passionnée a vu le jour. Elle était bouleversée par cette sensation nouvelle de stabilité aux antipodes de ce qu'elle avait toujours vécu : cours de danse, répétitions, représentations, cours de danse. La vie d'une danseuse étoile, apparemment pleine d'enchantement et d'excitation, repose en réalité sur un travail acharné et sur la routine. Le corps est l'instrument ; il ne peut fonctionner que s'il travaille et est constamment entraîné. Pendant que je lui faisais la cour avec ardeur — je ne me souviens pas avoir jamais envisagé le mariage, au début ; nous étions trop occupés à être ensemble — elle m'a rejoint en Suisse, durant l'été 1949, lorsque je suis allé jouer au Festival de Montreux. J'étais déjà arrivé à l'hôtel et je l'attendais dans la grande suite que j'avais réservée pour nous. Elle m'a rejoint et nous sommes descendus au bar avant le dîner. Nous étions tellement heureux que nous avons commencé par porter un toast à nos retrouvailles — et nous avons finalement vidé une bouteille de vodka, environ dix-huit verres chacun. Remontés dans notre chambre, nous nous sommes évanouis. Le reste de la nuit est assez confus, mais je sais qu'avant la fin de ce séjour d'une semaine, nous avions décidé de nous marier le plus tôt possible. Il nous semblait alors évident que nous pourrions passer ensemble une vie merveilleuse et nous le voulions tous deux.

Comme Nora n'avait jamais rencontré ma famille, ni moi la sienne, le lieu de notre mariage et le genre de cérémonie nous ont posé un problème. Serait-ce un mariage formel à la synagogue, en invitant une multitude de personnes, le tout en grande pompe ? Tout en discutant des diverses possibilités, il nous est apparu comme une évidence que nous voulions tous deux nous marier rapidement et dans le calme, et commencer dès que possible notre nouvelle vie commune. En retournant à New York, nous avons donc informé nos familles que nous étions sur le point de nous marier, nous avons demandé une dispense de bans et, le 10 novembre 1949, nous sommes allés au City Hall, où nous avons été mariés par celui qui était à l'époque l'autorité reconnue pour présider la cérémonie civile. Ensuite, il y a eu une joyeuse réception — à quel endroit exactement, je ne m'en souviens pas — et Nora s'est installée dans l'appartement de Riverside Drive, qui était pour moi notre foyer. Ma mère avait emménagé ailleurs quelques semaines plus tôt.

Au bout de quelques mois, j'ai commencé à comprendre qu'en restant avec moi pendant mon travail, mes voyages, mes concerts et mes rencontres avec le public, Nora s'est mise à douter de plus en plus d'elle-même. Elle ne tenait pas en place. Je me souviens lui avoir dit que si elle me demandait de ne plus jamais jouer de violon, ce serait pour moi une catastrophe et la dissolution de notre mariage dans une totale rancœur, et je ne voulais jamais lui entendre dire que je l'avais empêchée de faire une grande carrière. Je l'ai poussée à suivre des cours, à danser et après cela, si elle voulait encore être ma femme, notre mariage aurait une base réelle. Elle a recommencé à danser et est retournée au Ballet Theatre. Pour la première fois, j'ai pu la voir sur scène. Elle était vraiment extraordinaire ; elle avait un véritable pouvoir charismatique. Elle connaissait tout le monde du ballet, tous les danseurs et décorateurs, et je les ai rencontrés : Oliver Smith, Maria Tallchief, Margot Fonteyn, Sono Osato, Lucia Chase. Elle a commencé à faire des tournées avec la compagnie.

Un incident me vient à l'esprit. J'étais parti quelque temps en tournée et Nora dansait à New York dans le *Jardin aux lilas*, une chorégraphie romantique de Tudor sur le *Poème pour violon et orchestre* d'ErnestChausson. La partie de violon était généralement jouée par le violon solo de l'orchestre, et le chef d'orchestre, Max Goberman, était l'un de mes bons amis. Je suis rentré en ville sans rien dire à Nora et j'ai téléphoné à Max Goberman pour lui demander si je pourrais me glisser dans la fosse juste avant le début du ballet et jouer. Cette idée lui a beaucoup plu et nous avons pris les dispositions nécessaires. Le rideau s'est levé et l'orchestre a commencé. Nora et les autres danseurs faisaient leurs premiers numéros en scène lorsque j'ai commencé à jouer à mon tour. Je l'ai vue se raidir, s'arrêter, baisser les yeux et murmurer quelque chose ; et puis, elle a continué à danser. Bien sûr, en tant qu'interprète, j'avais toujours pensé que c'était un outrage à la musique que de l'adapter en ralentissant ou en accélérant pour répondre aux besoins des danseurs. De mon point de vue, c'étaient les danseurs qui devaient suivre la musique, et non le contraire. Mais ce n'est pas de cette façon que travaillent la plupart des compagnies de ballets (à l'exception du New York City Ballet de Balanchine) ; le chef d'orchestre doit toujours regarder les danseurs solistes et s'assurer que la musique correspond au tempo qu'ils ont choisi. Je n'étais pas d'accord ; j'allais leur montrer exactement comment il fallait jouer cette musique et ils allaient être obligés de danser dessus. Je n'en ai donc pratiquement pas démordu, lâchant juste un peu de lest ici et là. La représentation s'est achevée et Nora a eu ses rappels habituels devant une foule enthousiaste. Je suis allé en coulisses et l'ai serrée dans mes bras ; elle m'a dit :

— Fils de garce. J'en étais sûre. J'en étais sûre.

— Je t'ai vue te raidir.

— Bien sûr. À la minute où tu as commencé, je me suis tournée vers mon partenaire et je lui ai dit : « Bon sang, c'est Isaac en bas. » Et je savais que nous aurions des problèmes de tempo. Mais nous avons essayé.

C'est l'un des rares moments de collaboration artistique que nous ayons partagé au cours de nos six mois de mariage. Il est vite devenu évident que celui-ci était intenable. Ses voyages l'emmenaient dans une direction, les miens dans une autre. Pendant qu'elle dansait en Amérique du Sud, je jouais en Europe. Si elle devait se rendre à Los Angeles, on m'attendait à Chicago. Nous avons étudié la situation de façon cordiale et amicale et nous avons décidé que le mieux serait d'obtenir un divorce mexicain, ce qui fut fait rapidement et dans le calme au milieu de l'année 1950.

Quelques années plus tard, je l'ai rencontrée à Oslo, où, par hasard, le Ballet Theatre se produisait le jour même où j'y donnais un concert. Nous avons dîné ensemble avec nostalgie, puis elle m'a regardé et m'a dit : « Bon sang, j'aurais voulu que nous ayons appris suffisamment pour rester ensemble. » Mais nos deux vies avaient alors pris des directions bien différentes.

Elle a poursuivi sa carrière et moi la mienne. Nous sommes restés bons amis. En 1959, elle a épousé Herbert Ross, chorégraphe alors éminent qui allait devenir un metteur en scène de théâtre et de cinéma à succès ; en 1961, elle a décidé de mettre fin à sa carrière de ballerine. Elle s'est installée avec Herb sur la côte ouest et, à l'occasion, lorsque je passais à Hollywood, j'allais dîner avec eux. Des années plus tard, elle a été victime d'un cancer. Une longue et très difficile période. Lorsqu'elle est morte, en 1987, son mari m'a téléphoné à New York et m'a demandé s'il pouvait venir me voir chez moi. Nous avons parlé de Nora et de ses obsèques, qui devaient avoir lieu dans un théâtre. Il a fondu en larmes. J'ai joué à ce service funèbre, puis Jerome Robbins est monté sur scène et a évoqué ses souvenirs de Nora et de l'époque où elle était ma femme. Il a dit : « Vous savez, Nora m'a dit un jour que tout ce qu'elle entendait quand elle était à la maison avec Isaac, c'était "Reppa-reppa-reppa, squeaka-squeaka-squeaka, scrappa-scrappa-scrappa", Isaac travaillant tout le temps. » Il avait raison et notre ménage s'est effondré à cause de cela !

# 9.

Je pense que dans ce monde, rares sont ceux qui, connaissant mon nom, ignorent que je suis juif. Pourtant, comme je l'ai déjà dit, ma famille n'a jamais observé le moindre rituel juif traditionnel. Mon attention et mon éducation ne se sont donc jamais développées autour de ce qui est spécifiquement juif. Je ne m'occupais que d'être musicien. Cette attitude a changé de façon radicale en septembre 1949, lorsque je suis allé pour la première fois dans l'État d'Israël, qui venait d'être constitué. Ce fut une expérience inoubliable, qui a profondément marqué ma vie : en Israël, à cette époque, il régnait une telle exubérance, une telle foi en l'avenir, une telle gaieté. Le fait de participer à la création d'une nouvelle société démocratique reposant sur des idéaux humanistes était enivrant. Quelle joie, quel empressement au travail, quelle intrépidité face à d'énormes difficultés.

Je me suis rendu en Israël sans aucun préjugé et j'ai été absolument fasciné par l'énergie déployée, par la certitude de l'espoir, par la ferme conviction de voir les rêves se réaliser. Tout semblait marcher en roue libre, une sorte d'engagement total de chacun pour l'avenir du pays. Quand Moshe Dayan, alors chef d'état-major, marchait dans la rue et qu'un soldat ne le saluait pas, il l'arrêtait et lui disait : « Qu'y a-t-il, vous êtes furieux contre moi ou quoi ? »

Cette expérience a été l'une des plus fortes et des plus émouvantes. C'est une émotion qui s'est développée avec le temps, car ma première impression — la ville de Tel-Aviv —

avait été démoralisante. Avec l'ancienne ville arabe attenante de Jaffa, presque entièrement peuplée de réfugiés juifs, c'était une ville bondée construite pour accueillir cent mille personnes et qui en comptait trois ou quatre fois plus. C'est seulement après avoir quitté Tel-Aviv que j'ai vu un visage d'Israël radieux — un peuple sain, plein de vie, amoureux de sa terre, fier et, dans l'ensemble, coopératif. De nombreux points conflictuels opposaient les hommes entre eux, mais l'impression générale que j'ai ressentie a été celle d'un peuple empli de beaucoup d'espoir et de confiance dans l'avenir.

Le chef d'état-major de l'armée de terre m'a fait bénéficier d'une voiture avec chauffeur et d'une escorte militaire, et je suis allé à Haïfa, Acre, Nazareth, en haute Galilée et en Galilée centrale, jusqu'au lac de Tibériade, en passant par Safed, ville juive datant de deux mille cinq cents ans, puis à quelques kilomètres de la frontière libanaise. Par la suite, l'armée a mis un petit avion à ma disposition et j'ai survolé le Neguev. J'ai vu la mer Rouge, la mer Morte et la Méditerranée, le tout en cinq heures. Nous avons volé le long de la frontière transjordanienne jusqu'à la frontière égyptienne et nous avons atterri à Eilat, la ville israélienne la plus méridionale, sur le golfe d'Akaba. C'est l'eau la plus bleue que j'aie jamais vue, les collines avoisinantes étaient déchiquetées, avec des ruisseaux et des ravines : un pays à la fois désolé et magnifique.

Trois jours après mon arrivée, je suis monté à Jérusalem, que j'ai trouvée très belle — si différente de Tel-Aviv. Cette ville avait un caractère unique et merveilleux, et une sérénité gâchée puisqu'elle est pratiquement coupée en deux par du fil de fer barbelé et des zones minées, les Arabes détenant la vieille ville. On m'a emmené à la mission Notre-Dame et à l'église de la Dormition sur la colline de Sion pour voir la tombe supposée du roi David, que l'on venait de découvrir. En regardant de l'autre côté des lignes arabes, j'ai pu apercevoir le mont des Oliviers et le jardin de Gethsémani. Je n'ai pas pu prendre de photo, car j'étais en territoire militaire sous escorte, juste sous les yeux des gardes de la Légion arabe.

J'ai visité plusieurs kibboutz : l'un d'entre eux existait depuis vingt-cinq ans ; un autre, dix ans ; un troisième huit mois ; et un quatrième deux semaines. J'ai parlé à des centaines de gens, à des membres du gouvernement, à des personnes qui n'en faisaient pas partie, à des hommes installés depuis longtemps sur cette terre, à des nouveaux venus ; j'ai ainsi pu me faire une image du pays, physiquement, économiquement, socialement, au travers de toutes sortes de regards et d'idées. Dans l'ensemble, les conditions de vie étaient très mauvaises, la nourriture infecte. Pour les rescapés des camps de concentration, le gros problème consistait à les installer et leur fournir un travail utile. Un psychanalyste américain, le Dr Paul Friedman, visitait alors le pays. Le soir, après mon concert, nous comparions nos impressions. Nos expériences respectives nous remplissaient toujours d'optimisme, nous étions conscients du désir ardent des Israéliens d'aller de l'avant, de construire pour l'avenir.

L'accueil qui m'a été réservé a été merveilleusement chaleureux. Les gens préféraient presque se rendre au concert que manger. À chaque concert, on comptait au moins deux cent cinquante personnes de plus que la salle ne pouvait en accueillir. On se tassait. J'ai tout le temps joué : sept concerts à Tel-Aviv, un à Haïfa, un à Jérusalem, un autre pour les caisses de retraites. Chaque concert comprenait deux, parfois trois concertos. J'ai joué Brahms, Lalo, Tchaïkovski, Mendelssohn, Wieniawski, Beethoven, Mozart, Bach. Les trois derniers jours ont été de la folie pure. Le lundi matin, j'ai répété trois concertos ; le soir, nous les avons joués. Mardi après-midi, à 17 heures, nous en avons donné deux pour les caisses de retraites ; à 19 heures, nous en avons répété un autre et à 21 heures nous en avons joué trois de plus. Mercredi soir, trois concertos — et en bis, un quatrième ! Certaines de ces exécutions comptent parmi les meilleures que j'avais jamais données, tout simplement parce que le public était si avide d'entendre que je me suis détendu et que j'ai laissé la musique jaillir de moi. L'absence de formalisme du pays était enivrante. Les gens s'habillaient avec simplicité, certains venaient même en short et en chemise kaki. Je rentrais à l'hôtel vers minuit et le portier de nuit m'accueillait en disant quelque chose du genre : « Dites-moi, pourquoi jouez-vous seulement la cinquième sonate de Beethoven et non la *Kreutzer* ou la dixième ? Elles sont bien meilleures. » Je n'exigeai aucun cachet — pour autant que je sache, tous les concertistes de passage faisaient de même à cette époque. En guise de compensation, certaines faveurs m'étaient accordées. Il y a eu notamment une course en taxi en compagnie d'une femme, l'une des travailleuses volontaires de l'orchestre, à la petite maison située sur Keren Kayemet Street à Tel-Aviv, où habitait David Ben Gourion, le premier Premier ministre. Je me souviens qu'en payant le chauffeur de taxi la femme m'a regardé et m'a dit : « Monsieur Stern, ne restez pas trop longtemps à parler au vieil homme. N'oubliez pas que vous avez un concert ce soir. »

Ben Gourion était un homme de petite taille doté d'une très forte personnalité. D'une profonde conviction politique qui rayonnait. Je lui ai dit combien j'étais ému de jouer dans un pays nouveau et devant un auditoire pour lequel la musique était une nécessité aussi vitale. Il a voulu savoir pourquoi je n'émigrais pas en Israël et m'a pressé de questions sur mes débuts, sur ma famille. Des années plus tard, lorsque je l'ai à nouveau rencontré, il m'a dit : « Vous, j'ai déjà renoncé. Mais qu'en est-il de vos enfants ? Quand viennent-ils ? »

On m'a également emmené dans des zones de combats. Un général célèbre, Yitzhak Sadeh, m'a conduit dans sa jeep à son quartier général sur le front sud. Je me souviens qu'il avait une longue barbe et qu'il était complètement chauve. Il conduisait comme un fou, faisant fuir gens, ânes, poulets — tout ce qui se trouvait sur son chemin. J'ai eu peur pendant tout le trajet. À son quartier général, il a sorti son plan de bataille et m'a montré ce qu'il avait réussi à accomplir avec très peu de matériel. Pour répondre à une attaque égyptienne, il ne disposait que d'une seule batterie de six canons. Il avait donc ordonné à ses hommes de tirer une salve, puis de foncer ailleurs ; de tirer une autre salve, de se précipiter vers une troisième position et de tirer à nouveau. Les Égyptiens crurent qu'il disposait de huit batteries et mirent fin à leur offensive.

Il m'a expliqué que chacun servait dans l'armée, quelle que soit sa profession, qu'il se faisait, en particulier, beaucoup de souci pour un jeune homme, un peintre et poète de talent : « J'ai fait de mon mieux pour que les officiers sachent qui il était, afin qu'il ne se retrouve pas en première ligne. Je leur ai ordonné de lui confier le transport des munitions, de lui demander d'aller chercher les pansements. Je ne voulais pas qu'il soit blessé ou tué. Il a réussi à s'en sortir vivant. »

Au cours de ce premier voyage en Israël, il s'est passé encore une chose que je n'ai jamais oubliée. J'étais supposé donner un concert à Haïfa avec l'Orchestre philharmonique de Palestine, qui allait devenir par la suite l'Orchestre philharmonique d'Israël. L'endroit où avait lieu ce concert était un horrible cinéma situé au centre-ville. Un peu plus tôt, ce même jour, Leah Previn, la sœur du pianiste et chef d'orchestre André Previn, m'avait emmené dans une colonie agricole récemment créée. C'était une femme superbe, qui allait mourir tragiquement en donnant naissance à un enfant, et elle m'a fait visiter l'endroit. Le groupe qui avait monté l'installation et qui se formait là à la vie future du kibboutz venait de Los Angeles. Il avait été placé près de la frontière libanaise pour cultiver la terre et servir de poste d'observation au cas où l'armée syrienne tenterait de franchir la frontière. Les colons ont retiré les grosses pierres, cultivé la terre et construit de petites maisons pour eux-mêmes et pour leurs enfants. Dans chacun d'elles se trouvait un magazine ou un livre d'images et, chaque jour, on tournait une nouvelle page qui était la lecture quotidienne des enfants. Je les ai invités au concert à Haïfa et leur ai dit d'amener tous ceux qui pourraient venir, en pensant qu'ils seraient peut-être huit ou dix. Ils sont venus à quarante en bus et en camion. Il n'y avait pas de places pour eux dans le cinéma. J'ai dit aux responsables du concert :

— Il faut qu'ils entrent.

— Nous n'avons pas de sièges.

— Si vous n'avez pas de sièges, je ne joue pas.

Dans les coulisses, ils ont trouvé des tonneaux, des cageots et des chaises cassées qu'ils ont installés autour de la scène. Une vingtaine de ceux qui venaient de la colonie avaient apporté les partitions des œuvres que je devais jouer ; ils se sont assis sur tout ce fatras et ont suivi avec leurs partitions. Israël était alors ce genre d'endroit. Je me sentais très fier.

Puis je suis parti pour Rome où j'ai été accueilli par Zakin et sa femme, Isabelle ; ils venaient de faire un voyage agréable et épuisant en Europe. Ils rayonnaient de bonheur et roucoulaient comme des colombes. L'après-midi du lendemain j'étais à Milan.

Le soir du 26 septembre, j'ai joué le *Concerto pour violon* de Beethoven à la Scala, avec l'Orchestre de la Scala, sous la direction de Paul Kletzki. Cette exécution a remporté un grand succès. Même Zakin a été impressionné par le Beethoven. La Scala était un endroit merveilleux pour jouer, malgré un orchestre juste bon. Le lendemain, je suis monté à bord d'un avion à destination de Vienne. Le vol a été l'un des plus beaux de ma vie. En route, nous avons atterri à Venise. À l'approche du terrain d'atterrissage, nous avons survolé d'assez près toute la ville ; dans la lumière du soleil matinal, elle étincelait et flottait comme un jouet d'enfant. L'escale suivante a été Trieste et, de là, nous avons survolé les Alpes du Sud, parfois couvertes de neige, et la frontière yougoslave jusqu'en Autriche.

Ce fut une étrange expérience que ce voyage car, entre le moment de mon arrivée à Vienne et celui de mon départ, je me suis senti particulièrement mal à l'aise. Dès l'instant où j'ai vu un uniforme de style germanique sur le dos des douaniers, j'ai senti mes cheveux se dresser sur ma tête. Entendre parler allemand partout m'a beaucoup perturbé.

Pendant ce temps, Zakin et Isabelle avaient pris le train pour se rendre en Autriche. Au cours de l'immédiat après-guerre, les Soviétiques détenaient encore le contrôle de l'entrée dans Vienne. Ils ont arrêté Zakin parce que c'était un ex-Russe, ils l'ont fait descendre du train et l'ont fait attendre toute la nuit dans la gare, avec Isabelle, pendant qu'ils vérifiaient ses papiers, ce qui a retardé son arrivée de près de vingt-quatre heures.

Au programme du concert, je devais jouer le *Concerto en ré majeur* de Prokofiev et le *Concerto pour violon* de Beethoven. Dans la voiture qui m'emmenait en ville, j'ai demandé à l'organisateur de concert local combien de fois l'orchestre avait déjà joué le *Concerto pour violon* de Prokofiev. « Oh, nous ne l'avons jamais joué, nous vous attendions. » J'ai reçu un choc. Avec le peu de répétitions dont nous disposions, il serait impossible de préparer le Prokofiev. Je le lui ai dit et lui ai proposé de le remplacer par le *Concerto* de Mendelssohn.

Il était prévu que je donne un récital avec Zakin dans la salle Brahms du Musikverein — Haydn, Bach, Brahms, Bartók — et, deux jours plus tard, un concert avec l'orchestre dans la grande salle. Les Autrichiens nous ont rappelé avec gravité et piété que Brahms avait donné ses toutes premières exécutions dans ces deux salles. Nous avons opiné et émis un murmure d'intérêt. Puis nous sommes allés travailler, sans nous laisser impressionner.

Auparavant, j'avais été invité à dîner avec un certain nombre de personnalités viennoises. Nous avons discuté de questions relatives à l'histoire récente, notamment de l'Anschluss (l'annexion de l'Autriche par l'Allemagne en 1938) et de la période nazie. J'ai parlé musique et littérature avec certaines de ces personnes élégantes. À un moment, j'ai mentionné que j'avais très envie d'aller à Prague et de voir la ville où Kafka avait vécu et écrit. Ils ont réagi en disant : « Qui ? Nous ne connaissons pas Kafka. »

Parmi les Américains qui séjournaient alors en Autriche, il y avait un groupe de l'HIAS, Hebrew Immigrant Aid Society (Société d'aide aux immigrants hébreux). La sœur de l'un de mes plus proches amis, Hy Goldsmith, y travaillait ; elle est venue me voir pour me parler des problèmes de transfert de juifs de Russie en Europe, aux États-Unis et en Israël. Il y avait tant de réfugiés juifs en Autriche qu'on les avait installés dans un vaste camp jusqu'à ce qu'ils obtiennent leurs papiers de transfert vers d'autres pays. Je me souviens qu'elle m'a dit quelque chose qui allait influencer tout mon séjour dans ce pays. Quelques jours plus tôt, elle avait assisté à un match de football entre une équipe autrichienne et une équipe de réfugiés juifs du camp de transit. Alors que les réfugiés avaient plusieurs buts d'avance sur les Autrichiens, elle a soudain entendu des spectateurs chanter : « Qu'on les renvoie à la chambre à gaz ! » En l'écoutant, je me suis rendu compte que de nombreux juifs avaient vécu de réels moments d'horreur durant cette terrible période : mais, pour moi, ce fut le premier rappel glacial d'un antisémitisme profondément enraciné.

J'ai rencontré plusieurs personnes — des membres de la Commission mixte de distribution et un certain nombre de journalistes — qui m'ont confirmé que ma méfiance instinctive n'était pas sans fondement : l'antisémitisme était largement répandu et insidieux. Vienne traversait une période de décadence d'un cynisme profond. La guerre avait laissé de vilaines cicatrices, on apercevait encore de nombreuses ruines, mais la ville semblait prospère, les magasins regorgeaient de nourriture et de vêtements. Les troupes soviétiques, dont la présence était manifeste dans les rues et dans des véhicules de patrouille, gardaient leurs distances. Mais le célèbre charme viennois semblait rompu.

Le récital avec Zakin et mon concert avec l'orchestre ont remporté un immense succès, le public des deux salles se mettant debout, trépignant et hurlant sans retenue, avec des critiques dithyrambiques dans la presse. Pourtant, je me sentais encore mal à l'aise. Ces visages lourds, cette suffisance teutonne — tout cela me faisait d'autant plus apprécier le succès des concerts. Je me demandais si je ne transposais pas dans le présent trop d'imagination et de souvenirs du passé ; j'étais peut-être venu à Vienne trop tôt après mon expérience israélienne, qui avait eu tant d'influence sur ma prise de conscience juive. Peut-être avais-je besoin de prendre quelques distances que seul le temps m'apporterait. J'ai finalement décidé de ne jamais plus retourner en Autriche, bien que les critiques parues dans la presse nationale après ces deux concerts comptent parmi les plus extatiques de toute ma carrière.

Je ne ressens aucun antagonisme, aucune haine ni aucun dédain envers l'Autriche et l'Allemagne contemporaines. En fait, je respecte, j'admire, j'envie leur besoin d'écouter et de vivre avec la grande musique. Mais y jouer, entendre la langue font soudain resurgir des images enfouies dans mon subconscient. Les Allemands et les Autrichiens ont beaucoup moins perdu de ne pas m'entendre que je n'ai perdu de ne pas me produire devant les auditoires les plus instruits et les plus réceptifs sur le plan musical dans le monde entier.

Cet automne-là, j'ai joué avec Zakin aux Pays-Bas, en France, dans les pays nordiques et en Suisse, en Italie et au Portugal. Mon dernier concert de 1949 a été le *Concerto pour violon* de Tchaïkovski avec l'Orchestre symphonique de Minneapolis sous la direction de Dimitri Mitropoulos. Cet homme extraordinaire, avec lequel j'allais partager de merveilleuses et nombreuses collaborations musicales, a fait quelque chose que je n'avais encore jamais vu auparavant et que je n'ai jamais revu depuis. Alors que je l'écoutais diriger une symphonie en seconde partie du concert, j'ai soudain remarqué qu'il était debout à côté de moi en coulisses, pendant que l'orchestre continuait à jouer. Je l'ai regardé en lui disant :

— Qu'est-ce qui ne va pas ? Vous êtes malade ?

— Non, je voulais juste montrer au public que parfois l'orchestre peut jouer aussi bien sans chef.

Et il a ajouté :

— L'auditoire ne se rend pas compte qu'après avoir bien répété et être arrivé à un certain point, c'est en réalité l'orchestre qui fait vivre l'œuvre, et non l'homme qui se tient devant lui et agite les bras.

Naturellement, l'orchestre a continué à jouer exactement comme il l'avait fait répéter, un peu en état de choc tout de même, jusqu'à la fin du mouvement ; puis il est revenu sur scène finir la symphonie et le concert.

Je suis ensuite rentré chez moi célébrer le nouvel an avec ma famille et mes amis. Il m'était bien sûr impossible de savoir quelles surprises personnelles et professionnelles m'attendaient au cours des dix années à venir, des surprises émanant de deux sources qui allaient devenir des centres majeurs de ma vie : Pablo Casals et le jeune État d'Israël.

# 10.

Pablo Casals a occupé une place très particulière dans le monde de la musique. C'était une légende vivante, un homme aux principes profonds, d'une extraordinaire bonté — vraiment une personnalité unique. À tout cela il faut ajouter son immense talent, qui en a fait le musicien le plus remarquable de son temps. Il était un monde à lui tout seul et il a exercé une très forte influence sur ses proches. Lorsqu'il jouait, il créait de la musique d'une façon rarement entendue auparavant. Pendant les répétitions, il était parfois tellement ému que des larmes coulaient sur son visage et qu'il devait s'arrêter de jouer. Catalan et antifasciste déclaré, Casals s'était juré de ne jamais se produire en public dans un pays qui reconnaissait Francisco Franco qui dirigeait depuis 1939 l'Espagne en dictateur. Comme le régime franquiste était reconnu par tous les pays du monde, pendant plusieurs années, Casals n'a donc joué nulle part. C'est le violoniste Alexander (Sasha) Schneider qui a été le seul responsable de la réapparition de Pablo Casals sur la scène musicale. J'ai fait la connaissance de Sasha durant l'été 1935, lorsque le Quatuor de Budapest a joué l'intégrale des quatuors de Bartók et de Beethoven à Mills College. Ce quatuor s'était déjà forgé une remarquable réputation et commençait à être reconnu comme le premier ensemble au monde, peut-être le plus grand quatuor du XX^e^ siècle.

C'est mon professeur, Naoum Blinder, qui m'a présenté à ce quatuor ; il connaissait Joseph Roisman, le premier violon, depuis leurs années d'études en Russie. Sasha Schneider était le second violon ; son frère Mischa le violoncelliste et Boris Kroyt l'altiste. Boris avait cette sonorité chaude et totalement personnelle qui convient toujours au son d'ensemble du quatuor. La basse de Mischa Schneider était le rocher de Gibraltar sur lequel tout reposait ; toujours présente, elle n'interférait jamais avec la ligne musicale, mais donnait de la substance à l'ensemble de la structure harmonique et mélodique des œuvres qu'ils jouaient.

De sa place de second violon, Sasha était une sorte de volcan, qui donnait une chaleur, un piment et une couleur spéciale au son d'ensemble du quatuor. C'est Sasha, comme je l'ai dit, qui a été le premier responsable de la réapparition de Pablo Casals. Toujours soucieux de développer ses connaissances musicales et de satisfaire sa curiosité, Sasha est parti pour l'Europe après la guerre et est allé rendre visite à Casals, qui vivait alors en France dans la petite ville frontalière de Prades, dans les Pyrénées-Orientales.

Les deux hommes ont joué ensemble de la musique de chambre, particulièrement les sonates de Bach, et Sasha écoutait les Suites pour violoncelle seul et les Inventions pour clavier que Casals avait l'habitude de jouer le matin. Sasha a très vite compris qu'il était en fait l'un des musiciens les plus fertiles de notre époque, une personnalité majeure que son exil volontaire tenait tragiquement à l'écart du monde. Sasha a tout d'abord essayé de le persuader de rejouer en public, ou du moins de partager son savoir avec d'autres. Mais celui-ci refusé. Quelque temps plus tard, Sasha a décidé que si Casals ne voulait pas aller vers le monde, le monde devrait venir à lui. Il en a parlé à quelques amis fortunés, notamment à Mme Rosalie Leventritt, dont le mari, Edgar, était un financier de renom, et à Mme Lionella Pereira. Toutes deux adoraient aller au concert et étaient des *aficionadas* de musique. Avec leur parrainage et le soutien d'une ou deux autres femmes très riches, qui connaissaient la musique de chambre, Sasha a participé à l'organisation du premier Festival Casals, qui a eu lieu à Prades au printemps et à l'été 1950. J'étais chez moi lorsque Sasha Schneider m'avait téléphoné pour me dire, avec son fort accent russe : « Il y aura un festival l'été prochain et tu dois venir. » J'étais ravi ; rien n'aurait pu me plaire et m'honorer davantage.

En juin 1950, je suis allé à Paris. De là, je suis descendu à Prades en voiture avec un ami anglais, Julian Spiro, et Jane Eakin, une femme peintre avec laquelle j'entretenais à l'époque des relations très étroites. Julian a conduit la plupart du temps pour épargner mes mains et m'éviter trop de tension physique, car j'allais devoir bien jouer et travailler dur au cours des quarante-huit heures suivantes. Nous sommes arrivés à l'hôtel de Molitg-les-Bains, situé au-dessus de Prades, à un endroit où la route s'élargit légèrement — pas vraiment un hôtel quatre étoiles, mais très convenable — vers deux heures du matin. J'ai dit à mes deux amis que je devais travailler, car j'avais une répétition le matin, le *Double Concerto en ré mineur* de Jean-Sébastien Bach, avec Sasha Schneider et Casals. Une fois dans ma chambre, j'ai sorti mon violon et commencé à jouer. La fenêtre était ouverte et, soudain, l'accompagnement le plus extraordinaire est venu du dehors. Ma musique avait apparemment réveillé un rossignol qui dialoguait avec moi pendant que je travaillais Bach.

Le lendemain, j'étais excité à l'idée de cette rencontre et assez nerveux ; Schneider est venu me chercher pour m'emmener à la modeste maison carrée en pierre de Casals. Nous avons monté un escalier pour nous rendre dans la pièce où travaillait Casals ; mon pouls galopait lorsque Sasha m'a présenté ce génie, souriant et rondelet, qui était en train de fumer la pipe. Il m'a accueilli avec la plus grande affabilité qu'on puisse imaginer. Casals était une légende et j'étais là, chez lui, prêt à faire de la musique avec lui.

Sasha Schneider et moi avons pris nos violons. Pablo Casals s'est assis au piano pour nous accompagner. C'était un merveilleux pianiste ; depuis toujours il jouait au lever les *Préludes* de Bach pendant au moins une demi-heure. Nous nous sommes lancés dans le *Double Concerto en ré mineur*, joyeusement, avec émotion, tout allait encore mieux que je ne l'avais espéré. D'emblée, il était évident que nous partagions la même conception de la musique. Le piano était un demiton trop bas et complètement désaccordé, mais Pablo Casals ne semblait pas du tout gêné, alors que cela me troublait un peu, car j'ai l'oreille absolue. De temps à autre, il faisait une remarque qui donnait encore plus d'impact, de subtilité ou de puissance à une phrase musicale. À la fin de la répétition, il était évident que nous avions de réelles affinités les uns avec les autres. Ce fut un moment très important de ma vie, car, même si j'avais confiance en mon talent, en mon instinct et en ma vision, mon approche musicale était maintenant confirmée de façon fondamentale par cette première rencontre avec l'esprit et l'âme de Pablo Casals.

Physiquement, il avait à peu près ma taille, environ un mètre soixante-dix ; corpulent, les cheveux gris, il avait un regard pétillant qui pouvait être délicieusement amical ou passionnément exigeant, selon les circonstances. On m'a souvent demandé ce qui faisait le caractère exceptionnel de Casals et il est difficile de l'exprimer par des mots. La meilleure image que j'ai été capable d'en donner est celle d'un haut mur en brique derrière lequel se trouve un jardin. Imaginez que vous vous approchez de ce mur, sans savoir qu'il cache un jardin raffiné. Casals ouvrait une porte donnant accès à celui-ci ; vous entriez et vous vous trouviez soudain au milieu de couleurs et d'odeurs auxquelles vous n'aviez jamais rêvé. Il révélait ce qui pouvait s'accomplir une fois que vous étiez dans le jardin. Mais la quantité de couleurs et d'odeurs qui pouvaient émaner de vous, en donnant plus de puissance à votre imagination musicale, dépendait de vous-même. Une autre tentative (impossible) pour exprimer par des mots le don de Casals : vous vous êtes parfaitement préparé sur le plan musical ; vous vous êtes rapproché le plus possible des intentions du compositeur en examinant soigneusement la partition ; vous connaissez l'époque à laquelle la musique a été composée et l'histoire de l'exécution musicale à cette période ; vous avez étudié et analysé le caractère musical fondamental de l'œuvre. Ayant fait tout cela, vous vous autorisez une marge de soixante centimètres, par exemple, au sein de laquelle vous pouvez donner votre propre interprétation, qui repose sur toutes les connaissances acquises, et proposer une exécution complète et convaincante de l'œuvre. Vous ne devez jamais oublier que ce qui lie un mouvement ou une œuvre dans son ensemble, c'est sa pulsation (très différente du tempo), la continuité inexorable qui commence avec la première note et s'achève avec la dernière. La marge de soixante centimètres, l'arène de votre interprétation personnelle se situe au sein de cette pulsation continue, cet élément essentiel qui doit s'imposer à vous dans toute exécution musicale.

Pablo Casals a fait passer ces soixante centimètres à quatre mètres cinquante ! Il possédait une faculté conceptuelle considérable qui lui permettait de maintenir cette pulsation du début à la fin, avec l'apparente liberté de donner la plus large des interprétations personnelles — un travail intellectuel aux proportions incroyables. Il l'appelait : « Liberté, liberté, mais avec ordre. » Au cours de ma vie, j'ai très rarement entendu ce genre d'imagination musicale démesurée. Il avait laissé derrière lui en Espagne beaucoup de choses qui lui étaient chères. À Prades, il possédait cette petite maison en pierre, avec sa courette. Les Espagnols venaient le voir en pèlerinage par centaines — certains pour des raisons politiques, d'autres pour lui demander de l'argent afin de survivre. Prades était le dernier endroit imaginable pour un festival de musique. Juste de l'autre côté des Pyrénées, à environ une heure et demie de Perpignan. La rue principale, un grand café, une église. Une haute montagne au loin domine la vallée. L'hôtel où nous résidions et nous nous reposions en cet été 1950 était juché au sommet d'une colline avoisinante au-delà de laquelle se trouvait la chaîne de montagnes nous séparant de l'Espagne de Franco.

L'orchestre réuni par Sasha Schneider était extraordinaire. Des musiciens venus de partout pour participer au festival. Les deux flûtistes étaient John Wummer, de l'Orchestre philharmonique de New York, et Bernie Goldberg, qui allait devenir par la suite flûte solo de l'Orchestre symphonique de Pittsburgh. Le hautboïste était le grand musicien français Marcel Tabuteau, qui était non seulement hautbois solo à l'Orchestre de Philadelphie, mais qui a aussi exercé une influence très profonde sur l'école de hautbois américaine à partir du milieu des années 40. Le premier alto était Milton Katims, qui avait été l'alto solo de l'Orchestre symphonique de la NBC sous la direction de Toscanini, puis un soliste célèbre et enfin, pendant de nombreuses années, le chef de l'Orchestre symphonique de Seattle. Et ainsi de suite, aux divers pupitres de l'orchestre : des musiciens de premier ordre venaient du monde entier pour participer au festival, non pas pour de l'argent, car personne ne recevait davantage que le minimum habituel, et aucun soliste ne touchait de gros cachets. Tous venaient par respect pour Pablo Casals, mus par le désir d'approcher ce géant de la musique.

Les répétitions avaient lieu dans l'une des salles d'une école de filles, dont la hauteur sous plafond ne dépassait pas trois mètres trente-cinq. On ne pouvait y asseoir qu'environ soixante musiciens d'orchestre. L'air était très sec, l'acoustique horrible, mais c'était le seul endroit en ville où nous pouvions répéter. Les enregistrements qui s'y sont déroulés ont été une épreuve d'ingéniosité pour les ingénieurs : quelle sorte de micros utiliser et où les placer pour obtenir du son dans un tel espace ? Un jour, on a répété le *Concerto brandebourgeois n° 5 en ré majeur* de Bach, celui dans lequel se trouve la fameuse cadence pour clavier ; à l'origine, elle a été écrite pour clavecin, mais, de nos jours, on la joue souvent au piano. Je n'oublierai jamais cette répétition : dans l'orchestre, nous étions tous assis et écoutions Rudolf Serkin, sa cadence commencer lentement, puis s'élever, s'élever et traverser soudain le paysage musical à pas de géant, pour s'achever sur une éruption volcanique de musique extatique, un sommet jaillissant hors du piano et poursuivant son chemin en rugissant dans la coda, où nous avons fait notre entrée orchestrale pour les quelques mesures finales. Après le dernier accord, nous avons soudain bondi sur nos pieds pour crier comme des fous : « Bravo ! Bravo ! » Ce fut l'un de ces moments musicaux étonnants, où l'interprète avait tiré d'une phrase tout ce qu'elle pouvait donner et même davantage.

Beaucoup de monde s'est rendu au festival. Janet Flanner est venue écrire un article pour *The New Yorker*. Gjon Mili, le célèbre photographe de *Life*, un ami de Sasha, est aussi venu. Margaret Bourke-White était là, ainsi que les correspondants des principaux journaux de Paris, New York et Londres. J'ai rencontré un jeune luthier français, expert en restauration de violons, Étienne Vatelot, qui au fil des ans allait devenir l'un des plus grands luthiers du monde. (Quel foyer accueillant et heureux ils ont en France, lui et sa femme, Yvette !) Ce fut l'un des événements musicaux de la décennie et je ne connais personne qui, y ayant assisté, l'ai jamais oublié. Un coup d'œil au catalogue des disques qui ont été enregistrés durant ces trois premiers festivals donnera une idée du nombre de grands musiciens qui y ont participé. Il me semble inutile de donner la liste de tous les grands interprètes qui ont accepté ces invitations comme un honneur, mais je désire en signaler un plus particulièrement : Eugene Istomin. C'était un ami de Casals bien avant la conception du festival ; il lui rendait souvent visite pour parler musique, pour jouer et enregistrer des sonates avec lui.

Le festival était entièrement consacré à Jean-Sébastien Bach : la musique de chambre, les sonates pour violon, deux violons, violon et hautbois, piano, deux pianos, trois pianos ; les *Concertos brandebourgeois* ; les cantates ; et, bien sûr, les suites pour violoncelle seul, jouées par Casals. Tous les concerts avaient lieu dans la seule et unique église de la ville, dans une atmosphère manifestement respectueuse et impressionnante. Les autorités ecclésiastiques étaient heureuses qu'ils se déroulent là, mais, comme c'était un lieu sacré, aucun applaudissement n'était autorisé. Nous jouions donc, nous saluions et nous sortions. Nous avons joué Bach dans toute sa pureté et sa noblesse ; c'était, en vérité, un don de Dieu. Pendant les derniers jours de ce festival, qui en a duré dix-sept, nous avons ressenti pour la plupart le besoin d'un autre genre de musique, avec des glissandos, des vibratos vibrants et plein de rubatos. Quelques jours avant la fin du festival, au cours d'une soirée où il n'y avait ni répétition ni concert, nous nous sommes tous rassemblés à l'hôtel de Molitg-les-Bains, où nous avons joué Wieniawski, Chopin, Schumann, Tchaïkovski, tout ce qui était romantique afin de pouvoir s'abstraire de la pureté classique et de cette atmosphère pleine de prières dans laquelle nous évoluions depuis si longtemps. La soirée s'est poursuivie dans une ambiance assez rauque et a duré jusqu'aux premières heures du matin, non seulement dans les chambres d'hôtel, mais dans diverses maisons où logeaient les artistes. L'orchestre comportait beaucoup de jeunes musiciens, dont quelques femmes très séduisantes, de ferventes admiratrices de Pablo Casals, et je dois dire que j'ai pris du bon temps. « Convivialité » et « hilarité » sont, je crois, les mots les plus doux que l'on puisse employer pour décrire cette soirée. Je me souviens d'un incident survenu vers la fin de la nuit, lorsqu'un couple a décidé, à l'approche de l'aube, qu'il était temps de partir. Ils se sont dirigés vers leur petite Volkswagen Coccinelle et y sont montés. Burl Ives, qui était venu visiter Prades et assister aux concerts, s'était mis dans la tête, pour une raison que j'ignore, qu'ils ne devaient pas partir ; il s'est installé devant la Coccinelle et l'a littéralement soulevée, ce qui les empêchait d'avancer. Ils sont restés ainsi un peu plus longtemps.

Si j'ai autant recherché les aventures galantes durant le festival de 1950, je ne me rendais pas compte qu'il s'agissait d'une réaction à la rupture de mon mariage avec Nora et à la blessure que ce divorce m'avait infligée. Après le divorce, pendant quelque temps, j'avais négligé toute préparation physique et mentale avant de jouer. Le résultat ne se fit pas attendre : pendant un récital au Carnegie Hall, le 10 novembre 1950, en plein milieu d'une œuvre très difficile, deux doigts de ma main gauche se sont bloqués. J'ai dû contourner ce bloc compact. Personne n'a semblé remarquer ce qui était arrivé, mais cet incident embarrassant m'a fait comprendre que je ne m'étais pas assez préparé pour ce concert. Et la tension de l'exécution elle-même m'a soudain sauté aux yeux. Ma faculté de concentration, de préparation, afin d'assumer mon rôle d'interprète au moment de jouer, lorsque le reste du monde n'existe pas, lorsqu'il n'y a plus que la musique et l'auditoire, et que rien dans la vie ne doit vous affecter au risque de porter atteinte à la musique — j'avais mis tout cela en danger au cours des derniers mois. J'étais allé beaucoup trop loin et je devais retourner à mon violon. Je ne pouvais pas m'en séparer, sinon je n'étais plus moi-même. J'ai vite retrouvé l'usage de mes doigts et j'ai pu donner un concert le lendemain, mais cette prise de conscience du problème a été d'une très grande importance pour moi.

Encore un mot sur Pablo Casals. Je me souviens d'une interview que j'ai réalisée avec lui des années après le premier festival de Prades. Je lui ai dit :

— Vous ne jouerez pas en Espagne tant que Franco vivra, et je refuse aussi d'y aller en raison de la cause que vous défendez.

Il m'a regardé et a répondu :

— Non, vous avez tort. Allez-y et jouez. J'ai mes raisons de ne pas jouer, mais vous devriez y aller et y faire de la musique.

Et il ajouté :

— Vous savez, je ne reverrai jamais l'Espagne. Je mourrai avant Franco.

Il avait raison.

En 1951, Sasha Schneider a déplacé le festival à Perpignan, ravissante ville méditerranéenne française où se mêlent trois cultures — française, espagnole, catalane. Les gens du pays ont un accent français caractéristique et très lourd. Nous avons joué dans un stade romain à ciel ouvert, soumis aux conditions météorologiques, et qui ne présentait pas grand intérêt sur le plan acoustique. Mais nous étions obligés d'y jouer parce que le festival avait acquis une telle popularité que le public sans cesse croissant voulait y assister ; et Perpignan était la ville la plus proche de Prades, où tout le monde pouvait se loger. Cette année-là, des œuvres de Mozart et de Beethoven figuraient au programme. Mais l'émotion de Prades ne pouvait se reproduire ici et le festival est revenu à Prades l'année suivante. En juillet 1951, après mon séjour à Perpignan, j'ai pris un vol pour Israël ; voyage qui a été l'un des plus décisifs de ma vie.

# 11.

Jane Eakin m'avait accompagné à Perpignan, où nous avons connu un charmant interlude romantique. Je lui ai emprunté une valise et un réveil et devions nous retrouver à Paris, dès mon retour d'Israël.

Alexander Zakin avait une cousine, Tamara Fitelberg, qui travaillait au siège des Nations unies à New York. Par son intermédiaire, il avait fait la connaissance d'une jeune femme, Vera Lindenblit, qui vivait à New York, mais qui se trouvait par hasard à Jérusalem comme interprète cet été-là.

Avant la guerre, Vera, ses parents et sa sœur aînée, Meri, menaient une vie bourgeoise et aisée à Berlin, avec des passeports lituaniens. Vers le milieu des années 30, ils ont subitement quitté Berlin et se sont installés à Paris. Les Allemands ont ensuite envahi la France. Les juifs lituaniens ont été parmi les derniers à être pris dans des rafles à Paris, mais malgré tout, le père de Vera, dénoncé aux nazis par un Français, a été pris dans la rafle du Vél' d'hiv', et il s'est retrouvé au camp de Drancy avec tous les autres juifs arrêtés en juillet 1942. Vera a appris que seuls ceux qui s'engageaient dans un travail utile à l'armée allemande pouvaient obtenir des laissez-passer. Elle a trouvé un emploi dans une fabrique de gants destinés aux soldats allemands et, au bout de quelques semaines, elle a reçu un laissez-passer mais, lorsqu'elle est arrivée, son père avait été expédié à Auschwitz, où il mourut. Vera et sa mère se sont cachées. Pendant ce temps, sa sœur a fait la connaissance d'un réfugié juif polonais ; elle l'a épousé et est partie avec lui pour les États-Unis, où elle a passé la période la plus terrible de la guerre. Avant leur départ pour la France, la mère de Vera avait cousu des pièces d'or dans ses robes. Après la déportation de son père, Vera et sa mère se sont enfuies jusqu'à un hôpital de la région parisienne, où elles ont été cachées par des non-juifs, auxquels elles payaient leur gîte et leur couvert.

À cette époque, les Allemands ont décrété que les juifs susceptibles de prouver qu'ils avaient de la famille dans un pays neutre pouvaient, s'ils le voulaient, recevoir un laissez-passer pour ce pays. Vera et sa mère avaient de la famille à Stockholm et Vera a décidé de les rejoindre. Le voyage jusqu'à Stockholm impliquait de traverser l'Allemagne en train jusqu'à la mer du Nord, puis de faire la traversée en bateau jusqu'à Stockholm. Sa mère, elle, a voulu rester en France.

Dans le train, Vera était la seule à parler l'allemand, sa langue maternelle. Pendant l'arrêt à Berlin, elle est descendue et est allée à la maison où sa famille avait vécu avant de s'enfuir pour la France. Elle a découvert que les autorités allemandes n'avaient pas encore confisqué cette maison. Tout était intact : tapis, meubles, tableaux. Même leur vieille gouvernante était encore là. Elles ont parlé et pleuré, puis Vera a rejoint son train à la hâte pour partir vers Stockholm, où elle s'est installée dans la famille de son oncle paternel et a gagné sa vie en s'occupant d'enfants. À la fin de la guerre, elle est revenue en France, a retrouvé sa mère et obtenu un emploi au consulat de Suède. Elle avait une étonnante facilité pour les langues étrangères. À Stockholm, elle avait vite appris le suédois. Plus tard, elle allait maîtriser parfaitement l'anglais, le français, l'allemand et le suédois et, en outre, apprendre un peu d'espagnol et d'hébreu.

Dès 1947, la sœur de Vera, Meri, s'est installée à New York. Vera et sa mère ont décidé de la suivre. Vera a trouvé un poste de traductrice aux Nations unies. Dans le pool des traducteurs se trouvait Tamara Fitelberg, la femme du compositeur Jerzy Fitelberg, cousin de Zakin. Mme Fitelberg et Vera sont devenues de bonnes amies. Celle-ci habitait à quelques pâtés de maisons seulement de chez moi à New York, mais je ne l'avais jamais rencontrée. Au cours des trois ans et demi qui ont suivi, elle est devenue une ardente sioniste et, à la fin de l'année 1950, elle a obtenu un visa pour le nouvel État d'Israël. Elle a vendu tout ce qu'elle possédait, n'a emporté sur le bateau que quelques objets importants (y compris un réfrigérateur) et, laissant sa mère et sa sœur derrière elle à New York, elle est arrivée en Israël en mai 1951, deux mois avant que je m'y rende, depuis Perpignan. En Israël, elle a suivi des cours pour apprendre l'hébreu et s'est mise à chercher du travail. Il se trouve que le Congrès juif mondial devait se réunir cet été-là à Jérusalem et elle a obtenu un emploi d'interprète.

Avec Zakin, nous devions donner un récital à l'Edison Theater, une misérable petite salle à Jérusalem. La ville n'était dotée d'aucune salle de concerts. Le Congrès juif mondial se tenait au Binyanei Ha-Oomah, centre de congrès nouvellement construit. Vera avait acheté un billet pour le concert, mais elle l'avait donné à son petit ami, qui était dans l'armée. Lorsqu'elle a essayé d'obtenir une place pour elle-même, tout avait été vendu. Elle a appelé Zakin qui lui a dit de nous rejoindre et qu'il essaierait de la faire entrer. Zakin et moi sommes arrivés par l'entrée des artistes, laquelle, si j'ai bonne mémoire, se trouvait dans une ruelle pleine de poubelles débordantes, près de la sortie, à l'arrière du théâtre, et cette fille magnifique se tenait là. Je lui ai jeté un coup d'œil, je l'ai fait entrer, je lui ai trouvé une place et je lui ai demandé ce qu'elle faisait après le concert. Elle a répondu :

— Eh bien, j'ai des amis ici.

Je lui ai dit :

— Pourriez-vous leur dire que vous êtes invitée à une soirée ?

Après le concert, l'Agence juive pour la Palestine donnait une réception en mon honneur. Elle a accepté d'y aller avec moi.

À cette réception, nous avons commencé à discuter et j'ai découvert que nous avions des passés très semblables. Sa famille était originaire de Russie, comme la mienne. Elle s'est racontée et nous avons veillé très tard cette nuit-là. Elle a tenté de me convaincre de m'installer en Israël. Je lui ai expliqué que ma profession n'était pas exactement de celles qui peuvent s'épanouir dans ce tout petit pays. Je l'ai entraînée à m'accompagner à quelques-uns des concerts que j'allais y donner. À chaque fois que j'étais libre dans la journée, j'allais la rejoindre à Jérusalem. Une semaine avant la fin de ma tournée en Israël, j'ai fait ma demande en mariage et elle a dit oui. J'avais trente et un ans et Vera vingt-quatre.

Tomber rapidement amoureux en Israël était une chose ; se marier vite en était une tout autre. Les lois régissant le mariage impliquaient une publication des bans avant la cérémonie. Mais je devais partir quelques jours plus tard pour la Belgique, première étape d'une tournée européenne. D'autre part, Vera était factuellement apatride : elle avait quitté les États-Unis, n'avait pas encore de passeport israélien et risquait d'avoir beaucoup de problèmes en retournant en Amérique. En outre, le rabbinat d'Israël me demandait de prouver que je n'avais aucune autre femme. Finalement, j'ai appris que le vol Air France sur lequel j'avais une réservation pour le matin suivant le mariage était complet et qu'il n'y avait aucune place disponible pour elle.

Le mariage a pu avoir lieu grâce aux efforts de diplomates israéliens, américains, français et belges. J'ai tout d'abord vu Moshe Sharett, ministre des Affaires étrangères d'Israël, qui a accepté de prendre les dispositions nécessaires pour que nous ayons des papiers nous permettant de quitter le pays. Je me suis ensuite adressé à Monnett B. Davis, ambassadeur des États-Unis, qui a accepté d'envoyer un témoin officiel à la cérémonie pour accélérer la rentrée de Vera en Amérique. Les consuls de France et de Belgique ont accepté d'ouvrir leur consulat le dimanche pour lui établir des visas. Le rabbinat israélien a accordé une dispense de bans. Et Air France a miraculeusement trouvé des places. *L'amour, toujours l'amour*[1].

Le 17 août, exactement dix-sept jours après notre première rencontre, nous avons été mariés par le grand rabbin de Ramat Gan, faubourg de Tel-Aviv, homme à la longue barbe clairsemée, aux dents cassées et aux yeux pétillants. C'était une journée ensoleillée. La cérémonie a eu lieu sous une

---

1. En français dans le texte.

*'houpa*, le dais nuptial traditionnel. À cette époque, presque tout était rationné en Israël ; il était hors de question d'avoir des vêtements neufs. Vera a revêtu ses plus beaux habits — un tailleur bleu. Les lois sur le mariage juif orthodoxe requièrent que la mariée porte un voile ; une cousine de Vera a donc coupé son propre voile que celle-ci a porté. La réception qui a suivi la cérémonie a eu lieu chez sa tante, boulevard Rothschild, un endroit très joli avec un jardin. Parmi les invités, il y avait des membres de l'Orchestre philharmonique d'Israël et de la famille de Vera, ainsi que des amis que je m'étais faits au cours de mes voyages précédents. Le lendemain matin, nous nous envolions pour Paris.

J'ai donné un concert au casino de la station balnéaire belge de Knokke-le-Zoute, après lequel l'imprésario local nous a emmenés souper. Les tables de roulette se trouvaient juste derrière la salle à manger ; je me suis excusé et je suis allé jouer. J'aimais le jeu et surtout la roulette. J'ai perdu, je suis revenu à table et j'ai demandé de l'argent à mon imprésario ; je n'avais pas encore touché mon cachet. J'ai continué à perdre. Celui-ci a continué à regarder Vera et à lui répéter sans cesse : « *Ah, pauvre madame Stern*[1] ! » Il la voyait promise à un avenir bien triste avec ce nouveau mari, joueur invétéré. J'ai perdu la majeure partie de mon cachet, mais, à la fin, il nous restait un peu d'argent ; mon imprésario m'en a donné un peu plus et la tournée s'est poursuivie.

J'avais promis à Jane Eakin de lui téléphoner lorsque j'arriverais à Paris. Je l'ai appelée et elle a été suffoquée d'apprendre que je venais de me marier en Israël. Nous nous sommes retrouvés au coin d'une rue proche de mon hôtel. J'ai expliqué à Jane ce qui s'était produit et, par bonheur, elle s'est révélée la personne la plus noble et la plus délicate que j'aie jamais rencontrée. Elle avait apporté un superbe livre de cuisine française en cadeau pour Vera. Elle m'a également offert un dessin représentant une femme triste adossée contre un mur, le cœur traversé d'une flèche. Je l'ai conservé. Nous nous sommes embrassés avant de nous quitter.

1. En français dans le texte.

Sasha Schneider était à Prades. Je voulais qu'il fasse la connaissance de Vera et nous y sommes descendus en voiture. Sasha voulant porter un toast à notre mariage, nous sommes allés au café et il a commandé du champagne. Au début Vera ne voulait pas en boire — ce n'était pas une buveuse, tout simplement — mais elle l'a finalement siroté.

Cette époque a été difficile pour Vera — voyager avec un nouveau mari qui avait des amis partout, professionnels et personnels, des personnes qui prenaient part à sa vie depuis des années. Elle a dû rattraper tout cela. Mais elle avait d'excellents atouts : sa maîtrise des langues, sa vivacité et son absence de prétention, le fait qu'elle ait vécu et surmonté tant d'épreuves durant la guerre. Elle avait une sorte d'obstination qui l'a beaucoup aidée pendant ces premiers mois. Et la similitude de nos passés culturels respectifs nous a facilité les choses : le monde russo-juif dont nos deux familles étaient issues, notre respect et notre affection pour Israël. J'ai déjà mentionné l'orgie de jeu à laquelle je me suis livré les premiers jours de notre mariage. Quelques années plus tard, à Biarritz, où nous étions en vacances, j'ai commencé à jouer à une table de roulette et j'ai tellement perdu que j'ai dû télégraphier à mon agent parisien pour qu'il m'envoie de l'argent. À un moment, il ne me restait plus que 100 francs. Je me suis dit « tant pis ! », j'ai parié à quitte ou double et j'ai gagné. Je suis ensuite tombé sur un filon gagnant et j'ai récupéré tout l'argent que j'avais perdu, plus une somme suffisante pour régler la totalité de nos vacances à Biarritz et offrir quelques beaux vêtements à Vera. C'est peut-être l'une des raisons pour laquelle le jeu risque de créer une réelle dépendance : on ne sait jamais quand on tombera sur le bon filon. Mais, dans une certaine mesure, beaucoup d'artistes sont des joueurs. Nous jouons chaque fois que nous entrons en scène. Au début de nos carrières, nous parions sur nos doigts, sur notre savoir, sur nos compétences. Au moment où nous commençons à jouer, nous mettons tout notre capital sur la table. Si nous avons de la chance, le résultat est une carrière. Sinon, nous devons accepter ce que nous pourrons obtenir. Mais il y a une différence entre l'artiste joueur et le joueur à la roulette. Je crois encore aujourd'hui que la chance est plus ou moins due au talent. Il est vrai qu'il peut être extrêmement utile qu'un ami vous obtienne une audition devant un chef d'orchestre, mais le résultat dépend entièrement de votre talent. Si l'audition se passe mal, ou si vous trébuchez à un concert devant un auditoire restreint mais dans lequel se trouve un critique influent — si vous ne réussissez dans aucune de ces situations, rien ne peut compenser votre manque d'aptitude à profiter de la chance qui s'est offerte à vous. Je sais qu'on parle souvent de carrières entièrement arrangées et achetées ; mais, en dernier ressort, les carrières qui durent vraiment, celles qui dépassent le stade de quelques engagements pendant une ou deux années, les carrières qui représentent l'engagement de toute une vie, viennent du talent et de l'investissement personnel d'un artiste qui parie sur sa carrière chaque fois qu'il entre en scène pour faire de la musique.

# 12.

Au cours des premières années de notre mariage, Vera m'a accompagné en tournée dans les grandes villes des États-Unis et à l'étranger. Nous sommes allés ensemble au Festival Casals de 1952, à Prades. J'en ai un souvenir particulièrement précis. Nous étions en plein milieu d'une répétition du *Quintette en sol majeur* de Brahms — Sasha Schneider et moi-même au violon, Milton Thomas et Milton Katims à l'alto, et Casals au violoncelle — lorsque, au milieu de notre jeu enthousiaste, celui-ci s'est subitement arrêté. Il s'agissait d'une petite attaque cardiaque. Nous avons renoncé au concert, mais nous avons continué à répéter. Paul Tortelier, le merveilleux violoncelliste français qui était à la tête du pupitre des violoncelles de l'orchestre et qui faisait beaucoup de musique de chambre, a remplacé Casals. Nous avons passé de nombreux jours à répéter en attendant que celui-ci récupère.

Un soir, après avoir dîné au Grand Café, le seul café en ville, nous nous sommes tous regardés et, subitement, quelqu'un a dit, je ne sais plus qui : « Pourquoi n'irions-nous pas à l'école enregistrer le Brahms ? Nous l'avons répété et nous le savons vraiment bien. »

Cette idée a suscité un enthousiasme général. Nos épouses ont immédiatement fait le plein de baguettes fraîches, de fromage, de saucisson, de vin et d'eau. Nous sommes allés reprendre nos instruments et, par une nuit de pleine lune, nous nous sommes dirigés vers la petite école ; nous avons réveillé les ingénieurs du son et tout préparé. Vers minuit, nous avons commencé à enregistrer. C'est l'une des séances d'enregistrement les plus agréables de la cinquantaine d'années durant lesquelles j'ai fait des disques. Nous avons joué facilement ; nous avons beaucoup ri ; nous nous sommes écoutés les uns les autres. À deux heures du matin, les femmes ont apporté les en-cas. Après nous être sustentés, nous avons continué. Cet enregistrement s'est révélé l'un de mes meilleurs auxquels j'ai participé. On y ressent une véritable détente. Nous avions beaucoup répété ; nous pensions tous à Casals. Dans la joie, la houle, le flux et le reflux de la musique, nous avons trouvé une dose de paix et d'optimisme. Nous savions tous que la musique était là et nous sentions que la musique et que le grand violoncelliste continueraient toujours.

Ce disque présente un élément particulièrement intéressant. Dans les premières mesures du quintette, les deux violons et les deux altos jouent *forte*, à l'unisson, une série de notes répétées rapides représentant l'harmonie de base, tandis que le violoncelle claironne le grand thème soliste, qui ressemble vraiment à une fanfare et doit se faire entendre audessus du vacarme créé par les quatre autres instrumentistes. Dans la plupart des cas, le violoncelliste ne parvient pas à triompher des quatre instruments à cordes aiguës raclant du violon comme des fous si ceux-ci ne baissent pas assez le son pour permettre au violoncelle d'émerger. Et s'il y parvient néanmoins, l'instrumentiste perd l'urgence, le puissant mouvement en avant de ces premières mesures que Brahms voulait. Nous étions déterminés à les jouer vraiment, sans pour autant éclipser le violoncelle. En les répétant, en vérifiant auprès des ingénieurs du son et en écoutant la balance sur la bande test, nous avons décidé de placer un micro supplémentaire juste devant le violoncelle. Les ingénieurs pouvaient contrôler ce micro pour ajouter davantage de puissance que ce qu'il était possible d'obtenir avec les autres micros, qui couvraient les violons et les altos. Nous avons donc joué à pleine puissance — et l'on peut entendre le violoncelle jaillir comme un trombone. Ce son résulte simplement de l'utilisation des micros et nous avons rendu audibles les intentions musicales du compositeur d'une façon difficile à imaginer dans une salle de concerts.

Pablo Casals s'est rétabli et a pu terminer le festival cet été-là. Il a joué dans le *Sextuor*, op. 18, de Brahms et dans le *Quintette avec deux violoncelles*, op. 163, de Schubert. Nous avons éprouvé une joie toute particulière à le retrouver parmi nous.

Je me souviens que, lorsque j'ai fait la connaissance de Casals, sa compagne était Mme Capdevila. C'était une femme imposante au regard d'aigle, assez sombre, qui faisait marcher la maison depuis de nombreuses années et on la voyait toujours avec lui. Au début des années 50, une belle et jeune Portoricaine, Marta Montañez, est venue travailler avec lui. Elle avait d'immenses yeux noirs et un visage d'une rare beauté ; en outre, elle avait reçu une bonne éducation et était douée pour le violoncelle. À la mort de Mme Capdevila, le regard errant et appréciateur de Casals est tombé sur cette violoncelliste et, le 3 août 1957, ils se sont mariés. Pendant les seize années qui ont suivi, elle a été son épouse dévouée. Quelques années après sa mort, elle a épousé Eugene Istomin, mon ami et partenaire. Aujourd'hui, vingt-quatre ans plus tard, elle est plus belle que jamais et remplit ses fonctions d'administratrice artistique avec beaucoup d'intelligence et d'efficacité ; elle illumine toujours une pièce quand elle y entre.

Au Japon, où je me suis rendu en tournée avec Zakin et nos épouses respectives en septembre 1953, un monde nouveau s'est ouvert à moi : de nouvelles vues, de nouveaux sons, de nouveaux goûts, de nouvelles choses à voir, de nouvelles attitudes — tout cela. Nous avons visité les yeux grands ouverts autant d'endroits que nous le pouvions. Le premier concert à Tokyo a eu lieu au Hibiya Hall, où il faut gravir environ cent cinquante marches pour accéder à l'entrée principale ; de ce concert, je me rappelle surtout ces marches. Nous sommes allés à Tokyo, Shizuoka, Osaka, Okayama, Hiroshima, Fukuoka, Nagoya, Sapporo, Sendai et avons joué dans des salles combles. Les quatre premiers concerts à Tokyo ont été annoncés quatre mois à l'avance et les billets tous vendus en deux heures ; pour le concert à Sendai, en trente minutes : le Japon avait reçu très peu d'artistes occidentaux depuis la guerre. Le lendemain de notre arrivée dans la capitale, nous avons assisté à une grande réception donnée en notre honneur avec la majeure partie du corps diplomatique, des membres du gouvernement et des représentants de la presse étrangère. L'un des plus éminents musiciens japonais était présent : le professeur Michio Miyagi. Il a joué du *koto*, instrument ancien muni de treize cordes sur une longue table d'harmonie creuse, avec des chevalets amovibles en ivoire sur chaque corde pour modifier la hauteur du son. J'ai été intrigué par le son qui sortait de cet instrument et par la facilité avec laquelle Miyagi en jouait. À mon invitation, il s'est joint à moi dans l'un de mes derniers récitals et nous avons joué une œuvre qu'il avait composée à l'origine pour le koto et la flûte japonaise, le *shakuhachi*. L'auditoire a été charmé et ravi et cette initiative n'a pas entaché les relations américano-japonaises. C'était la première fois qu'un grand artiste étranger de passage dans le pays faisait une chose de ce genre. D'une certaine façon, on pourrait presque dire que notre voyage dans ce pays a été une tournée diplomatique, car nous avons toujours été considérés comme des ambassadeurs semi-officiels de la culture américaine. Nous avons essayé de nous comporter en conséquence, en montrant un intérêt sincère pour les Japonais, pour leurs traditions et pour leur développement culturel, tout en faisant ressortir que les Américains possédaient eux aussi dignité et maturité culturelle — ce que d'autres n'étaient pas toujours enclins à nous concéder. Des conférences de presse ont eu lieu dans chaque ville et, outre les questions habituelles, certaines ont été assez précises et approfondies pour me permettre de parler des convictions américaines et de les promouvoir.

Je désirais profondément jouer à Hiroshima. La salle de concerts contenait mille personnes, mais ils ont réussi à trouver de la place pour mille six cents spectateurs. Le récital a été suivi de divers discours et j'ai appris qu'à Hiroshima se trouvait un groupe de personnes cherchant à relier l'horreur du bombardement atomique à ce qui était arrivé aux juifs dans l'Holocauste.

Plus tard, en traversant la ville, nous avons vu l'épicentre du bombardement et les efforts en cours pour reconstruire la ville. Les gens étaient affairés, pleins d'allant. Mais j'ai appris par la suite que tous les fonds levés pour relier le monument commémoratif d'Hiroshima à l'Holocauste avaient été déposés sur un compte bloqué à cause d'une énorme campagne politique dirigée contre ce rapprochement. Finalement, cet effort n'a pas abouti et l'argent a été distribué à diverses institutions caritatives dans tout le Japon.

Quelques jours avant notre départ, le directeur du Centre culturel américain a organisé une table ronde avec quelques-uns des meilleurs musiciens de Tokyo et des journalistes des trois plus importantes revues musicales du pays. La discussion a duré deux heures et a été retranscrite mot à mot pour être publiée. En guise de dernier effort dans notre programme privé de politique étrangère, nous avons décidé, Zakin et moi, de laisser une part des gains de nos trois derniers concerts à Tokyo pour créer un fonds destiné à permettre à de jeunes musiciens japonais d'aller poursuivre des études à l'étranger. Je devrais ajouter que nous avons également joué à plusieurs reprises dans des hôpitaux des forces armées américaines autour du Japon, faisant par deux fois des voyages spéciaux en avion et une fois en hélicoptère. La nuit qui a précédé notre départ pour l'Inde, le général Christenberry, chef d'état-major du général Hall, a organisé un dîner à notre intention, où il nous a remis des médailles d'or pour avoir joué dans les hôpitaux.

Au cours de ces six semaines au Japon, nous sommes passés cinq fois à la radio et deux fois à la télévision, et il s'est rarement écoulé une heure sans que nous soyons en train de voyager, de jouer ou de participer à des divertissements officiels. En quarante jours, nous avons donné vingt-trois concerts publics et sept dans des hôpitaux des forces armées, et nous avons parcouru de long en large les trois plus grandes îles.

Quant à l'affection étonnante que les Japonais portent à la musique occidentale, j'ai ma propre interprétation de ce phénomène. La première indication que j'ai eue concernant les habitudes d'écoute musicale des Nippons provient de visites dans des bars de petites villes. Par exemple, à Sapporo, je suis allé boire un grog avec nos guides et compagnons japonais et ce qui sortait du haut-parleur n'était ni du jazz ni de la musique traditionnelle japonaise ou de la musique légère, mais — à ma grande stupéfaction — des quatuors de Beethoven, les *Concertos brandebourgeois* de Bach et de la musique pour piano de Chopin. De retour dans la capitale, j'ai été invité à l'une des premières représentations du *Violon sur le toit*, la comédie musicale de Jerry Bock, qui était créé dans une distribution entièrement japonaise. J'y ai été invité par l'acteur qui jouait le premier rôle, celui de Tevye. Sur scène, tout le monde portait le costume approprié. Évidemment, la pièce a été présentée en japonais, avec traduction simultanée en anglais. Elle a duré un peu plus longtemps que les représentations auxquelles j'avais assisté auparavant — j'étais à la création à New York, où Zero Mostel jouait le premier rôle, ainsi qu'à deux autres représentations avec Mostel également. Chaque fois que j'ai vu cette pièce, j'ai pleuré. Et là j'ai regardé les spectateurs autour de moi, la moitié des femmes était vêtue du kimono traditionnel, l'autre moitié à l'occidentale, et presque toutes pleuraient aussi, ainsi qu'une quantité non négligeable d'hommes. Un peu mystifié par cette réaction, je me suis rendu dans la loge de l'acteur qui m'avait invité. La première chose qu'il m'a dite a été : « Comment les Américains ont-ils pu écrire une pièce aussi japonaise ? » J'ai été pris par surprise. Puis j'ai réalisé que la pièce est centrée sur le thème de la tradition. Il y a un moment où, angoissé, Tevye se trouve défié par sa fille ; elle s'apprête à partir avec un jeune homme qu'il n'apprécie pas. Tevye refuse de les reconnaître. Sa fille lui tend la main et le supplie : « Papa, dis-moi au revoir. » Il s'approche d'elle, mais juste au moment où leurs mains vont se toucher, il s'écarte subitement et commence à chanter : « Tradition. » En fait, c'est exactement ce qui se passait alors au Japon : l'abolition de traditions séculaires par le général MacArthur et les forces américaines d'occupation. La pièce était une sorte de mécanisme de libération, de catharsis, pour libérer le pays d'un phénomène dont il faisait encore l'expérience huit ans après la guerre : le recul de la culture traditionnelle japonaise.

Par ailleurs, le Japon n'a pas de musique pure en tant que telle, au sens où un quatuor ou une symphonie est de la musique pure. Les règles de politesse régissant les rapports entre les différentes classes sociales dans ce pays — supérieures, égales, inférieures — s'appliquaient également à la musique traditionnelle japonaise, ainsi qu'à la poésie. À l'exception de la musique des temples, toute autre expression musicale n'était qu'un accompagnement de danses, de chants ou de textes. Lorsque la musique occidentale a commencé à pénétrer la culture japonaise — avec parcimonie avant la guerre et dans une large mesure après — pour la première fois, n'importe qui a pu, sans tenir compte de sa classe, de son rang ou de sa situation sociale, se rattacher à un état d'âme ou à un sentiment. La musique occidentale a donné à chaque Japonais la possibilité d'être lui-même ; de se sentir un être individuel malgré les impératifs du groupe ou les règles de protocole. Il pouvait rire, pleurer, chanter, rester tranquillement assis, lire, penser tout en écoutant la musique. Elle semble avoir offert aux Japonais une libération qu'ils ne pouvaient peut-être pas trouver dans leurs propres formes traditionnelles de musique. Ce qui explique peut-être pourquoi, à Tokyo, il existe aujourd'hui dix orchestres symphoniques et, je pense, plus de dix-sept salles de concerts. Cela explique peut-être également pourquoi tant de jeunes Japonais se rendent au concert.

Cette tournée m'a laissé de bons souvenirs : le soin avec lequel elle a été organisée ; l'attention méticuleuse portée aux détails et le souci respectueux de nos besoins ; le public, la presse, la critique — même ceux qui ne connaissaient pas les tendances modernes de la musique occidentale et considéraient mon jeu avec le plus grand scepticisme — et toujours, toujours les réceptions, la nourriture, sushi, sashimi et yakitori, shabu-shabu, toutes les différentes sortes de mets japonais que j'adore. Zakin prenait un verre de temps à autre ; une fois, il s'est vraiment enivré et s'est mis à faire du bruit — ce qui a beaucoup embarrassé sa femme et qui nous a amusés, je dois dire, Vera et moi.

Du Japon, nous nous sommes envolés pour Calcutta. Les autorités indiennes nous avaient fait clairement savoir qu'elles ne pouvaient pas se permettre de nous donner nos cachets habituels ; nous avions donc accepté de jouer si elles prenaient

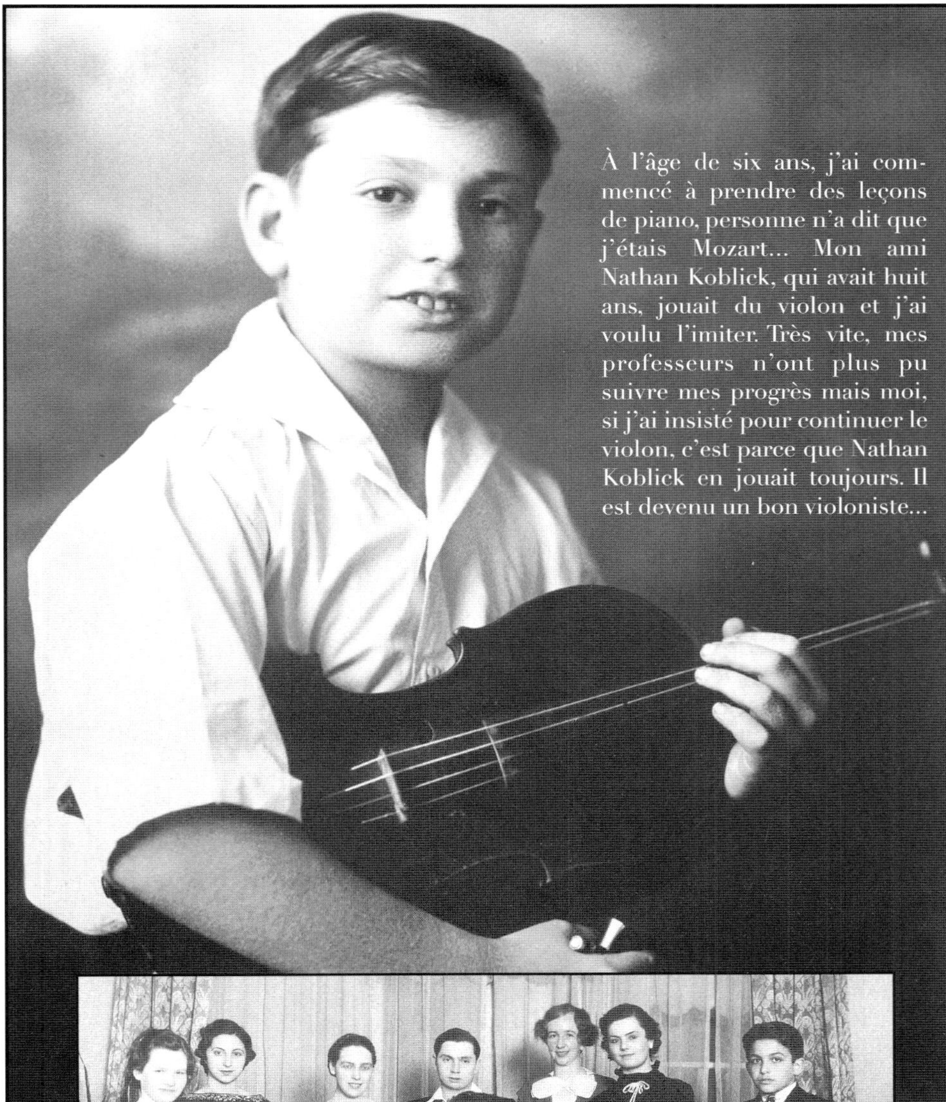

À l'âge de six ans, j'ai commencé à prendre des leçons de piano, personne n'a dit que j'étais Mozart... Mon ami Nathan Koblick, qui avait huit ans, jouait du violon et j'ai voulu l'imiter. Très vite, mes professeurs n'ont plus pu suivre mes progrès mais moi, si j'ai insisté pour continuer le violon, c'est parce que Nathan Koblick en jouait toujours. Il est devenu un bon violoniste...

Naoum Blinder avait fui l'Union soviétique dans les années 20. Il était venu enseigner à New York dans ce qui allait devenir la célèbre Juilliard School. Il a été mon premier véritable professeur (je suis juste derrière lui sur la photo) et a influencé pour le restant de mes jours ma vision de la musique.

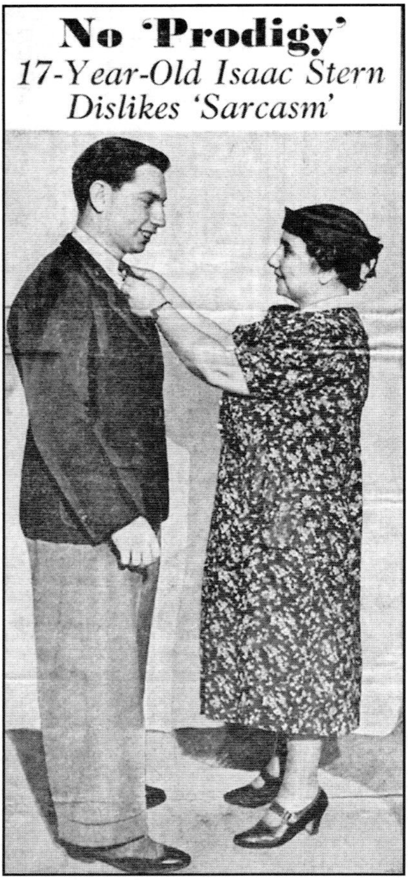


© Seattle Post-Intelligencer

À dix-sept ans, accompagné de ma mère, je suis parti pour New York, jouer sur la scène du Town Hall, mais j'ai reçu l'accueil de la critique comme une gifle : on me conseillait de rentrer en Californie et de travailler encore…

Lutie Goldstein faisait partie des bienfaiteurs auxquels l'orchestre symphonique, l'opéra et le conservatoire de San Francisco faisaient appel. Elle m'a « adopté » et a financé pendant de nombreuses années mes études musicales.

© Allen Damerell

Lorsque j'ai remporté mes premiers succès, personne n'a été plus fier de moi que mon père, même s'il ne l'a jamais dit ni montré. Il classait et rangeait avec soin toutes mes partitions pour que je puisse aisément les consulter.

Pour ma première prestation au Carnegie Hall, j'ai choisi les morceaux qui me permettraient de réaffirmer que j'étais musicien, qui me prouveraient et prouveraient aux autres que j'avais le droit d'être là.

Lors du tournage du film *Humoresque*, j'ai montré à l'acteur John Garfield comment jouer et poser avec le violon, pour des gros plans… et lui ai donné de nombreux conseils afin qu'il pénètre son rôle de musicien.

© Allen Damerell

Nora était une danseuse extraordinaire possédant un véritable pouvoir charismatique. Nos deux carrières nous ont rapidement séparés, mais nous sommes restés bons amis.

En 1951, j'ai rencontré Vera en Israël où elle comptait s'installer mais à la fin de ma tournée, quand je l'ai demandée en mariage, elle a dit « oui ».

© Fred Plaut

J'étais en tournée en Russie à la naissance de Shira... L'obstétricien était tellement occupé à mettre au monde Michael qu'il ne m'a téléphoné qu'après... En revanche, pour David, il a pu me joindre à temps... Je n'oublierai jamais ce moment.

En 1959, je donne mon cinquante-deuxième concert au Carnegie Hall alors que la salle est menacée de démolition : un gratte-ciel aux façades rouge chinois doit prendre sa place ! Cette bataille que j'ai menée, soutenu par un très grand nombre, pour sauver l'illustre salle a fait de moi un héros...

Isaac Stern, now 39, made his debut with San Francisco orchestra at 11

# A Fiddler Saves Carnegie Hall

Just as Wreckers Were About to Demolish New York's Famous Music Hall, Isaac Stern Became Hero of the Hour

© Milwaukee Journal

À Kiev, nous avons été merveilleusement accueillis. J'aurai joué, en Union soviétique, dans toutes les plus belles salles...

Écouter, connaître, respecter et aimer tous ces grands artistes que j'ai eu l'occasion de rencontrer durant les soixante-cinq dernières années du XX^e siècle, c'est cela qui m'a permis d'apprendre mon art.

Avec Nathan Milstein, David Oïstrakh, Eugene Ormandy et Sol Hurok, mon impresario, l'un des plus grands de ce siècle.

© Planet News Ltd

Sir Thomas Beecham …

Pierre Monteux ...

© B. A. Bakalar

Fritz Reiner ...

… et Igor Stravinski.

en charge les frais de voyage et si elles donnaient à une œuvre de bienfaisance reconnue le bénéfice des concerts. En fin de compte, l'œuvre de bienfaisance qu'elles ont choisie a été la caisse du Premier ministre. Et l'une des récompenses qui nous a été accordée pour le concert de New Delhi a été une rencontre avec le Premier ministre Jawaharlal Nehru.

Je n'oublierai jamais ce mois de novembre 1953. Lorsque nous sommes arrivés à la résidence du Premier ministre, nous avons été accueillis à la porte par sa fille, Indira Gandhi, qui nous a fait savoir que son père serait retardé parce que le Congrès était encore en session. Cette jeune femme attirante et très gracieuse était vêtue du traditionnel sari. Elle m'a tendu une lettre en provenance du Cachemire, qui m'était adressée, venant d'un admirateur qui avait su que je serais chez le Premier ministre et qui demandait un autographe. Dans la résidence de Nehru !

Nous étions en train de prendre le thé lorsque Nehru est entré, l'air épuisé. Il n'était pas aussi grand qu'on aurait pu l'imaginer en le voyant en photo, mais il avait ce beau visage d'ascète. À ce moment-là, les quatre personnages itinérants que nous étions devaient être le dernier de ses soucis. La demi-heure suivante a été assez inconfortable. Nehru semblait souffrir de fatigue et d'ennui, et nous étions assez intimidés par sa présence. De longs silences étaient entrecoupés de moments de conversation forcée. Soudain, je lui ai dit :

— Monsieur le Premier ministre, j'ai beaucoup voyagé dans le monde, mais je n'ai jamais rencontré de conditions de vie aussi terribles et aussi difficiles qu'à Bombay.

Tout à coup, il a repris vie, et il a commencé à nous faire un cours.

— Savez-vous combien de réfugiés nous arrivent chaque mois du Pakistan, depuis la guerre ? a-t-il demandé.

Je l'ignorais. Il a répondu :

— Dix millions. C'est ça, dix millions.

Pour moi, ce chiffre était incommensurable. Pour Bombay, ces réfugiés constituaient à l'évidence un désastre majeur. Nous avions vu des gens couchés n'importe où, faisant leurs besoins dans les rues, où ils finissaient par mourir ; des enfants qui mendiaient ; des mouches partout, sur la nourriture, sur les visages — des scènes impossibles de la pauvreté la plus sordide qu'on puisse imaginer. Nehru a ajouté :

— Vous rendez-vous compte de ce que cela signifie de sortir le pays de cette situation ? Nous tentons de faire quelque chose. Pendant que vous êtes ici, vous devez aller voir ce que nous faisons à Agra. Vous verrez clairement à quoi nous sommes arrivés et ce que nous essayons de réaliser.

À Agra se trouvait le Taj Mahal ; je lui ai dit que nous avions l'intention d'y aller.

— Bien ! Je vais dire à ma secrétaire de leur faire savoir que vous venez. Ils vous emmèneront dans une ferme modèle que j'aimerais que vous visitiez. C'est l'avenir de l'Inde. C'est la seule façon pour nous de pouvoir répondre à ce problème de pauvreté — donner aux gens de la terre, une vache, une mule ; les laisser cultiver la terre pour eux-mêmes et reconstruire le pays de bout en bout.

Nous avons visité Agra et constaté qu'un monde séparait la ferme modèle et la vie des citadins. Je ne suis pas retourné en Inde, mais récemment, des voyageurs m'ont affirmé que les problèmes qui étaient endémiques lorsque, en 1953, je m'y suis rendu, demeuraient.

Au cours de ce voyage, nous avons été présentés au ministre de la Santé, la Raj Kumari Amrit Kaur. Elle nous a dit :

— Savez-vous combien de lits d'hôpitaux les Britanniques nous ont laissés ? Six mille. Nous avons un million et demi de cas de tuberculose active et deux millions de cas à leur début. Et il ne s'agit que d'une maladie. Les problèmes auxquels nous sommes confrontés sont presque inconcevables.

Elle nous a invités à prendre le thé chez elle et à entendre de la musique indienne jouée par de grands musiciens indiens. Elle acceptait et aimait la musique occidentale dans une certaine mesure, mais elle voulait absolument que je réalise à quel point la musique de son pays était supérieure. J'ai ainsi découvert le sitar et d'autres instruments indiens, et écouté des râga pour la première fois de ma vie. Elle a expliqué les complexités des mélodies, comment elles devenaient de plus en plus compliquées, intriquées et déchaînées, en respectant toujours un certain ordre numérique. Elle a encore parlé de la sophistication de la musique en insistant sur sa supériorité face à la musique occidentale, tant sur le plan émotionnel que intellectuel. Je n'étais pas d'accord avec elle et je ne le suis toujours pas. Mais je ne pense pas que, dans le monde occidental, nous devrions continuer à considérer que les autres cultures n'ont aucune valeur. Je n'apprécie peut-être pas profondément la musique indienne, mais cela ne me donne en aucun cas le droit de lui manquer de respect.

Il faisait un temps épouvantable — chaud, humide ; les hôtels sans climatisation. Mon violon a commencé à se décoller légèrement et à s'ouvrir. On m'a parlé d'un homme qui réparait les instruments de musique. Je suis allé le voir et l'ai trouvé torse nu. Il a préparé un tas de colle, l'a appliquée sur le violon et a remis la table en place. Ce violon était mon précieux guarnerius. Lorsque je suis rentré à New York, j'avais besoin qu'il soit examiné à fond et nettoyé ; je l'ai donc apporté à l'un des plus grands experts, le luthier Fernando Sacconi. Je suis resté à côté de lui pendant qu'il commençait à l'ouvrir et je l'ai entendu dire : « Qui a mis cette colle là-dedans, pour l'amour de Dieu ? Il est presque impossible de l'ouvrir ! » Il y a travaillé avec le plus grand soin, émettant un léger sifflement à chaque fois qu'il arrivait à décoller quelque chose et, soudain, un bruit sec s'est échappé de mon violon. J'ai eu l'impression de voir mon enfant éventré. Mais c'était la colle qui avait craqué et non l'instrument. À mon grand soulagement, il a tout nettoyé, remis la table correctement en place et refait la barre d'harmonie.

D'Inde, nous sommes partis pour les Philippines. À Manille, j'ai donné un récital avec Zakin — et j'ai appris la mort tragique, dans un accident d'avion, du jeune et merveilleux pianiste William Kapell. Je l'avais souvent entendu ; nous avions également joué ensemble en privé. Petit, il avait les cheveux très noirs, un visage boutonneux, un corps sec et nerveux et semblait marcher à l'électricité ; on avait l'impression qu'il n'avait qu'à toucher le piano pour qu'il lui ouvre son cœur. C'était un virtuose brillant, explosif, un pianiste prométhéen. Depuis deux ans, ses conceptions avaient mûri ; sa palette de couleurs et ses idées, la substance interne de sa musique s'étaient enrichies, et il était capable de donner encore plus d'envergure à ses interprétations et d'aborder davantage de musique de divers genres — classique, contemporaine, romantique, impressionniste. La qualité de son jeu ne connaissait quasiment pas de limites. Il était promis à une très brillante carrière, non seulement à cause de son talent intrinsèque de musicien, mais également parce qu'il possédait ce que j'appelle le facteur *x*, l'attribut le plus important de toute personne qui monte sur scène ; le mystère de la personnalité, descriptible mais inexplicable, qui permet à l'interprète de passer la rampe et de magnétiser l'auditoire. William Kapell possédait tout cela ; dans son jeu, il y avait une tension qui attirait le public vers lui. Et il venait de nous quitter. Quelle terrible perte !

À la fin de l'année 1953, après treize ans de travail musical en équipe, nous avions parcouru Zakin et moi des milliers de kilomètres, presque toujours en avion. Toute ma vie d'adulte, j'ai vécu avec un sens fataliste du voyage. Si quelque chose devait arriver, je n'y pourrais rien. Et je ne laisserais sûrement jamais cette incertitude régir ma vie.

# 13.

À Venise, à l'automne 1954, j'ai joué pour la première fois la *Sérénade* de Leonard Bernstein. À l'origine, « Lenny » l'avait écrite pour quelqu'un d'autre, qui n'avait pu, pour diverses raisons, l'accepter. Il m'avait ensuite demandé si je voulais la jouer, et l'a achevée dès que je lui eus donné mon accord. De temps à autre, il me demandait : « Est-ce faisable ? » ou « À quoi ça ressemble ? » ou « Comment pourrait-on l'améliorer ? » Il me posait uniquement des questions relatives à la réalisation matérielle. J'ai travaillé de la même façon avec Dutilleux, Rochberg et Penderecki, avec tous les compositeurs avec lesquels j'ai collaboré. Si l'un d'entre eux me posait des questions sur la viabilité d'un passage musical, je faisais de mon mieux pour l'aider et, une fois l'œuvre composée, je l'apprenais. Si je remarquais une contradiction dans la direction prise par le compositeur, je n'hésitais pas à lui en faire part. Il m'est arrivé une fois de poser des questions à un compositeur sur un finale et, lorsqu'il m'a dit l'avoir récrit cinq fois, je lui ai répondu : « Vous ne voudriez pas essayer une sixième ? » Une autre fois, j'ai perçu sous la plume d'un compositeur une grande différence entre la conclusion et la musique qui précédait ; je lui ai demandé à qui il pensait en terminant cette œuvre. Il m'a dit avoir écrit le finale peu après la mort de l'un de ses enfants. Je n'ai jamais dit à un compositeur ce qu'il devait écrire — mon travail consistait à jouer ce qui était écrit, et aussi bien que possible. En fin de compte, je dois être l'instrument du compositeur. Lenny m'envoyait des morceaux de la *Sérénade*. J'ai eu un petit problème avec lui, car il composait parfois dans des armatures de la clé correctes d'un point de vue musical, mais difficiles pour les instrumentistes à cordes, qui ont tendance à penser en termes d'« enharmonie » lorsqu'ils choisissent le doigté de passages rapides. Dans le dernier mouvement, la musique se rapprochait du jazz. C'était du pur Lenny, cette synthèse de la grande musique, de Mahler à Brubeck, qui sortait instinctivement de ses tripes.

Leonard Bernstein était un oiseau de nuit invétéré. Il restait éveillé toute la nuit, puis allait dormir d'à peu près quatre heures du matin à midi. Deux nuits avant la création, à la Fenice de Venise, nous sommes allés dîner tous les deux à l'hôtel Bauer-Grünwald, où nous séjournions, et nous avons commencé à parler. Après le dîner, nous sommes montés dans sa suite afin de poursuivre la conversation. Nous avons parlé, parlé et parlé, à cœur ouvert — de musique, de nos familles, des personnes que nous connaissions, de nos rêves les plus intimes ; des pensées vagabondes, les idées s'enchaînant les unes après les autres — et j'ai soudain réalisé qu'il était six heures du matin ! Ce fut un moment de ma vie d'une rare qualité. Avant le concert Lenny m'a envoyé un mot sur le papier à lettre de l'hôtel :

> « Isaac, mon Isaac :
>
> Quoi qu'il arrive ce soir, bon, mauvais ou catastrophique, je veux que tu saches à quel point je chérirai toujours ton travail sur notre *Sérénade*. Personne ne sait jouer comme toi et personne ne peut jouer cette pièce comme toi. J'ai une dette éternelle envers toi et, en plus, de toute façon, je t'aime. Merci de tout cœur.
>
> Lenny
>
> 12 septembre 1954 ».

Pour la création de la *Sérénade*, « Lenny » était à la tête de l'Orchestre philharmonique d'Israël, alors en tournée internationale, et j'étais au violon. Elle a reçu un bon accueil, même si, en toute franchise, elle n'a pas marqué le cours de l'histoire de la musique. Après mon retour aux États-Unis, nous l'avons rejouée, avec le Symphony of the Air Orchestra, puis nous l'avons enregistrée. Aujourd'hui, par bonheur, elle est inscrite au répertoire de tous les violonistes.

Fin décembre, je suis allé en Islande avec Zakin. Dix ans plus tôt, nous y avions joué avec l'USO. Nous nous sommes retrouvés à nouveau à bord d'un avion de l'armée, mais cette fois sans uniforme, et nous devions surtout donner des concerts pour des civils. Ce fut un jalon important dans une succession de voyages qui m'ont amené à prendre conscience du rôle que pouvaient jouer les arts dans la diplomatie internationale. En Inde, par exemple, on m'avait informé d'un ton mordant que l'Union soviétique y avait envoyé de puissantes délégations culturelles — ses meilleurs danseurs et ses meilleurs musiciens. Comme l'Islande ne figurait pas sur la plupart des itinéraires de concerts, c'était l'un des rares pays où notre imprésario, Sol Hurok, n'avait encore rien organisé pour nous. Au début du mois de décembre, il m'avait téléphoné pour me dire qu'à la demande du Département d'État, l'American National Theatre and Academy (ANTA) venait d'établir le programme d'échanges internationaux pour envoyer des artistes et des groupes à l'étranger. Certains membres de la Société de musique de Reykjavik se souvenaient de notre dernière visite et nous invitaient maintenant à revenir. Qu'en pensions-nous ?

Nous venions juste de rentrer d'un voyage autour du monde. Même si de passer la semaine de Noël en Islande était la dernière chose dont nous ayons envie, nous avons accepté.

Pourquoi le Département d'État s'était-il engagé dans un programme d'échanges culturels ? Peut-être, certains fonctionnaires de ce ministère, ainsi que des membres de l'ANTA, avaient-ils pris conscience des implications de la récente visite en Islande d'une délégation de musiciens et de danseurs soviétiques. Cette troupe était sortie de son rôle pour lier des contacts amicaux. Le pianiste et le violoncelliste étaient allés de village en village et avaient invité des passionnés de musique de chambre à jouer avec eux. C'était une vraie réussite.

La nuit de notre arrivée, nous avons joué dans le club civil de la base aérienne de Keflavik. Dans la salle à manger voisine, le service s'est arrêté à 20 h 15, et les juke-box ont cessé de fonctionner quelques heures pendant que nous jouions devant un auditoire composé de soldats américains et de leurs femmes. Notre concert à Reykjavik s'est tenu dans la plus grande salle de cinéma de la ville. Comme dans de nombreuses villes américaines d'environ cinquante mille personnes, le cinéma servait aussi de salle de concerts. Le bâtiment, simple, propre et moderne, pouvait accueillir trois cent cinquante personnes. Nous avons dû donner notre programme à deux reprises, car le nombre d'abonnés était deux fois supérieur à la capacité du théâtre. Les récitals n'étaient qu'une facette de la vie musicale de Reykjavik. Il y avait aussi des quatuors à cordes locaux, plusieurs sociétés de musique de chambre et un orchestre symphonique national, qui venait d'augmenter son effectif de plusieurs instrumentistes à vent (cuivres et bois) en provenance d'Allemagne et d'Autriche. L'orchestre participait également à des représentations lyriques à l'Opéra national, un bâtiment neuf et moderne qui pouvait accueillir environ six cent cinquante personnes. Nous n'étions pas les seuls musiciens américains à nous produire en Islande. Blanche Thebom y avait donné un concert, de même que le Quintette à vent de Philadelphie ; et, dans notre avion se trouvait Ervin Laszlo, qui, en route pour l'Europe, a fait escale pour donner un récital de piano. Entre notre dernier récital et le concert au cours duquel j'interprétais le concerto de Mendelssohn avec l'orchestre, il y avait un jour libre ; nous avons donc demandé, avec Zakin, si nous pourrions jouer pour les étudiants et leur parler à l'université de Reykjavik. La radio nationale a diffusé une annonce et, le lendemain, nous avons pris la parole devant la salle pleine à craquer.

Au début, les étudiants ont fait preuve de timidité. Mais ils ont vite commencé à poser les mêmes questions que leurs homologues américains. Quelle est la valeur de la musique ? Comment choisissons-nous nos programmes ? Les auditoires varient-ils d'un bout à l'autre du monde ? Pourquoi jouons-nous de la musique moderne ? etc.

Durant nos tournées, à notre plus grande consternation, nous avions vu des amis potentiels se détacher de nous à cause de la richesse matérielle des États-Unis. Les arts sont susceptibles de créer une meilleure compréhension entre les hommes ; mais notre pays les ignorait largement dans des régions du monde où la musique, la peinture et la littérature étaient considérées comme des preuves de civilisation supérieures aux réfrigérateurs et aux automobiles. Bientôt notre expérience islandaise n'a constitué qu'une petite part du travail important réalisé par le programme d'échanges internationaux. La troupe de *Porgy and Bess* venait de remporter un immense succès à l'étranger. Et l'Orchestre de Philadelphie, sous la direction d'Eugene Ormandy, allait bientôt entreprendre une autre tournée européenne. Nous avons compris que le langage de la musique pouvait rapprocher les peuples.

J'ai écrit un article sur notre tournée en Islande et je l'ai envoyé au *New York Times*, qui l'a publié le 23 janvier 1955, en y ajoutant ce qui suit, sans que j'en sois averti à l'avance :

> « Le geste de M. Stern en tant qu'ambassadeur culturel en Islande a été complété par ses actes, puisqu'il offre les bénéfices de ses concerts à l'université pour la création d'une bibliothèque musicale et d'une salle de musique. »
> — *Ed.*

Mon ami Lionel Rudko est allé en Islande aider à l'installation des équipements sonores. (Lionel est l'un de mes plus vieux amis. Nous nous sommes rencontrés il y a une cinquantaine d'années, alors qu'il était propriétaire de l'un des magasins de disques classiques les plus recherchés de New York. Par la suite, après avoir vendu son affaire, il a été quelque temps administrateur général du Carnegie Hall.)

À la fin de l'année 1955, j'ai été invité en Union soviétique. Et, en avril 1956, j'ai pris l'avion pour Moscou avec Zakin, deux ans avant le lancement officiel du programme d'échanges culturels entre les États-Unis et l'Union soviétique.

Les origines de cette première tournée d'un artiste américain depuis la Seconde Guerre mondiale remontent à 1951, à Anvers. Je venais de donner un concert quand est entré dans ma loge le violoniste soviétique David Oïstrakh, l'un des plus grands de notre siècle. Ce personnage sérieux était aussi costaud que moi, mais me dépassait d'une bonne dizaine de centimètres. Il était accompagné de deux membres de l'ambassade d'URSS. Il m'a chaleureusement félicité et m'a dit : « Pourquoi ne viendriez-vous pas à Bruxelles pour le concert ? » S'y tenait alors le concours international de musique Reine Élisabeth. Je lui ai répondu que j'aimerais beaucoup venir, mais que je ne voulais pas faire partie du jury ; je viendrais comme un simple auditeur. Il a suggéré de nous rencontrer à l'ambassade d'Union soviétique. J'hésitais et j'ai proposé de nous voir à mon hôtel. Nous avons fait un compromis et nous nous sommes donné rendez-vous dans un café proche du palais des Beaux-Arts, où se déroulait le concours. Après le départ d'Oïstrakh, Zakin m'a dit : « Qu'est-ce que tu veux qu'il fasse pour nous ? Il va venir avec deux hommes de la Sécurité. Vous ne pourrez rien dire ; il n'y aura pas de conversation. » J'ai répliqué : « Voyons ce qui arrivera. Je vais le rencontrer. » Je suis allé au café comme prévu. Oïstrakh est arrivé seul, un appareil de photo à la main. Notre rencontre était supposée durer une demi-heure. Au bout d'une heure et demie environ, il s'est levé, s'est dirigé vers le téléphone et je l'ai entendu dire : « Ici Oïstrakh. Je ne rentrerai pas déjeuner. » Cette rencontre a duré cinq heures. Nous avons conversé en russe ; il ne connaissait pas l'anglais et je ne comprenais rien à son allemand très lourdement métissé de yiddish. Nous avons parlé de tout : de la vie dans nos pays, de politique, de la musique, de divers solistes. Ses domaines d'intérêt étaient très variés et il possédait une humanité absolument naturelle.

À la fin de cette rencontre, il s'est forgé entre nous une amitié étroite qui allait durer vingt ans. À partir de là, nos vies ont semblé inextricablement liées. Nous nous sommes fait un devoir de nous rencontrer à chaque fois que nous jouions dans la même ville, mais d'un commun accord nous ne nous sommes jamais écrit, car la vie d'un citoyen soviétique pouvait se compliquer s'il recevait du courrier d'un étranger.

Nous nous sommes vus pour la dernière fois à Londres, environ trois mois avant sa mort. Il avait soixante-six ans, il avait pris énormément de poids. Je lui ai dit :

— Pourquoi ne quittes-tu pas ton pays ? Tu seras honoré partout. En l'espace d'un an, tu seras riche.

Il m'a répondu :

— Je ne peux pas. Ils ne laissent pas ma famille voyager avec moi. Je ne peux pas faire ça à ma femme et à mes enfants.

Je lui ai demandé pourquoi il travaillait tellement en Union soviétique, jouant, dirigeant, enseignant du matin au soir, donnant des concerts en province.

— Tu n'arrêtes pas.

Sa réponse m'a glacé jusqu'au cœur et me poursuit encore :

— Si j'arrête même un court instant, je vais commencer à penser. Si je pense, je mourrai.

C'était un être étonnant, adorable. Et le premier violoniste soviétique que Sol Hurok ait pu faire venir aux États-Unis.

Vers le milieu des années 50, Hurok était parvenu à se rapprocher du ministre soviétique de la Culture. Il voulait avoir le ballet du Bolchoï et il a été heureux de commencer avec Oïstrakh et le pianiste Emil Gilels. Je suis allé à la première prestation d'Oïstrakh au Carnegie Hall, en novembre 1955. Il a joué la *Sonate n° 1* de Beethoven, la *Sonate n° 1* de Prokofiev, la *Sonate en sol mineur* de Tartini, la *Valse scherzo* de Tchaïkovski et d'autres pièces. Un concert incroyable, absolument magnifique. Peu de temps après, j'ai reçu l'appel du bureau de Hurok. Les Soviétiques parlaient de réciprocité : nous avions invité leur plus grand violoniste à faire une tournée américaine ; ils invitaient notre plus grand violoniste à faire une tournée en Union soviétique.

L'invitation officielle est arrivée en janvier 1956. Les détails ont été réglés par lettres et par câbles au cours des semaines suivantes. Je me souviens avoir fait remarquer à quelqu'un à l'époque : « Les Russes nous ont envoyé leurs juifs d'Odessa et nous leur envoyons maintenant nos juifs d'Odessa[1]. » Cette phrase, qui a échoué dans *Time Magazine*, n'a pas été vraiment appréciée ni au Département d'État ni par les autorités soviétiques.

Au début du mois d'avril, Sol Hurok s'est rendu en Union soviétique pour mettre au point les derniers détails. Il a informé qui de droit au Département d'État et a reçu sa béné-

1. Little Odessa : quartier russe de New York.

diction tacite et informelle. Il désirait vraiment que nous y allions, même s'il n'y avait encore aucune politique étrangère soutenant officiellement des programmes d'échanges avec l'Union soviétique.

C'est ainsi qu'à la fin du mois d'avril 1956, je me suis envolé pour Moscou avec Zakin. Le premier concert était prévu pour le 3 mai, mais nous avons quitté les États-Unis le 28 avril, car je voulais arriver à Moscou assez tôt pour assister au défilé du 1er mai. Quelques jours plus tôt, j'avais donné un concert à Cuba. Ce serait mon dernier.

J'avais ensuite pris un vol pour Miami avec Zakin, ratant de peu le vol pour New York. Zakin s'était démené, mais on ne pouvait pas retarder l'avion pour moi et il était parti seul. Je suis passé par Philadelphie et arrivai juste à temps pour apprendre que Mae Frohman, l'assistante de Sol Hurok, venait de mourir. C'est Mae qui avait fait tourner le bureau ; c'est elle qui m'avait présenté à Nora Kaye. Je me suis précipité au bureau d'Hurok et nous avons parlé et pleuré pendant des heures. Il était bouleversé. Nous sommes restés longtemps à évoquer des souvenirs. Ensuite épuisé par l'émotion, j'ai dû rentrer à la maison refaire les bagages pour le voyage en Union soviétique. J'étais réduit à l'état d'épave totale et je me suis endormi, mort d'épuisement, dans l'avion.

Le lendemain matin, à Londres, mon agent anglais, avec qui nous avons pris un petit déjeuner, était présent pour nous accueillir ; puis une étape à Copenhague, où nous avons déjeuné avec mon agent danois. Ensuite destination Helsinki, où nous avons dîné avec des amis et passé la nuit. Le lendemain, un avion soviétique nous a amenés à Leningrad et un autre appareil nous a conduits à Moscou.

Nous avons été accueillis par des délégations du ministère soviétique de la Culture et de divers organismes musicaux qui allaient être nos hôtes. Il y avait aussi un membre de l'ambassade des États-Unis et Daniel Schorr, correspondant du *New York Times*, que j'avais déjà rencontré à Amsterdam. On nous a remis des fleurs, puis des discours d'accueil ont été prononcés, auxquels Zakin a répondu dans un excellent russe et moi dans un russe incroyablement mauvais. J'étais décidé à parler russe tant que je pourrais être compris, même si ma mauvaise grammaire écorchait cruellement l'oreille de Zakin. Le représentant de l'ambassade des États-Unis nous a ensuite demandé de l'accompagner pour rencontrer l'ambassadeur Charles (Chip) Bohlen avant de nous rendre à l'hôtel. L'aéroport se trouvait à quarante kilomètres de la ville. La première chose que nous avons vue de Moscou cette nuit-là a été l'université, brillamment illuminée par des projecteurs, des étoiles rouges localisant la flèche de la structure centrale et les quatre bâtiments qui l'entouraient. Les rues étaient bondées de monde et de voitures ; il y avait partout des signes annonciateurs des célébrations du 1er Mai : portraits des chefs politiques, haut-parleurs diffusant de la musique, boutiques encore ouvertes à onze heures du soir.

Bohlen était un bel homme d'un mètre quatre-vingts, au visage anguleux, qui semblait confiant et chaleureux. Il venait de prendre ce poste. Les Soviétiques le respectaient, les diplomates aguerris comme les journalistes cyniques l'admiraient. Sa femme, charmante et cultivée, l'assistait avec habileté et il remplissait bien son office. Son russe était excellent. Nous nous sommes réunis dans la seule pièce de l'ambassade où ils étaient sûrs qu'aucun micro n'était dissimulé, elle était isolée au plomb et souvent vérifiée. Nous avons parlé pendant une heure et il a compris que j'en savais suffisamment pour ne pas me laisser convaincre par ce que les autorités soviétiques me montreraient et me diraient. Avec Zakin, nous avons retrouvé notre voiture, qui, en passant devant les murs du Kremlin, nous a déposés à l'hôtel Moskva, juste à côté de la place Rouge. Et là, à ma grande et heureuse surprise, David Oïstrakh et son fils Igor nous attendaient avec une bouteille de champagne russe et un petit pot de caviar. Ils patientaient dans le vestibule de l'hôtel depuis plus de trois heures pour nous accueillir ! Voilà la nature des relations que j'entretenais avec Oïstrakh. Nous sommes allés tous les quatre prendre un souper tardif au restaurant de l'hôtel et nous avons parlé chaleureusement et amicalement.

La chambre qui m'était attribuée était une petite suite donnant sur une cour intérieure, « pour que », comme me l'a poliment expliqué le réceptionniste, « je sois au calme si je voulais me reposer ou travailler ». Zakin disposait d'une suite avec un petit piano droit. Nous avons appris plus tard que ces suites comptaient parmi les plus petites de l'hôtel. En arrivant deux jours plus tôt que prévu — le ministre de la Culture avait été informé de notre heure d'arrivée, mais l'information n'avait pas été transmise — nous avions provoqué une recherche frénétique de chambres dans l'hôtel surchargé par des délégations étrangères. Mais nous étions les invités du ministère ; et notre note d'hôtel et de repas serait réglée par celui-ci. Ils se sont efforcés, dans la mesure du possible, de nous installer confortablement.

Le lendemain, muni du laissez-passer spécial qui m'avait été délivré, j'ai pu pénétrer dans la section réservée aux VIP sur la place Rouge. L'endroit était impressionnant, avec des masses de gens et de drapeaux éclatants. La partie militaire du défilé n'a été ni très longue ni particulièrement impressionnante : des chars, des canons et des lance-roquettes. Les groupes d'athlètes qui ont suivi, avec leurs formations et leurs acrobaties, présentaient beaucoup plus d'intérêt. Sont venus ensuite à pied des ouvriers agricoles, des ouvriers d'usine, des organisations féminines, etc., portant tous des drapeaux ; chaque groupe s'est arrêté pour saluer d'un cri Khrouchtchev et d'autres membres du Soviet suprême, qui se tenaient debout sur l'estrade construite au-dessus des tombes de Lénine et de Staline. Il m'a semblé voir passer des centaines de milliers de personnes.

Au bout de quatre heures, j'ai commencé à m'ennuyer mais la présence de la police m'a fait comprendre que personne n'était supposé s'en aller avant la fin du défilé ; toutefois, j'ai sorti mon passeport américain et les gardes m'ont fait signe de passer. Dans ma suite à l'hôtel, il y avait un téléviseur. Je l'ai allumé et j'ai vu qu'il y avait des défilés du 1^er^ Mai dans toute l'Union soviétique. Des défilés du 1^er^ Mai — partout ! J'ai soudain compris que dans deux jours je jouerais dans ce pays pour la première fois. J'ai commencé à faire travailler quelques muscles. J'ai marché de long en large en pensant aux défilés, à l'URSS, à Sol Hurok et à Mae Frohman, et aussi à Vera à New York, qui était sur le point d'accoucher d'un jour à l'autre. En continuant à arpenter ma suite, tout en jouant, j'ai essayé de ne penser qu'à la musique. La nuit était calme, paisible. Mes doigts trouvaient tout seuls leur propre chemin. À un moment j'ai jeté un coup d'œil à ma montre. Il était quatre heures du matin. L'aube se levait timidement dans le ciel. Je me souviens m'être dit : « Mon Dieu, j'ai joué toute la nuit ! J'ai dû empêcher tout le monde de dormir. » J'ai ouvert ma porte pour voir si la *dzizhurnaya* — la femme que l'on trouve à chaque étage d'un hôtel soviétique et qui est traditionnellement chargée de garder les clés des chambres, de surveiller et de signaler les allées et venues des invités — se trouvait dans les parages. Elle était là, tranquillement adossée au mur près de la porte. Je suis sorti dans le couloir et lui ai dit :

— Je suis vraiment désolé si j'ai réveillé quelqu'un en travaillant.

Elle m'a répondu :

— Oh, non, pas du tout, vous jouez très bien, ça a été une telle joie de rester ici et d'écouter.

Puis elle m'a regardé de près et m'a dit :

— Monsieur Stern, vous avez un concert demain et vous êtes trempé.

J'étais inondé de sueur.

— Enlevez vos vêtements et prenez un bain chaud.

Elle s'est précipitée dans la salle de bains, en a rapporté une serviette et s'est mise à me sécher. Ensuite, elle a couru jusqu'au bout du couloir et est revenue assez rapidement avec du thé chaud. Elle ne m'a pas quitté avant d'être sûre que j'aie prie un bain et que je me sois endormi. Tel fut mon premier contact avec le caractère naturel chaleureux et humain de la véritable âme russe.

Le lendemain, après nous être reposés, nous sommes restés quelques heures à observer les passants. Ce soir-là, nous sommes allés au théâtre Bolchoï voir un opéra de Glinka. Le théâtre est grand et très beau ; le public semblait composite, avec beaucoup de provinciaux. Il y avait aussi des délégations étrangères. Les Russes portaient en général leurs vêtements de tous les jours, d'une coupe, la plupart du temps, assez démodée. Certains hommes étaient en bottes et beaucoup de femmes portaient des fichus sur la tête. D'autres étaient en chemise avec des cravates à rayures voyantes. Beaucoup d'hommes en uniforme de l'armée ou de la marine : les militaires paraissent prédominants à Moscou. Sur scène, la représentation était merveilleusement montée et l'orchestre jouait bien, mais le son ne possédait pas cette richesse et cette pulsation à laquelle nous étions habitués de la part des meilleurs orchestres américains. Les chanteurs étaient bons, mais pas remarquables. La mise en scène était de premier ordre ; les décors magnifiques. La fatigue nous a tous deux submergés et nous n'avons pas pu rester jusqu'à la fin de l'opéra.

Le lendemain, nous avons fait nos débuts russes dans la grande salle du Conservatoire, l'équivalent russe du Carnegie Hall. C'est un très bel endroit, peint en blanc et or, avec de nombreuses fenêtres et d'immenses portraits installés en permanence sur les murs : Tchaïkovski, Glière, Glinka, Rimski-Korsakov, Bach, Mozart, Beethoven, Brahms, Schubert, Mendelssohn, Chopin. L'acoustique est impeccable et vivante, avec une réverbération suffisante pour donner cette résonance et ce soutien indispensables à l'instrumentiste. La salle peut accueillir environ mille sept cents personnes, mais les gens s'entassaient dans les allées centrales, les loges, les entrées — sauf sur la scène, où ils n'avaient pas le droit d'aller — et cette nuit-là, ils étaient deux mille. On m'a dit que tous les violonistes demeurant jusqu'à huit cents kilomètres à la ronde autour de Moscou étaient dans le public. Une énorme tension s'est emparée de moi, mais en même temps une grande joie, mon premier concert en Union soviétique. En entrant en scène avec Zakin, je n'avais aucune idée de ce qui m'attendait. J'ai regardé l'auditoire et vu toutes sortes de visages : des vieux et des jeunes, quelques-uns que j'ai reconnus, des musiciens que j'avais déjà rencontrés, des membres du personnel de l'ambassade des États-Unis, des représentants d'autres ambassades, des officiels de divers ministères russes. Et des musiciens professionnels de toutes sortes : compositeurs, chefs d'orchestre, instrumentistes d'orchestres symphoniques — tous avec une attitude que j'ai ressentie comme très amicale. Nous avons commencé par une sonate de Haendel. Elle a été très bien accueillie, même si les applaudissements n'ont pas vraiment crépité. J'avais remarqué que, dans les mouvements lents, les musiciens professionnels s'étaient tournés les uns vers les autres avec des sourires d'approbation lorsque je faisais certaines nuances ou à la fin de certaines phrases. Le Haendel a été suivi de l'*Adagio et Fugue en sol mineur* de Bach. Cette fois, les applaudissements ont été plus nourris, plus chauds. Et pour clore la première partie du programme, nous avons joué la *Sonate en ré mineur* de Brahms. La salle a éclaté en applaudissement pour la première fois de façon vraiment nourrie. Cette réaction faisait plaisir, mais nous étions tellement tendus au début du concert que nous n'avions aucun moyen d'apprécier la nature réelle de la réaction de l'auditoire.

Durant l'entracte, qui peut durer de vingt à quarante minutes en Union soviétique, Oïstrakh est venu dans les coulisses me dire quel énorme succès remportait ce concert. Je l'ai regardé en lui disant :

— Vraiment ? Tu es vraiment satisfait ?

Il m'a entouré de son bras :

— Je n'aurais pas pu être plus satisfait.

Je ne saurais exprimer la valeur de cet encouragement personnel. Après l'entracte, nous avons commencé la deuxième partie du programme avec la *Sonate pour violon et piano* d'Aaron Copland, qui n'a pas semblé plaire aux auditeurs. Son langage musical les a intrigués ; leurs applaudissements tièdes et polis ont clairement reflété leur difficulté à accepter la couleur contemporaine de cette composition. Nous avons ensuite joué un rondo de Mozart et, à la fin, la salle a explosé. Avec Zakin, nous étions complètement décontenancés. La réaction du public était étonnante ; nous avions l'impression d'être submergés par une force physique, tant était concrète l'expression de pur plaisir que nous entendions et que nous ressentions. Après Mozart, nous avons donné *Nigun* d'Ernest Bloch. Cette œuvre triste et dramatique a profondément touché : dans les quelques rangs qui se trouvaient juste devant moi, j'ai vu des gens pleurer ouvertement, des regards retenus et pensifs, des pensées graves qui se lisaient clairement sur les visages. Le programme s'est terminé sur une œuvre de bravoure de Wieniawski, à laquelle le public a réagi avec des acclamations insistantes, excitées, mais aussi amicales. J'avais rarement ressenti ce genre de chaleur et je l'ai interprétée comme un geste de bonne volonté de l'auditoire pour écouter un autre style d'interprétation, pour se laisser émouvoir non seulement par la virtuosité, le caractère dramatique, la technique brillante, mais également par les plus fines nuances, par un moment jailli d'une longue phrase dans un mouvement lent de Brahms, par la rapidité éphémère de Mozart dans un rondo, l'impressionnisme de Szymanowski, l'élégance, la gaieté et le vif-argent brillant du *Rondo capriccioso* de Saint-Saëns.

Après ce premier concert, j'ai commencé à me détendre. En prenant conscience de l'amour que les Russes portaient à la musique, il m'a été plus facile de jouer de longues phrases avec le plus grand calme et de les faire comprendre totalement et instantanément. J'ai pu y parvenir tranquillement, être aimable et faire l'amour au public, rire et pleurer avec mon violon, tout en étant sûr qu'il saisirait jusqu'à la moindre nuance, le moindre sentiment. J'ai alors acquis la certitude que nous atteindrions le principal objectif de notre visite — faire de la bonne musique ; notre voyage en Union soviétique était entièrement justifié et je me sentais à l'aise d'être venu.

Le lendemain soir, nous avons donné un autre concert, également dans la grande salle et, le 8 mai, nous avons joué dans la salle Tchaïkovski. Elle comporte une scène circulaire, un plafond treillissé avec un éclairage encastré ; elle peut accueillir deux mille personnes et son acoustique est assez médiocre. Même les Soviétiques nous ont dit qu'ils n'aimaient pas l'acoustique de cette salle. À Moscou, il y a également la salle des Colonnes, où l'acoustique est excellente, mais nous n'y avons pas donné de concert. L'ambassadeur des États-Unis m'a dit qu'il était assez content que nous n'y ayons pas joué, car c'est dans cette salle qu'ont eu lieu les procès d'épuration en 1937.

Je n'étais pas le premier violoniste américain à jouer en Union soviétique depuis la fin de la guerre ; Yehudi Menuhin y était allé avant moi. On m'a dit qu'il n'avait joué qu'à Moscou. Il semble que j'ai été le premier violoniste américain à faire une tournée dans les plus grandes villes soviétiques. Après Moscou, notre première étape a été Leningrad. Je me faisais alors beaucoup de souci pour Vera. J'avais découvert qu'en Union soviétique il fallait un certain temps pour obtenir une communication téléphonique outre-mer et que, pour recevoir un appel analogue, on pouvait attendre jusqu'à douze heures. Téléphoner chez moi de Moscou avait été un problème, mais j'avais quand même réussi à faire savoir à Vera que j'étais bien arrivé. Le jour où nous avons joué à Leningrad, j'étais en coulisses, en train de répéter, lorsque soudain quelqu'un est entré pour m'annoncer que j'avais un appel téléphonique.

— Pour moi ? Ici ?

— Oui.

C'était Vera. Une demi-heure plus tôt, elle avait donné naissance à une fille. Nous allions l'appeler Shira, le mot hébreu qui signifie « chant ». Autant que nous le sachions, personne n'avait jamais porté ce nom dans nos familles. J'ai raccroché le téléphone, plein de joie et ragaillardi. Tout le monde m'a félicité. Au milieu de tout ce bonheur, je me suis demandé comment cet appel avait pu me parvenir si vite et j'ai appris par la suite que Vera avait appelé l'ambassade des États-Unis à Moscou, où tous les détails de mon itinéraire étaient connus. Les opérateurs, informés qu'une mère appelait pour annoncer la naissance de son enfant, avaient fait passer la communication en quelques minutes seulement. Quel pays bizarre !

La salle de la Philharmonie de Leningrad, où nous avons joué, était autrefois la salle de bal de la noblesse, lorsque Leningrad s'appelait Saint-Pétersbourg et était la capitale des tsars de Russie et le centre de sa culture importée d'Occident. Elle est entièrement blanche, avec de superbes colonnes en marbre et des lustres en cristal étincelant de lumière. Elle possède une acoustique brillante, peut-être pas aussi riche que celle de la grande salle de Moscou, mais néanmoins merveilleuse. J'ai donné trois concerts à Leningrad et nous avons repris notre tournée, dont l'étape suivante était la ville de Kiev. Le 17 mai, j'ai donné avec Zakin un récital au théâtre Chevtchenko de Kiev. La salle était pleine. La foule, considérable, qui n'avait pas pu entrer a refusé de partir et s'est mise à donner des coups répétés sur les portes, en demandant à être admise. On lui a ouvert et elle s'est ruée à l'intérieur ; il y eut finalement de la place pour tout le monde.

À Kiev, j'ai attrapé un rhume accompagné de fièvre. J'ai voulu m'assurer que l'infection n'était pas en train de gagner les poumons et j'ai demandé qu'un médecin vienne me voir. À minuit, après un concert, j'ai vu entrer avec brusquerie dans ma chambre d'hôtel une femme médecin, suivie d'un peloton d'assistants portant médicaments et instruments. Je lui ai dit : « Pour l'amour de Dieu, je n'ai qu'un rhume. » Le médecin m'a répondu en souriant mais avec fermeté : « Déshabillez-vous ! » Je me suis exécuté sans hésitation et sans rougir. Elle m'a examiné à fond avant de m'annoncer que je vivrais, mais que je connaîtrais, pendant quelque temps, un certain inconfort dû au rhume. On m'a donné des médicaments, toute la délégation m'a serré la main et ils sont tous partis. Soit dit en passant, le service médical était totalement gratuit, à la disposition de tous les visiteurs et de la plupart des citoyens en cas d'urgence.

Presque partout où je suis allé en Union soviétique avec Zakin — à Bakou, Tiflis et Erevan —, nous avons joué dans des salles splendides, à une seule exception près : Tiflis, la capitale de la Géorgie. C'était, derrière le bâtiment de l'orchestre philharmonique, un pavillon fermé dans le jardin, avec un éclairage scénique et des sièges pour accueillir environ mille personnes. La chaleur printanière s'était déjà installée ; nous y avons donné deux récitals et un dans le théâtre lyrique. Je dois ajouter que cet endroit était particulièrement pratique, car il se trouvait à quelques pas d'un excellent restaurant géré par la Philharmonie dans le même jardin. Nous y avons royalement dîné et bu. Les vins géorgiens sont fameux, très purs, délicieux — et très capiteux, comme nous l'avons bientôt découvert. Après mon premier contact avec ces vins, j'étais dans l'impossibilité de dire si mon menton tenait le violon. Dès lors, nous n'en avons bu qu'après les concerts — une précaution nécessaire.

Au cours de cette tournée, il nous a semblé que le public représentait un échantillon de la population, comme à Moscou. Un grand nombre de musiciens professionnels assistaient aux concerts. Nous avons rencontré des mélomanes de tout âge : des enfants attentifs qui partageaient leurs sièges avec leurs parents, des gens plus âgés qui allaient manifestement très souvent au concert avant la révolution bolchevique. Parfois, j'ai pu voir l'intérêt des aînés croître progressivement au cours du concert. Ils étaient assis au bord de leur chaise, essayant visiblement d'absorber la moindre note de musique, captant physiquement toute nuance d'émotion musicale que nous pouvions communiquer. Devant ce genre de public, on ne pouvait donner que le meilleur de soi-même afin d'étancher cette soif : il ne semblait jamais rassasié ; il en voulait toujours plus. Après chaque concert, des centaines de personnes — pas uniquement des professionnels, des compositeurs ou des musiciens du cru, mais également des gens de la rue, de tous métiers — nous attendaient à la sortie des artistes pour nous applaudir et nous remercier. Beaucoup nous ont interrogés sur les concertistes américains qui avaient joué en Russie avant la guerre et sur les activités de Heifetz, Milstein, Piatigorsky, Horowitz, Francescatti, Szigeti. Ils ont posé des questions sur Menuhin et sur mon professeur, Naoum Blinder, dont certains gardaient un souvenir ému, et sur la nature de la vie musicale américaine. Ils nous ont souhaité bonne chance et nous ont demandé de revenir vite et de saluer pour eux les mélomanes et musiciens en Amérique. Ils voulaient tellement entrer en contact avec le reste du monde !

Un soir, dans la capitale de l'Arménie, Zakin et moi avons dîné avec le compositeur Khatchaturian ; j'ai profité de cette occasion pour l'interroger sur ses antécédents et ses influences musicales. Fils de cordonnier, il nous a dit qu'il était né à Tiflis et que, pendant de nombreuses années, dans son enfance et son adolescence, il n'avait eu comme seul contact avec la musique que le chant traditionnel arménien. Ses premières expériences en matière de musique classique se sont présentées lorsqu'il est entré au conservatoire de Tiflis, où il a découvert les grandes traditions de la musique occidentale et a commencé à étudier l'histoire de la musique. Il nous a dit que tout ce qu'il pensait et écrivait maintenant en matière musicale était donc influencé presque exclusivement par la musique traditionnelle de ses débuts. « Elle est dans mon cœur, dans mon sang, dans ma chair. Comment ma musique pourrait-elle être différente ? » Khatchaturian et plusieurs de ses collègues l'ont ressenti comme le fondement de plus solide de la créativité. Je lui ai fait remarquer que, même si ce fonds folklorique était indéniablement sain et avait une valeur historique, on ne devait l'utiliser que comme base, comme un point de départ d'où peuvent jaillir un nouveau langage et des idées expérimentales. J'ai cité Bartók, qui, en utilisant la musique traditionnelle comme fondement d'une grande partie de ce qu'il composait, avait développé cette musique par l'utilisation du langage harmonique le plus contemporain. Et, en matière d'orchestration et de forme, il avait étendu considérablement les connaissances et les idées efficaces de la musique. Khatchaturian est resté dubitatif, sceptique.

En général, le public russe a réagi à la musique nouvelle que nous jouions — Copland, Bartók — avec un mélange de crainte révérentielle et d'embarras. Leurs commentaires ont été assez prudents : il leur faudrait en entendre davantage avant de pouvoir se forger une véritable opinion sur ce genre de musique. Parmi les compositeurs d'un certain âge, j'ai ressenti une nette répugnance à accepter la nécessité d'un langage musical contemporain. Les jeunes compositeurs avaient au moins envie d'en apprendre davantage à son sujet. Lorsque j'ai joué les pièces de Bartók et de Copland devant des membres de l'Union des compositeurs à Moscou et en Géorgie, je leur ai dit qu'ils n'étaient pas obligés d'accepter ce qui se passait dans le monde de la musique hors de Russie, mais qu'ils se devaient au moins de connaître cette musique.

Nous sommes retournés à Moscou donner notre dernier concert, prévu le 30 mai. David Oïstrakh m'a demandé de venir au conservatoire de Moscou entendre plusieurs de ses élèves. Il a choisi un certain nombre de ses étudiants les plus avancés pour qu'ils jouent devant moi et les œuvres choisies étaient destinées à mettre en valeur toute leur compétence technique. Oïstrakh m'a ensuite demandé de commenter leurs exécutions et j'ai souligné certaines valeurs musicales qui, à mon avis, leur avaient échappé. Ce fut amusant et touchant d'entendre cette phrase si familière dans la bouche d'Oïstrakh : « Vous voyez, je vous ai dit tout cela à plusieurs reprises. Maintenant vous devez me croire. » Il a été difficile de faire parler les étudiants et de leur poser des questions directes ; ils étaient timides, impressionnés par ma présence. En même temps, ils brûlaient de comprendre et d'essayer tout ce que je leur suggérais. Tout en parlant d'une phrase musicale avec l'un d'eux, je me suis emparé de son violon et je lui ai montré ce que je voulais dire ; c'est alors qu'Oïstrakh m'a demandé de leur jouer quelque chose, ce que j'ai fait, accompagné par le pianiste du conservatoire. J'ai ensuite invité Oïstrakh à se joindre à moi dans le *Double Concerto* de Bach et il a envoyé un étudiant chercher la partition. Nous avons joué de façon impromptue. La nouvelle a vite fait le tour du conservatoire et la porte de la salle n'a cessé de s'ouvrir pour laisser entrer furtivement d'autres étudiants et professeurs jusqu'à ce qu'elle soit bondée. Dans cette pièce surpeuplée, on n'entendait que la musique — mais aussi le ronronnement et le déclic des caméras et des appareils de photo.

Le 29 mai, après avoir répété Bach, Mendelssohn et Beethoven pendant quatre heures, jusqu'à 13 h 30, je suis retourné dans la salle à 16 heures pour donner un concert spécial gratuit pour les étudiants du conservatoire et pour des délégations d'étudiants de diverses écoles de musique. Plus de deux mille cent jeunes se sont tassés dans la salle. Juste avant le début du concert, un représentant des étudiants, un jeune violoniste, est venu dans les coulisses me demander si je resterais un moment sur scène après le concert pour répondre à leurs questions. J'ai immédiatement accepté. Les directeurs du conservatoire étaient inquiets parce que, avec deux mille cent étudiants dans la salle, toute séance de questions-réponses organisée serait impossible ; ils ont donc demandé que cette celle-ci se tienne dans une petite pièce du bâtiment, avec vingt ou trente étudiants sélectionnés. Mais j'ai insisté pour conserver l'idée initiale et nous sommes tombés d'accord pour que les questions soient écrites, ramassées et lues à haute voix de la scène. Le concert a été un succès. Et lorsque l'heure du débat est arrivée, j'ai demandé à l'interprète de me rejoindre sur scène ; j'ai expliqué en russe aux étudiants que je craignais de ne pas maîtriser suffisamment leur langue pour leur donner des réponses précises. Mais un cri s'est instantanément élevé parmi eux : malgré mes fautes, ils préféraient que je parle en russe. Ce que j'ai fait pendant quarante-cinq minutes. Dans l'ensemble, ils m'ont posé le même genre de questions que les groupes d'étudiants de Rochester, Kansas City, Montréal, Saint Louis et d'ailleurs : ma formation, mes méthodes de travail, les violonistes américains que je connaissais, etc. À la fin de cette séance, trois jeunes femmes sont montées sur scène avec un bouquet de fleurs. J'ai appris par la suite qu'il s'agissait des épouses de trois des jeunes violonistes les plus connus. Ensuite, dans ma loge, des étudiants m'ont offert un énorme paquet contenant des enregistrements de concerts de David et Igor Oïstrakh, Gilels, Richter, Rostropovitch ; d'opéras russes ; de symphonies de Chostakovitch. Plus de cinquante enregistrements. Rien que des microsillons russes, un trésor !

Vers la fin de notre séjour, nous avons découvert avec Zakin quelques coutumes inhabituelles à propos de la critique russe, assez différentes de ce qui se pratiquait aux États-Unis. Nous avons notamment appris avec intérêt que le personnel des journaux ne comptait aucun critique musical permanent. C'est le compositeur Chaporine qui a rédigé la longue critique parue dans la *Pravda* dix jours après notre premier concert à Moscou. Elle rendait compte de deux récitals et de deux concerts symphoniques. Chaporine m'a parlé de cette critique en me présentant ses excuses parce qu'elle n'était pas parue plus tôt, mais des annonces importantes concernant de nouveaux plans de retraites pour l'ensemble des travailleurs avaient occupé toute la place dans le journal pendant plusieurs jours ; la *Pravda* ne comportait que six à huit pages. Le journal *Sovietskaya Kultura* a publié deux critiques signées par deux personnes différentes, la seconde par un jeune violoniste de premier plan nommé Besrodny. Il semblait habituel d'inviter des musiciens professionnels à faire la critique de leurs collègues. Besrodny m'a également présenté ses excuses ; il semble que sa critique, excellente et assez longue, ait été réduite presque de moitié. Il m'a dit qu'il en était pratiquement venu aux mains avec le rédacteur en chef à propos des coupes. À ma grande surprise, une autre critique a été consacrée à l'un de mes concerts ultérieurs, où j'avais joué une seconde fois les concertos de Mozart et de Brahms. Le critique a comparé les deux interprétations ; il a fait l'éloge des deux, tout en soulignant qu'il avait perçu une moins grande intensité dans la seconde exécution du Brahms — ce qui arrive souvent chez de nombreux interprètes, qui, pensant que le critique a entendu le premier concert, se détendent souvent davantage et donnent le second pour leur propre plaisir. Rétrospectivement, j'ai trouvé que c'était une assez bonne idée d'avoir fait la critique des deux concerts. Cela oblige les interprètes à rester en permanence sur le qui-vive.

Je n'ai jamais oublié certaines images de la Russie : les magnifiques danses et chants traditionnels, parfois dans un opéra, dans un nouveau ballet ou dans un spectacle magnifiquement préparé à notre intention, de façon touchante et avec fierté, ou simplement dans un restaurant, avec du vin et de la vodka comme catalyseur ; des femmes employées à des travaux manuels, creusant des fossés, actionnant des pelles à vapeur, travaillant sur de hauts échafaudages comme plâtriers et charpentiers ; les innombrables étendues de terrains agricoles labourées à la charrue en bois attelée à un cheval, et d'autres fermes équipées de tracteurs et du matériel agricole le plus moderne ; et la garden-party à l'ambassade de Grande-Bretagne, où j'ai été présenté à Nikita Khrouchtchev, Boulganine, Molotov, Malenkov entre autres. Boulganine levant sa coupe de champagne pour me féliciter de ma tournée, portant un toast à « de meilleures relations culturelles entre l'Union soviétiques et les États-Unis », et Khrouchtchev intervenant car il voulait modifier ce toast pour dire que « peut-être les artistes, par leurs efforts dans les échanges culturels, pourraient montrer à tous, même aux diplomates, la voie à suivre pour mieux se comprendre les uns les autres ».

Nikita Khrouchtchev faisait certainement référence à une grosse pierre d'achoppement dans les dernières négociations de l'accord culturel entre l'Union soviétique et les États-Unis. Le Congrès avait voté une loi selon laquelle tous les artistes étrangers se rendant aux États-Unis devaient fournir leurs empreintes digitales. Les Soviétiques trouvaient cela détestable : pour eux, cela sentait l'arme policière à utiliser contre les criminels. Avant de partir pour l'Union soviétique, on m'avait demandé d'éluder cette question à chaque fois que l'occasion s'en présenterait, pour essayer de convaincre les Soviétiques de nous envoyer des artistes malgré cette législation. J'étais donc là, à une garden-party de l'ambassade de Grande-Bretagne, face à M. Khrouchtchev. Dans un anglais prudent, par le truchement de l'interprète officiel (ce n'était pas le moment d'essayer mon russe assez rustique), je lui ai demandé son aide pour que se réalise un véritable échange culturel entre les États-Unis et l'Union soviétique. Il m'a regardé et m'a dit :

— Eh bien, cette affaire d'empreintes digitales est totalement inacceptable.

— Cette loi a été votée par un groupe du Congrès, dont le programme politique était différent de celui de la majorité des gens.

— Bon, dites au président de la changer.

— Monsieur Khrouchtchev, le président ne peut pas changer les lois. C'est le Congrès qui fait les lois ; le président ne peut que les signer ou y opposer son veto.

— Cela me rappelle une histoire. Un homme conduisait dans la neige sa charrette tirée par un cheval. La charrette a heurté une pierre, l'homme a été éjecté, sa tête a heurté une autre pierre et a éclaté. Son cerveau s'est répandu à côté de lui sur le sol. Un paysan, qui passait par là, a dit : "Fichtre, laissez-moi vous rendre votre cerveau." Le blessé a répondu : "Je n'en ai pas besoin, je vais seulement à une réunion de notre Parlement." »

Cette référence, assez blessante pour le Congrès des États-Unis, a fait la première page des journaux américains. Hurok m'a immédiatement téléphoné en hurlant : « Qu'as-tu fait ? Comme as-tu pu permettre tout cela ? » Je lui ai répondu que je n'y étais pour rien. J'avais juste essayé de faire ce que tout le monde m'avait dit de faire. Cette conversation inoffensive a retardé d'environ deux ans la signature du programme d'échanges culturels. Des remarques banales d'artistes pleins de bonnes intentions à des hommes politiques peuvent se révéler néfastes. En ce qui me concerne, je doute encore de l'effet positif des efforts entrepris par les artistes en matière politique, à l'exception des domaines directement apparentés aux arts.

À 6 h 30, par une claire matinée du mois de juin, nous avons quitté Moscou et le tumulte, les cris joyeux, les innombrables impressions, les différences de mode de vie et de confort. Trois personnes somnolentes, le fidèle interprète, le directeur de la grande salle du conservatoire et Daniel Schorr, nous ont accompagnés à l'aéroport. Une délégation devait nous y attendre avec des fleurs, des discours et des cadeaux, mais, en raison d'un quiproquo, elle est arrivée une heure et demie après notre départ. Celui-ci s'est donc déroulé dans un calme propice à la réflexion. Il s'était passé trop de choses, dans un laps de temps trop bref. Nous avons échangé des banalités. Juste avant l'embarquement deux jeunes garçons ont couru vers nous. C'étaient des élèves du conservatoire. En apprenant la veille au soir que nous devions partir dans la matinée, ils avaient passé toute la nuit à l'aéroport juste pour nous dire au revoir et parler un peu. Le soir même, nous avons dîné à Paris et le lendemain nous étions chez nous. Quel bonheur de voir Vera et notre fille, même pour un court passage à la maison. Je devais repartir quelques jours plus tard avec Zakin pour une tournée de deux mois en Amérique du Sud.

En quittant l'Union soviétique, j'étais convaincu que nous, les artistes américains, nous disposions dans notre pays de l'un des moyens les plus puissants et encore inexploité pour communiquer avec le monde entier — surtout dans les pays où l'on ne se fiait pas à l'écrit et où les informations venant de l'extérieur étaient souvent déformées. J'ai compris qu'il était très important de faire l'impossible pour nous faire connaître des Soviétiques et pour les connaître nous-mêmes au travers d'échanges culturels et artistiques — et que nous devions chercher à utiliser au mieux nos compétences pour y parvenir. J'ai découvert dans ce pays l'un des auditoires les plus perceptifs au monde dans le domaine musical, un peuple pour qui la musique est aussi naturelle que la respiration. Comment mieux communiquer avec le peuple russe qu'au travers d'un langage qu'il peut comprendre instantanément, un langage qui n'emploie aucun mot susceptible d'être déformé ou sorti de son contexte — le langage de la musique. Ma conviction a été encore renforcée neuf ans plus tard, lorsque, dans un court portrait de moi paru dans *The New Yorker*, j'ai lu que « d'autres peuples, particulièrement les Français et les Russes, considèrent depuis longtemps leurs artistes itinérants comme des ambassadeurs de leur culture nationale... Tous ceux qui pratiquent des disciplines artistiques — créateurs comme recréateurs — sont acceptés partout. Un artiste peut témoigner ouvertement là où les hommes d'État et les diplomates doivent souvent se taire ».

# 14.

Vera, avec notre nouveau-né, venait d'apprendre que nous partions en Amérique du Sud. Nous n'en avions même pas parlé. Les tournées étaient organisées un an à l'avance ou même davantage et je ne les ai jamais annulées ; c'était un fait acquis dans nos vies.

À la fin de cette tournée, nous allions jouer en France et en Suisse. Vera m'a rejoint à Genève cet été-là et a amené Shira, qui avait alors deux mois. La sensation de tenir ma fille dans mes bras — notre premier enfant, un exquis petit morceau d'humanité — qui bougeait gentiment et me mordillait l'oreille est impossible à décrire. J'ai dû apprendre à construire une relation avec un nouvel être humain. Je portais Shira, je poussais son landau en la regardant, me contentant d'être avec elle. J'avais loué une maison : un sol carrelé et beaucoup d'espace. Les gens entraient tout le temps en passant. Il y a eu des soirées de musique de chambre avec de nombreux amis, notamment le grand violoniste Nathan Milstein. J'avais rapporté de Russie deux boîtes — cinq livres ! — de caviar, du bélouga frais que nous mangions à la cuiller. Des semaines plus tard, nous avons encore retrouvé des petits grains de caviar incrustés dans le sol carrelé. Finalement, nous nous en sommes tous lassés. Je ne m'étais jamais senti aussi saturé de caviar.

Nous avons passé six semaines dans cet univers de rues propres, de routes sans aspérités, de verdure abondante et de magnifiques montagnes ; nous nous reposions, nous mangions, nous faisions de la musique, nous profitions de nos amis. Vera est ensuite rentrée à la maison avec le bébé, et j'ai entamé avec Zakin une autre tournée européenne.

Dès notre retour aux États-Unis, nous nous sommes mis à préparer le répertoire de la tournée suivante. Au cours de ces années, on m'a souvent demandé comment je me préparais, quelles étaient mes habitudes de travail. Elles n'étaient pas différentes de celles des autres. Toutefois, dès le milieu des années 50, j'ai davantage travaillé les nouvelles compositions et approfondi constamment les œuvres que je jouais souvent. Avec l'expérience et la connaissance, les objectifs deviennent plus ambitieux et l'on prend conscience de pouvoir aller beaucoup plus loin. Dans l'ensemble, mes habitudes ont été dictées par la quantité de travail que je devais fournir pour une œuvre donnée. Lorsque j'étais en tournée, je n'avais pas de programme, mais je travaillais dès que j'en avais la possibilité. Pendant les périodes où je ne voyageais pas, je travaillais environ quatre à cinq heures par jour.

Les remarques de Zakin dans le court portrait que m'a consacré *The New Yorker* complètent le tableau : « Isaac travaille avec logique. Il a le don précieux de la concentration sélective. Il absorbe les bonnes choses et ignore les mauvaises. Il ne travaille pas simplement parce qu'"il le faut", comme tant d'autres violonistes, mais il se concentre sur des difficultés spécifiques d'intonation, de vitesse, de dynamique, de coups d'archet et de doigtés. En utilisant des cordes différentes, il obtient des couleurs sonores différentes. Il n'accepte aucun doigté — pas même ceux de professeurs ou d'éditeurs éminents — mais il conçoit toujours les siens. Il apprend vite ; en fait, il lui faut moins de temps pour maîtriser une pièce que tout autre musicien de ma connaissance. » Zakin a peut-être été un peu trop généreux dans ses remarques. À chaque fois que j'ai étudié une œuvre, j'ai commencé par regarder la partition dans son intégralité. Avec l'aide de Zakin au piano, je la jouais en entier pour me familiariser avec sa structure ; je la rejouais ensuite pour entendre sa ligne mélodique. Après avoir acquis une conception claire de l'œuvre, je commençais à en étudier la technique. Lorsqu'il le fallait, je travaillais dix à douze heures sans interruption, jusqu'à saturation.

En novembre 1956, nous avons entrepris une tournée de cinq mois aux États-Unis. Je donnais alors plus de cent concerts par an, avec en moyenne un concert tous les trois jours. Je me sentais chez moi en scène. J'aimais jouer. J'aimais les gens et j'aimais leur parler avec mon violon, les voir passer de l'exultation à la tristesse ou à la réflexion, selon le cas. Faire de la musique pour les autres était ma raison d'être.

Pourquoi ai-je donné tant de concerts ? D'abord parce que j'aimais beaucoup voyager — rencontrer des gens et me faire des amis dans tant de villes, dans le monde entier. Pour moi, les concerts n'ont jamais été une fin en soi, mais un moyen de parvenir à une fin, le plus sévère laboratoire d'essai, où les idées se développent en permanence, où il y a constamment des défis à relever, où la lutte contre les fautes ne cesse jamais. Le but final n'était pas le concert en lui-même, mais ma relation avec la musique et la transparence nécessaire à l'exécution. À quel point étais-je mêlé à cela ? À quel degré maîtrisais-je complètement mon instrument, le violon que je tenais et que je jouais ? Je ne pouvais l'apprécier à sa valeur réelle qu'au combat, sur la scène de concert.

Parmi les nombreux violons que j'ai eus en ma possession, mes préférés sont mes deux guarnerius del gesù. On ne connaît qu'environ cent soixante de ces violons, fabriqués à Crémone, en Italie, entre 1726 et 1744. Outre leurs qualités intrinsèques de bons instruments, les violons ont des personnalités uniques. Il existe parfois des affinités psychologiques profondes entre un instrument et son utilisateur. C'est en tout cas ce que j'ai ressenti pour mon guarnerius del gesù le « Panette », qui avait deux cent huit ans lorsque je l'ai acheté à Chicago en 1945 ; il appartenait à la collection Ralph Norton. Auparavant, il faisait partie de la collection Wanamaker de New York. Vers 1835, c'est le luthier français Vuillaume, le beau-père du célèbre violoniste français Delphin Alard, qui en était le propriétaire. Les violons portent souvent le nom d'un propriétaire antérieur et, selon le livre que les luthiers londoniens Hill and Sons ont consacré aux guarnerius, celui-ci s'appelait le vicomte de Panette, un élève d'Alard. Le violon que je chéris le plus est mon guarnerius « Ysaÿe ». Fabriqué à Crémone en 1740, je l'ai acheté en 1965. Il a de la puissance, de l'émotion, il est musical, viril — il a un élan qui résonne dans mon oreille intérieure. Je le chéris soigneusement depuis tant d'années ! Même en le comparant aux plus grands instruments, c'est l'un des meilleurs. Il a appartenu autrefois au très éminent violoniste belge Eugène Ysaÿe, auquel j'ai toujours voué une admiration sans bornes. Si l'on m'offrait la possibilité de réentendre seulement deux violonistes dans toute l'histoire de l'instrument, je choisirais sans hésiter Paganini et Ysaÿe. Mon guarnerius porte toujours le message qu'Ysaÿe a placé, l'année de sa mort, sur une petite étiquette au-dessus de la marque du facteur. Il a écrit à l'encre rouge : « Ce del gesù fut le fidèle compagnon de ma carrière. EUGÈNE YSAŸE, 1928. » J'ajouterai une autre petite étiquette : « Le mien aussi. »

En juin 1957, je me suis envolé à destination d'Israël avec Frederic Mann, dont la philanthropie allait permettre la construction d'une nouvelle salle de concertss à Tel-Aviv. Freddie était un homme d'affaires rusé qui a gagné beaucoup d'argent et qui a aimé la musique et les musiciens toute sa vie. Avec sa femme Silvia, ils avaient une agréable maison à Philadelphie, où les meilleurs musiciens de cette période avaient porte ouverte. Ils m'ont traité en ami dès mes débuts et c'est dans leur appartement qu'ils m'ont fait jouer pour la première fois devant Eugene Ormandy.

Pendant les quatre jours que j'ai passés en Israël, j'ai entendu plusieurs adolescents jouer du violon. Ils avaient de neuf à quinze ans et certains d'entre eux étaient réellement doués, deux en particulier — un garçon nommé Itzhak Perlman, qui, victime de la polio, devait jouer assis, et un autre que j'ai écouté avec admiration — Pinchas Zukerman. Ils avaient un tel talent et souhaitaient tellement apprendre. On me demande souvent ce que j'attends d'un jeune violoniste. Quelques années plus tard, j'ai compris ce qui m'avait tant séduit dans le jeu de Perlman et de Zukerman. Ils m'ont regardé, ont placé leur violon sous leur menton et m'ont lancé un défi : ils ne demandaient pas s'ils pouvaient jouer ; ils ont exigé que je les écoute. C'est cette certitude d'avoir quelque chose à dire, même dans les toutes premières années — une façon de se délecter de son propre talent — qui distingue de tant d'autres ceux qui possèdent réellement un don unique. Mon cœur s'est brisé à la pensée que ces jeunes violonistes israéliens risquaient de ne pas suivre la bonne orientation. J'ai ressenti que je devais absolument communiquer certaines de mes idées sur le jeu du violon en enseignant et en aidant les autres. Je voulais tellement les prendre personnellement en main !

La fragilité de la vie de violoniste s'est rappelée à moi lorsque je suis rentré à la maison après ma prestation au Festival Casals de Porto Rico en 1957. J'étais en train de jouer au tennis, passion qui me tenaille depuis l'âge de dix ans. Cela peut paraître étrange pour un violoniste, qui devrait être plus prudent avec ses mains que la majeure partie des gens, mais je n'ai jamais tellement prêté attention à elles et j'ai découvert assez jeune que si je ne m'en souciais pas, elles le feraient d'elles-mêmes. J'ai conscience de mes mains d'une manière assez naturelle. Par exemple, une fois, en 1938, à San Francisco, je me souviens avoir pris un *cable-car* et m'être adossé à la rambarde arrière en lisant un article de journal à propos du cinquante-huitième *home run*[1] de Hank Greenberg. La voiture a démarré brusquement et j'ai basculé en arrière dans la rue. Instinctivement, j'ai croisé les bras sur la poitrine et je suis tombé sur l'épaule et non sur les mains. Heureusement, aucune voiture ne descendait la colline.

À Porto Rico, ce jour-là, il y avait un soleil resplendissant, il faisait très chaud et je jouais bien. J'ai sauté en l'air pour faire un smash, mais je transpirais beaucoup ; ma main a glissé sur la raquette et je me suis tordu le poignet. La douleur a été immédiate et atroce. J'ai immobilisé mon poignet et je suis rentré à New York, où un ami, le docteur Leo Mayer, chirurgien orthopédiste, qui était aussi un violoniste amateur enthousiaste bien qu'exécrable, s'est occupé de moi.

1. Terme de base-ball. Au base-ball, le fait pour le batteur, après avoir frappé la balle, d'atteindre trois bases et de revenir à son point de départ avant que le camp adverse n'ait pu, après s'en être saisie, la ramener sur une de ces bases.

— Écoute, tu t'es fait une très mauvaise foulure.

— Mais je dois jouer dans trois semaines.

Je devais me produire au Lewisohn Stadium de New York, où l'Orchestre philharmonique de New York donnait des concerts l'été ; ce stade était situé près du campus de l'université Columbia et a été démoli depuis pour faire place à un autre bâtiment universitaire. Plus de sept mille personnes avaient l'habitude de venir avec leur panier de pique-nique et du vin, de s'asseoir en plein air et de passer un bon moment. Le docteur Mayer ne pouvait pas m'assurer que je pourrais jouer. Il m'a dit :

— Je vais isoler le poignet pour que tu ne puisses plus t'en servir ni le plier de quelque façon que ce soit et que tu le laisses se reposer. Ensuite, nous y jetterons à nouveau un coup d'œil.

Il m'a plâtré le poignet. Je suis retourné le voir à plusieurs reprises au cours des deux semaines suivantes ; à chaque fois, il a cassé le plâtre, il a regardé mon poignet et m'a dit : « Pas encore » ; et il l'a replâtré.

Cette mise à pied forcée est devenue assez agréable, car j'ai commencé à apprécier le nouvel appartement sur Central Park West, où nous avions emménagé un an plus tôt. Nous avons vraiment profité de la terrasse : nous l'avions transformée en terrain de jeu pour enfant. Shira y avait un bac à sable, une petite piscine en plastique pour patauger et des jouets partout. J'ai pris l'habitude de m'y asseoir, d'écouter ses gazouillis et de la regarder jouer. C'est durant ces vacances forcées que je suis allé avec Frederic Mann en Israël.

Quelques jours avant le concert, je suis retourné chez le médecin. Il a dit :

— Retirons le plâtre et voyons comment se comporte la main.

Elle ne fonctionnait pas. Elle était complètement raide. Je ne pouvais pas la plier et je ne disposais d'aucune liberté de mouvement pour la maîtrise requise de l'archet. Rien.

— Que suis-je supposé faire maintenant ?

— Rentre chez toi, prends ton violon et joue pendant dix minutes. Une heure après, rejoue encore dix minutes et, une heure après, tu joueras encore dix minutes. Fais ça cinq, six fois. Demain, la même chose, mais pendant un quart d'heure. Le lendemain, pendant vingt minutes. Et alors tu pourras répéter et donner le concert.

Je suis rentré et j'ai suivi ses ordres, mais trois jours après mon poignet n'allait pas mieux — et c'était le jour du concert.

J'ai appelé le chef d'orchestre Alexander Smallens, l'un des chefs favoris des saisons estivales au Lewisohn Stadium.

— Écoute, j'ai ce problème. Je ne sais pas si je pourrai jouer. Je vais essayer, mais je crois que tu ferais mieux de préparer une symphonie ou autre chose au cas où je n'y arriverais pas.

— D'accord. On verra ce que tu pourras faire.

Je suis allé à la répétition. C'était le concerto de Brahms, qui requiert de la puissance dans la main droite, une grande maîtrise des doigts et du poignet lorsque l'archet joue les accords et les octaves. Une œuvre très brillante. Je l'ai joué clopin-clopant, suant à grosses gouttes. L'orchestre a essayé de m'aider. Nous sommes arrivés au bout, mais l'exécution n'était pas bonne.

Smallens m'a dit :

— Qu'allons-nous faire ?

— Écoute, je m'habillerai ce soir et j'essaierai. Si je vois que je ne peux pas jouer, je ne jouerai pas. Je m'arrêterai et tu devras reprendre les choses en main.

Mon visage était de la même couleur que la veste blanche que je portais ce soir-là — la tenue habituelle des concerts estivaux. Je suis entré en scène. Le docteur Mayer était en coulisses avec une seringue hypodermique pour m'anesthésier le poignet si je me le tordais à nouveau. J'ai accordé mon violon, j'ai fait un signe de tête à Smallens et j'ai fermé les yeux — quarante minutes plus tard, je les ai ouverts. J'avais joué tout le concerto. Aucune douleur. J'ai plié le poignet avec l'impression que rien ne lui était jamais arrivé. J'ai eu l'impression qu'il s'était remis tout seul en place parce que j'en avais besoin. Le corps (ou le cerveau ?) accomplit parfois ce genre de miracle, dans les moments de grande urgence. Je ne me suis pas fait davantage de souci pour mes mains et j'ai continué à jouer au tennis. Il ne faut jamais parvenir au contrôle artistique de son propre instrument en supprimant les joies de la vie.

Peu après mon retour du festival, j'ai eu un échange de correspondance avec Jack Benny.

Au milieu des années 50, j'ai été maintes fois invité à participer à des émissions de télévision, mais je n'avais pas vraiment envie d'apparaître dans une émission tardive où je savais qu'on me demanderait de faire un passage éclair avec mon violon, un peu comme au cirque, de parler brièvement d'une chose ou d'une autre avec le présentateur, puis de partir. J'avais le sentiment que de telles émissions utilisaient l'artiste classique — qu'il s'agisse du royaume de la musique, du théâtre, des idées ou de l'écriture — comme une sorte d'objet comique, comme un être « différent », aimable et amical. Faire accepter la musique et les disciplines artistiques qui y sont liées a toujours été un problème dans la vie quotidienne des Américains. Toutefois, lorsque Jack Benny m'a fait sa proposition, j'ai immédiatement accepté. J'admirais la douceur de son comique, surtout lorsqu'il abordait la musique classique. Il n'a jamais dénigré ni tourné en ridicule la musique ni ceux qui la faisaient, mais seulement lui-même, son incompétence et ses prétentions. Il se prenait volontairement et ouvertement pour cible et il a toujours fait preuve du respect le plus profond pour les musiciens accomplis.

L'admiration que je lui portais a grandi lorsque j'ai fait sa connaissance. En fin de compte, il n'avait pas grand-chose du grigou ambitieux et enthousiaste de son personnage public ; au contraire, c'était un homme très courtois, gentil, généreux et absolument incapable de dire du mal de quiconque. Et il aimait vraiment jouer du violon. Il a eu beaucoup de chance de n'être jamais parvenu à un niveau suffisant pour en jouer en professionnel ; c'est l'un de mes comiques préférés de tous les temps. Nous sommes devenus de bons amis — et la correspondance qui suit traite de cette amitié et de violons.

> « Cher Jack,
>
> Il y a un certain temps que je voulais t'écrire, ayant appris que tu avais acquis un beau stradivarius. Mais, comme d'habitude, la pression des événements m'a

empêché jusqu'à ce jour de mettre en pratique cette agréable idée.

J'ai été très heureux d'apprendre que tu avais finalement choisi un bon instrument et j'espère que tu auras autant de plaisir à t'en servir que j'en ai avec le mien. Je sais au moins à quel point tu t'amuses lorsque tu joues et quiconque est resté fidèle à ses premières amours comme tu l'as été au violon et à la musique mérite un bel instrument...

Cordialement, comme toujours,
Isaac. »

« Cher Isaac,

J'ai reçu ta lettre et, comme toujours, j'ai été très heureux d'avoir de tes nouvelles.

Oui, j'ai finalement acheté un stradivarius et je pense qu'il est vraiment bon. Je l'ai joué ici pour mon concert au Philharmonique, qui, je suis heureux de le dire, a remporté un grand succès. Les rires m'ont paru plus fournis que jamais et, crois-le ou non — j'ai même mieux joué. Bien sûr, même en fermant les yeux, on se serait rendu compte que je n'étais ni Stern ni Heifetz, mais c'était un peu plus doux que d'habitude. Est-ce parce que j'ai travaillé ou est-ce parce que mon strad... a joué un peu plus facilement que la plupart des violons ? J'ai hâte que tu le voies.

Je donnerai mes deux prochains concerts à Chicago et à Toronto à l'automne et, si vous le pouvez, Vera et toi, je veux que vous soyez tous deux mes invités à partir du moment où vous quitterez votre domicile pour monter dans un taxi jusqu'à votre retour à la maison. Naturellement, j'apprécierais que vous preniez le bus...

Merci encore Isaac pour ta lettre et, j'aimerais ajouter que je suis très fier de notre amitié. Mary se joint à moi pour vous adresser nos affectueuses pensées et tous nos vœux de bonheur.

Jack. »

Une fois mon poignet guéri, je suis entré dans le circuit estival : Philadelphie ; Ravinia Park, près de Chicago ; Tanglewood ; San Diego ; le Hollywood Bowl ; et le *Flandre* sur l'océan Atlantique, mon premier voyage sur un paquebot.

En Israël, j'ai joué avec l'Orchestre philharmonique d'Israël sous la direction de Leonard Bernstein le *Concerto pour violon* de Mendelssohn dans le nouvel auditorium Frederic Mann à Tel-Aviv et le *Concerto pour violon n° 2* de Prokofiev à Jérusalem. Quelques jours plus tard, après un récital à Florence, nous sommes rentrés aux États-Unis pour les tournées de l'automne et de l'hiver.

Le 26 janvier 1958, j'ai joué le *Concerto pour violon n° 2* de Bartók avec l'Orchestre philharmonique de New York sous la direction de Leonard Bernstein au Carnegie Hall. Je m'y suis à nouveau produit avec lui et l'Orchestre philharmonique de New York en avril suivant ; nous avons joué le *Concerto pour violon* de Beethoven. Et les 3, 4, 5 et 6 décembre, nous nous sommes retrouvés une fois encore sur cette grande scène.

Le 6 décembre 1959, j'ai donné mon cinquante-deuxième concert au Carnegie Hall. Tout semblait indiquer que ce serait le dernier. Carnegie Hall, chèque en blanc de l'Amérique sur l'avenir de la musique, devait être bientôt démoli.

# 15.

J'avais toujours considéré Carnegie Hall comme un monument à l'esprit de notre pays. Combien de grands artistes y avaient joué depuis son inauguration en mai 1891 ! Quelle musique avait résonné entre ses murs ! Pendant près de soixante-dix ans, cela avait été l'une des très grandes salles du monde. Elle portait le nom d'Andrew Carnegie — à ses débuts, on l'appelait « la salle de musique fondée par Andrew Carnegie » —, en fait il avait matérialisé le rêve d'une demi-douzaine de personnes, notamment de Walter Damrosch, le chef d'orchestre et directeur musical de la Société symphonique de New York et de l'Oratorio Society. En réalité, c'est le père de Damrosch, Leopold, fondateur de ces deux sociétés, qui avait conçu le premier l'idée d'une grande salle de concertss pour New York. La Société symphonique avait du mal à trouver un endroit où s'établir : la seule salle assez grande pour son auditoire était le Metropolitan Opera House, où elle venait en dernière position pour les réservations, après la troupe lyrique en résidence, l'Orchestre philharmonique de New York, et les troupes lyriques et orchestres européens en tournée. L'Oratorio Society a souvent été obligée de donner ses concerts dans les salons d'exposition des facteurs de pianos Knabe, Chickering et Steinway. Puis, en 1887, le hasard a voulu que Damrosch monte à bord d'un navire à destination de l'Écosse, avec l'une de ses proches amies, Louise Whitfield, et son nouveau mari, Andrew Carnegie, qui étaient en voyage de noces. Lorsque le navire a fait son entrée dans le port,

Carnegie avait accepté de réaliser le rêve de Damrosch. Une société par actions a été constituée en 1889. L'architecte William Burnet Tuthill a dressé les plans et la construction a commencé. Le festival d'ouverture a eu lieu du 5 au 9 mai 1891, attirant la fine fleur des mélomanes new-yorkais. La Société symphonique et l'Oratorio Society se sont produites sous la direction de Damrosch et du compositeur Piotr Ilitch Tchaïkovski. L'acoustique était magnifique ; la salle de concertss était élégante et luxueuse. Un critique l'a qualifiée de « plus belle salle de concertss du monde ». Carnegie Hall a été porté aux nues.

Au fil des décennies, l'apparence extérieure du bâtiment a subi quelques transformations : on a construit deux tours de studios d'enregistrement, ainsi que des boutiques sur la rue, des marquises et un escalier de secours sur la façade de la Septième Avenue. Les artistes qui s'y sont produits comptent parmi les plus grands : notamment les pianistes Godowsky, Josef Hofmann, Paderewski, Rachmaninov, Schnabel, Myra Hess, Rudolf Serkin, Horowitz, Rubinstein ; les violonistes Kreisler, Ysaÿe, Heifetz, Elman, Menuhin, Milstein ; les violoncellistes Pablo Casals, Gregor Piatigorsky, Emanuel Feuermann ; le guitariste Andrés Segovia. Et les chanteurs : Enrico Caruso, Lily Pons, Marian Anderson, John McCormack, Maria Callas, Paul Robeson, Renata Tebaldi, Leontyne Price ; et à notre époque, Luciano Pavarotti, Beverly Sills, Joan Sutherland et Placido Domingo. Ainsi que tous les grands orchestres et chefs d'orchestre. Le jazz y a fait ses débuts en 1912, avec un concert de *ragtime*. Des artistes de rock y ont joué. Sachant tout cela, quelle ne fut pas ma surprise en apprenant que la salle était vendue à des promoteurs qui avaient l'intention de la démolir et d'ériger à la place un gratte-ciel rouge chinois. Le projet a finalement échoué, mais pas avant la parution dans le numéro du magazine *Life* du 9 septembre 1957 d'une photo en pleine page du nouveau bâtiment envisagé, que j'avais surnommé la « Menace rouge ». On était en train de construire au centre-ville le nouveau Lincoln Center, où allait bientôt s'installer l'Orchestre philharmonique de New York, principal locataire du Carnegie Hall. Le conseil d'administration de cet orchestre avait décidé de ne pas acheter Carnegie Hall ; le bâtiment n'avait donc plus la moindre utilité, selon M. Simon, son propriétaire. Mais il ne voulait pas le voir démolir ; il voulait le vendre 3 millions de dollars. Seulement, il n'y avait pas d'acheteur — trop de gens croyaient que New York ne serait pas en mesure de supporter deux salles de concertss. M. Simon avait passé des années à essayer de sauver Carnegie Hall et, pour lui, c'était désormais une question réglée.

Divers groupes se sont formés, des comités de citoyens convaincus ont organisé des manifestations, parfois dans la salle elle-même, au cours desquelles ils ont tenté de lever les fonds nécessaires pour acheter le bâtiment, plus un million de dollars supplémentaire pour le rénover. Tous les efforts ont échoué.

Pour moi, Carnegie Hall, c'était le Saint Graal, le but suprême de la vie musicale dans ce pays pour tous les interprètes. Aucun autre endroit ne possédait une telle histoire. Toute la mesure de l'interprétation musicale américaine passait par Carnegie Hall. Nous étions tous ses enfants. Je ne pouvais envisager de voir démolir le seul bâtiment qui représentait la tradition musicale américaine dans le monde entier — cette idée m'était tout bonnement insupportable. Tout artiste venant aux États-Unis allait toujours au Carnegie Hall. Il était à la source de la norme américaine ; tous nos repères musicaux reposaient sur les triomphes et les larmes des artistes qui y avaient joué. En outre, je n'arrivais pas à croire un seul instant qu'une ville comme New York ne puisse disposer que d'une seule grande salle de concertss. J'étais sûr que certains New-Yorkais pouvaient se permettre de payer le prix pour entendre de la musique dans un environnement approprié, avec une acoustique superbe et en ayant l'impression de s'insérer dans l'histoire culturelle de la ville. À ce stade, je ne savais absolument pas comment m'y prendre. J'ai commencé à m'adresser aux uns et aux autres, ce qui ne m'a conduit nulle part. Tout le monde s'est montré compatissant ; personne ne savait que faire. Mais plus je parlais, plus je comprenais que de protester et se lancer dans des manifestations verbeuses n'était pas la bonne solution. Nous devions avant tout convaincre la ville et ses hommes politiques que Carnegie Hall était viable et essentiel à la vie culturelle de New York.

Je tiens à dire ici que beaucoup de gens m'ont énormément aidé. J'ai sans doute réussi à réunir certains individus et à leur faire partager mon enthousiasme, mais je n'aurais pu accomplir la tâche seul.

Je me souviens du froid glacial de cette nuit de début décembre, quelques jours après mon concert au Carnegie Hall, où je me suis rendu chez Jacob Kaplan, un des hommes les plus riches de la ville, doté des plus grandes vertus civiques. Kaplan avait fait fortune dans le jus de raisin Welch. Petit, soigné, les yeux brillants, toujours prêt à sourire, il aimait porter des nœuds papillons ; il était très chaleureux. Je lui ai longuement parlé et, après m'avoir écouté attentivement, il m'a dit que lui aussi aimerait voir cet édifice sauvé et qu'il réfléchirait sérieusement à ce qu'on pouvait faire. Quelques jours plus tard, je suis parti jouer à Durham avec Zakin et, à mon retour, Vera a mis au monde notre deuxième enfant, Michael.

La naissance de notre fils m'a procuré une immense joie et m'a encore davantage déterminé à sauver Carnegie Hall, pour les futures générations de musiciens. J'ai téléphoné à plusieurs amis et les ai convaincus de venir me voir. Nous nous sommes réunis le 10 janvier 1960, dans mon appartement de Central Park West, un petit groupe — Jacob Kaplan, Jack de Simone, Raymond S. Rubinow — qui allait bientôt devenir le comité des citoyens pour Carnegie Hall. Ont ensuite rejoint ce comité le colonel Harold Riegelman, président du comité des citoyens de la ville de New York, ancien candidat républicain à la mairie de New York ; Frederick Richmond, un associé de M. Kaplan ; Bob Dowling, financier et banquier new-yorkais ; et John Barry Ryan, jeune homme appartenant à la communauté financière de New York et membre de l'une des grandes familles de la ville. Le premier résultat de cette réunion a été un télégramme que j'ai envoyé le même jour à John D. Rockefeller III, président du Lincoln Center, dans lequel nous lui demandions d'envisager d'apporter son soutien à un mouvement de sauvetage du Carnegie Hall. Ce fut un échec. Ses engagements et ses responsabilités envers le

Lincoln Center le forçaient à conclure à regret qu'il serait dans l'incapacité de coopérer avec nous.

Cette réponse fut une déception. Lors d'une deuxième réunion, nous avons commencé à dresser des plans pour organiser sérieusement un groupe de pression. Le banquier d'affaires Frederick W. Richmond a accepté de se joindre à nous, amenant, tout comme Jack, ses associés, Raymond S. Rubinow, directeur exécutif du J. M. Kaplan Fund, et Jack de Simone. Mme Claire Feit a été engagée comme secrétaire à titre provisoire et payée conjointement par le Kaplan Fund et de Simone. Pendant que j'étais reparti en tournée avec Zakin, Rubinow a informé Sol Hurok par lettre du 26 janvier :

> « Comme Isaac Stern vous l'a certainement expliqué, le but de la réunion qui s'est tenue chez lui le 10 janvier consistait à évaluer la situation et à constituer un centre d'intérêt continu en son absence, sinon nous perdrions toute possibilité de faire quoi que ce soit... M. de Simone et moi-même avons été en contact permanent l'un avec l'autre et j'ai tenu M. Stern informé des développements. Nous sommes encore dans la phase où nous réunissons toutes les informations nécessaires à la préparation d'un dossier. Il s'agit de sauver Carnegie Hall dans un but précis et de s'opposer à la destruction. Il y a quatre priorités : 1. s'assurer du facteur temps ; 2. découvrir quels sont les besoins des agents artistiques ; 3. accumuler des idées sur des utilisations nouvelles et complémentaires du Carnegie Hall ; 4. explorer tout intérêt municipal, étatique ou fédéral possible... Bien sûr, en pensant à ce problème, nous sommes fort intéressés par les opinions que vous avez émises sur la nécessité et l'utilisation de salles supplémentaires à New York, et par le rôle majeur que vous jouez personnellement en amenant des événements chorégraphiques et musicaux dans cette ville... [Nous] sommes pressés de connaître votre point de vue sur ce qui serait nécessaire s'il fallait faire venir des troupes de ballet et de théâtre au Carnegie Hall. »

Le lendemain, au cours d'une réunion spéciale du conseil d'administration du Carnegie Hall, M. Simon a noté, selon le procès-verbal de la réunion, que « M. Isaac Stern avait commencé à réunir un groupe dans lequel figuraient Frederick Richmond et Claire Feit, pour essayer de sauver Carnegie Hall ». Il a ajouté que « c'était la première fois que des personnes compétentes s'associaient à un mouvement de sauvetage du Carnegie Hall » et il a conclu la réunion avec un rapport sur la « production d'un ou deux ultimes concerts afin de commémorer la fermeture du Carnegie Hall », et avec une demande de « conseil à propos de la vente de l'orgue du Carnegie Hall ». Je suis rentré de tournée à temps pour une réunion plénière du comité des citoyens pour Carnegie Hall, tenue chez les Kaplan le 7 février. Nous avions élargi le groupe, en y ajoutant des républicains qui pouvaient faire pression sur le corps législatif à majorité républicaine de l'État de New York et des démocrates qui avaient de l'influence sur le gouvernement largement démocrate de la ville. Après de longues discussions, nous nous sommes mis d'accord sur une stratégie, dont un élément clé consistait à obtenir le soutien de Robert F. Wagner, Jr., maire de la ville de New York. J'ai pris sur moi d'écrire au maire.

L'envoi de cette lettre a toutefois été retardé par les impératifs d'une autre tournée et par un problème familial. Entretemps, le 2 mars, s'est tenue une autre réunion du conseil d'administration du Carnegie Hall, durant laquelle, selon le procès-verbal, M. Simon a noté que « en raison des clauses d'annulation du bail de Nedick, il aimerait avoir l'autorisation de passer un contrat pour la démolition du bâtiment principal au cas où l'affaire Helmsey-Wien [l'affermage des biens de la Carnegie Corporation] n'aboutirait pas ». Le 11 mars, j'ai envoyé un télégramme au maire, M. Wagner :

> « ... Dans notre société où l'intérêt porté à la musique ne cesse de croître, une grande ville comme celle à la tête de laquelle vous vous trouvez devrait disposer de plusieurs centres musicaux importants pour répondre à la demande croissante. Ayant joué dans des salles de concertss du monde entier, je sais que la destruction du Carnegie Hall priverait la scène musicale de l'une des rares salles de concertss à l'acoustique parfaite. Dirigée

comme une institution exonérée d'impôt, Carnegie Hall permettrait d'offrir une plate-forme aux nombreux jeunes talents, qui, dans ce pays, ont besoin de s'épanouir grâce à des prestations répétées... Le projet de création d'un orchestre américain de jeunes basé au Carnegie Hall et servant d'ambassadeur de bonne volonté dans le monde entier aurait d'énormes implications et est soutenu avec enthousiasme par nos plus grands musiciens... J'ai bon espoir d'avoir bientôt l'occasion de vous expliquer en personne pourquoi il est si important que la ville de New York agisse pour préserver la grande institution du Carnegie Hall. »

On m'a demandé de présider le comité des artistes, fer de lance du comité des citoyens pour Carnegie Hall et, à ce titre, j'ai écrit à une vingtaine de mes collègues pour leur demander de signer une lettre que j'avais rédigée, dans laquelle j'expliquais en détail l'importance de la salle :

« J'affirme et j'ai la conviction qu'il est important de conserver Carnegie Hall comme monument culturel permanent. Cette salle a une importance historique dans le développement musical des États-Unis, elle est l'incarnation de notre héritage musical. C'est un bâtiment consacré, qui conserve le souvenir de toutes les grandes exécutions des plus grands artistes du monde, souvenir qu'elle partage avec de nombreuses générations de mélomanes. En faisant abstraction de tout argument sentimental, Carnegie Hall est devenu, pour le monde entier, en dehors des États-Unis, le symbole des plus grandes réalisations en matière musicale. Partout, dans l'esprit des hommes civilisés, c'est la grande porte de l'Amérique musicale. La détruire maintenant pour des "raisons pratiques" serait un acte irresponsable dommageable aux États-Unis et à notre prestige dans tout le monde civilisé. Dans d'autres pays, toutes les grandes villes ont plusieurs salles de concertss et plusieurs théâtres lyriques. Pour cette raison, nous accueillons avec bienveillance la création du Lincoln Center comme une amélioration de notre vie musicale. Mais Carnegie Hall doit subsister pour servir les besoins d'un public musical toujours croissant, comme source d'inspiration et comme foyer pour le développement des musiciens de demain. »

Tous les musiciens auxquels j'ai envoyé cette lettre l'ont signée : Pablo Casals, Vladimir Horowitz, Jascha Heifetz, Myra Hess, Fritz Kreisler, Charles Munch, Gregor Piatigorsky, Artur Rubinstein, Leopold Stokowski, Leonard Bernstein, Van Cliburn, Dimitri Mitropoulos, George Szell, Bruno Walter, Mischa Elman, Mieczyslaw Horszowski, Eugene Istomin, Erica Moroni, Nathan Milstein et Eugene Ormandy. Pas un seul n'a refusé.

Pendant ce temps, il a fallu aborder un certain nombre de questions juridiques essentielles et, dans ce but, les membres républicains et démocrates du comité se sont mis en contact avec des représentants de l'État de New York et de la municipalité. Une loi était nécessaire pour permettre à la ville d'exproprier un bien présentant un intérêt ou une valeur historique ou esthétique particulière. Le sénateur MacNeil Mitchell, dans la circonscription duquel se trouvait Carnegie Hall, a déposé, dès la fin du mois de mars, des projets de loi à cet effet devant le corps législatif de l'État.

Mais il nous restait encore un problème : où allait-on trouver l'argent permettant au conseil municipal de voter en faveur de l'achat du bâtiment, puis de le louer à la société à but non lucratif que nous étions en train de créer juridiquement pour remplacer notre comité ? Nous ne pensions pas que le conseil municipal serait disposé à dépenser quatre millions et demi de dollars ou davantage, prélevés sur l'argent du contribuable, pour une telle acquisition. Il nous aurait fallu presque un an pour réunir cette somme au moyen d'une campagne de souscription publique. Nous n'avions même pas le temps de réunir les 225 000 dollars d'acompte préalables au lancement de la campagne de souscription. La municipalité pourrait proposer une émission d'obligations auto-amortissables, avec remboursement garanti sur trente ans, pour acquérir la salle, mais même cela ne pourrait se faire avant que les projets de loi déposés par le sénateur Mitchell, parrainés par le maire Wagner, et soutenus par une vigoureuse lettre d'adhésion du gouverneur John D. Rockefeller, soient adoptés et aient acquis force de loi. La démolition de la salle était prévue pour le mois de mai.

En entrant à l'hôtel de ville le 30 mars pour une réunion avec le maire, j'avais sur moi les lettres signées par mes collègues artistes. Avec les autres membres de notre comité, qui étaient venus pour présenter notre action, j'espérais que les lettres influenceraient les délibérations de la municipalité sur ce point. Il nous a semblé que le maire et son équipe accueillaient chaleureusement notre démarche, mais le fait est que la législation ne permettait pas à la ville d'affecter des fonds pour acheter la salle. Comme il ne restait que trois jours avant la clôture de la session parlementaire en cours, il y avait peu de chances de voir les projets de loi soumis au vote. Mais, à la surprise générale, ils l'ont été le lendemain même et adoptés. Il ne restait au gouverneur qu'à les signer pour leur donner force de loi et à la ville qu'à décider si elle se porterait acquéreur et, en cas de décision positive, selon quelles modalités.

Le soir du 11 avril, à l'occasion de la Pâque juive, ma femme et moi avons assisté à la cérémonie du *seder* chez le rabbin Israel Goldstein sur Central Park West, à environ quatre pâtés de maisons de notre domicile. Le seder était une cérémonie annuelle à laquelle le rabbin Goldstein invitait une vingtaine de personnes : juifs, catholiques, protestants. À ma plus grande surprise et à mon plus grand plaisir, je me suis retrouvé assis, par pur hasard, à côté du maire et de sa femme.

Nous avons tous pris place autour d'une grande table. Je me souviens d'une soirée très chaude. Le seder durait, durait — ce n'était pas le premier auquel je participais mais certainement l'un des plus longs. Lorsque ce fut fini, nous sommes partis ma femme et moi en même temps que les Wagner et nous avons commencé à marcher le long de Central Park West. Comme nous approchions de notre appartement, j'ai dit au maire :

— Bob, aimeriez-vous boire une bière fraîche ?

— C'est la meilleure chose que j'ai entendue ce soir.

Puis, confortablement assis avec nos bières, je me suis mis à lui parler à nouveau du Carnegie Hall. Il m'a écouté et m'a répondu :

— J'y allais régulièrement dans mon enfance, aux concerts pour la jeunesse de Walter Damrosch. Je suis membre honoraire de Local 802, raconta-t-il

C'était le syndicat des musiciens. J'ai ajouté :

— Alors vous comprenez les raisons pour lesquelles Carnegie Hall est tellement essentiel pour nous tous. Ce n'est pas simplement une affaire immobilière. Pour les musiciens du monde entier, New York, Carnegie Hall et les États-Unis ne font qu'un.

Il comprenait si bien qu'il est devenu mon premier allié vraiment puissant au conseil municipal ; et je lui en serai toujours reconnaissant. Mais nous savions tous deux que la ville ne ferait rien si les deux projets de loi adoptés par le corps législatif n'acquéraient pas force de loi. Cinq jours passèrent. Je devais partir en tournée en Union soviétique, en Tchécoslovaquie, en Pologne et en Europe occidentale. Le 16 avril, le gouverneur John D. Rockefeller signait les projets de loi. Ce même jour, à la veille de mon départ, je faisais une déclaration sur la longue bataille pour le sauvetage du Carnegie Hall :

> « Nous sommes ravis non seulement que le gouverneur ait signé les deux projets de loi, mais également du message d'accompagnement, qui correspond si bien à notre philosophie fondamentale... Je souhaite exprimer publiquement combien j'ai apprécié le soutien accordé à notre comité par Frederick W. Richmond, Jacob M. Kaplan et Harold Riegelman. Sans leurs efforts dévoués et avisés, nous n'aurions pas remporté notre succès actuel. Nous avons bon espoir que le maire et le comité d'évaluation adoptent très rapidement l'ensemble des mesures nous permettant d'engager tous les orchestres au Carnegie Hall pour la saison prochaine. Nous avons assuré la municipalité qu'il s'agirait non seulement d'un investissement auto-remboursable, mais que Carnegie Hall ne serait assurément jamais un fardeau pour les contribua-

bles de notre ville. Au cours des mois à venir, nous espérons annoncer des projets traçant les grandes lignes d'activités élargies pour Carnegie Hall et nous croyons qu'avec nos amis du Lincoln Center nous verrons s'établir dans la ville de New York une activité musicale d'importance primordiale dans le monde. »

Au beau milieu de ma campagne, je repartis avec Zakin pour notre seconde tournée en Union soviétique. Je me rappelle comme si j'y étais encore le tonnerre d'applaudissements qui s'est déchaîné sur nous à Odessa le premier soir, lorsque nous sommes entrés en scène. Il a fallu appeler des militaires pour retenir les centaines de personnes restées dehors, qui essayaient de casser les portes de la salle de concertss. Si je ne m'abuse, cette tournée était la plus longue jamais entreprise par un interprète américain depuis des décennies. Elle comprenait Odessa, Moscou, Leningrad et Minsk ; puis Vilnius, Riga et Tallin, les capitales respectives de la Lituanie, de la Lettonie et de l'Estonie.

Pendant la phase d'organisation de cette tournée, on m'avait demandé de jouer à Tachkent en Ouzbékistan. Je pense que chacun de nous rêve de se rendre un jour dans certains lieux magiques. Pour moi, Samarkand en faisait partie. Ce nom évoquait des images de tapis volants, de magiciens, de nourriture exotique. J'ai répondu aux autorités soviétiques responsables de la tournée que Zakin et moi accepterions de jouer à Tachkent si elles nous organisaient un séjour d'un ou deux jours à Samarkand. Ce qui fut accepté. Arrivés à l'aéroport de Tachkent, nous avons été accueillis par des membres du groupe organisateur ; lequel, dans chaque ville d'Union soviétique, s'appelle Philharmonie. Nous avons été conduits à notre hôtel, puis au restaurant, où des violonistes divertissaient les clients. Ils ont reconnu en moi le musicien américain en visite et je leur ai souri. J'ai remarqué que l'un d'eux se rapprochait de plus en plus de notre table. Il s'est mis à jouer directement sous mon nez et je lui ai souri ; il s'est encore approché, a placé son violon entre mon visage et le reste du groupe et a murmuré en yiddish : « Faites attention à ce salaud qui est à la tête du comité de concert, c'est le dirigeant communiste local. » Il m'est arrivé assez souvent au cours de mes voyages en Union soviétique d'être reconnu par un juif ; un geste prudent, un mot, un avertissement, un accueil fraternel.

Le lendemain, avant le concert à Tachkent, j'ai demandé à l'un des organisateurs quand nous partirions pour Samarkand.

— Oh, nous sommes désolés, mais ils sont en train de tout reconstruire là-bas, les routes sont très mauvaises et il n'y a aucun moyen d'y aller et d'en revenir.

— Merci.

Je suis allé voir le chef du comité de concert :

— On vient de me dire que je ne pouvais pas aller à Samarkand.

— Oui, nous sommes désolés.

— Bon, nous annulons le concert ici à Tachkent. Vous nous mettez dans le prochain avion pour Moscou. Et si vous ne pouvez pas nous trouver un avion, j'appelle l'ambassadeur des États-Unis pour qu'il envoie un avion de l'ambassade nous chercher. Et je tiendrai une conférence de presse pour leur dire comment vous êtes revenus sur votre parole.

Vingt minutes plus tard, j'avais deux billets pour Samarkand. Lorsque nous y sommes arrivés, j'ai compris ! Dire de l'hôtel qu'il était sale serait au-dessous de la réalité, presque, même, un compliment. Il était en effet en cours de « remontage », le mot russe employé pour la reconstruction. Dans la soirée, nous sommes allés au marché, où nous avons mangé leur délicieux pain plat, avec des œufs durs, des oignons verts crus et du chachlik, et bu de la vodka et de la bière en regardant entrer les caravanes de chameaux. Nous avons demandé en russe aux chameliers ce qu'ils apportaient au marché et quelles étaient leurs conditions de vie. De retour à l'hôtel, nous ne nous sommes déshabillés ni l'un ni l'autre et nous avons dormi sur des chaises, car il était impensable de s'approcher des lits. Le lendemain matin, on nous a annoncé qu'il n'y aurait aucun avion pour retourner à Tachkent avant une heure avancée de la journée. J'ai dit que nous allions louer une voiture et conduire — il y avait environ cent dix kilomètres de route. Mais ils nous ont répondu : « Non, non. Nous allons vous fournir une voiture et un chauffeur. » Nous sommes partis au petit matin sur une route qui traversait les steppes de l'Asie centrale ; c'était une longue série d'horribles cassis. Les gens labouraient les champs avec un cheval attelé à une charrue en bois. Soudain, au loin, nous avons vu des gratte-ciel et une ville, mais en nous rapprochant nous avons constaté que les rues n'étaient que sable et boue et que les gratte-ciel étaient tout fissurés. Environ deux heures plus tard, nous nous sommes arrêtés pour prendre un petit déjeuner dans une grande ville à mi-chemin entre Samarkand et Tachkent. Notre chauffeur nous a suggéré d'aller dans un salon de thé du centre-ville. Nous y avons rencontré des hommes portant des chemises en soie, de larges pantalons et des calottes brodées, assis par terre avec des accoudoirs, sirotant leur thé et déjeunant d'œufs durs et d'oignons verts. Nous nous sommes assis avec eux, avons commandé du thé, des œufs et des oignons, et nous avions également du merveilleux pain plat apporté de Samarkand. En voyant que nous étions probablement américains, les gens du pays ont commencé à nous poser des questions avec hésitation. Lorsqu'ils ont découvert que nous parlions le russe, les questions sont tombées en avalanche : comment vivent les gens en Amérique ? que gagne un ouvrier ? un ouvrier peut-il avoir une voiture, un réfrigérateur ? Leur bienveillance était confondante. Ce fut un petit déjeuner mémorable. Nous sommes retournés à la voiture, qui a mis quatre heures pour nous ramener à Tachkent.

C'était une période assez tendue sur le plan politique. Le président Eisenhower devait faire une visite officielle en Union soviétique, mais un avion espion américain venait d'être abattu dans l'espace aérien soviétique et son pilote, Gary Powers, capturé. Khrouchtchev était alors furieux contre Eisenhower. Après tout, le gouvernement soviétique avait dépensé des sommes considérables pour nettoyer les rues, bitumer les routes en provenance de l'aéroport, réparer et repeindre de nombreux bâtiments en vue de cette visite. Les Soviétiques eux-mêmes l'attendaient tellement qu'on avait l'impression qu'ils se seraient volontiers allongés sur la route de l'aéroport pour laisser Eisenhower entrer dans la ville en marchant sur leur dos. Bien sûr, les Soviétiques ont fait des gorges chaudes de la capture du pilote. Dans cette atmosphère désagréable, Zakin et moi avons poursuivi notre tournée sans nous laisser ébranler. En même temps, la comédie musicale *My Fair Lady*, avec une distribution américaine, remportait un énorme succès à Moscou. Nous étions tous dans le cadre d'une nouvelle saison du programme d'échanges culturels.

Pendant ce temps, un autre genre d'échanges culturels avait lieu à New York : à l'instigation du maire, le comité d'évaluation autorisait les services immobiliers à entamer les négociations avec M. Simon pour le rachat de la salle. La ville lui offrait trois millions et demi de dollars alors qu'il avait reçu de promoteurs des offres nettement supérieures. Si un accord sur le prix était impossible, il était entendu que la ville exproprierait le bien et demanderait à un tribunal d'en fixer le prix.

À la mi-mai, la ville a fait une offre d'achat de la salle à cinq millions de dollars, prix qui convenait à M. Simon, puis a proposé de la louer à la Carnegie Hall Corporation, entité à but non lucratif créée à la place du comité des citoyens pour Carnegie Hall. La ville vendrait des obligations à trente ans d'une valeur de trois millions et demi de dollars pour acquérir la propriété et la Carnegie Hall Corporation rembourserait la ville grâce aux droits d'entrée et à d'autres revenus. Une fois les obligations payées, la Carnegie Hall Corporation deviendrait propriétaire de la salle ; dans l'intervalle, elle louerait le bâtiment à la ville. Wagner a nommé Frederick W. Richmond à la tête du conseil d'administration de la nouvelle société (la Carnegie Hall Corporation) et m'a envoyé un télégramme le 18 mai : « J'ai le plaisir de vous confirmer votre nomination comme mandataire et membre de la Carnegie Hall Corporation, dont le but est de perpétuer Carnegie Hall en tant que grand centre musical et culturel. » Un autre message de la nouvelle société m'informait que j'avais été élu président de la Carnegie Hall Corporation.

Les concerts destinés à marquer la disparition de Carnegie Hall n'ont jamais eu lieu. Le 22 juin, j'ai écrit à Leonard Bernstein du Grand Hôtel de Florence : « J'avais beau être sûr que nous parviendrions à une issue heureuse, je n'y ai pas vraiment cru jusqu'à ce que tout soit terminé. »

Durant la dernière semaine de septembre, je me suis envolé pour New York, via Genève le soir du 25 septembre pour être précis. J'ai franchi la porte menant à la scène du Carnegie Hall pour jouer le *Concerto pour violon* de Beethoven avec Leonard Bernstein et l'Orchestre philharmonique de New York. Ils revenaient juste d'une tournée triomphale de trente-deux mille kilomètres, ce qui battait tous les records ; j'étais entre deux engagements au milieu d'une tournée européenne organisée depuis plus d'un an. J'étais revenu pour participer à ce concert, qui était à la fois donné au profit de la caisse de retraite de l'orchestre et pour marquer les débuts de la nouvelle vie de la salle. En fin de soirée, je devais m'envoler pour Londres. Lenny et moi avions donné le concerto de Beethoven un peu plus d'un an auparavant sur la même scène ; la salle était alors menacée de naufrage. Maintenant l'intérieur était redécoré : une peinture blanche toute fraîche cachait l'ancienne teinte rougeâtre des murs, qui étaient également ornés de dorures rafraîchies ; les sièges étaient couverts de velours rouge neuf. Le côté du bâtiment donnant sur la 57e rue avait été nettoyé à la vapeur, ce qui laissait ressortir une belle couleur chamois longtemps occultée par la saleté. Pour ajouter à cet air de fête, on avait fait venir des orchidées de Hawaï. La salle était pleine à craquer de politiciens, de diplomates, du gratin new-yorkais, d'artistes et d'une foule énorme de partisans sincères — une multitude réjouie parce que Carnegie Hall offrait un nouveau visage au monde.

En entrant en scène, j'ai vraiment senti mes genoux trembler. Je connaissais le trac, mais je ne l'avais jamais ressenti à ce point. L'atmosphère était chargée d'émotion. En outre, il faisait une chaleur pénible ce soir-là et la salle n'était pas encore climatisée. J'avais à peine fait une demi-douzaine de pas sur scène quand le public s'est levé et m'a acclamé à grands cris. Lorsque les applaudissements se sont calmés, nous avons commencé à jouer. Le hasard a voulu qu'au cours du premier mouvement une corde de mon violon se casse ; j'ai immédiatement échangé mon instrument avec le violon solo, John Corigliano, et j'ai continué à jouer. Corigliano a vite remplacé la corde avec beaucoup d'adresse et m'a rendu le mien. Malgré le voyage fatigant pour revenir de Genève, la chaleur de la salle, la corde cassée et l'émotion que je ressentais dans le public — malgré tout cela, le concerto de Beethoven a été un succès. Au milieu des applaudissements tumultueux qui nous ont accueillis, Lenny, l'orchestre et moimême à la fin de l'exécution, Lenny s'est penché vers moi et m'a dit à l'oreille : « N'est-ce pas merveilleux d'être jeune et célèbre ? »

J'avais quarante ans.

Deux ans plus tard, Carnegie Hall a été confronté à un nouveau concurrent, le Philharmonic Hall, érigé en septembre 1962. Mais cela n'a pas eu beaucoup d'effet sur la vénérable salle, qui jouissait d'une saison animée. En décembre, le critique du *New York Times*, Milton Esterow, écrivait : « Carnegie Hall est encore florissante. »

Il était évident que New York pouvait parfaitement gérer plusieurs salles de concertss importantes. Depuis l'ouverture du Lincoln Center et du Philharmonic Hall, et le sauvetage du Carnegie Hall, la ville connaissait un développement de ses activités musicales. Il n'y avait jamais eu autant de concerts retenus dans toute l'histoire de la ville, et presque tous faisaient recette. Et, chose très importante, les jeunes artistes profitaient des salles supplémentaires. La mezzosoprano Grace Bumbry, qui avait fait des débuts très remarqués au Carnegie Hall en novembre 1962, était réengagée pour décembre. Auparavant, il aurait été difficile d'obtenir si vite une autre date en raison du manque de salles de concertss dans la ville de New York.

La Carnegie Hall Corporation se concentrait sur le bâtiment : achever la nouvelle décoration de la salle, rénover le chauffage et le système électrique, installer la climatisation. Nous avions désespérément besoin de fonds. Par l'intermédiaire de Sir Isaac Wolfson, un Anglais généreux, et de Raphael Recanati, qui était à la tête de l'Israel Discount Bank, j'ai pu obtenir une ligne de crédit de 250 000 dollars — une fortune pour nous, la manne salvatrice dont nous avions besoin à ce moment-là. En même temps, nous avons tenté une programmation musicale assez risquée. Julius Bloom, alors directeur administratif de la salle, était persuadé que l'ensemble du processus d'écoute de la musique était en train d'évoluer de manière fondamentale. Le *New York Times* l'a cité : « Nous quittons une ère où un programme pour orchestre ou soliste était quelque chose d'assez bien formulé. Nous avons besoin de donner une autre dimension à l'expérience musicale pour l'artiste et l'auditoire, une dimension qui relie plus directement la musique au grand enchevêtrement d'idées de notre temps. » Par exemple, avait-il expliqué, au cours des mois précédents, Carnegie Hall avait présenté Stravinski, Schoenberg, Webern, Milhaud et Messiaen — cinq orientations de la musique moderne, illustrant chacune l'élargissement de la créativité musicale contemporaine — en les associant à des œuvres qui nous étaient déjà très familières. Pour moi, il ne faisait aucun doute que mes programmes étaient en train de devenir de plus en plus inventifs, avec les grandes partitions reconnues et, en même temps, des œuvres moins familières mais tout aussi valables.

La nouvelle vie trépidante au Carnegie Hall en décembre 1962, en fait la vie musicale revivifiée de New York, justifiait certainement les efforts accomplis pour empêcher la mort de la salle juste deux ans et demi auparavant.

Rien dans ma vie ne m'avait préparé à ce combat pour sauver Carnegie Hall. J'étais musicien. La musique emplissait tout mon être. J'ignorais absolument d'où me venait cette capacité soudaine à traiter avec des politiciens, des personnalités influentes et des financiers. Peut-être était-ce lié au fait que j'avais grandi durant les années de la Grande Dépression, et j'avais vu comment mon père gagnait à peine de quoi vivre. Puis les nazis et la guerre. Ces années m'avaient sans doute enseigné qu'il est impossible de rester assis sans rien faire en disant que la politique ne vous concerne pas. Tout ce qui arrive en politique a un effet sur votre vie, sur votre façon de penser, sur le genre de société civilisée que vous souhaitez pour votre pays. Au début de l'année 1960, j'avais deux enfants. Comment aurais-je pu regarder le monde et dire que je refusais toute implication ?

Le chef d'orchestre George Szell m'a déclaré un jour que si je n'avais pas passé tant de temps à faire autre chose et si j'avais travaillé davantage, j'aurais pu être le plus grand violoniste au monde. Mais, même avant l'affaire du Carnegie Hall, je pense que je m'étais déjà rendu compte que si toute ma vie devait se composer exclusivement de musique et d'exécutions, de la prochaine œuvre à jouer, du prochain concert, de la prochaine tournée, si toute ma vie devait se limiter à cela — je grimperais aux murs tôt ou tard.

En pensant aux trente-neuf dernières années du Carnegie Hall, le nom de Judith Arron me vient immédiatement à l'esprit. En 1986, nous avons cherché dans tout le pays un nouveau directeur administratif. J'avais rencontré Judith Arron lors de concerts avec l'Orchestre symphonique de Cincinnati, dont elle était alors directeur artistique. Élevée à Seattle, elle avait été violoncelliste ; elle connaissait et aimait la musique et semblait être une excellente gestionnaire. J'ai été à l'origine d'une décision unanime du conseil d'administration pour que Judy soit interviewée ; le conseil l'a immédiatement engagée comme nouveau directeur administratif. Au cours des deux ou trois années suivantes, elle a tout appris sur New York et sur la façon dont fonctionnait la ville, sur le plan social et sur le plan financier. Elle a surtout appris à gérer un énorme personnel, à engager des administrateurs compétents et à vraiment comprendre un bilan. Au cours de ses dix dernières années, elle a littéralement explosé tant en ce qui concerne l'imagination que l'organisation, contrairement à ce qui s'est passé dans toutes les autres institutions musicales du monde. Une affirmation importante — mais d'après mon expérience et mes connaissances personnelles, je crois qu'elle repose sur quelque chose de vrai, ce que des interprètes, des compositeurs et des administrateurs artistiques du monde entier ont aussi reconnu. On se souviendra toujours d'elle avec affection.

La lutte pour sauver Carnegie Hall a été un événement déterminant dans ma vie. Elle m'a appris des choses sur moi-même que je ne savais pas auparavant : j'étais capable d'influencer des gens influents en leur parlant ; j'étais capable d'émouvoir des foules non seulement avec la musique mais également avec des mots ; je possédais la faculté instinctive de naviguer habilement dans les eaux troubles de la politique et du pouvoir. Rien n'a plus jamais été pareil pour moi après Carnegie Hall.

# 16.

Plus vous pensez à votre travail, plus vos objectifs changent constamment. Plus vous apprenez, plus vous constatez l'incapacité absolue de l'être humain à atteindre l'omniscience et à parvenir à la perfection artistique. Vous pouvez tout au plus espérer appréhender ce qu'il est possible de faire, puis tacher d'en réaliser au moins une partie. Et vous finissez par comprendre que vous ne pourrez jamais vraiment sonder l'entière vérité des idées en matière musicale. C'est par essence le pouvoir de la musique. La forme artistique est plus vaste, plus profonde et beaucoup plus variée qu'un individu ne peut le deviner au cours de toute une vie et le fait de s'en rendre compte devrait faire hésiter l'artiste qui commence à considérer qu'il sait tout. Nous ne sommes que les maillons d'une chaîne dans une tradition séculaire ininterrompue. Lorsque nous faisons quelque chose qui vient s'ajouter à cette tradition, qui l'enrichit, la purifie et la clarifie, alors nous avons accompli notre mission ici-bas.

Après Carnegie, en ce qui me concerne, ces « maillons » ont commencé à s'étendre à autre chose qu'à la musique. Elle était bien sûr encore au cœur même de tout ce que je faisais, mais, il n'y avait aucun doute dans mon esprit, elle avait davantage de pouvoir. J'avais utilisé la politique et la diplomatie avec succès, dans le seul but de préserver et d'élargir le domaine de la musique à New York. Pourquoi ne pas continuer à employer ce même sens judicieux de la persuasion au-delà des frontières de ma ville ?

Au cours des années suivantes, faire de la musique, la défendre et l'enseigner fut le cœur de ma vie. Mon difficile apprentissage m'avait enseigné le prix des valeurs. En vérité, je n'avais pas de pouvoir, il m'était accordé. Mon violon était mon pouvoir. Je ne pouvais pas me contenter de dire : « Regardez-moi. » Je sentais que je devais donner quelque chose en retour. Je ne pouvais pas me contenter de *recevoir* en permanence — c'était aussi simple que cela. Bien entendu, j'ai continué les tournées avec Zakin, en Amérique au début de 1961, puis en avril à Tokyo et à Osaka. Et, au début du mois de mai, en Australie.

Eugene Ormandy, le chef de l'Orchestre de Philadelphie, un ami très cher, suivait mon itinéraire et, le 10 mai 1961, il m'a envoyé une lettre aux bons soins de l'Australian Broadcasting Commission[1] à Sydney. Il me grondait pour les « sauts que vous êtes en train de faire ». Il se demandait si je l'avais écouté le moins du monde lorsqu'il m'avait dit que je devais ralentir. « Même si tu n'as que quarante ans, tu en fais trop et je ne veux pas que tu le paies par la suite. Alors écoute le conseil paternel d'un ami et ralentis. Tu n'as pas besoin d'une renommée internationale — tu l'as déjà... J'espère que tu auras l'occasion de te reposer et de te détendre lorsque tu quitteras l'Australie. »

Nous avons passé huit semaines dans ce pays avec Zakin. Vingt-sept concerts : des récitals avec piano, des prestations en soliste avec des orchestres symphoniques locaux, un concert à la mémoire de William Kapell à l'hôtel de ville de Sydney. Récemment, les médias et le film *Shine* ont beaucoup parlé de ma rencontre à Perth avec le jeune pianiste David Helfgott. J'ai parlé avec de nombreux musiciens de talent au cours des cinquante et quelques années passées à donner des concerts dans le monde entier et la rencontre de Perth, telle qu'elle a été rapportée, a vraiment eu lieu. Mais je n'en ai pas conservé de souvenirs précis ni de la façon dont il jouait à cette époque.

Dans une interview radiophonique donnée à Melbourne, j'ai recommandé que la musique fasse activement partie de

1. Radio publique australienne. (*N.d.T.*)

l'éducation de tous les enfants, afin de développer la musique naturelle qu'ils ont en eux. Cela mettrait un terme à cette situation où la musique n'est une habitude sociale acquise que pour une partie de la population. L'Australie aurait raison de créer un ministère de la Culture, ai-je ajouté, comme il en existait en Union soviétique et dans divers pays européens et, dans une certaine mesure, en Grande-Bretagne au travers de l'Arts Council. J'ai souligné que la musique et les autres disciplines artistiques allaient rapidement permettre de briser les frontières internationales et d'encourager la compréhension. Et j'ai préconisé l'établissement d'un plan permettant d'assurer des revenus réguliers aux artistes professionnels. « Les jeunes artistes devraient gagner assez d'argent pour pouvoir vivre confortablement. Ils passent quinze à vingt ans à étudier et obtiennent trop souvent très peu en retour. »

Les articles à propos de cette tournée ont toujours rappelé aux lecteurs que j'étais « l'homme qui avait récemment sauvé le célèbre Carnegie Hall de New York des chasseurs d'épaves ».

Un jour, je me suis retrouvé embarqué dans une discussion à propos de la conception d'un nouveau centre culturel et de la National Gallery : le projet devrait-il inclure une salle de concertss ? J'ai conseillé de tout mettre en œuvre pour disposer d'une salle d'au moins deux mille cinq cents places. Ce serait un « endroit approprié où des artistes de stature internationale pourraient donner leurs meilleures exécutions ». Pour Eric Westbrook, directeur de la National Gallery, la salle de concertss était une excellente idée. Ils la construiraient s'ils pouvaient réunir les fonds. George Tzipine, chef de l'Orchestre symphonique de Victoria, a tout de suite accepté.

Nous sommes rentrés d'Australie au milieu du mois de juin et, une dizaine de jours plus tard, j'étais à Porto Rico au Festival Casals, pour jouer Haydn et Mozart, et le *Trio en ut majeur* de Brahms avec Casals au violoncelle et Claudio Arrau au piano. À quatre-vingt-trois ans, Casals avait toujours une prodigieuse maîtrise instrumentale.

Un peu plus tôt en juin, j'avais reçu une lettre d'Eugene Cook, rédacteur en chef de *Bravo !*, revue musicale trimestrielle qui allait être lancée, avec une diffusion estimée à sept cent cinquante mille exemplaires — pour la plupart des abonnements à des concerts organisés. M. Cook voulait savoir si j'accepterais d'écrire un article pour un prochain numéro. Nous avons eu plusieurs conversations avec lui et les membres de son équipe et je devais recevoir une transcription des interviews pour les relire avant publication. En fin de compte, j'ai reçu la transcription après la parution de l'article dans le numéro de l'automne 1961. Dans cet article, j'exprimais mon engagement non seulement en matière de pratique musicale, mais étais présenté également comme l'un de ses défenseurs les plus acharnés. J'affirmais que nous traversions « un moment très important et dramatique, et peut-être dangereux de notre histoire musicale ». La civilisation musicale occidentale telle que nous la connaissions allait être sérieusement mise à l'épreuve au cours des dix à quinze années à venir. À moins d'y prendre vraiment garde et de veiller aux dangers impliqués, nous risquions d'être confrontés à la fin du mode de culture que nous connaissions. Je pensais qu'il fallait immédiatement prendre des mesures pour y remédier :

> « Depuis 1935-1940, les centres de référence se sont lentement déplacés de l'Europe vers les États-Unis avec les grands chefs d'orchestre, les grands interprètes et professeurs, qui sont venus y vivre. Nous avons hérité de la meilleure des traditions à peu près comme nous avons hérité des mœurs et de l'éthique de civilisations plus anciennes... Nous sommes donc, pour faire une bien grande phrase, les porte-étendards de l'élite de la civilisation occidentale. Au cours des cinquante prochaines années, des forces jeunes et puissantes verront le jour : des porte-étendards asiatiques et africains. La Chine en particulier fera de très grands progrès. En l'espace de deux ou trois ans, elle mettra sans doute au point sa propre bombe atomique, ce qui la placera directement dans la zone d'influence des grandes puissances... Je pense que le monde dans lequel nous vivons n'aura pas recours à la guerre, mais plutôt que la pénétration culturelle et économique sera la première arme et, peut-être à long terme, la plus puissante... [Si] nous avons la moindre foi dans les traditions qui nous ont nourris, il nous incombe

de veiller non seulement à ce que ces traditions se perpétuent, mais aussi à ce qu'elles se développent et soient encouragées pour devenir une force puissante dans nos vies géopolitiques et culturelles... Aux États-Unis, cela implique certaines choses. En premier lieu, nous devons très rapidement accepter l'idée que nous serons responsables de l'établissement des normes. Il faut faire disparaître les éléments de pacotille de notre vie musicale. Au cours des quinze ou vingt dernières années, nous avons eu de la chance dans notre développement musical, en particulier dans un domaine : nos universités. La croissance des écoles de musique universitaires a sans doute été le signe le plus encourageant de l'arrivée à la maturité musicale aux États-Unis. Mais ce qui nous fait terriblement défaut c'est une norme d'enseignants et d'enseignement dans le primaire. Dans ce domaine, notre ignorance est dangereuse... Et elle tient à deux causes : d'abord, la non-reconnaissance du mode de vie indispensable pour qu'une société cultivée devienne vraiment un pays civilisé. Ensuite, notre structure économique : pourquoi les parents devraient-ils encourager leurs enfants à passer dix ou quinze ans de dur labeur à apprendre un instrument et à entrer dans un domaine où ils arriveraient peut-être à gagner trois ou quatre mille dollars par an [*sic !* c'était en 1961], alors qu'un plombier, un électricien ou un machiniste peut gagner beaucoup plus avec une certaine sécurité ? Ce constat peut être ressenti comme un prétexte pour demander une aide fédérale, mais ce n'est pas le cas, actuellement du moins. Je crois que l'étude des arts sera une nécessité. Mais je ne pense pas que, psychologiquement ou politiquement, elle soit réalisable aujourd'hui sur une base fédérale, car nous n'y sommes pas formés, nous n'y sommes pas adaptés, nous n'avons pas été élevés de cette façon. Nous disposons de l'une des subventions gouvernementales les plus substantielles, mais sous une forme spécifiquement américaine — ce sont les exonérations d'impôt et les fondations. Il s'agit d'une subvention gouvernementale directe au travers de la fiscalité. Mais ce n'est pas suffisant. Il reste à savoir ce que l'on peut dire de façon constructive, ce que l'on peut faire maintenant. D'abord... que les musiciens professionnels acceptent leur responsabilité envers le public et — chose encore plus importante — envers les jeunes, auditeurs ou futurs interprètes. Il faut guider et affiner le goût du public et faire comprendre au jeune qui se destine à une carrière professionnelle les riches traditions dont il ou elle hérite et qu'il ou elle doit, dans le cours naturel des événements, amplifier à sa façon. Dans ce pays, le groupe le plus important se compose de jeunes d'âge universitaire... Dans cinq à dix ans, ils deviendront un groupe influent... La façon dont ils pourront s'exprimer avec aisance en tant qu'électeurs dépend largement du niveau de leur environnement culturel et de leur expérience dans ce domaine. Ils deviendront parents, et pourront donc commencer, au travers de leur propre expérience, à réclamer un modèle éducatif bénéfique pour leurs enfants. Cela signifie alors qu'il faut d'abord s'attaquer au mur qu'on a dressé autour de la musique et de son processus de développement entre les professionnels d'une part et les auditeurs d'une autre. Il faut amener les auditeurs dans le droit fil du développement culturel américain. Ils doivent sentir qu'ils ont un rôle à jouer dans ce développement, qu'ils ont un but à atteindre, qu'ils ont une voix à faire entendre, qu'ils lui appartiennent. Il faut créer et subventionner des débouchés avec l'argent local — c'est-à-dire avec les fonds des institutions dotées par les États et les municipalités, et avec les fonds des syndicats pour développer une vie musicale à laquelle les jeunes pourront aspirer et dans laquelle ils pourront commencer à gagner leur vie. Nos jeunes pourront ainsi devenir un pool dans lequel les grandes organisations professionnelles pourront trouver des éléments... Grâce à de telles subventions, un public sensiblement accru pourra assister à des concerts à la portée de toutes les bourses... Avec une telle démarche à l'échelon local, municipal et étatique, ce ne sera qu'une question de temps pour que cette habitude soit ancrée dans les mœurs et on pourra envisager une forme de subvention nationale... Je ne dis pas qu'il faut cesser de faire pression pour obtenir des subventions fédérales, il faut continuer, mais je ne pense pas qu'on obtiendra des résultats immédiats, en tout cas pas assez rapides pour sauver une culture musicale glorieuse qui, je le crains, risque de mourir sans une intervention rapide. Ceci nous amène à la question des normes d'enseignement... [Nous avons besoin d'un] institut ou d'une série d'instituts pour définir nos normes... Avec tous les talents que nous avons maintenant aux États-Unis, qu'ils soient nés à l'étranger ou en Amérique, il n'y a aucune raison de ne pas disposer du même genre d'institution pour définir les normes dans les domaines artistiques (ballet, architecture, peinture, musique) que celles qui existent dans le domaine scientifique ou en médecine. Nous pouvons très bien avoir des écoles de musique qui soient l'équivalent du Massachusetts Institute of Technology, des écoles de droit de Harvard et de Yale, et des grands centres médicaux comme Johns Hopkins. Il s'agit simplement de réunir en un lieu ceux qui sont qualifiés pour transmettre ces idées ; puis, en évaluant ce qui peut être accompli politiquement et artistiquement, il faudra organiser cela en une force motrice... Une action rapide peut aider à former, non seulement de jeunes interprètes mais, ce qui est beaucoup plus important, un groupe de jeunes enseignants vigilants, efficaces et prêts à prendre le temps et la peine de développer une base sur laquelle on puisse construire ce que l'on pourrait appeler un âge d'or dans les arts. Je crois sincèrement que la coopération enthousiaste des meilleurs esprits et talents de l'Amérique permettra d'y arriver. »

Pinchas Zukerman est l'un des jeunes interprètes que j'ai eu la chance d'aider dans sa carrière. Après l'avoir entendu en 1957 en Israël, lorsqu'il avait neuf ans, je me suis promis de l'écouter à nouveau un peu plus tard. Lorsque je suis retourné en Israël en octobre 1961 pour jouer Viotti et Bartók avec l'Orchestre philharmonique d'Israël à Jérusalem, je l'ai fait. À treize ans, il était prodigieux. Un an plus tard, l'America-Israel Cultural Foundation, une organisation à la création de laquelle j'ai contribué, l'a fait venir à New York pour poursuivre ses études. Nous nous sommes arrangés pour qu'il habite chez les parents du pianiste Eugene Istomin. Pinchas — nous l'appelions Pinky — était un adolescent turbulent ; il se fourrait dans toutes sortes d'ennuis en faisant l'école buissonnière et bien d'autres choses assez folles. Mais quel incroyable talent ! Un jour, il est venu dans mon studio me jouer le *Concerto pour violon* de Beethoven. Deux heures plus tard, nous n'avions terminé que les vingt premières mesures de l'entrée du violon — car je ne lui ai pas laissé jouer une note sans qu'il réponde à ma question : « Pourquoi la joues-tu de cette façon ? » J'étais en permanence sur son dos : « Persuade-moi que tu as raison. » Il est parti en larmes. Mais, au fil des ans, j'ai découvert que plus le talent est grand, plus il peut supporter la pression. Zukerman avait alors, et il l'a toujours, la faculté innée de jouer une ligne musicale et de la faire chanter. Il a une articulation naturelle de la main droite et de la main gauche que je trouve étonnante.

Je ne risquais pas non plus d'oublier le jeune interprète que j'avais entendu en Israël en 1957 : Itzhak Perlman. On a attribué à Ed Sullivan l'honneur de l'avoir découvert, de l'avoir fait venir aux États-Unis et de lui avoir fait quitter ses béquilles pour jouer. Mais cela a été beaucoup plus compliqué. Lorsque je l'ai réentendu en octobre 1961, il jouait du violon avec un talent à couper le souffle. J'ai quitté Israël pour poursuivre ma tournée européenne et, de France, j'ai appelé Sol Hurok, qui était alors à Londres. J'ai commencé à lui parler de Perlman. Il a dit : « Bon, nous devons en parler. Pourquoi ne viendrais-tu pas ici ? » J'ai répondu que je ne pouvais pas, j'étais au milieu d'une tournée.

— Papa, viens à Paris. Je t'offrirai du caviar au Fouquet's et nous parlerons.

— Je n'ai pas le temps.

— Je n'ai pas le temps non plus. J'ai besoin de répéter. Je dois jouer.

Nous avons fait un compromis. J'irais à Londres, il viendrait me rejoindre une heure à l'aéroport et je reprendrais un vol pour Paris.

Je suis arrivé à Londres à l'heure prévue. Nous nous sommes assis dans l'aéroport et nous avons parlé. Je lui ai dit :

— J'ai un autre grand talent pour toi.

Je lui avais déjà parlé de Zukerman, qui l'avait immédiatement intéressé. Mais Perlman, je le savais, était un cas particulier.

— Il y a ce garçon, Itzhak Perlman. Je crois n'avoir jamais entendu un talent aussi fantastique. Il fait maintenant des choses incroyables. Mais il y a un problème. Il marche avec des béquilles.

— Des béquilles ! Non ! Ne commence pas. C'est impossible !

— Papa, écoute-moi. C'est un réel talent. L'un des grands talents de notre époque. Peut-être l'un des très rares talents vraiment grands. Fais-le venir à New York, paie-le 500 dollars par mois. Lorsqu'il commencera à faire des tournées, paie toutes les dépenses, la publicité, le pianiste, quel que soit le prix, 25 000 ou 50 000 dollars. Fais-le pendant deux ans, puis passe un contrat avec lui. Fais-moi confiance.

Hurok m'a regardé et a dit :

— Tu es vraiment sérieux ?

— Oui.

Nous nous sommes serré la main. La réunion avait duré quatre heures. Voilà comment Perlman est arrivé chez Hurok et comment son développement musical a été assuré.

À New York, je me suis arrangé pour qu'il rencontre mon médecin et ami Leo Mayer, qui adorait le violon et qui a conçu des béquilles spéciales pour lui. Perlman comme Zukerman ont reçu des bourses de l'America-Israel Cultural Foundation. Plusieurs années après, lorsque Itzhak a épousé Toby, le mariage et la réception ont eu lieu à la Fondation, à New York.

Zukerman et Perlman se sont lancés dans des carrières musicales internationales. Perlman est sans doute le violoniste qui remporte le plus de succès depuis Heifetz — c'est une figure qui s'impose énormément dans le monde du violon. La façon dont il comprend la musique et sa capacité à jouer avec autant d'aisance toutes sortes de musiques de styles différents en ont fait une personnalité très particulière. Zukerman est non seulement devenu un excellent pédagogue, un artiste et chef d'orchestre de niveau international, mais il s'attache aussi à promouvoir partout la qualité de l'enseignement et à instaurer un bon niveau pédagogique dans un maximum d'endroits. Je pense toujours à ces deux superbes musiciens avec affection et respect. Je les considère comme des amis, et ils sont restés des amis fidèles.

J'ai rencontré un autre jeune interprète dans des conditions très inhabituelles. C'était en 1962, pendant ma tournée européenne. J'étais à Paris, dans l'atelier d'Étienne Vatelot, *le* luthier de l'Europe. Des liens d'amitié très étroits se sont créés dès le début de ma carrière européenne et, jusqu'à ce jour, nous sommes comme des frères. Il m'avait écrit un peu plus tôt au sujet d'une famille chinoise, et, maintenant, il me disait : « Ils ont un jeune garçon de six ou sept ans. Tu devrais l'entendre. Il est incroyable. » Il a donc pris des dispositions pour que je l'écoute. Ce garçon, qui était né à Paris, s'appelait Yo-Yo Ma. Son violoncelle paraissait plus grand que lui. J'ai été étonné, vraiment étonné. Quelques années plus tard, Yo-Yo Ma, son père, sa mère et sa sœur ont émigré aux États-Unis. J'ai téléphoné au directeur de l'école française où mes enfants faisaient leurs études, pour que le père de Yo-Yo devienne le chef de l'orchestre des étudiants.

À cette époque, Yo-Yo Ma travaillait avec un violoncelliste célèbre à New York, mais j'avais l'impression que le professeur qui lui conviendrait le mieux serait mon ami, le grand violoncelliste américain Leonard Rose. Je l'ai appelé pour lui demander d'écouter Yo-Yo, et il l'a immédiatement accepté comme élève. Celui-ci a beaucoup appris avec Rose — sur la technique de tenue d'archet, sur le jeu en général, sur les habitudes de travail. Ils travaillaient depuis quelque temps ensemble, lorsque je l'ai entendu à nouveau ; j'étais excité comme rarement dans ma vie. J'ai parlé de lui à Sol Hurok et il l'a pris dans son écurie. Avec Shlomo Mintz au violon et Yefim Bronfman au piano, Yo-Yo Ma a joué le *Triple Concerto* de Beethoven au Carnegie Hall au début de l'année 1977, avec le New York Youth Orchestra sous la direction de Sasha Schneider. Ce fut l'une des meilleures exécutions que j'aie jamais entendues. Yo-Yo avait une tournure de phrase et une maîtrise de son instrument que l'on n'a encore jamais surpassées et un sens instantané et contagieux de la communication avec le public. Les musiciens se retournaient et se souriaient avec délice en entendant les phrases sortir avec beauté et aisance de son violoncelle. J'avais rarement vu cela. Et Yo-Yo n'était pas seulement un excellent instrumentiste ; c'était également un garçon charmant et prévenant.

Ensuite, j'ai agi comme Pierre Monteux, qui était alors le chef de l'Orchestre symphonique de San Francisco, et qui avait écrit le 7 avril 1937 à Vladimir Golschmann, alors à la tête de l'Orchestre symphonique de Saint Louis :

> « En vous écrivant cette lettre, je fais quelque chose qui n'est pas dans mes habitudes, comme vous le savez, mais j'ai ressenti une émotion tellement intense et profonde la semaine dernière que je considère de mon devoir de musicien de faire ce que je m'apprête à faire. Un garçon de dix-sept ans, de San Francisco, nommé Isaac Stern, vient de jouer le *Concerto pour violon* de Brahms avec moi au cours de mes deux derniers concerts, et j'affirme sans la moindre hésitation qu'il est l'un des premiers vraiment grands violonistes d'aujourd'hui. En fait, il me rappelle beaucoup Kreisler lorsqu'il était jeune. Vous me feriez une grande faveur et vous auriez un immense plaisir à prendre ce garçon avec vous la saison prochaine. Ce n'est pas un prodige, mais toute sa formation musicale a été si intelligente qu'il est devenu, pourrait-on presque dire, un violoniste de l'ancienne école européenne. Je suis absolument sûr qu'il fera sensation partout où il jouera, et, depuis que la National Broadcasting a diffusé son concert, nous avons déjà reçu des centaines de télégrammes et de lettres. »

J'ai écrit à cinq grands chefs d'orchestre — Lorin Maazel à l'Orchestre de Cleveland, Seiji Ozawa à l'Orchestre symphonique de Boston, Stanislaw Skrowaczewski à l'Orchestre symphonique de Minneapolis, André Previn à l'Orchestre symphonique de Pittsburgh, et Georg Solti à l'Orchestre symphonique de Chicago — pour leur demander d'inviter Yo-Yo Ma à jouer en soliste. Ils l'ont tous fait et, à chaque fois, il a été rengagé dès la fin de la première répétition. Il existe de nombreuses façons d'évaluer objectivement le succès d'un interprète au fil des ans : le nombre de chefs d'orchestre qui lui demandent de revenir, l'importance des villes où il est invité, l'accroissement régulier du nombre de concerts, l'augmentation de ses cachets. Mais être réinvité après une première répétition ! Voilà qui est vraiment étonnant. Il n'y a pas de mots pour exprimer les pensées et les sentiments que j'ai éprouvés lorsque j'ai joué à Carnegie Hall avec des artistes que j'avais connus quand ils étaient encore tout jeunes. Ils parcourent maintenant les scènes du monde entier. Quelle émotion extraordinaire, extatique, c'est pour moi !

L'année qui a suivi l'affaire de Carnegie — 1961 — je me suis occupé non seulement de jeunes instrumentistes, mais également d'artistes professionnels qui avaient des idées nouvelles. En fait, j'ai été marqué pendant toute ma vie d'instrumentiste par certaines idées nouvelles. Au début de ma carrière, dans les années 30, les violonistes solistes jouaient couramment des concertos pour violon et orchestre au cours de leurs récitals — des concertos comme ceux de Mendelssohn, Wieniawski, Beethoven — avec une réduction pour piano. Kreisler, Heifetz, Menuhin et beaucoup d'autres avaient coutume de jouer la partie de violon, tandis que le piano tenait la partie d'orchestre. Dans les années 1940, après mes débuts au Carnegie Hall, j'ai décidé qu'au cours de mes récitals en soliste je ne jouerais que des œuvres composées à l'origine pour violon et piano et que j'éliminerais les concertos. Un jour, Hurok m'a dit : « Que se passe-t-il ? Tu veux rendre la seconde partie d'un récital aussi ennuyeuse que la première ? » Je lui ai dit qu'à mon avis il y avait une abondante littérature pour piano et violon de qualité et que je pouvais présenter des programmes alléchants. Et au fil des ans, c'est ce que j'ai fait, avec succès. À la fin des années 50 et au début des années 60, j'ai commencé à remarquer que d'autres avaient également cessé de mettre des concertos au programme de leurs récitals et ne jouaient plus que des pièces composées à l'origine pour violon et piano.

Quelque chose d'analogue s'est produit au festival Casals à Prades, en 1950. Avec Eugene Istomin, nous y étions les deux plus jeunes solistes. De profondes et durables relations musicales et amicales ont vu le jour cet été-là, celles qui nous unissent Eugene et moi n'étant pas des moindres. Eugene croit que notre association est due au remarquable esprit générateur de Casals, qui a servi de catalyseur à une époque où nous étions encore assez jeunes pour répondre à sa force créatrice. C'était très important pour nous d'être considérés comme de grands artistes par un musicien de la stature quasi mythique de Casals.

Deux ans plus tard, à ce même festival de Prades, nous avons joué ensemble avec Eugene pour la première fois et c'est alors que nous avons commencé à parler de former un trio. Nous avions besoin d'un violoncelliste et nous avons choisi Leonard Rose, qui avait entamé sa carrière de soliste en 1951, après avoir été violoncelle solo de l'Orchestre de Cleveland et de l'Orchestre philharmonique de New York. Nous avions donné un certain nombre de récitals ensemble ; nous avions joué le *Double Concerto* de Brahms en concert, puis nous l'avions enregistré avec Bruno Walter et l'Orchestre philharmonique de New York.

Au début, nous avons joué tous les trois par pur plaisir ; nous aimions simplement faire de la musique ensemble. Puis, à un moment donné, nous avons décidé de donner quelques concerts. Nous nous demandions quel nom nous prendrions. Il n'existait alors que deux trios très célèbres qui se produisaient plus ou moins régulièrement. Le Trio Cortot-Thibaud-Casals et le Trio Rubinstein-Heifetz-Piatigorsky, le soi-disant trio à un million de dollars, qui ne donnait que quatre ou cinq concerts par an et faisait quelques enregistrements. Nous avons décidé de nous appeler le Trio Istomin-Stern-Rose à 683 926,50 dollars.

La plupart des gens ont été surpris par notre association. Chacun de nous était un soliste accompli, comment pourrions-nous nous fondre pour former un ensemble ? En fait, nous étions tous trois de si bons musiciens que les différences entre nous étaient mineures. Le plus souvent nous tombions instinctivement d'accord et, lorsque nos points de vue divergeaient, nous essayions de nous entendre, car nous avions tous le même but : un résultat musical aussi clair et juste que possible. Nous étions mus par le même sens de l'objectif consistant à respecter aussi bien que possible les intentions du compositeur. Chacun de nous apportait à l'ensemble des années de connaissances et d'expérience personnelles, une masse d'informations dont nous disposions sur des passages précis de la musique. L'un de nous disait : « Ça me rappelle ceci... » Un autre remarquait : « On peut l'entendre dans cette œuvre... » Un autre encore rappelait : « Cet interprète l'a joué... » Les discussions étaient souvent très animées. Nous étions trois hommes dans une pièce, qui essayions de travailler à l'unisson, tout en reconnaissant la primauté d'une autorité supérieure, le compositeur. Sur le plan professionnel, nous avions chacun une voix unique et personnelle. Nous écoutions ensemble la quatrième voix ; nous l'écoutions nous dire ce qu'il fallait faire. Nous étions assez bons amis pour pouvoir nous maudire les uns les autres s'il le fallait, mais les concepts fondamentaux ont été très clairs dès le début ; nous nous chamaillions à propos de la justesse, des nuances, de la façon de pénétrer aussi profondément que possible dans l'âme du compositeur et de parvenir au joyeux sommet, l'explosion finale ; c'est ce qui est merveilleux en musique — faire précisément quelque chose de bien, au bon moment, pour que tout ressorte merveilleusement.

Nous nous respections tous trois et lorsque nous finissions de travailler une œuvre à fond, nous étions sûrs de la ressentir de la même façon. Nous étions parfois si proches dans notre compréhension d'une musique que nous ne parlions même pas, nous nous contentions de jouer. Lennie et moi nous regardions ; je jetais un coup d'œil aux mains d'Eugene ; Eugene surveillait mes gestes. Parfois, l'un d'entre nous avait subitement une nouvelle idée. À l'occasion, nous faisions des choses sans y penser et cela marchait, et nous souriions, pendant que la musique continuait. Lennie et moi étions assortis comme peu d'instrumentistes dans des ensembles. Nous nous écoutions instinctivement l'un l'autre. Nous avions tous deux une superbe tenue d'archet et nous savions l'utiliser. Et Eugene Istomin avait la faculté très mystérieuse de faire sonner le piano comme si lui aussi tenait un archet ; il avait en outre un sens brillant de la base harmonique de chaque phrase et une souplesse de phrasé qui lui était aussi naturelle que l'utilisation de l'archet pour Lennie et moi. Si l'un d'entre nous avait besoin de jouer une phrase d'une certaine manière, l'autre le regardait et faisait la même chose. Nous conservions néanmoins chacun notre sonorité personnelle, mais nous cherchions à donner l'élan musical de la même manière. Et Lennie et moi parvenions à obtenir la seule cohésion technique essentielle et rare : la fusion des vibratos, qui étaient virtuellement identiques en vitesse et en amplitude. Eugene disait que Lennie et moi étions aussi bien assortis que les deux mains d'une paire de gants. Nous avons alors pensé que notre trio était prêt à affronter le public.

Mais la critique a eu une autre réaction. Nous nous sommes produits pour la première fois en public à Chicago, à un concert en plein air au Festival de Ravinia, durant l'été 1955 ; la critique a été assez froide. Nous avons donc décidé de suivre chacun notre chemin, séparément, et de laisser mûrir quelque temps l'idée du trio. Nous avons continué à jouer ensemble chaque fois que nous l'avons pu et nous avons attendu une nouvelle occasion de faire une apparition publique sérieuse.

Celle-ci s'est présentée en septembre 1961, au premier festival de musique d'Israël. Pablo Casals avait accepté d'y venir, ainsi que Sasha Schneider et Rudolf Serkin. Les concerts devaient avoir lieu dans le théâtre antique romain en plein air à Césarée, près de la mer. Le trio allait inaugurer le festival ; notre concert serait la première exécution musicale donnée dans ce théâtre depuis l'Antiquité. Cette tournée en Israël — et le voyage qui l'a interrompue pour aller jouer à Téhéran — a été l'une des périodes les plus enrichissantes et fatigantes de ma vie. Avant le festival d'Israël, j'avais, comme d'habitude, passé presque tout l'été en tournée : le festival Casals à Porto Rico, le Robin Hood Dell à Philadelphie, Tanglewood, le Hollywood Bowl, Vancouver et Ravinia Park, où le trio avait joué six ans plus tôt, avec des critiques négatives à Chicago. Je ne me rendais absolument pas compte du temps qu'allait me prendre cet engagement à jouer avec le trio en

Israël. Eugene comme Lennie connaissaient ce répertoire beaucoup mieux que moi et j'ai dû travailler très dur pour comprendre suffisamment les morceaux avant que nous puissions commencer à leur donner un sens musical. Nous avons fini par donner neuf concerts en Israël : dans des kibboutz, en Galilée, au Néguev. Beaucoup de déplacements. Lorsque nous ne voyagions pas, nous répétions trois à quatre heures par jour. Durant notre premier concert à Jérusalem, Lennie a subitement ressenti une très forte douleur dans la main gauche et a presque totalement perdu la sensibilité de l'index de cette main. Il a pu terminer le concert, mais il a dû ensuite se faire étirer à l'hôpital, puis porter une minerve plusieurs heures par jour, pour alléger la pression exercée sur le nerf responsable de la douleur. Il avait eu le même problème onze ans auparavant ; il avait été traité et guéri, mais la guérison nécessitait du temps et surtout du repos. En toute autre circonstance, il aurait annulé les concerts, mais il les a assurés avec beaucoup de vaillance et a joué merveilleusement.

Le festival a remporté un grand succès. Pablo Casals a été fantastique. Pour le concert de clôture, Sasha Schneider a commencé par un concerto de Vivaldi, puis Serkin et Eugene ont joué le *Concerto pour deux pianos* de Mozart. Casals a ensuite dirigé l'une des exécutions les plus émouvantes de la *Symphonie en sol mineur* de Mozart que j'aie jamais entendue. Le concert s'est terminé sur la *Fantaisie chorale* de Beethoven, avec Serkin en soliste. Celui-ci a joué comme un diable ; il semblait possédé d'un dynamisme irrésistible à faire dresser les cheveux sur la tête. Le public était en délire. Tout le monde comprenait ce qui se passait sur le plan musical et sur le plan historique et participait à l'émotion violente et montante de la soirée.

Ma femme et nos deux enfants m'avaient accompagné. Vera se consacrait à de nombreuses activités qui étaient importantes à nos yeux : philanthropie et amis. Et les enfants, Shira et Michael, grandissaient à une vitesse étonnante.

Les concerts du trio ont reçu un accueil chaleureux de la critique israélienne. Nous avions finalement forcé, pour ainsi dire, notre destin musical. Mais le disque cervical de Lennie et la subite crise de tendinite d'Eugene dans un pouce — il était dans l'incapacité d'en contrôler les contractions — nous ont empêchés de donner d'autres récitals.

Lorsque je suis rentré avec Eugene d'un concert à Téhéran parrainé par le Département d'État — les longues escales m'avaient épuisé —, Eugene est allé consulter un médecin, qui lui a immédiatement interdit de jouer. Le pouce plâtré, il est reparti pour New York, ce qui signifiait qu'il ne pourrait pas donner les trois concerts spéciaux avec orchestre qui étaient à son programme. J'ai dû répéter les concertos de Beethoven et de Mendelssohn pour un concert à Ein Gev, et diriger la *Romance en fa majeur* de Beethoven et le *Concerto en sol majeur* de Mozart. Casals a dirigé la *Symphonie n° 4* de Beethoven en seconde partie. Quelle chance j'ai eue que rien ne tourne mal pour moi.

Après ces véritables débuts du trio en Israël, je me suis rendu directement en Europe pour une tournée en soliste. Beaucoup d'étapes d'une seule nuit : Florence, Rome, Lausanne, La Chaux-de-Fonds, Genève, Zurich. Ma famille m'a accompagné dans les villes où je savais que je devais passer quelques jours ; nous ne voulions pas que les enfants soient soumis aux rigueurs de ces séjours d'une seule nuit. C'est au cours de cette tournée en Europe que j'ai pris l'avion pour Londres afin de parler d'Itzhak Perlman avec Sol Hurok à l'aéroport.

Après la guérison du disque cervical de Lennie et du pouce d'Eugene, le trio a repris ses activités. Nous étions trois individus très différents, il faut bien le reconnaître. C'était notre amour de la musique qui nous liait. Lennie était un homme bien bâti, très beau, il mesurait environ un mètre soixante-treize, et il était complètement névrosé. Il avait perdu sa première femme d'un cancer et était alors remarié à une très jolie femme, Xenia. Pédagogue recherché, il était intelligent et patient, mais il ne pouvait pas se débarrasser de ses problèmes nerveux. Il devait travailler un certain nombre d'heures chaque matin. À quatre heures de l'après-midi le jour d'un concert, il devait manger un steak garni. Aucune autre nourriture. Il était toujours dans la salle une heure avant le concert, où il commençait par faire une série d'exercices pour s'échauffer. Mais il jouait en permanence sur les nerfs, il subissait sa nervosité jusqu'à la fin de l'exécution, qui était toujours brillante.

Eugene, légèrement corpulent, comme moi, avait reçu une excellente formation ; c'est un musicien profondément sensible, érudit et intuitif, ainsi qu'un lecteur vorace. Lorsque nous jouions ensemble, il n'arrivait jamais à une répétition sans être totalement préparé. Son analyse et sa connaissance d'une partition étaient toujours extraordinaires, et il apportait à ses exécutions non seulement une pénétration musicale mais également une souplesse d'une vivacité remarquable. Il jouait du piano comme s'il tenait un archet de violon. Les phrases musicales jaillissaient de ses doigts. En outre, il était très méticuleux sur la façon de préparer les martinis. C'était un joueur passionné de base-ball et bien informé ; il aimait surtout les Detroit Tigers. Lui aussi avait besoin d'une période d'échauffement.

Lennie et Eugene m'en voulaient un peu d'être aussi détendu. Je pouvais entrer en scène sans préparation. Quelques mois après notre retour d'Israël, nous avons joué le *Triple Concerto pour piano, violon et violoncelle* de Beethoven au Carnegie Hall de New York, avec le Symphony of the Air Orchestra sous la direction d'Alfred Wallenstein. Les critiques ayant répondu avec sérieux et enthousiasme, nous avons décidé de donner chaque année quelques concerts en Amérique du Nord et en Europe. Ni le Trio Cortot-Thibaud-Casals, ni le Trio Rubinstein-Heifetz-Piatigorsky n'avaient joué ensemble pendant de longues périodes ni même entrepris des tournées.

En 1962, nos tournées nous ont conduits à l'Exposition mondiale de Montréal et aux festivals d'Édimbourg, de Lucerne, de Menton et d'Aix-en-Provence. Nous avons joué à l'Orchestra Hall de Chicago, au Symphony Hall de Boston, au théâtre des Champs-Élysées à Paris, au Festival Hall de Londres. En 1963, nous nous sommes produits à la Maison-Blanche. L'année du bicentenaire de la naissance de Beethoven, en 1970, nous avons passé six mois ensemble, interprétant une trentaine d'œuvres de ce compositeur à Londres, à Paris, en Suisse, à Buenos Aires, au Carnegie Hall. Nous avons donné le premier récital dans le Concert Hall du John

F. Kennedy Center for the Performing Arts, qui venait d'être inauguré à Washington. Nous avons joué à Tokyo et dans d'autres villes japonaises. Nos tournées nous ont conduits dans quatre continents.

Durant cette période, nous avons enregistré l'intégrale des trios et deux sonates pour violoncelle et piano de Beethoven ; Eugene Istomin et moi avons commencé à enregistrer les dix sonates pour violon et piano. Un peu plus tard, nous avons aussi enregistré les deux trios de Schubert, les deux trios de Mendelssohn et les trois trios de Brahms. Au cours des années suivantes, chaque fois que nous nous réunissions après avoir rempli nos obligations de solistes, il nous suffisait de jouer quelques mesures ensemble pour relancer le moteur qui donnait au trio sa vie artistique.

Même si nous avions trois personnalités très distinctes, nous n'étions pas trois personnes jouant à côté les unes des autres ; nous formions un trio. Mes deux partenaires avaient une remarquable maîtrise technique et de prodigieuses idées musicales. Cela créait un ensemble très spécial et donnait au trio un brio unique qui nous était propre. Nous disposions à tout moment d'un large éventail dynamique, qui allait des nuances massives et orchestrales, lorsque nous galopions à bride abattue, à l'intensité d'un *pppp* suspendu dans l'air avec une urgence flottante. Et tout cela ressortait parce que notre façon de jouer a toujours tenu compte de la connaissance et de la reconnaissance de ce moment extatique d'unité entre la musique, l'interprète et l'auditoire. Nous avons toujours recherché ce moment en tant que solistes et nous avons mis cette recherche au service du trio.

Nous étions tous égaux. En fait, Eugene Istomin et Leonard Rose ont apporté davantage d'intensité et de savoir à notre groupe que moi. À la suite de mon travail avec le trio, mes recherches dans les domaines les plus profonds de la musique — le répertoire de la musique de chambre — se situaient à un tout autre niveau qu'un travail de détail sur un concerto de Wieniawski ou sur la *Symphonie espagnole* de Lalo.

La première fois que nous avons joué à la Maison-Blanche, en 1963, Pierre Salinger, porte-parole de Kennedy, avait dû s'absenter pour préparer l'un des voyages présidentiels ; en conséquence, il n'avait pas vraiment eu l'occasion d'exposer succinctement au président les subtilités d'un trio à cordes, particulièrement en ce qui concerne l'égalité de statut des artistes qui le compose. À la fin du concert, pendant que le public applaudissait, Kennedy s'est levé, comme c'était la coutume, et a dit : « Je tiens à remercier Isaac Stern et ses deux accompagnateurs. » Lennie et Eugene ne l'ont pas très bien pris et j'aurais voulu disparaître sous terre. Kennedy nous a invités tous les trois à monter à une réunion privée après le concert, la réception générale et le traditionnel accueil en rang d'oignons. Nous nous sommes joints à lui pour un dernier verre et pour bavarder ; il a été charmant. Il s'était alors rendu compte qu'il avait fait une gaffe et a été particulièrement courtois envers Eugene et Lennie.

J'avais besoin du trio. Nous avions besoin les uns des autres. Où que nous jouions, nous étions égaux. Dans une lettre adressée en janvier 1970 à un organisateur de concerts de Buenos Aires, j'ai clairement fait comprendre que sa proposition de programme — un concerto pour violon, le *Double Concerto pour violon et violoncelle* de Brahms et le *Triple Concerto pour piano, violon et violoncelle de* Beethoven — était « complètement et totalement impossible », car je ne pouvais accepter qu'Eugene et Lennie soient réduits à un rôle « d'accompagnateurs dans le concerto final, alors que je jouais toute la soirée... Nous faisons un programme combiné comprenant soit un concerto pour piano, le Double de Brahms et le Triple de Beethoven, soit le Triple de Beethoven seul. Sinon nous ne pouvons vraiment pas accepter ce concert ».

Pour moi, pour nous tous, notre groupe comptait davantage que la somme de ses parties individuelles. Ces quinze dernières années, il est devenu très chic et « musicalement correct » de jouer dans un trio ou dans un quatuor avec piano, même pour un soliste de renom. Je suis fier de notre effet novateur sur les scènes de concert du monde. Mais l'ère du Trio Istomin-Stern-Rose s'est achevée tragiquement en 1984, lorsque Lennie est mort d'une leucémie.

# 17.

Au cours de l'un des nombreux concerts que j'ai donnés au Festival Casals, j'ai eu l'occasion de rencontrer le gouverneur de Porto Rico, Luis Muños Marín. C'était un gentleman grand, sociable, légèrement corpulent, au regard intelligent, avec une moustache, et toujours prêt à sourire. Un homme sans la moindre affectation, un homme d'État et un poète, il s'intéressait vivement au festival et était fier qu'il se déroule à Porto Rico. Je lui ai soumis mon idée de déplacer le festival au Carnegie Hall durant l'été 1962, après la fin de sa saison à Porto Rico. La salle venait d'être équipée d'un nouveau système de climatisation, et la saison d'été 1962 serait la première saison estivale en soixante-dix ans d'histoire de la salle. On imagine l'événement : le Festival Casals à New York ! Mais, en fin de compte, il a fallu renoncer à cette idée faute de moyens financiers suffisants.

Un autre individu s'est intéressé longtemps au Festival Casals : Abe Fortas, éminent juriste de Washington, qui avait rédigé la Constitution de Porto Rico. C'était un homme du Sud, distingué, calme et précis, bien habillé mais jamais trop. Il savait écouter ; il était capable de résumer en cinq minutes une conversation d'une heure en ne retenant que les points essentiels. Grand amateur de lecture, il avait une grande connaissance de la Bible, sans jamais l'afficher. Et, surtout, c'était le genre d'homme que l'on pouvait emmener dans un bar, à un concert symphonique, à l'opéra, à un match de football, à un dîner présidentiel ou à une *hot-dog party* — il était à l'aise partout et tout le monde se sentait à l'aise avec lui. Sous l'administration Johnson, il avait été nommé à la Cour suprême et avait fait l'objet d'une grande polémique. Il jouait assez bien du violon. Pendant les festivals, il jouait volontiers avec l'un ou l'autre quatuor pendant des moments de détente.

Au cours des années suivantes, nous nous sommes vus souvent et il est devenu mon avocat. Abe est l'un des musiciens amateurs les plus fanatiques que j'aie jamais connus. Chaque semaine, il y avait chez lui une soirée de quatuor à cordes, souvent avec des musiciens professionnels. J'ai été fréquemment invité chez lui et, à chaque fois, il organisait un dîner en conviant les personnes que j'avais envie de rencontrer, y compris des responsables occupant des fonctions au plus haut niveau gouvernemental. Presque tout le monde le respectait profondément. Lorsque nous sommes devenus plus proches, je me suis arrangé pour lui acheter un bon violon italien, pas trop grand et facile à jouer. Il n'acceptait jamais un sou lorsqu'il me représentait en sa qualité d'avocat, ce qu'il faisait avec une extraordinaire compétence. À propos de ses qualités de juriste, je me souviens surtout de sa façon sudiste douce et élégante de prendre un jeune juriste et de l'écorcher vif en moins de trois minutes s'il osait faire une suggestion impropre ou déplacée. Abe est devenu un précieux membre du conseil d'administration de Carnegie Hall ; il employait son extraordinaire faculté d'analyse à écouter les discussions et à en faire ressortir l'essentiel, ce qui servait ensuite pour prendre des décisions.

Il était le conseiller personnel le plus proche de Lyndon Johnson. Un jour, il m'a raconté ce que Johnson lui avait dit en 1964 du Civil Rights Act[1], juste avant de le signer. Il a demandé à Abe : « Est-ce vraiment ce qu'il faut faire ? ». Et Abe lui a répondu : « C'est la plus grande chose que vous *pouvez* faire. » Johnson l'a regardé et lui a dit : « Alors c'est fait. »

Abe a été nommé à la Cour suprême contre sa volonté, et encore plus contre les désirs de sa femme, Carolyn Agger. Elle voulait vraiment vivre avec beaucoup d'aisance et savait

1. Loi sur les droits civiques. (*N.d.T.*)

qu'Abe, qui n'était pas riche, ne pourrait garantir leur confort mutuel s'il ne menait pas à bien une certaine affaire dans laquelle il était alors impliqué, une affaire qui ferait rentrer assez d'argent pour pouvoir vivre en se passant d'un salaire de juge de la Cour suprême. J'étais chez eux le matin où le président Johnson l'a appelé pour lui faire part de sa nomination. J'ai descendu l'escalier en robe de chambre et Abe m'a raconté sa conversation avec le président, qui avait duré près d'une heure. Il lui avait demandé de repousser sa nomination jusqu'à ce que son affaire soit réglée afin qu'il puisse toucher ses appointements et avoir ce qu'il lui fallait pour vivre, mais Johnson a refusé : « Je suis désolé, Abe. Je vais parler à la radio dans une heure et vous nommer à la Cour suprême. » Comme Abe était l'ami le plus loyal que l'on puisse rêver, il a accepté cette nomination, s'est retiré de son affaire et est allé à la Cour suprême. Un dessin humoristique publié le lendemain dans le *Washington Post* représente Abe levant la main droite pour prêter serment, pendant que son bras gauche est en tire-bouchon de l'épaule au poignet. C'était tout à fait ça.

Je suis certain qu'Abe n'avait rien à se reprocher dans le scandale qui a suivi quelque temps plus tard parce qu'il avait accepté des cadeaux destinés à influencer son opinion... Avec Carolyn, ils avaient une ravissante maison à Georgetown et un mode de vie élégant. Il conduisait une vieille Rolls-Royce de trente ans, avec fierté et panache, et Carolyn tenait, ouverte en permanence aux invités, une maison où la conversation était agréable, le vin délicieux ; elle aimait particulièrement le vieux bourbon. Elle était robuste, prenait grand soin de sa santé et avait fait construire une enceinte chauffée sur leur piscine dans la cour arrière pour pouvoir se baigner à longueur d'année. Je n'en ai pas la moindre preuve tangible, mais je suis sûr que le scandale est entièrement venu de la volonté de Carolyn Agger.

À la mort d'Abe, en 1982, j'ai découvert qu'il m'avait laissé le violon que je lui avais donné, en me demandant de le donner à mon tour à un jeune violoniste de valeur. Il m'a également légué son bureau, un meuble magnifique fabriqué dans un vieux piano-forte droit ; il avait pris des dispositions pour qu'il soit livré au Carnegie Hall, et que je l'utilise en ma qualité de président. Je n'avais jamais eu de bureau au Carnegie Hall et le meuble a été placé dans celui du directeur administratif. Mais la mort tragique récente de Judith Arron, qui occupait alors ces fonctions, m'a conduit plus que jamais auparavant à participer à l'administration quotidienne du Carnegie Hall et j'y ai maintenant un bureau, où je travaille sur le piano-forte d'Abe Fortas.

Lorsque John F. Kennedy a été élu président en novembre 1960, nous avons été nombreux à espérer que la politique officielle envers les arts allait bientôt changer de façon très positive. Près d'un an après sa prise de fonctions, j'ai été invité avec ma femme à la Maison-Blanche. L'invitation était ainsi libellée : « Le président et Mme Kennedy auraient grand plaisir à dîner en compagnie de M. et Mme Stern le lundi 13 novembre 1961, à vingt heures. » Ce devait être la première soirée musicale à la Maison-Blanche sous le mandat de Kennedy ; en fait, autant que je le sache, c'était la première soirée de concert jamais donnée à la Maison-Blanche. L'invité d'honneur était le gouverneur Muñoz Marín de Porto Rico. Abe Fortas serait présent. J'avais été invité non pas à jouer du violon, mais à rester assis et à profiter de la soirée en tant qu'invité. Pablo Casals allait jouer. Eugene Istomin était également là, lui aussi, comme invité.

Kennedy n'est pas le premier président américain dont j'ai fait la connaissance. J'ai rencontré Harry Truman par l'intermédiaire d'amis à lui, qui avaient fait sa connaissance au cours des années passées à Kansas City. Il leur a rendu visite un jour où je jouais là-bas et je lui ai été présenté. Sa fille avait envisagé pendant quelque temps de faire une carrière musicale et lui-même était un homme très réaliste qui aimait la musique. Il n'était absolument pas prétentieux. Aujourd'hui, quand je pense à lui, je vois l'un des plus grands présidents dans l'histoire de ce pays — certainement au cours des soixante ans où j'ai eu conscience du rôle que jouent les présidents dans nos vies quotidiennes.

J'ai brièvement rencontré Eisenhower à un dîner de l'Alfalfa Club. L'Alfalfa Club était une institution à Washington et les sketches satiriques présentés à son dîner annuel éreintaient les grands de ce monde et les célébrités. Tout le monde venait : sénateurs, membres du Congrès, journalistes, juges de la Cour suprême, membres du gouvernement. Et le président Eisenhower. Ils m'ont invité à jouer et j'ai naturellement accepté. Il y a eu le traditionnel accueil en rang d'oignons et les poignées de main. Ensuite, ils sont tous allés dîner, pendant que j'attendais en coulisses avec Zakin ; nous devions jouer après le dîner.

Le dîner a duré indéfiniment. Il y avait beaucoup de vin et de liqueurs qui circulaient et tout le monde était euphorique. Un chanteur pop a fait son entrée. Il était alors presque onze heures du soir. À ce dîner, personne ne semblait porter le moindre intérêt à la musique sérieuse. Zakin m'a dit :

— Que faisons-nous ici ? Partons. Ils n'ont pas besoin de nous. Ils ne remarqueront même pas si nous jouons ou pas.

Je lui ai répondu :

— Non, nous devons rester. Laisse-moi m'en occuper.

Finalement, quelqu'un nous a annoncés et nous avons fait notre entrée. Il y a eu des applaudissements. J'ai dit :

— Mesdames et messieurs, avant de venir ici ce soir, j'ai fait appeler la Maison-Blanche pour savoir quelle était la musique préférée du président Eisenhower. Et l'on m'a dit que c'était Bach.

J'ai vu Eisenhower opiner fermement en souriant : assurément, oui, Bach. Et tout le monde s'est écrié : « Ouah ! » Je me suis demandé s'il avait jamais entendu du Bach de sa vie. J'ai ajouté :

— Par déférence envers le président, je jouerai pour vous l'*Adagio et Fugue en sol mineur* pour violon seul.

Cela se passait après ce long dîner ; la plupart des gens étaient à moitié ivres. Et Bach est une musique très sérieuse. Je l'ai jouée et ils sont restés tranquillement assis. Ensuite, nous avons joué d'autres choses avec Zakin. À la fin, il y a eu quantité d'applaudissements. Je crois qu'ils ont été un peu désarçonnés par ce concert — mais ils sont restés tranquilles et ont écouté. Quelques minutes plus tard, au moment où j'allais partir, le juge Felix Frankfurter s'est approché de moi et m'a dit :

— Jeune homme, je dois rencontrer celui qui a l'audace incroyable de faire ce que vous avez fait ce soir ! Demain à mon cabinet pour déjeuner !

Nous avons fini par bien nous connaître et nous nous sommes revus à chaque fois que je suis retourné à Washington.

Kennedy est le président que j'ai le mieux connu. En me rendant à la Maison-Blanche en cette soirée de novembre 1961, j'avais l'impression d'être à l'intérieur d'un carrosse doré tiré par quatre pur-sang blancs dans le scintillement du mythique Camelot. Le dîner a eu lieu dans l'East Room. Kennedy était beau, courtois. Il m'a séduit par son ardeur naturelle, par son charme rayonnant.

Après cette soirée, j'ai été invité à plusieurs reprises à jouer en soliste et avec le trio à la Maison-Blanche. Je connaissais Pierre Salinger, car sa mère m'avait enseigné quelques rudiments de français à San Francisco, plus de vingt-cinq ans auparavant. Nous nous étions liés d'amitié à Washington et ensuite, naturellement, il est devenu le porte-parole du président Kennedy. Je me souviens m'être rendu un jour à son bureau pour aider à la création de ce qui allait finalement devenir le National Endowment for the Arts. Une personne très peu versée dans les disciplines artistiques avait été placée à la tête du nouveau bureau, car, semble-t-il, Kennedy voulait d'elle, mais pour d'autres raisons. J'étais en train de téléphoner à New York lorsque Kennedy est entré dans le bureau. J'ai vite dit à mon interlocuteur : « Je suis désolé, je ne peux pas parler maintenant, le président vient d'entrer. » Kennedy m'a regardé avec un large sourire éblouissant et m'a dit : « À quoi jouez-vous maintenant, Isaac ? » Nous avons parlé quelques minutes, juste le temps d'échanger quelques bonnes plaisanteries. J'ai été frappé par son extraordinaire entrain. Il semblait d'excellente d'humeur, malgré la façon dont la presse le maltraitait constamment.

Environ trois semaines plus tard, je suis parti pour la côte ouest donner un concert avec l'Orchestre symphonique de San Antonio. Je suis arrivé à l'aéroport de Dallas pour prendre ma correspondance et, au moment où je gagnais la piste, j'ai entendu un membre de l'équipage dire : « Kennedy vient d'être tué par balle. » Je suis entré dans le terminal. Tout le monde parlait de ce qui s'était passé ; c'était seulement trente minutes après l'attentat. Je me demandais comment ils pouvaient continuer à diffuser les annonces d'arrivées et de départs. Dans le terminal, j'ai vu une boutique où étaient exposés quelques postes de télévision. J'y suis entré et j'ai dit : « Cela vous dérangerait-il d'allumer la télévision pour que nous puissions voir ce qui se passe ? » Je l'ai regardée quelques minutes et j'ai vu les reporters, la police, les ambulances et les gens devant l'hôpital. L'homme qui gérait le magasin s'est approché de moi et m'a demandé : « Êtes-vous en train de regarder la télé ou voulez-vous l'acheter ? » C'est uniquement parce que l'instrument que je portais était magnifique que je ne lui ai pas lancé l'étui à la figure.

Je ne savais pas quoi faire. J'ai décidé d'appeler un ami, violoncelliste à l'Orchestre symphonique de Dallas. Je lui ai dit : « Écoute, je suis à l'aéroport. Je dois y passer deux heures. Je ne sais pas si je vais à San Antonio ou si je retourne à New York. Je ne sais que faire. Alors, viens me rejoindre et apporte une bouteille. » À cette époque, on ne servait aucun alcool dans cet aéroport. J'ai ensuite appelé ma femme et nous nous sommes tous les deux mis à pleurer. Mon ami est arrivé avec une bouteille de bourbon et nous avons bu. Ensuite nous avons entendu l'annonce de la mort de Kennedy. Nous avons regardé la piste par la fenêtre. Il y avait l'avion présidentiel *Air Force One*. Nous sommes restés assis là à le regarder décoller. C'est seulement plus tard que j'ai appris que le corps du président était à son bord, ainsi que Mme Kennedy avec sa jupe couverte de sang, et Lyndon Johnson, qui était en train de prêter serment avant de devenir président des États-Unis. J'ai appelé l'organisateur de concerts de San Antonio et lui ai dit :

— Vous n'allez pas maintenir le concert maintenant, n'est-ce pas ?

— Oh, nous le devons ! Nous le devons ! La salle est pleine. Nous devons donner ce concert.

— Mais le président vient d'être assassiné.

— Ça ne fait rien. Les gens viendront quand même.

— Bon. Je serai là.

Dès mon arrivée à San Antonio, je suis allé directement à l'hôtel. Je me suis procuré une autre bouteille et je me suis assis devant la télévision que j'ai regardée toute la nuit. Les émissions de divertissement n'étaient pas de mise. On n'a diffusé que de la musique calme, des commentaires et des photographies de Kennedy, ainsi que des informations sur ce qui était arrivé cette nuit-là. Le matin, je suis allé répéter. Il régnait un silence de mort dans les rues. Tout était fermé. Très peu de circulation. Les rares personnes qui étaient dehors marchaient lentement. Je suis entré dans la salle de concertss et nous avons commencé à répéter. Je devais jouer le *Concerto pour violon en ré mineur* de Sibelius, mais, après les trois premières notes, je me suis arrêté et j'ai dit au chef d'orchestre, Victor Alessandro : « Je suis désolé, je ne peux pas jouer ça. Il m'est impossible de jouer ce genre de musique maintenant. Je viendrai au concert ce soir, je jouerai quelque chose seul. Et je vous promets de revenir dans quelques mois. Je le ferai pour vous. » Il a dit « D'accord ». Je suis rentré à l'hôtel, j'ai fait mes bagages, quelqu'un est venu me prendre en voiture, avec mes valises dans le coffre, et m'a emmené à la salle de concertss. Je suis entré en scène. Il y avait quatre mille personnes dans la salle. Je leur ai dit : « Il existe de nombreuses façons de prier. Les musiciens prient parfois en jouant certaines sortes de musique. Je jouerai du Bach. » Je l'ai choisi parce qu'il y a dans sa musique un sens pénétrant de l'équilibre, une continuité de croyance profonde. Tout ce qu'il a composé, qu'il s'agisse d'une œuvre chorale sacrée ou d'une œuvre purement instrumentale, est imprégné de sa foi, de sa dévotion à Dieu. Pour moi, sa musique a toujours été une catharsis ; je la joue parfois tranquillement pour moi-même lorsque j'ai des idées noires. J'ai dit au public : « Cela prendra environ quinze minutes. Je vous demanderai, s'il vous plaît, de ne pas applaudir à la fin. » J'ai joué la *Chaconne* de Bach. À la fin, je n'ai pas pu m'empêcher de pleurer. Je pense que, dans la salle, tout le monde a eu le sentiment d'avoir perdu un proche. J'admirais Kennedy, je le respectais, je l'aimais. Lorsque j'ai eu fini de jouer, il y a eu un silence de mort. Je suis sorti de scène, j'ai rangé mon violon, je suis monté dans la voiture, je suis allé directement à l'aéroport et j'ai repris un vol pour New York.

Le trio a été invité à participer au service funèbre de Kennedy. Les personnes qui organisaient ce service nous ont laissé décider des œuvres à jouer et nous avons choisi le mouvement lent du *Trio en si bémol majeur* de Schubert.

L'assassinat de Kennedy a été une perte profonde et un événement historique pour ce pays. Si l'on fait abstraction de ses défauts, qui étaient de notoriété publique, il émanait de lui quelque chose qui dépassait toutes ses faiblesses humaines. Et c'était la même chose pour Jacqueline Kennedy. Par la suite, je l'ai revue plusieurs fois ; je l'aimais beaucoup. Ce n'est pas tant la majesté des Kennedy, leurs manières courtoises qui m'ont impressionné, mais leur dignité. Ils ont préservé le mythe indispensable de la fonction présidentielle et en ont même brillamment redoré le blason. Le pays en avait vraiment besoin. Maintenant il n'en reste pour ainsi dire aucun vestige.

L'incident relatif à Kennedy et au trio que j'ai déjà évoqué — lorsque nous avons joué à la Maison-Blanche pour la première fois et que Kennedy a publiquement remercié « Isaac Stern et ses deux accompagnateurs » — fait ressortir un problème auquel j'ai été confronté au fil des ans : ma curiosité démesurée, mon empressement et la faculté de m'entendre avec toute sorte de gens ont amené certaines personnes à me considérer naturellement comme le personnage principal d'un groupe dont je ne suis qu'un membre au même titre que les autres et certains ont même trouvé que ma personnalité était généralement beaucoup trop autoritaire. En toute honnêteté, je ne peux ni ne veux changer ma nature profonde. Je m'intéresse passionnément à la musique et, à ma façon, je parle et agis en son nom à chaque fois que l'occasion se présente.

Des années plus tard, en 1966, j'ai été invité à jouer à la Maison-Blanche sous le mandat de Lyndon Johnson, lors d'une réception donnée en l'honneur du premier ministre de l'Inde Indira Gandhi. Dans le programme, ma biographie se terminait par cette remarque : « Au cours de ses tournées dans les capitales mondiales de la musique, Isaac Stern a servi son pays avec fierté et succès comme notre ambassadeur musical officieux. » Je ne me suis pas du tout senti offensé par cette description, qu'elle soit vraie ou fausse.

# 18.

Ma famille comptait cinq membres au moment de l'assassinat de Kennedy, avec notre troisième enfant, un garçon né le 21 mai 1963, que nous avons appelé David.

J'étais en tournée en Russie au moment de la naissance de Shira, et pour Michael, l'obstétricien, le docteur Jascha Rowe, était tellement occupé à le mettre au monde qu'il n'a pu me téléphoner qu'après la naissance. Mais pour David, il m'a joint à temps et je suis allé dans la salle d'accouchement, revêtu d'une blouse et muni d'un masque. Pour pouvoir apporter à sa mère un soutien moral et physique ; pour voir émerger ce petit bout de chair, quitter sa position fœtale, ouvrir ses bras, pousser un cri et devenir instantanément un être humain doté de sensibilité – je n'oublierai jamais ce moment, ni à quel point je me suis alors senti proche non seulement de ce troisième enfant, mais des deux autres. Ce fut une vision de la nature à son tout premier moment, le plus magnifique. J'engage vivement tous les futurs papas à faire l'impossible pour vivre ce moment.

En un sens, la vie d'un artiste est très égoïste. Par nécessité, il pense constamment et parfois uniquement au besoin qu'il a de remplir ses responsabilités professionnelles, ce qui met en danger la vie quotidienne ordinaire de sa famille. Lorsque j'étais en voyage, je pensais constamment aux enfants. En Californie pour quelques jours, pour donner quelques concerts, j'ai passé un moment avec Danny Kaye, un ami très cher. Il préparait l'un de ses incroyables dîners chinois et je me suis mis à lui parler de ma famille, de la façon dont les enfants grandissaient et de mes perpétuelles tournées. Il m'a dit : « Isaac, il est essentiel que tu les emmènes chez un psychanalyste lorsqu'ils auront cinq ou six ans. Ils seront en colère contre toi et n'auront pas confiance en toi, parce que tu n'es jamais à la maison. »

Avec Vera, nous avons fait l'impossible pour ne pas en arriver là. Lorsque les enfants ont été assez grands, nous avons commencé à les emmener avec nous dans certaines tournées. Ils ont appris très tôt ce que voyager veut dire. Ils ont appris à vivre à l'hôtel, leur exubérance naturelle réduisant parfois le personnel de l'hôtel à une condition proche de la vassalité. Ils assistaient aux répétitions dans les limites de leur patience ; ils venaient souvent aux concerts ; ils rencontraient mes amis. Ils ont eu des nounous, surtout après la naissance de David, où une bonne d'enfants-gouvernante a vécu à la maison, une Française, Marthe Fougère, qui est devenue une seconde mère pour lui. Les enfants lui plaisaient, elle les emmenait en promenade, veillait à leurs besoins. Elle était beaucoup plus régulièrement avec eux que Vera ou moi-même. Elle dormait dans une chambre proche des leurs ; s'ils se réveillaient au milieu de la nuit, c'est elle qui s'en occupait. La vie que j'ai choisie — ou que j'ai été amené à choisir en ce jour très lointain où j'ai parcouru de façon interminable Manhattan en tout sens à bord d'un autobus — n'était pas une vie qui me faisait partir au bureau le matin pour revenir le soir et m'occuper de la routine quotidienne, leur faire faire leurs devoirs, me mesurer avec leurs professeurs, me préoccuper de leurs maux de gorge ou de leurs maux de dents. Je n'ai jamais eu l'intention de me tenir à distance des enfants. Au contraire, je voulais qu'ils soient le plus proche possible de ce que je faisais, de ma manière de vivre.

Nous avons vécu des moments extraordinaires. Je me souviens d'une soirée, à Paris, où je devais donner un concert et où les deux garçons, qui étaient encore très jeunes, avaient été envoyés au lit. Vera et Shira sont allées ensemble au concert. Nous sommes rentrés tard à l'hôtel et nous avons trouvé les garçons endormis dans le même lit, se tenant par la main.

Shira, l'aînée, veillait sur les garçons comme une mère poule. Un jour, lorsqu'ils ont tous été un peu plus grands, nous les avons laissés prendre tous les trois un train à travers la France, munis de billets touristiques valables dans tout le pays. Ils ont pris le train, sont allés dans des hôtels et des restaurants. Ils étaient tout seuls et parfaitement capables de se débrouiller. Un peu plus tôt, nous étions allés ensemble en Israël. Je devais donner des récitals avec Zakin et jouer des concertos avec l'Orchestre philharmonique d'Israël. Les enfants ont appris à quoi correspondait cette partie de mes tournées et ce qu'Israël représentait pour moi. Ils en sont venus à considérer Israël presque comme une seconde patrie.

Comme Vera parlait beaucoup de langues, notamment le français, et comme en dehors de l'anglais je parlais deux autres langues — pas très bien, mais avec facilité, mon français étant bien meilleur que mon russe —, comme notre nounou était française, il était normal, lorsqu'il a fallu choisir dans quelle école ils iraient, de les inscrire à l'École française de New York. Une fois les enfants à l'école, comme ils ne pouvaient plus voyager librement, j'ai dû à nouveau partir en tournée seul ou avec Zakin.

Un jour, un journal a raconté une petite histoire à propos de ma femme qui était allée au bureau des douanes de New York retirer un paquet que j'avais envoyé d'Australie. L'inspecteur des douanes lui a demandé d'en déclarer la valeur et Vera a dit : « Pour moi, un million de dollars. » Le paquet contenait un enregistrement sur bande magnétique d'une valeur de cinquante cents. C'est l'un des moyens de communication que j'employais régulièrement avec elle et les enfants lorsque j'étais en tournée. Sur l'une de ces premières bandes, envoyée en décembre 1961, je m'entends dire : « Salut à tous. Je vous parle de Belgique. En réalité, pour le moment, il est assez tard, je suis au lit, presque dans le noir, je ferme les yeux et je m'imagine que je peux vous voir pendant que je vous parle. Quand vous recevrez ce message — Michael, écoute papa, oui, viens par ici, ne t'en va pas en courant, reviens, assieds-toi, c'est ça, maintenant écoute. Et Shira, ne le pousse pas, tiens-le pour qu'il soit vraiment près de toi, que vous soyez ensemble et que vous puissiez entendre ce que je dis. Asseyez-vous là avec maman. C'est ça. Maintenant restez assis. Bon. Michael. Avant tout, ton anniversaire est passé. Mais juste pour l'avoir sur l'enregistrement, juste une fois de plus, de papa. » Et j'ai chanté *Happy Birthday* à mon fils de deux ans, en concluant avec ces mots : « Je t'aime » et avec le commentaire : « Heureusement, je n'ai jamais essayé d'être chanteur de charme... En tout cas, Michael, bon anniversaire de la part de papa. Et Shira, un gros baiser et un "je t'aime" juste pour toi. Spécialement pour toi. Maman m'a dit que maintenant tu vas à l'école et que tu commences à apprendre des choses en français. Il faudra que tu me racontes tout. Tu sais, tu dois me dire des tas de choses qui se sont passées depuis que tu es rentrée à la maison, car je ne sais pas ce qui s'est passé pendant tout ce temps. Et, Shira, toi et moi nous allons nous asseoir tous les deux tout seuls et nous allons avoir une longue, longue, longue conversation. Et tu me diras tout sur l'école, les professeurs, sur ce que tu fais, sur ce que tu apprends et sur les autres enfants ; et aussi ce que tu as fait à la maison et qui tu as vu. Ce sera très très agréable. Et je tiens à envoyer un énorme baiser à Babouchka [la mère de Vera] et à Granny [ma mère]... et dis bonjour pour moi à tous les amis qui viennent à la maison. Dis leur juste : "Papa a dit 'hello' et revient bientôt à la maison." Ensuite nous serons à nouveau réunis. Voilà un baiser pour Michael, un baiser pour maman et un gros baiser pour Shira. Bon, les enfants, ça suffit pour cette fois. Maintenant je veux parler assez longuement à maman. Alors donnez-lui un baiser, envoyez-moi un baiser et laissez maman écouter le reste bien au calme. Okay ? Bye, bye. À bientôt. Bye, Michael. bye, Shira. Bye, bye. »

De Sydney, en Australie, j'ai envoyé une bande qui commençait par : « Hello, tout le monde... Ce matin, j'ai eu l'immense plaisir d'entendre les merveilleuses bandes que vous avez tous enregistrées à la fête d'anniversaire. Je peux vous dire que c'est vraiment merveilleux de m'asseoir et d'entendre toutes vos voix. Je vous voyais assis là-bas, je voyais la pièce, je voyais chacun exhortant les autres et gloussant et le micro ouvert et fermé et — Shira, tu semblais merveilleuse. Et je suis si heureux que tu m'aies parlé et raconté tant de choses, sur la fête d'anniversaire et sur tous tes cadeaux.

Comment t'en sors-tu avec l'alphabet à présent ? J'espère que tu t'y habitues. C'est très important, car cela t'aidera à apprendre à épeler les mots et à lire. Ensuite, tu pourras lire mes lettres et aussi m'en écrire. J'aimerais bien ça, pas toi ? Et c'était si merveilleux d'entendre Michael dire "papa" pour la première fois, clairement, même si tout le monde le poussait à le faire... Shira, vraiment, après tous les cadeaux que je t'ai offerts, tu n'étais pas satisfaite et tu as parlé de la montre. Eh bien, Puchikl... on verra. Je ne promets pas de te rapporter une vraie montre, car tu n'as encore que cinq ans. Les filles de cinq ans sont de grandes filles, mais elles ne sont pas tout à fait prêtes pour de vraies montres. Tu sais, les vraies montres sont assez grosses et elles ne sont pas jolies sur une main de petite fille. Ta main doit être un peu plus grande pour que la montre ait l'air jolie. Toutes les montres assez petites pour ta main ne sont que de fausses montres. C'est pour cette raison que papa ne t'en a pas encore offert. Mais j'ai été heureux d'entendre toutes vos voix, et Granny et Babouchka... j'attendais ces bandes, je peux vous le dire. Je les ai écoutées trois fois chacune. Juste pour écouter et entendre tout le monde parler et pour connaître tous les événements qui se sont produits. Je vous le dis, ça a été un tel plaisir pour moi... Je vous embrasse tous et vous me manquez tous ; j'aimerais que nous soyons tous ensemble à New York et cela arrivera dans pas trop longtemps, car le temps passe bigrement vite. »

Ensuite, une fois les enfants sortis de la pièce, j'ai dit à Vera combien ces enregistrements étaient importants et combien j'étais heureux d'apprendre toutes les nouvelles. « Je travaille comme un fou. J'ai tardé à t'écrire parce que j'ai travaillé comme un fou absolument tous les jours, avec soit des répétitions, soit des concerts, soit des voyages. Et ces deux derniers jours à Sydney, j'étais complètement crevé. J'étais si fatigué que j'ai dû faire une pause. Je me suis un peu trop fatigué avec toutes ces choses à faire, les répétitions, les concerts et les voyages. Et hier, au moment où je voulais vraiment me reposer, j'ai dû aller à [une réception] à l'America Club... Et dans la soirée, le consul général américain a donné un dîner très chic, avec cravate noire et tout et tout... en mon honneur. C'était l'une de ces obligations auxquelles je ne pouvais échapper. En conséquence, je suis fatigué car je cours constamment... Demain je dois donner un récital à Melbourne. Le lendemain matin, nous partirons tôt pour l'île de Tasmanie, où je donnerai un récital. Je reviendrai le lendemain, vendredi. J'ai une répétition avec l'Orchestre symphonique de Melbourne dans l'après-midi, je joue deux concertos avec eux samedi. Dimanche, je vais à Adélaïde. J'y répète lundi, je joue mardi, et mercredi je m'envole pour Perth. Comme tu vois, ce n'est pas un programme très facile. En fait, je donne en moyenne plus de quatre récitals par semaine. Avec les répétitions, les déplacements et tout le reste, je n'ai pratiquement pas une minute de tranquillité. Chérie, j'ai commencé à t'écrire une longue lettre pour répondre à toutes tes questions. Malheureusement, j'étais fatigué et je n'ai pas pu la terminer... Je vais le faire à Melbourne demain ou après-demain et je te l'enverrai de là-bas. Je suis désolé de ne pas t'avoir contactée ces derniers jours, mais j'ai vraiment mené une vie très trépidante. Je fais de mon mieux pour garder trace de tout. J'ai fait venir une secrétaire ici et me suis débarrassé de tout le courrier prioritaire. Tout est réglé, sur le plan des affaires. Et je t'enverrai des copies de tout pour que tu sois au courant et saches exactement ce qui se passe... Entendre Michael dire son premier mot m'a tellement ému. Je l'ai fait écouter à Shura [Zakin] cet après-midi et il a ri à se fendre la bouche... Je tiens à te dire combien j'ai été heureux de recevoir les bandes et ce que cela représente pour moi. Rien ne pourrait nous rapprocher davantage, car je ferme les yeux, me retrouve assis à côté de toi et j'entends tout. C'est ce qui compte le plus pour moi. »

J'ai enregistré la bande suivante à Adélaïde. « Salut tout le monde. Salut... Nous jouons [deux concertos] dans une immense salle d'environ trois mille places... Mais laissons cela de côté pour l'instant. Je veux d'abord vous dire bonjour à tous, vous embrasser et vous dire à quel point vous me manquez... J'ai été un peu découragé... Shiritchka, j'aime t'entendre parler sur ces bandes et tout me raconter sur l'école, sur ce que tu fais, sur les fêtes que tu as eues pour ton anniversaire, sur ce qui se passe avec Michael, avec Granny et avec Babouchka et, en général j'aime que tu me dises comment tu te sens, ce que tu apprends à l'école, comment va ton alphabet. Et, à propos, comment va ton français ? *Tu parles le français maintenant ? Tu comprends*[1] ? J'espère que tu sais répondre et que tu me diras : *Oui, papa* quand je reviendrai à la maison, car, tu sais, nous adorerions t'entendre parler aussi le français et nous espérons que tu pourras le parler très bientôt avec maman et papa... Je te serre dans mes bras, façon de parler, je t'embrasse, je te souhaite plein de bonnes choses et j'espère que nous serons réunis très bientôt et que nous nous amuserons bien ensemble. »

En continuant à enregistrer, j'ai ajouté : « Je dois te dire quelque chose de très bizarre. Je me suis senti tellement déprimé il y a trois ou quatre jours. Je ne sais pas ce qui m'est arrivé. Je vois des amis et je m'amuse ici et là. Je sors dîner et déjeuner selon le cas... Mais avec tout ça, je suis fatigué de parler aux gens... je me sens en quelque sorte inutile, car je voudrais à nouveau m'impliquer dans tant de choses et faire partie de... nos vies à New York. Et je me sens coupé de vous. En outre, sur le plan musical, je ne peux pas dire que cette tournée soit très emballante... En fait, toute l'excitation qu'une tournée me procure d'habitude a déjà disparu, et je me contente d'attendre d'avoir fini de jouer... Je ne veux pas avoir l'air trop prétentieux ou snob à ce propos... mais je suis un peu lassé de tout cela... Jouer quatre ou cinq fois par semaine, avec les répétitions, les voyages, les bagages à faire et à défaire, les réceptions officielles, les interviews, etc., c'est tout bonnement un phénomène d'usure et je n'arrive pas me remettre dans le bain. C'est la première semaine où je commence à entrevoir un peu de ciel bleu et je vais juste dormir et travailler, ne rien faire d'autre que travailler Stravinski et dormir, car sinon je me sentirai inutile. Heureusement, à Perth, j'aurai un peu plus de temps. J'ai refusé toutes les invitations officielles. J'en ai reçu quatre ou cinq et j'ai envoyé des lettres pour dire que je n'accepterai ni engagement officiel ni réception à l'avance... Si j'ai une heure de libre et que je me sens bien, que quelqu'un veut prendre une tasse de thé avec moi et qu'un jeune veut jouer devant moi,

1. En français dans le texte. (*N.d.T.*)

je verrai comment je me sentirai à ce moment-là. Mais je n'accepte plus d'engagements à l'avance. Je veux avoir du temps à moi. Ça commence vraiment à faire trop et je suis simplement épuisé... Abby Simon a entendu un jeune Polonais d'environ dix ou douze ans, nommé Helfgott... à Perth, et il est enthousiasmé par son talent. Il le trouve formidable. Ils veulent que je l'entende pour voir ce qu'il faut faire. Ils prétendent qu'il s'agit vraiment d'un talent rare et qu'il ne sait encore rien du piano, mais qu'il a une étincelle et qu'il faut l'encourager et le soutenir. Je verrai donc ce qui se passe lorsque j'y arriverai... Et d'une pour mes activités ! »

Les questions professionnelles occupent le reste de la bande, qui se termine sur : « Au fait, ces photos... je les ai tout le temps sur moi dans mon portefeuille. Depuis quand Michael s'intéresse-t-il tant au piano ? Il avait l'air si sérieux ! Il donnait l'impression de vraiment essayer d'y faire quelque chose. Et la façon dont il se lève... C'est une joie de le voir. Je me demande s'il me connaît. Nous devrons réapprendre à nous habituer l'un à l'autre. Lorsque je commence à parler des enfants, je ne peux pas te dire à quel point j'aimerais les serrer et les tenir dans mes bras, être avec toi, te serrer dans mes bras, être près de toi. Ah, tout cela est bien loin, je t'assure. Je ferais mieux de ne pas aborder ce sujet, sinon je vais recommencer à me sentir mal. En tout cas, je me sens beaucoup mieux à présent... Je vais m'arrêter là. Je sors juste d'une répétition de trois heures ce matin et je dois jouer les deux concertos ce soir. Il est quatorze heures trente, je n'ai pas encore déjeuné et je porte encore mes vêtements de répétition qui sont tout humides. Je dois y retourner et essayer d'être à nouveau en forme pour ce soir. En plus, demain matin, je dois faire mes bagages et un excellent violoniste vient me jouer quelques chose. À midi, je dois aller au conservatoire parler devant les étudiants et écouter leur orchestre, puis, dans l'après-midi, je dois prendre l'avion pour Perth, qui arrive tard dans la soirée. Je vais donc m'arrêter là. Je te dis mon amour à toi et aux enfants, aux deux mamans... Dis-leur que je ne les oublie pas, que je serai bientôt de retour et que ce sera comme si je n'étais pas parti. »

Récemment, dans le Vermont, j'ai observé mon plus jeune fils, David, qui est grand maintenant, agenouillé dans une petite salle de bains, en train de donner son bain avec soin et amour à sa fille, qui aura bientôt deux ans. Ses petits jouets étaient dans la baignoire et il la savonnait pendant qu'elle barbotait joyeusement. Elle a subitement découvert que si elle abaissait très vite les mains dans l'eau, cela giclait partout — et que c'était merveilleux ! Elle s'est mise à tout éclabousser et David a été trempé. Et il s'est contenté de sourire ! C'est ce genre de tendresse que je regrette aujourd'hui de ne pas avoir pu connaître. Avec le recul, il est probable qu'avec un peu d'efforts, j'aurais pu — j'aurais dû — faire ce genre de choses lorsque nous étions ensemble.

# 19.

Dans tous les pays, les interprètes reçoivent des témoignages d'une chaleur étonnante. Et si cette générosité est bien exploitée, elle devient une immense richesse personnelle et privée. Quel réconfort d'être musicien ! Parfois, lorsque je suis sur scène, le fait de pouvoir jouer me procure un sentiment de joie intense. Je me sens béni des dieux. C'est extraordinaire d'avoir passé toute sa vie à apporter du plaisir aux autres et d'avoir gagné une chaleur et une amitié collective qui durent depuis des dizaines d'années. Pour un artiste, l'accomplissement ultime consiste à être désiré et utile. C'est la plus grande satisfaction qu'il puisse trouver.

J'ai beaucoup de chance d'être musicien et c'est agréable de remporter du succès. On aime être porté aux nues, applaudi et embrassé. Cela me rappelle une histoire à propos de Serge Koussevitzky. Après un concert, une dame âgée, aux cheveux blanc bleuté, est allée lui dire dans les coulisses : « Maestro, il n'y a personne comme vous, vous êtes unique. » Et lui de répondre : « Merci, je le sais. » Une autre dame âgée lui a dit : « Vous êtes le plus grand chef d'orchestre. » Il a rétorqué : « C'est possible. » Une troisième est intervenue : « Maestro, vous êtes Dieu ! » Et Koussevitzky : « Oui, mais quelle responsabilité ! »

Le succès m'a apporté toute sorte de responsabilités.

La lutte pour sauver Carnegie Hall, par exemple, ne s'est pas terminée avec l'adoption et la signature des lois indispensables et l'acquisition du bâtiment par la ville de New York.

Il fallait encore que la salle devienne viable d'un point de vue financier et culturel afin d'en justifier l'existence. Et pour y parvenir, j'ai suspendu mes tournées pendant six mois, au cours desquels je suis allé presque quotidiennement dans cette salle pour m'occuper de questions concernant le conseil d'administration, la rénovation du bâtiment, pour trouver des fonds, pour innover dans la programmation. Je ne me suis pas impliqué dans le choix des artistes qui se produiraient sur notre scène, sinon, je me serais retrouvé pris au piège dans un conflit d'intérêts interminable et insupportable. Au fil des ans, j'ai scrupuleusement laissé cette responsabilité au directeur administratif.

En 1964, j'ai réussi à apporter une innovation à la programmation, occasionnée par un triste événement : la mort de Pierre Monteux, cet été-là. Sa disparition a marqué la perte d'un personnage majeur de la musique de notre temps et ce fut pour moi une perte personnelle cruelle. Il m'avait demandé de jouer dans ce qui allait être son dernier concert avant de renoncer aux tournées actives à Londres et de reprendre le concerto de Brahms, que nous avions joué la première fois où nous sommes montés sur scène ensemble, en 1936. J'ai suggéré qu'un concert de l'Orchestre symphonique de Londres prévu pour le mois d'octobre au Carnegie Hall soit donné à la mémoire de Monteux et serve à créer un Monteux Memorial Fund au Carnegie Hall. Le pianiste contemporain que préférait Monteux, Rudolf Serkin, a accepté de jouer. Leopold Stokowski a dirigé. La grande contralto Maureen Forrester a chanté un air de la *Passion selon saint Matthieu* de Bach, avec le Rutgers University Choir, sous la direction de F. Austin Walter. Casals a fait le voyage pour partager les honneurs de la direction avec Stokowski. J'ai joué le *Poème* de Chausson. En fait nul n'était mieux placé que moi pour organiser un concert à la mémoire de Monteux au Carnegie Hall.

Naoum Blinder est mort l'année suivante, à l'âge de soixante-seize ans. Il était presque aveugle les dernières années de sa vie. Incapable de lire une partition, il ne pouvait jouer que de mémoire. Il a eu une fin très difficile. La perte de Pierre Monteux et de Naoum Blinder m'a beaucoup affecté — tous deux s'étaient si intimement impliqués dans mes débuts et, en fait, dans l'évolution de ma vie.

Le sens de ma responsabilité envers Carnegie Hall a parfois eu des conséquences inattendues. Les artistes qui se produisaient dans cette salle semblaient savoir instinctivement à qui adresser leurs doléances. Notre nouveau système de climatisation posait un problème agaçant et Eugene Ormandy m'a écrit au début de l'année 1966 que, durant un récent concert avec l'Orchestre de Philadelphie dans la salle, il avait eu à deux reprises l'impression qu'il allait s'effondrer sur scène. Apparemment, il faisait 31 degrés dehors et 38 degrés dans la salle. Dans sa lettre, il écrivait : « J'ai pris une décision : je refuse de mourir sur la scène du Carnegie Hall pendant un concert. » Et il a demandé que son nom soit retiré de tout concert au Carnegie Hall à partir de la saison suivante jusqu'à ce que la climatisation fonctionne vraiment. Je lui ai répondu en reconnaissant que nous avions un problème nécessitant « un profond remaniement de notre système de climatisation que j'essaierai de mener à bien ». Et j'ai ajouté : « Lorsque nous nous verrons en février, je vous parlerai des nouveaux projets très passionnants que nous avons pour la salle en général. » En fait, il est revenu, comme prévu à l'origine.

Le sens des responsabilités est rarement cantonné à un seul domaine. En 1965, le président Johnson m'a nommé au National Council on the Arts, récemment fondé. La même année, j'ai accepté la présidence de l'America-Israel Cultural Foundation, réincarnation du Norman Fund, qui avait été créé par des mélomanes pour secourir les musiciens juifs d'Europe, les réinstaller en Palestine et aider à y fonder un orchestre symphonique ; l'America-Israel Cultural Foundation, créée en 1957, prêtait assistance aux artistes interprètes et créateurs. En même temps, j'ai donné en moyenne huit à neuf concerts par mois, en soliste ou avec le trio. Toutes ces responsabilités me laissaient très peu de temps, même pour dormir. J'ai finalement dû en payer les conséquences. Je n'avais encore jamais annulé un concert. J'avais joué avec 39°4 de fièvre. J'avais joué en Australie après un empoisonnement alimentaire et après m'être écroulé inconscient sur le sol. J'avais joué en Israël après m'être évanoui de déshydratation. J'avais joué !

C'était ma vie. Mais en octobre 1966, j'ai attrapé sans m'y attendre un virus qui m'a forcé à rester à la maison. Il m'a vraiment fallu faire preuve de volonté pour me contraindre à annuler pour la première fois un concert en trente et un ans de carrière. Dès novembre, j'étais totalement remis et j'ai repris mon emploi du temps habituel.

Je ressens un lien très fort avec Israël depuis ma première tournée dans ce pays juste après la guerre d'indépendance de 1948. Un peu moins de vingt ans plus tard, au printemps 1967, ce furent les semaines tendues des menaces arabes et le blocus d'Israël par l'Égypte. Il semblait certain qu'on allait au-devant d'un autre holocauste, cette fois du peuple d'Israël. Ensuite, le conflit, que l'on appelle maintenant la guerre des Six Jours, a éclaté. Pendant les premiers jours de combat, le trio se préparait à enregistrer le trio de Ravel, mais nous n'avions pas l'esprit à la musique. Eugene, Lennie et moi avons passé plus de temps à regarder les reportages sur cette guerre à la télévision qu'à enregistrer Ravel. Finalement, nous y avons renoncé et avons juste regardé la télévision.

Avant la fin de cette guerre, j'ai décidé de partir pour Israël. Je devais donner un concert à La Haye et j'ai câblé aux responsables de l'orchestre néerlandais que, en raison des circonstances au Moyen-Orient, il m'était impossible de me produire. Ils m'ont immédiatement répondu qu'ils comprenaient parfaitement. J'ai alors sauté dans un avion pour Paris, où, avec l'aide de l'ambassade d'Israël, j'ai pu prendre un vol à destination de Tel-Aviv. À bord, il y avait des pilotes de l'armée de l'air israélienne et des chefs de char, des réservistes, en provenance de divers pays européens. La guerre était virtuellement terminée lorsque je suis arrivé dans le pays. J'ai trouvé Jérusalem incroyablement changée. Une grande partie des moellons, briques et pierrailles de la guerre avaient été enlevée, et la ville était devenue une grande métropole, plus unique encore qu'auparavant. Dans les rues étroites et dans les petites ruelles de la vieille ville, j'ai vu comment vivaient les gens et j'ai compris que les Israéliens étaient confrontés à un problème d'une complexité tellement effrayante que je me suis demandé comment ils réussiraient jamais à trouver un moyen de coexister avec les Arabes. J'ai proposé de jouer pour les blessés dans les hôpitaux. Comme il était impossible de faire transporter un piano dans les diverses salles, je me suis contenté de mon violon et je me suis produit de salle en salle. Je me souviens avoir joué pour des soldats brûlés dans des incendies de chars. J'ai joué du Bach, du Mozart, du Kreisler — juste quelques lignes de chaque — et je leur ai parfois demandé en murmurant ce qu'ils aimeraient entendre. Un groupe de médecins et d'infirmières a commencé à me suivre. Ils écoutaient la musique et regardaient les réactions des soldats. Un autre jour, je suis allé jouer pour des militaires hospitalisés dans un bâtiment construit à l'origine pour les enfants sérieusement handicapés. Les couloirs étaient petits et, tout autour, il y avait de très petites charrettes à roues qu'ils utilisaient pour se pousser sur le sol. Parmi ces enfants adorables, souriant malgré leurs infirmités, il y avait des soldats blessés dans des chambres improvisées, étendus sur des lits de camp, les appareils médicaux installés à côté de la tête. J'ai gardé un souvenir très ému d'avoir pu leur apporter un peu de paix, ne serait-ce que pour quelques minutes.

Nous nous étions installés dans le nouveau bâtiment de l'orchestre, un immeuble de deux étages recouvert de stuc situé dans le faubourg de Ramat Gan de Tel-Aviv. Il abritait des bureaux, des salles de réception, de grandes salles de répétitions, ainsi qu'une cuisine. Eugene Istomin et le chef d'orchestre Josef Krips étaient également venus en Israël et occupaient les deux dernières pièces. De grands portraits de Toscanini, Rubinstein et Huberman étaient suspendus aux murs ; ils avaient tous les trois joué des rôles majeurs, avec William Steinberg, dans la fondation de l'Orchestre symphonique de Palestine (aujourd'hui l'Orchestre philharmonique d'Israël).

Je suis allé dans le nord, sur le plateau du Golan, qui venait d'être annexé, et tout le long de la frontière israélo-syrienne. Nous avons traversé la Cisjordanie et j'ai vu des rangées apparemment interminables de chars et de véhicules semi-chenillés de fabrication soviétique et britannique, détruits ou capturés, et des centaines de chars, de casemates et de fortifications. Nous avons ensuite survolé la péninsule du Sinaï jusqu'à

Charm el-Cheikh et nous avons continué jusqu'au canal de Suez. Des kilomètres de véhicules détruits jonchaient le désert. Juste au moment de quitter El-Kantara en hélicoptère, les Égyptiens ont fait une sortie, une trentaine de kilomètres au nord de l'endroit où nous nous trouvions, prélude à deux jours de combats. Mais nous ne l'avons pas remarquée, on ne nous a rien dit et nous n'en avons pas entendu parler par la suite.

Le concert que j'ai donné avec Leonard Bernstein sur le mont Scopus, qui est devenu très célèbre, a été le premier concert marquant la reprise de l'ancienne Jérusalem. Et cela dans les pires conditions. Pendant la première moitié du concert, la scène a été inondée par un soleil chaud et un vent fort du désert a soufflé sans interruption, envoyant de la poussière dans les yeux de tous, sur mon violon, à l'intérieur de celui-ci, entre mes doigts. Les pupitres sont tombés. Au loin, on entendait le génie de l'armée faire sauter des mines. Au premier rang, étaient assis David Ben Gourion, Golda Meir, Moshe Sharett, Yitzhak Rabin, Moshe Dayan, le président de la Cour suprême et de nombreuses autres personnalités importantes du gouvernement israélien. Malgré toutes ces difficultés, le concert sur le mont Scopus a été pour moi une expérience profondément émouvante et, lorsque tout a été fini, j'étais heureux d'y avoir participé. À la fin du mois de juillet, j'avais donné seize concerts avec l'Orchestre philharmonique d'Israël, trois avec Leonard Bernstein, quatre avec Josef Krips et neuf avec un jeune chef d'orchestre israélien, Eliahu Inbal. Et également six cours d'interprétation. Israël était une nation transformée, fière de sa victoire rapide et décisive, dégrisée par le coût de la guerre. Nombreux sont ceux qui avaient perdu des membres de leur famille ou comptaient des amis grièvement blessés. Le pays a dû faire face à d'énormes difficultés pour absorber et administrer environ un million d'Arabes dans les territoires nouvellement occupés. Il n'existait aucune réponse claire.

La même année, un peu plus tôt, aux États-Unis, certaines personnes m'avaient prié instamment d'annuler mes prestations prévues à Athènes cet été-là. Le nouveau gouvernement grec, qui avait pris le pouvoir par la force, était dictatorial, antisémite et violemment opposé à Israël. D'Israël, j'ai câblé à Athènes que des « circonstances exceptionnelles » m'obligeaient absolument à rester en Israël et que j'annulais donc mes concerts.

D'Israël, j'ai écrit à un bon ami en Union soviétique, Vladimir Bony, que je m'étais vivement réjoui à l'idée de revenir passer une semaine à Moscou en octobre pour donner deux ou trois concerts, mais que la position prise récemment par l'Union soviétique durant la guerre au Moyen-Orient — des discours féroces contre Israël aux Nations unies, la rupture des relations diplomatiques avec Israël — me mettait dans l'impossibilité de jouer en Union soviétique pour le moment.

J'ai annulé la visite prévue à Budapest en septembre. J'ai écrit au Dr Fizdo, l'organisateur de concerts de cette ville, qu'en raison de la position officielle du gouvernement hongrois à l'égard d'Israël durant le récent conflit au Moyen-Orient, il m'était difficile sinon impossible de maintenir de bonnes relations avec mes collègues et avec le public, relations inhérentes à ma vie de musicien. J'ai ajouté que, en tant qu'Américain, je prenais cette mesure à titre individuel et de ma propre initiative, qu'aucun représentant d'Israël ne m'avait jamais suggéré, officiellement ou non, de prendre une telle mesure. J'ai clairement expliqué qu'elle était due aux liens personnels et professionnels très étroits que j'entretenais avec les Israéliens depuis dix-neuf ans et que je me sentais impliqué par les problèmes qui les concernaient.

Je suis allé passer quelque temps en Suisse avec ma famille, ce qui m'a donné l'occasion de récupérer des dures semaines précédentes. Zakin m'y a ensuite rejoint et nous avons entamé notre tournée d'automne. J'ai joué à la Tonhalle de Zurich en septembre. Dans la salle se trouvait Ellen Weyl, la mère de Hans Baer, mon plus ancien ami en Suisse, et aussi le plus costaud. Nous nous étions rencontrés au cours de mon premier voyage en Suisse, en 1949, où je jouais à Zurich. Avec son mètre quatre-vingt-dix et une stature d'avant au basketball, il est l'un des membres les plus respectés du secteur bancaire en Suisse. Il s'est longtemps impliqué dans la vie culturelle zurichoise, avec sa femme, Ilse. En rentrant chez elle après le concert, Ellen Weyl, magnifique sculpteur amateur, a travaillé toute la nuit à réaliser de mémoire une superbe sculpture en bronze de trente-cinq centimètres de haut représentant ma tête avec un violon. Elle l'a fait soigneusement emballer et me l'a envoyée par bateau chez moi à New York. Pendant que la sculpture traversait lentement l'Atlantique, nous avons terminé notre tournée européenne avec Zakin et pris un vol pour rentrer à New York, où nous sommes arrivés au milieu du mois de septembre. Deux semaines plus tard, nous sommes repartis en tournée au Japon, en Corée, à Hongkong, à Okinawa, à Guam et à Honolulu. Pendant ce temps, la sculpture est arrivée à Brooklyn, le deuxième jour d'une grève des dockers. Elle est restée plusieurs semaines dans le bateau, qui a été placé dans un dock à Manhattan. Finalement, cette sculpture a été dédouanée et installée en bonne place dans mon appartement, éclairée par un spot. Les enfants ont été étonnés et ravis d'avoir leur troubadour itinérant de père si vivant devant eux. Un second moulage se trouve maintenant dans la salle du Shorin Club au Carnegie Hall.

Quoique fatigante, la tournée en Asie et dans les îles du Pacifique a été fascinante. J'adorais cette partie du monde, ses coutumes, ses beautés. Mais il m'a fallu faire face aux obligations de la tournée suivante aux États-Unis et à la préparation d'une autre tournée en Europe. Dès la dernière semaine de janvier, j'étais à nouveau sur les routes.

Les quelques semaines passées chez moi, en vivant un peu plus normalement que d'habitude avec ma famille, m'ont aidé à prendre conscience que j'avais besoin de mettre un peu d'ordre dans mes projets de concerts pour les années à venir. J'ai eu un peu de mal à convaincre mes agents artistiques que je décidais de voyager six mois par an et de n'accepter que les concerts qui me procureraient un réel plaisir musical.

Fin janvier, j'ai joué des sonates de Beethoven et de Franck en récital à Houston avec Zakin et la *Symphonie espagnole* de Lalo à Saint Louis avec l'Orchestre symphonique de Saint Louis. Le soir du 1^er^ février, pendant un récital à Boulder, dans le Colorado, je me suis subitement senti très mal. Des amis médecins de Denver m'ont immédiatement fait passer quelques examens et m'ont révélé qu'ils n'aimaient pas ce qu'ils avaient vu ; je risquais vraiment d'avoir bientôt un problème majeur. Ils m'ont conseillé de retourner tout de suite à New York, accompagné d'une infirmière. J'ai suivi leurs conseils et j'ai été reçu à l'hôpital de New York par le docteur Rees Pritchett, chef du service de cardiologie. Il m'a hospitalisé pour me mettre en observation et c'est là que j'ai subi une véritable crise cardiaque et que je suis tombé. Heureusement, le docteur Pritchett n'était qu'à trois mètres, dans le couloir. C'était un infarctus bénin, mais il a fait quelques dégâts. Pinchas Zukerman m'a remplacé dans la tournée – comme je l'avais fait autrefois pour Heifetz lorsqu'il était tombé malade. Pendant que je récupérais à la maison, j'ai attrapé une mauvaise grippe avec des complications pulmonaires sérieuses qui ont entraîné un autre séjour à l'hôpital. J'ai alors décidé de suivre tous les conseils de mes médecins, en prenant plusieurs semaines de repos, en perdant treize kilos, en cessant de fumer. J'ai eu la chance de pouvoir rester chez moi avec ma famille plus longtemps que cela ne m'était encore arrivé depuis dix ans. Cet incident a finalement été une bénédiction déguisée.

Vers le milieu du mois d'avril, je ne m'étais jamais senti aussi bien depuis vingt ans et, le 27 avril, je reprenais complètement mes activités et je partis un mois avec le trio. C'était vraiment fantastique de recommencer les tournées et cela m'a beaucoup plu. Pour un artiste, revenir à la scène est aussi merveilleux que rentrer chez soi. J'appartenais à la scène et c'est là que je me sentais le mieux. Le 10 mai, nous avons joué au Carnegie Hall.

J'ai annulé quelques concerts en Grande-Bretagne avec l'Orchestre philharmonique d'Israël, car il aurait fallu prendre un vol de nuit, juste après le dernier concert du trio en Californie, pour se plonger directement dans un autre concert. Pour préserver mon équilibre personnel, je ne devais plus accepter ce genre d'activité trépidante. J'avais l'intention de continuer à donner des concerts pendant les trente années à venir, et pas seulement pendant trente jours.

Au fil des ans, le seul objet dont je me suis senti vraiment responsable est mon violon. Il a toujours fait partie de moi-même ; je l'aime. En tournée, je le tiens, je le joue, je le protège d'une façon très spéciale. Après une tournée, je le confie toujours à un grand luthier. Prendre l'avion avec mon violon a rarement créé une difficulté, jusqu'au jour où un règlement de la FAA[1] m'a subitement interdit de le garder sur les genoux pendant les décollages et les atterrissages. Les membres de l'équipage de Delta Airlines, Trans World Airlines et Western Airlines se sont mis à insister pour que je le place dans les coffres situés au-dessus de la tête des passagers. (Si j'ai bonne mémoire, à cette époque-là les coffres étaient ouverts et non fermés comme de nos jours. On peut maintenant y disposer un violon en toute sécurité.) La vision de mon violon glissant et se baladant dans ce coffre, ou entouré d'autres sacs qui le heurtaient, m'était intolérable. Les membres de l'équipage affirmaient avec insistance qu'ils ne pouvaient rien y faire. Au début de l'année 1968, j'ai écrit aux trois compagnies aériennes pour leur demander de faire une exception au règlement de la FAA pour mon étui à violon. À ma plus grande joie, elles m'ont accordé une dispense. Pendant que je me remettais de ma crise cardiaque et de ma grippe, je leur ai écrit pour les remercier de leur compréhension et de leur coopération.

D'autres questions ont été moins faciles à résoudre. L'année 1968 fut une période difficile aux États-Unis avec les manifestations pour les droits civiques et contre la guerre au Vietnam, l'agitation sur les campus universitaires, les émeutes dans de nombreuses villes. J'ai parfois été invité à expliquer ce qui se passait dans mon pays à des amis européens et j'ai même écrit à l'un d'entre eux que toute l'Amérique n'était pas en état de révolution, avec des batailles armées déchirant nos villes. J'ai admis que nous rencontrions de terribles difficultés, il y avait eu des pillages, quarante à cinquante personnes tuées. Mais on dénombrait vingt-deux millions de Noirs aux États-Unis et ceux qui se livraient aux émeutes et aux

1. Federal Aviation Administration : Direction générale de l'aviation civile américaine. (*N.d.T.*)

pillages ne représentaient qu'une part infime de nos deux cent cinquante millions de citoyens. Il y a eu beaucoup de destructions, mais, à la télévision, deux ou trois pâtés de maisons peuvent donner l'impression qu'il s'agit d'une ville entière. Malheureusement, la violence s'est manifestée dans les quartiers les plus pauvres, où les personnes irréfléchies, les jeunes, les voyous et les gens sans instruction se sont fait davantage de mal à eux-mêmes qu'ils n'en ont fait aux autres. Il ne fallait pas minimiser le danger ou la gravité de ce qui se passait à cette époque, ajoutais-je dans ma lettre, et nous espérions seulement que des personnes de bonne volonté en tireraient une leçon et uniraient leurs efforts pour parvenir à un but utile.

Les manifestations aux États-Unis et l'agitation en Europe ont trouvé un écho, au moins dans une certaine mesure, dans les conflits que j'ai connus cet été-là entre mon sens de la responsabilité personnelle et celle que j'avais envers mon auditoire. J'avais décidé de choisir très soigneusement les endroits où je jouerais à l'avenir. En fin de compte, cette résolution s'est révélée difficile à tenir.

Au milieu du mois d'août, l'un des membres de l'agence Hurok, Walter Prude, m'a écrit à Londres qu'ils avaient une « option sur l'Orchestre symphonique du Maine à Portland et sur l'Orchestre symphonique du Texas à Wichita Falls ». Voulais-je m'en tenir à ma nouvelle règle : « plus d'orchestres régionaux », ou accepterais-je ceux-ci ? Apparemment, un membre de l'agence avait pris des engagements pour moi auprès de ces deux orchestres dès le printemps précédent, avant de savoir que je ne voulais plus accepter de jouer avec des formations de cette catégorie. Allais-je accepter ces deux exceptions ? L'agence promettait de ne plus prendre d'autres engagements de ce genre sans mon accord. Dans la même lettre, M. Prude s'inquiétait du poids que j'avais pris et me suppliait de prendre mon régime très au sérieux. Je lui ai répondu que l'affaire des deux « concerts régionaux » m'embarrassait. Nous avions parlé de mon désir de ne plus donner ce genre de récitals bien avant le printemps dernier et je ne comprenais pas qu'ils aient commis une telle erreur. De tels concerts « me pesaient lourdement ». Si l'annulation de ces rendez-vous posait un problème réellement sérieux, leur dis-je, je m'y rendrais, mais vraiment à contrecœur.

Je savais qu'il était important d'apporter la musique dans tous les coins du pays. Pendant des années, j'ai joué avec passion pour les auditoires des grandes et des petites villes. Mais je pensais que le temps était maintenant venu de laisser les jeunes violonistes, en début de carrière, jouer avec ces orchestres. J'avais acquis mon métier et l'expérience en jouant avec ce genre d'orchestre mais cette époque était révolue et d'autres devraient tirer parti des mêmes opportunités pour apprendre leur métier en se jetant directement au feu. Je commençais à me rendre compte que je ne serais pas immortel et que mes forces avaient des limites. Je ne voulais plus donner une partie de mon temps qui serait mieux employé chez moi ou sous de meilleurs auspices. Je n'ai joué ni à Portland ni à Wichita Falls.

Je n'ai pas plus accepté l'invitation de l'Union soviétique après que les troupes soviétiques ont envahi la Tchécoslovaquie. Ce refus n'avait rien à voir avec « les orchestres de province », mais avec la géopolitique de la guerre froide internationale. Dans une interview donnée à Stockholm cet automne-là, juste avant le concert du soir, j'ai déclaré que les événements en Tchécoslovaquie avaient déclenché une chaîne de défense passive parmi les artistes. « Récemment, le pianiste soviétique Emil Gilels s'est rendu à Oslo. L'orchestre a refusé de jouer. Le chef d'orchestre polonais Semkov est allé à Copenhague. L'orchestre a également refusé de jouer. Selon toute vraisemblance, c'est un boycottage spontané des artistes soviétiques qui vient de commencer. » Les premiers artistes qui avaient joué dans le cadre des échanges culturels entre l'Union soviétique et les États-Unis (échanges reposant sur l'accord signé à Genève entre Eisenhower et Khrouchtchev en 1954) avaient peut-être été engagés par les politiciens des deux grandes puissances. Mais le fait est que nous, les artistes, n'étions pas là parce que des relations amicales s'étaient soudain forgées entre la CIA et le KGB, mais parce que nous considérions, en tant qu'artistes, que nous nous trouvions sur une passerelle étroite de compréhension. En ce qui me concerne, mes réactions étaient pleines de contradictions.

D'une part, je me disais que je ne devrais pas participer à des actions politiques comme les « concerts de bonne volonté ». En même temps, une autre voix se faisait entendre : « Isaac Stern, peux-tu te passer de cette passerelle étroite, de ce contact ? » En fin de compte, un vieux principe s'est imposé : les relations entre les gouvernements diffèrent des relations entre les êtres humains.

La Tchécoslovaquie avait ramené nos deux pays quinze ans en arrière et il m'était impossible d'aller jouer en Union soviétique — non pas pour manifester contre l'Union soviétique mais pour marquer ma solidarité avec les Tchèques. Il est rarement arrivé que la musique interfère dans la politique, mais la politique est souvent intervenue dans la musique. J'espérais que l'indignation qu'avaient suscitée chez les autorités soviétiques mes deux annulations — après la guerre des Six Jours et après l'invasion de la Tchécoslovaquie — passerait avec le temps, comme toutes les réactions fortement motivées par la politique, et que la passerelle étroite, les relations culturelles, entre nos deux pays, se reconstruiraient.

Par la suite, j'ai alterné des tournés en Europe et aux États-Unis. Nous étions alors l'un des ensembles les mieux payés dans le domaine de la musique classique.

Avec Eugene et Lennie, nous avons planifié une tournée mondiale en 1970, avec le trio, pour le bicentenaire de la naissance de Beethoven. Notre propre festival Beethoven dans le monde entier en jouant l'intégrale des trente et une œuvres de musique de chambre avec piano à Buenos Aires, en Israël, au Festival d'Édimbourg, à Paris, Zurich et New York. Aucun autre ensemble, à notre avis en tout cas, n'était aussi bien armé pour rendre justice à cette littérature, à la fois par sa faculté de mettre en valeur les sonates et par l'identité unique du trio. Nous avons également prévu de tout enregistrer avant la fin du mois de septembre 1970, pour que les disques sortent à temps pour le concert de New York et pour Noël. À la fin du mois de décembre 1969, le trio a fêté la nouvelle décennie avec un concert au Carnegie Hall. À l'époque, j'étais gêné par une douleur dans une main ; deux médecins ont diagnostiqué un rhumatisme non articulaire dû soit à un excès de travail soit à l'effort que je faisais pour porter mon violon ou un sac ;

le traitement qu'ils m'ont prescrit comportait des bains de paraffine et un dosage assez faible d'antalgiques avant les concerts. J'étais également inquiet de la tournure des événements en Argentine. La dictature y avait institué une censure totale en matière artistique. Je m'interrogeais sur notre responsabilité dans ce domaine et je me demandais si nous ne devrions pas y penser à deux fois avant d'honorer notre engagement à Buenos Aires en juin.

# 20.

Durant l'été 1970, j'ai fêté mes cinquante ans et mes trente-cinq ans de carrière de concertiste. Je joue du violon depuis l'âge de huit ans ; je me suis produit pour la première fois sur scène, comme musicien professionnel, à l'âge de quinze ans. Quel que soit le nombre de concerts donnés, quelle que soit la quantité de travail fournie tout au long de sa vie, un musicien réalise qu'il lui reste encore des choses à découvrir et à apprendre. Néanmoins, pour un jeune musicien, il vaut parfois mieux ne pas savoir ce que réserve l'avenir. À mon premier grand concert, je savais seulement que tout ce qui m'entourait me passionnait et que je devais me concentrer et faire de mon mieux. Dans les premiers temps, on est aidé par le manque d'expérience qui empêche de savoir à quel point les choses peuvent être dangereuses. Toutefois, plus on vieillit, plus on en sait ; et plus on en sait, plus on est exigeant envers soi-même ; et plus on est exigeant envers soi-même, plus on a conscience de tout ce qu'il reste encore à apprendre en tant que musicien. En outre, plus on vieillit, plus on a de chance d'être impliqué dans des affaires extra-musicales, sans lesquelles il serait difficile, voire impossible, de vivre une vie de musicien.

Au début des années 70, je me suis retrouvé profondément concerné par les bouleversements dont a soudain fait l'objet l'organisation de concerts qui gérait ma carrière. J'entretenais des relations très personnelles avec le bureau de Hurok depuis le début : tout d'abord avec Sol Hurok ; puis avec Mae

Frohman, avant sa mort ; et avec Walter Prude, Shelley Gold et Martin Feinstein. Ce n'était pas seulement un bureau d'affaires. Nous travaillions ensemble, nous mangions et buvions aussi ensemble ; nous formions une grande famille.

Walter Prude était un homme de bonne famille, beau, élégant, gracieux. Il fumait sans arrêt et aimait boire un ou deux verres de temps à autre. C'était un personnage clé dans le bureau de Hurok, surtout lorsque celui-ci ne voulait pas que son agence soit perçue comme un bureau à dominante juive. La femme de Walter était la célèbre danseuse et chorégraphe Agnes De Mille, qui a donné au ballet cette note typiquement américaine qu'il n'avait jamais eue auparavant. Walter a apporté une certaine distinction à ce bureau et s'est montré très efficace lorsqu'il traitait avec des groupes œcuméniques. Shelley Gold était un humaniste brillant et sensible, ainsi qu'un professionnel coriace et intelligent lorsqu'il traitait d'affaires relatives à la musique. Il aimait profondément ses artistes et il était facile de lui parler lorsqu'on voulait promouvoir un jeune talent nouveau.

General Electric, à l'aube des années 70, a offert de racheter le bureau de Hurok. Celui-ci prenait de l'âge et aspirait à une certaine sécurité financière. Il avait gagné et perdu beaucoup d'argent au fil des décennies, et il se trouvait à un moment de sa vie où il voulait un filet de sécurité. Son expression favorite à cette époque, qu'il prétendait tenir des gens de General Electric, était « expansion ou suspension d'activité ». Comme il n'était pas en mesure de développer son bureau, en raison de son âge et de sa santé déclinante, il a pensé qu'en acceptant la bouée de sauvetage que lui tendait cette firme, il gagnerait une certaine sécurité et laisserait à d'autres les possibilités d'expansion. J'étais au courant des négociations entre Hurok et General Electric et l'idée de voir s'évanouir dans l'atmosphère sans âme d'une grosse société les relations personnelles dont j'avais profité chez Hurok pendant tant d'années me bouleversait profondément. Car pour tous les interprètes comme pour Hurok lui-même, faire de la musique était un mode de vie. J'étais atterré à l'idée de devoir peut-être traiter avec des gens qui ne connaîtraient rien au monde de la musique, qui considéreraient celle-ci comme une affaire commerciale et ne s'intéresseraient qu'aux résultats. Ma loyauté s'adressait à Hurok et uniquement à lui. Je ne voulais donner à General Electric aucun droit sur mes services. En fin de compte, après de longues négociations, l'entreprise n'a pas acheté le bureau.

En mars 1974, Sol Hurok est mort subitement d'une crise cardiaque, en pleine rue à New York. J'ai joué à son service funèbre au Carnegie Hall ; ce fut l'un des moments les plus difficiles de ma vie. La quasi-totalité des deux mille huit cents places de la salle étaient occupées par des membres du monde musical profondément affligés. Son cercueil était couvert de fleurs et, après avoir fini de jouer, je suis allé y poser la main. J'avais perdu un second père.

À cette époque, j'aurais pu passer dans n'importe quel autre grand bureau de concerts, si je l'avais voulu. Mais je suis resté un moment dans ce qu'était devenu le bureau de Hurok après sa reprise par Maynard Goldman, qui l'a géré pendant très peu de temps et très mal. Je l'ai finalement quitté en 1976. Il y a eu un trou d'un ou deux ans où je suis resté sans agent et où j'ai fait les tournées qui avaient été organisées au préalable par le bureau de Hurok. Ensuite, Shelley Gold a décidé de recoller les morceaux et de reprendre en main le bureau ; j'y suis retourné lorsqu'il a été racheté par International Creative Management qui en a fait une division d'ICM. À l'époque, Lee Lamont, qui avait une grande expérience du monde de la musique, était mon assistante. Lorsque Shelley Gold m'a appelé, il m'a dit : « Isaac, je sais que Lee travaille pour toi et qu'elle organise tout pour toi, mais j'ai besoin d'elle pour relancer le bureau. Elle connaît le boulot et j'ai besoin d'elle comme administratrice. » Je lui ai répondu : « Bien sûr, pas de problème. » Elle est donc entrée dans la société et, après la mort tragique et soudaine de Shelley Gold, elle est devenue présidente d'ICM Artists, Ltd., dont elle préside maintenant le conseil d'administration.

J'avais rencontré Lee Lamont lorsqu'elle travaillait chez Hurok comme assistante de George Perper. Elle était toujours là pour moi. Elle était formidable, pleine d'imagination, judicieuse, intuitive. Elle connaissait le monde de la musique et comment il fonctionnait. Elle entretenait notamment d'excellentes relations d'affaires dans toute l'Asie. Elle travaillait dur, s'habillait avec goût, voyageait constamment, fumait sans cesse. Elle buvait douze à quatorze tasses de café par jour et peu d'alcool. Son mari était un guitariste de variétés très actif qui jouait dans des clubs. Elle avait un peu plus de quarante ans lorsqu'elle a rejoint Shelley Gold pour reconstruire le bureau de Hurok, et, avec eux deux à la tête de cette agence, je suis retourné dans l'ancienne équipe de Hurok devenue ICM, où je suis encore aujourd'hui.

Un musicien marié, qui s'occupe de sa famille, a toutes les chances d'être aux prises avec des problèmes encore plus éloignés de la musique, à première vue, que la gestion et les démarches collectives. En 1971, entre deux tournées, j'ai pris un peu de repos, ce qui m'a permis d'élaborer mes projets et mes engagements pour le reste de l'année 1971 et l'année suivante. J'étais à la maison pour la Pâque et j'ai profité d'un agréable week-end avec les enfants ; j'ai pu leur parler, jouer avec eux et m'en rapprocher. J'ai compris que, dans le cadre de notre vie de famille, les deux ou trois prochaines années seraient de la plus haute importance pour eux et pour moi. Il ne s'agissait pas seulement de quelques semaines de vacances en été et à la fin de l'année ; il était beaucoup plus important que je m'implique dans leurs affaires et dans leur routine quotidienne pendant l'année scolaire, et que j'assiste de temps en temps aux réunions avec leurs professeurs. Ces années de formation ne se représenteraient jamais et, à ce moment essentiel, quelques concerts de plus ou de moins ne changeraient rien à ma carrière.

Je ne connaissais que trop les difficultés de mes collègues et la vie tragique de leurs enfants, lorsque ces années-là avaient été sacrifiées aux besoins ou aux désirs égoïstes des parents ; un beau jour, ces mêmes parents se demandaient : « Qu'est-il arrivé ? » J'étais résolu à ne pas connaître la même situation.

Des conversations avec les enfants m'ont permis de comprendre que le milieu du mois de novembre serait une période déterminante, avec les examens scolaires, les réunions de professeurs et des décisions importantes pour leurs études futures. En toute conscience et compte tenu de mes sentiments à l'égard de mes enfants, je ne pouvais laisser cette charge à Vera et j'ai décidé de faire ce que je n'avais encore jamais fait. Le 13 avril 1971, j'ai écrit à Michael Rainer, de l'Organisation artistique internationale à Paris :

> « J'ai [...] décidé de réduire en partie le nombre de concerts déjà prévus dans la seconde moitié du mois de novembre, spécialement Rome, Venise et Londres. Inutile de me dire à quel point ce sera difficile [...] Je dois vous demander de le faire dès maintenant. Je n'ai pas l'intention d'invoquer une maladie imaginaire de dernière minute [...] Vous comprendrez que je n'ai pas pris cette décision à la légère — elle a été le fruit de quelques jours de lutte. Le plus difficile a été de me voir sous mon vrai jour et de comprendre que ma vie, la musique, les concerts, tout cela continuera à se dérouler sans grand changement, que je joue un peu plus ou un peu moins, jusqu'à ce que les enfants aient atteint l'âge adulte et commencent à forger leur propre vie. La véritable différence, c'est que je serai un homme plus heureux et donc un musicien plus heureux. Et, dans le monde d'aujourd'hui soumis à de terribles pressions, mes enfants sauront peut-être employer ce temps comme base d'une vie de famille au cours des décennies futures. »

Environ un mois plus tard, j'ai commencé avec Zakin une tournée qui nous a menés en Espagne, en Australie, en Nouvelle-Zélande et en Grande-Bretagne. À Londres, j'ai participé à l'enregistrement de la bande sonore de la version cinématographique du *Violon sur le toit*. Ces trois jours ont été vraiment un travail d'amour, car j'adorais la comédie musicale. Quel merveilleux moment j'ai passé avec mon violon pour créer le fond sonore de cette histoire touchante et magnifique !

En juillet et en août, toute la famille s'est retrouvée dans une situation de rêve. Le flûtiste Jean-Pierre Rampal, qui avait une maison en Corse, m'avait suggéré d'en louer une.

Celle que j'ai trouvée avait de grandes chambres à coucher, une cuisine, une salle à manger et, également, des vérandas couvertes pour retenir l'air frais de la nuit et du petit matin. L'endroit était constamment baigné de soleil. Beaucoup d'espaces ouverts laissaient pénétrer les courants d'air, ce qui était essentiel à cause de la terrible chaleur de la journée et de l'absence de climatisation. Et comme l'eau courante était de qualité douteuse, nous avons bu du tonic du matin au soir — nous en avons consommé des hectolitres. De bons courts de tennis. La télévision. Avec une assez bonne radio, on pouvait capter les petites ondes. Mon premier véritable repos en près de trois ans. Un coin tranquille, l'air fleurant bon la menthe sauvage et l'eucalyptus, les montagnes tout autour de nous, la mer Méditerranée limpide à nos pieds. La maison ne possédait pas le téléphone. Vu la façon dont je vivais normalement avec cet appareil — au moins une demi-douzaine d'appareils à proximité pour parler constamment à des interlocuteurs dans le monde entier — son absence posait un problème. Je devais prendre rendez-vous à la poste du village pour appeler. La maison était située sur une colline ; une voiture était indispensable pour se rendre au village. De plus, il fallait tenir compte des divers fuseaux horaires des personnes que l'on souhaitait appeler.

Rampal et sa femme, Françoise, habitaient une jolie maison avec son père à lui, un vieil homme merveilleux, originaire de Marseille. Rampal, un homme grand, rondelet, espiègle, l'un des interprètes les plus irrésistibles que j'aie jamais connus, était absolument passionné de musique, qu'il la joue ou qu'il l'écoute, s'intéressant au sens de chaque note. Il a virtuellement fait de la flûte un instrument soliste du XX^e^ siècle : il y avait eu de grands flûtistes dans le passé, mais en général ils étaient liés à des orchestres d'une façon ou d'une autre. Rampal a lui aussi joué dans des orchestres à une certaine époque, mais avant lui, personne n'avait vraiment fait une carrière complète de soliste donnant seul en scène des récitals, avec accompagnement de piano ou de clavecin, ou jouant en soliste des concertos avec orchestre. Il a fait revivre un énorme répertoire, particulièrement celui de l'ère baroque, et il a fait jaillir des transcriptions pour flûte d'œuvres pour violon.

Beaucoup de pièces pour flûte du XX^e siècle ont été composées à cause de lui et pour lui.

Ce dévoreur insatiable de musique était également un grand amateur de bonne cuisine, domaine dans lequel il était fin connaisseur. C'était également un photographe fanatique. Il possédait au moins trente appareils et savait se servir de tous ; j'ai même eu l'impression qu'il tenait autant à certains de ses appareils qu'à sa flûte. Sa femme, charmante, séduisante, merveilleuse maîtresse de maison et cuisinière hors pair, avait un sens de l'humour très développé et beaucoup de patience envers les folies de son mari. Ils formaient tous les deux l'exemple type de la bonne famille française.

Nous avons vraiment connu des moments formidables cet été-là. J'ai appris à déguster des *oursins*[1]. Un jour, je suis allé avec Jean-Pierre et son père jusqu'à la baie, où nous sommes montés à bord d'une barque. Nous avions emporté une fiasque de Pernod, des bouteilles d'eau fraîche, des petites cuillers, trois verres et du citron, des lunettes de plongée et des couteaux. Nous sommes partis, puis, après avoir mis nos lunettes, nous avons plongé par-dessus bord. Avec les couteaux, nous avons détaché les oursins des rochers avant de revenir au bateau pour que le père de Jean-Pierre sectionne avec soin l'extrémité de chaque coquille ; il versait également du Pernod dans les verres, le coupait d'eau fraîche ce qui rendait le liquide trouble. Nous avons mangé les oursins frais à la petite cuiller et bu le Pernod, en pleine mer. Nous y sommes restés des heures. J'ai appris à flotter sur le ventre à la surface de l'eau, avec des lunettes, en cherchant des oursins. Mais en flottant, je me suis longuement exposé le dos au soleil méditerranéen et lorsque je suis rentré à la maison en fin de journée, j'avais une brûlure en forme de croix sur tout le dos, qui a provoqué d'énormes cloques et beaucoup de fièvre. J'ai été malade pendant plusieurs jours. Mais les oursins étaient fameux et le Pernod superbe. Quelle merveilleuse journée !

Il y avait plein de choses à faire en famille : nager, faire du bateau, du tennis. Nous avons fait une expérience très étrange cet été-là : j'étais assis sur le balcon de la maison, dans ce

1. En français dans le texte.

coin idyllique, et je regardais à la télévision le reste du monde poursuivre avec lassitude sa routine habituelle.

Il m'a fallu un certain temps pour ralentir mon moteur interne après une si longue période de travail ininterrompue. Mais je ne pouvais quand même pas me couper de tout pendant trop longtemps ; je me suis donc attaqué à la montagne de correspondance que j'avais emportée et j'ai commencé à dicter mon courrier sur cassettes, que j'ai envoyées par avion à ma secrétaire à New York, pour qu'elle tape les lettres et les expédie. Au milieu des baignades, des jeux, de la bonne chère, de la famille et des Rampal, j'ai réussi à traiter une quantité non négligeable de correspondance. J'ai notamment écrit à Sasha Schneider pour lui demander de venir avec moi en Israël à la fin de l'année inaugurer un grand institut de musique. J'ai également écrit à des organisateurs de concerts en Finlande et en Australie au sujet de prestations passées et à venir dans leurs pays ; à Leonard Rose à propos des concerts du Trio durant la semaine d'inauguration du Kennedy Center à Washington ; à un vieil ami de l'époque de San Francisco, Henry Shweid, pour refuser l'invitation de l'Orchestre symphonique de San Jose, à cause d'engagements antérieurs pour enregistrer et pour jouer à la télévision. Dans une lettre au colonel Harold Riegelman, un ami proche de New York qui m'avait beaucoup aidé dans la lutte pour sauver Carnegie Hall onze ans plus tôt, j'ai écrit que je profitais pleinement de mes plus merveilleuses vacances depuis dix ans et que le téléphone ne me manquait vraiment pas.

En vérité, Carnegie Hall n'a jamais été très loin de moi, où que je me trouve. À New York, quelques mois plus tôt, j'avais répondu à une lettre d'un homme très perturbé par la tenue de certaines personnes dans la salle que je souhaitais également que tout le monde se donne la peine de venir au concert correctement vêtu. Mais j'avais ajouté que nous vivions à une époque où les mots « tenue correcte » avaient un sens différent selon les personnes concernées et que, si Carnegie Hall était géré par la société que je présidais, la salle appartenait à la ville de New York et devait donc respecter les lois de cette ville. Et à New York, la tenue vestimentaire ne constituait pas une base d'exclusion d'un lieu de rencontre public.

J'ai eu beau m'être éloigné le plus possible de Carnegie Hall cet été-là, la salle m'a suivi en la personne de son directeur administratif de l'époque, Julius Bloom, qui est venu passer quelques jours en Corse pour étudier certains dossiers concernant la salle. Après avoir dégusté de bonnes langoustes, du bon vin et du fromage de chèvre, nous avons longuement parlé non seulement de l'aménagement du bien immobilier situé à l'est de la salle, mais également des projets artistiques et esthétiques pour les quatre ou cinq années à venir.

Ensuite, j'ai écrit à Henry Kissinger, pour lui adresser une requête très personnelle :

> « Nous ne nous sommes pas vus depuis longtemps [...] Je vous écris de Corse où je suis en vacances avec ma famille jusqu'à la fin du mois d'août. D'abord et avant tout, pour vous féliciter de la réussite extraordinaire de votre visite en Chine et des dispositions très habiles que vous avez prises pour la visite prochaine du président [...] Ensuite, je voudrais vous demander si vous pourriez m'aider à réaliser un très vieux rêve, celui d'aller en Chine et peut-être d'y jouer. Ce pays et son peuple m'intriguent depuis de nombreuses années, mais en l'absence de relations diplomatiques je me trouve dans l'impossibilité de présenter directement la moindre requête. De l'extérieur, personne ne peut savoir quels genres de contacts s'établiront entre les États-Unis et la Chine au cours des mois à venir, mais s'il m'était possible d'y aller, je ferais tout mon possible pour coopérer... »

C'est en apprenant que le docteur Kissinger était allé en Chine et que le président Richard Nixon était sur le point de s'y rendre que j'ai eu l'idée d'écrire cette lettre.

Je savais que la culture chinoise était l'une des plus anciennes du monde, avec des traditions artistiques, littéraires et musicales séculaires ; et que, malgré l'étendue de sa culture, le peuple chinois avait péri de famine au cours des siècles entre les mains des seigneurs de la guerre. Pourtant ce pays était passé d'un état de subsistance à peine suffisant à une situation où chacun était vêtu, logé et nourri. Il était sorti de la misère et de la désunion pour entrer dans la cohésion et être dirigé. J'étais curieux de découvrir comment cette mutation s'était produite. Plus tard, lorsque je m'y suis rendu, j'ai appris que la Longue Marche — début d'un processus qui se terminera, après quinze ans, par la défaite des armées de Tchang Kaï-chek et la création de la République populaire de Chine — fut entreprise à l'origine seulement par quelques centaines d'hommes menés par Mao Zedong. J'étais fasciné à l'idée que la destinée de centaines de millions d'êtres humains ait pu basculer à cause de partisans ; et cette idée m'a donné envie de voir le pays et de rencontrer les Chinois.

J'avais fait la connaissance de Henry Kissinger au cours d'un dîner à la Maison-Blanche, où nous étions à la même table. Nous avions conversé facilement et paru nous comprendre ; il m'a donc semblé naturel de me tourner vers lui pour solliciter son aide. J'ai toujours aimé participer aux débuts d'un événement important. Je ne me faisais aucune illusion sur le rôle que je pourrais jouer dans nos nouvelles relations avec la Chine ; je voulais juste participer à leurs débuts.

De retour à New York en ce mois de septembre, j'ai déjeuné avec le Dr Kissinger à Washington ; selon lui, ce projet était prématuré dans nos relations avec la Chine, et certains signes d'instabilité politique au sein du Parti communiste chinois étaient manifestes. Il valait mieux pour le moment renoncer à l'idée d'y aller. Henry et Nancy Kissinger sont devenus des amis proches.

Il y a un autre pays où je ne me suis pas rendu cette année-là — non pas à cause d'un empêchement, mais parce que je ne le voulais pas : c'est l'Allemagne. Mon instinct m'a toujours poussé à faire de la musique le mieux possible et à utiliser la musique comme un geste naturel entre les êtres humains. Au cours de toute ma carrière d'interprète, cet instinct n'a connu qu'une limite, une seule frontière que je n'ai jamais accepté de franchir : je ne voulais jouer ni en Allemagne ni en Autriche. Cette détermination s'est renforcée lorsque j'ai visité Auschwitz au milieu des années 60 et de nouveau en 1972, dans une correspondance avec un grand chef d'orchestre allemand, Kurt Masur.

J'ai souvent parlé avec Vera de ce qu'elle a vécu durant l'Holocauste : son père arrêté à Paris, assassiné à Auschwitz ; l'époque où elle se cachait avec sa mère et sa sœur, terrorisés par les Allemands ; ses années de guerre en Suède. Lors de l'un de nos premiers voyages à Paris, elle m'a montré où elle allait à l'école, où les juifs avaient été regroupés après les arrestations massives de juillet 1942, où s'étaient déroulés les interrogatoires et où s'était opéré le tri avant le départ vers les camps de la mort. Nos enfants savaient ce qu'avait vécu leur mère pendant la guerre ; ils savaient également que ma décision de ne pas jouer en Allemagne et en Autriche était antérieure à notre première rencontre et n'avait rien à voir avec ce que j'avais appris par la suite sur ses souffrances et ses terreurs. Cette décision était totalement mienne.

Lorsque j'ai joué à Cracovie, dans les années 60, j'ai demandé à aller à Auschwitz, où j'ai rencontré une survivante. Je ne parlais ni le polonais ni l'allemand, ses langues à elle, et elle ne parlait ni l'anglais ni le russe, mes langues à moi. Nous avons découvert que nous pouvions facilement nous parler en français. J'ai traversé tout le camp avec elle, block après block. Je me souviens m'être arrêté devant une vitrine de neuf mètres de long, trois mètres cinquante de profondeur et six mètres de haut, pleine de cheveux de femmes. Ensuite nous avons vu les restes des chambres à gaz et les fours que les Allemands avaient dynamités au moment de la retraite. Elle m'a parlé de son passage à Auschwitz, de ce qui lui était arrivé là. Je ne saurai jamais comment elle a pu parler de telles choses, en cet endroit. J'ai oublié son nom. Je me souviens qu'elle m'a incité à me pencher pour ramasser de la terre et l'écraser dans ma main. Elle était pleine de cendres d'os. Pendant plusieurs jours, j'ai pris trois ou quatre douches par jour et j'ai passé mon temps à me laver les mains. Je n'arrivais pas à me sentir propre.

Dans la lettre qu'il m'a adressée en octobre 1971, Kurt Masur m'a demandé si je voulais jouer en Allemagne. Mon programme de tournée étant très chargé, je n'ai pas pu lui répondre avant le milieu du mois de février 1972. Je lui ai dit que j'aimerais être capable de renoncer à mon refus d'apparaître sur le sol allemand, d'en accepter l'idée au plus profond de moi-même et de vivre avec ce que je pourrais penser et ressentir après une telle décision. Mais, malheureusement, ce moment n'était pas encore venu. Je l'ai assuré qu'il n'y avait absolument rien de personnel dans ce refus. C'était un principe enraciné de longue date et en profondeur qui n'incluait ni rancœur ni colère envers un individu quel qu'il soit. Au cours de ces quinze dernières années, nous sommes devenus de bons amis et nous avons souvent fait de la musique ensemble, mais jamais en Allemagne.

## 21.

Au début des années 70, je me suis rendu chaque année dans environ soixante-quinze villes américaines et j'ai appris à connaître assez bien le pays. J'ai eu l'impression que l'on sous-estimait les jeunes Américains ; ils étaient des milliers à aimer les concerts, autant que le football et la danse. De nombreux jeunes animaient des clubs consacrés non seulement à la musique mais à toutes les disciplines artistiques. Ils se réunissaient chaque semaine, écoutaient des disques, allaient au concert et aimaient partager des activités sociales, inspirés par leur curiosité culturelle.

Un jour, à Philadelphie, pendant l'entracte qui a suivi ma prestation avec l'orchestre, j'ai dit quelques mots pour proposer d'aider de tels groupes musicaux à démarrer et j'ai insisté sur l'intérêt que je porte non seulement aux artistes interprètes, mais également aux mélomanes, qu'ils soient de simples auditeurs ou amateurs. La réponse fut étonnante. J'ai reçu des centaines de lettres. J'ai rendu visite à ces groupes à Minneapolis, Wichita, Rochester, Montréal et dans d'autres villes. Un grand nombre de mes collègues — Artur Rubinstein et plusieurs autres — se sont intéressés à ces groupes musicaux ; ils ont des possibilités fabuleuses et ont constitué une pépinière de futurs enseignants et interprètes, ainsi qu'un auditoire intelligent et potentiellement vital.

Je me suis non seulement intéressé à la culture musicale américaine dans son ensemble, mais plus particulièrement aux violonistes américains. Il n'y avait pas de lacune dans la connaissance de la technique du violon, mais on aurait certainement pu améliorer notre application pratique de ces connaissances.

Dans une interview sur la technique du violon, j'ai donné quelques conseils sur l'instrument. En y repensant des années plus tard, je me suis souvenu avec effroi comment, dans ma prime jeunesse, je m'étais obligé à adopter certaines positions de la main et à faire certains sauts. Bien qu'il m'ait fallu des années d'expérience avant d'apprendre à utiliser mes mains avec un maximum d'efficacité, j'étais convaincu qu'on pouvait obtenir encore davantage de progrès durant les premières phases d'apprentissage du violon avec, en dehors du travail réel, une étude approfondie consacrée à la meilleure façon de surmonter les difficultés. Il était important que les professeurs de violon fassent vraiment comprendre comment parvenir à la maîtrise musculaire des mains. Il fallait absolument que l'enseignant s'intéresse aux capacités physiques de chaque étudiant. Il fallait que le jeune violoniste ne se contente pas de travailler correctement, mais qu'il pense de façon constructive et qu'il tente de trouver la technique la mieux adaptée à sa main. En ce qui concerne la pratique instrumentale, aucun jeune musicien ne peut aborder avec enthousiasme le travail fastidieux qui est la base de la réussite. Ce n'est que plus tard, lorsque l'élève prend conscience de son aptitude à construire ses propres sonorités musicales et fait la découverte excitante de sa capacité à créer quelque chose de spécial, c'est alors seulement qu'il peut s'intéresser davantage au travail qu'il doit accomplir. La charge de travail imposée à l'enfant doit se limiter au minimum jugé nécessaire par son professeur, sans dépasser les limites de la concentration. Lorsqu'il cesse de se concentrer sur ce qu'il fait, le travail n'a plus aucune valeur.

On m'a demandé s'il m'était arrivé, en jouant en public, de penser à ce qui allait survenir et j'ai expliqué que je ne jouais jamais sans penser aux deux ou trois mesures suivantes. J'en ai toujours eu une impression mentale. Pour moi, dans chaque passage, il y a toujours une note pivot autour de laquelle je prépare mes doigtés et mes changements de position. Ensuite, je règle le passage. Lorsque je joue, j'ai toujours à l'esprit l'image mentale de la position que doit prendre ma main gauche et de l'endroit où les doigts doivent se situer avant et après cette note pivot.

En ce qui concerne le bras de l'archet, il y a une règle générale qui concerne le pouce pour que l'archet soit toujours clairement et soigneusement parallèle au chevalet ; la distance entre le chevalet et la table dépend de la qualité du son que l'on veut produire et de la pression de l'archet requise pour obtenir cette sonorité. En général, cette conception des coups d'archet parallèles est correcte, mais il faut l'adapter à la longueur du bras droit de chaque instrumentiste. Certains jeunes ont les bras si courts que, s'ils essaient de maintenir l'archet parallèle en permanence, ils étirent les deux muscles qui donnent la souplesse indispensable à sa maîtrise de l'archet, l'extenseur et le fléchisseur, qui vont respectivement de la base du majeur au coude, et de la base du pouce au coude. Chaque fois que ces deux muscles s'étirent en ligne droite, ils perdent la souplesse nécessaire pour maîtriser la vitesse de l'archet et sa pression sur les cordes. Ces deux muscles sont faciles à identifier en formant un cercle avec le majeur et le pouce de la main droite et en les pressant l'un contre l'autre — on sent immédiatement les deux muscles se contracter. Il faut toujours protéger leur souplesse pour pouvoir utiliser l'archet au maximum de sa puissance. En outre, il faut enseigner la vitesse de l'archet et apprendre à l'utiliser comme une arme musicale. Trop souvent, on le laisse se déplacer rapidement avec insouciance au milieu, ce qui réserve très peu de place à la pointe ou au talon pour terminer une phrase.

On voit souvent de jeunes instrumentistes qui ne savent pas qu'en mettant en rotation la main de l'archet et en appliquant la majeure partie de la pression sur celui-ci avec l'index, on écrase la corde. En revanche, si le cercle formé par le majeur et le pouce est le centre de pression, on conserve une pression qui peut contrôler tout l'archet sans écraser la corde, ce qui évite cette sonorité grinçante, apanage normal de tous les jeunes instrumentistes. En ce qui me concerne, si tout le poids du bras est suspendu à ce majeur, il se trouve dans la position qui est la plus naturelle pour moi, la maîtrise de l'archet est tout aussi naturelle et le son a une bonne consistance. Il ne faut pas oublier non plus que, comme au tennis, au ping-pong ou au golf, la fin du coup est importante. Toute personne jeune qui pratique également un sport reconnaîtra qu'en arrêtant subitement le mouvement avec une raquette de tennis, une raquette de ping-pong ou un club de golf, la balle partira de façon imprécise et dans la mauvaise direction. Il en va de même pour la maîtrise du son sur un violon. En général, la vitesse de l'archet doit être constante. On peut créer une accélération dans un tiré comme dans un poussé pour donner une inflexion musicale à une note ou une phrase donnée, sans l'accentuer ; une simple accélération de l'archet dans l'une ou l'autre direction peut engendrer un léger renflement du son lorsque cette accélération est bien faite. Il faut aussi apprendre à utiliser des coups d'archet rapides et légers, *flautando*, pour donner de l'air sous un son très calme, *piano* ou *pianissimo*, car l'archet va plus loin sans produire un son plus fort.

L'autre arme de la puissance musicale, que l'on utilise parfois sans discrimination, c'est le *vibrato*. Il s'agit de la discipline technique la plus difficile à enseigner car il implique plusieurs mouvements différents. Normalement, pour moi, un vibrato rapide régulier qui vient entièrement du bras avec un poignet assez raide n'est jamais assez varié ni assez fort pour traduire une emphase ou des atmosphères musicales très différentes. En fait, il existe à mon avis deux règles fondamentales : premièrement, lorsque vous entendez un vibrato, c'est trop ; deuxièmement, un vibrato doit être régulier, l'instrumentiste décide de vibrer plus ou moins selon l'orientation musicale, et il ne le supprime que lorsque l'accentuation musicale l'exige — autrement dit, un son blanc. Il est non seulement très difficile à enseigner, mais il est encore plus difficile à décrire avec des mots. Je pense qu'il part de l'arrière de l'épaule, descend le long du bras et termine dans un poignet souple qui peut faire pivoter le bout du doigt sur la zone de la note que l'on est en train de jouer. La vitesse et la largeur du vibrato doivent être *toujours* contrôlées afin de traduire une intensité calme, une émotion violente, une réflexion, une rêverie ou une passion — selon l'atmosphère requise par la musique. La seule comparaison qui me vient à l'esprit est un fouet de taureau de sept mètres de long muni d'une énorme poignée et d'une extrémité très fine. Si vous prenez ce fouet et faites un geste minuscule avec la poignée, vous obtiendrez un claquement très important à l'extrémité. En ce qui me concerne, j'ai la même idée de l'élan et du résultat final d'un vibrato. La comparaison n'est peut-être pas bonne, mais c'est tout ce que je peux faire avec des mots.

Une fois encore, pour résumer à l'intention de l'étudiant avancé, je voudrais essayer de faire une liste de certaines données qui, à mon avis, devraient être enseignées très tôt, et non acquises fortuitement après avoir pris de mauvaises habitudes :

1. Prendre conscience de la progression harmonique sous chaque note jouée au violon. Pour un jeune instrumentiste, il n'est jamais trop tôt pour apprendre la différence entre l'innocence d'ut majeur et la sombre complexité de fa dièse mineur ou entre mi bémol et ré dièse, selon l'harmonie sous-jacente et la direction dans laquelle se résout cette harmonie.

2. Choisir des doigtés qui correspondent à l'orientation musicale choisie et reconnaître la différence de couleur des cordes — le caractère brillant et ouvert des cordes de *la* et de *mi*, la couleur plus sombre de la corde de *ré* et le son profond de la corde de *sol*. Un changement de doigté permettant d'utiliser le timbre des cordes pour phraser n'est jamais négligeable.

3. La vitesse de l'archet. L'archet doit se déplacer régulièrement — ni plus vite ni plus lentement à un moment ou à un autre parce que vous avez la mauvaise habitude de ne pas écouter ce que vous êtes réellement en train de faire. L'oreille doit être formée à écouter le genre de son qui est vraiment produit. Et l'instrumentiste doit apprendre à choisir le genre de son qu'il (ou qu'elle) désire obtenir, et à utiliser la vitesse de l'archet en conséquence.

4. Le vibrato. Le vibrato est l'équivalent du larynx, des cordes vocales pour tous les violonistes. Et une fois encore, connaissance, imagination et concentration sur ce que l'on peut faire entre chaque note ont une importance primordiale.

Tous ces matériaux de construction sont, à mon avis, indispensables pour que l'étudiant comprenne que faire de la musique ce n'est pas seulement jouer ces petits points ronds couchés sur une feuille de papier, mais tenir compte également de ce qui se passe *entre* chaque note — d'où l'on vient et où l'on va. Ce sont ce flux et ce reflux constants qui créent une ligne musicale. La maîtrise de cette ligne musicale fait toute la différence entre le musicien et le simple violoneux. À moins qu'un enfant fasse preuve d'un talent vraiment remarquable dès son plus jeune âge, je pense qu'il ne doit pas commencer à travailler un instrument quel qu'il soit avant l'âge de cinq ou six ans. En tout cas, tous les jeunes débutants devraient apprendre à utiliser les Études de gammes de Carl Flesch avec leurs variantes : en tierces, en sixtes, en octaves, en dixièmes et en harmoniques. Il faut toujours montrer aux élèves comment lire l'ensemble de la partition qu'ils sont en train d'apprendre, même si c'est simple ou élémentaire. Je pense qu'il n'est jamais trop tôt pour apprendre à un élève comment une seule ligne horizontale peut faire partie d'un tableau d'ensemble avec des harmonies et des accompagnements au-dessous. Apprendre à mémoriser seulement les notes que l'on joue sans entendre leur relation avec tout ce qui se passe par ailleurs manquerait de perspicacité et serait finalement ennuyeux.

Le matin, lorsque je prends mon violon, je ne joue rien qui risque de me créer une tension inutile dans les mains pendant les cinq ou dix premières minutes ; elles ont, comme moi, besoin d'un peu de temps pour se réveiller. Je ne fais pas non plus d'exercices digitaux silencieux. Une fois passés ces premiers moments, mes mains se réveillent complètement, je peux aborder une nouvelle œuvre d'un compositeur contemporain comme Prokofiev, Bartók, Berg, Lutoslawski, Penderecki ou Dutilleux. Leur musique est très différente des œuvres de Beethoven, Bach, Mozart, Brahms et Schubert, dont je connais déjà fort bien les voix et langages musicaux. Dans le cas des compositeurs classiques, je n'ai qu'à apprendre comment leurs voix déjà familières s'expriment dans l'œuvre spécifique que j'étudie. Mais avec les compositeurs contemporains, j'ai l'impression d'apprendre une nouvelle langue. Ils disent à peu près la même chose que leurs prédécesseurs, mais avec un autre accent, des inflexions sur des syllabes différentes. Cela implique de prendre les termes de référence que j'ai déjà pour la musique classique et de les appliquer au langage musical contemporain. Inévitablement, j'ai vite trouvé d'étroites relations entre les idées nouvelles et celles que l'on utilise dans le processus d'apprentissage de la musique classique. J'essaie de saisir le son du langage contemporain, la cohérence interne de l'œuvre. La mémoire m'est devenue instinctive ; travailler assez longtemps avec un langage nouveau me l'a rendu familier.

On me demande souvent ce que je fais lorsque je suis seul dans ma loge silencieuse juste avant un concert. J'essaie de faire quelques respirations profondes et de jouer calmement un passage des œuvres que je vais interpréter ou, mieux encore, une mélodie ou un extrait d'une œuvre très différente de ce que je vais jouer ce soir-là. Ça me procure un peu de détente et ça réduit le stress du moment.

En traversant en voiture les bois du Vermont par une nuit de juillet 1972, pour aller dîner chez Sasha Schneider, j'ai appris à la radio la mort de Göran Gentele, dans un accident de voiture en Europe. Quel choc ! J'en ai presque quitté la route.

Gentele venait d'être nommé directeur général du Metropolitan Opera. Petit et mince, toujours bien habillé, le corps souple prêt à bondir en permanence, il avait une énergie et un enthousiasme illimités. Extrêmement cultivé dans le domaine artistique, il avait le don de réunir musique et idées. Il avait été directeur de l'Opéra suédois et metteur en scène de théâtre. Il connaissait les musiciens, les écrivains, les danseurs, les chorégraphes scandinaves et étrangers. Nous avions passé des jours et des nuits merveilleux à Stockholm à aller au concert, à l'opéra ou au théâtre, à nous délecter de délicieuses boissons et de harengs suédois. Göran connaissait les classiques et brûlait de découvrir les contemporains. Je me suis trouvé étroitement impliqué dans sa venue à New York et son engagement au Met. Gentele et sa femme, Marit, étaient venus très souvent chez nous, où il avait d'ailleurs pris certaines décisions importantes. Notamment, vers deux heures du matin, après trois heures de discussion, il avait choisi de mettre en scène lui-même la première de *Carmen* au Met. Presque toute la joie que cet été aurait pu nous apporter a été balayée par sa mort.

Quelques semaines plus tard, lorsque nous sommes partis en famille en croisière en Méditerranée sur le paquebot *Renaissance*, croisière durant laquelle j'ai fait de la musique de chambre avec de nombreux amis, nous avons appris que des athlètes israéliens avaient été assassinés par des terroristes palestiniens, lors des jeux Olympiques de Munich — et ce petit intermède de bonheur a été, lui aussi, réduit à néant. Cette année-là, en raison de l'absurdité et de la médiocrité des élections de novembre aux États-Unis, on attendait avec une certaine impatience que l'année 1972 se termine. Mais un événement particulièrement heureux s'est produit avant la fin de l'année : Michael, notre premier fils, a fait sa *bar-mitzva* au Jewish Theological Seminary de New York, pendant le service habituel du samedi matin pour les étudiants. Michael a lu des extraits de la Torah et de la Haftara. Dans la Torah, il a lu l'histoire de Joseph et ses frères. Michael lisait bien et, en outre, il connaissait le sens des mots hébreux et comprenait ce qu'il lisait. Nous en avons éprouvé une grande fierté. Après le service, il y a eu une petite réception dans la pièce attenante à la cafétéria des étudiants, mais ni déjeuner extravagant dans un hôtel, ni grand bal, ni safari en Afrique — juste quelques amis proches et une donation au fonds des bourses pour les étudiants du séminaire. Shira, qui était devenue une ravissante jeune femme, envisageait une carrière paramédicale ; elle voulait devenir infirmière en pédiatrie. Et le petit David grandissait adorablement, en bonne santé, avec une douceur touchante. Quel jour heureux pour la famille !

# 22.

Nous avons passé le mois de juillet 1973 dans notre maison reconstruite du Connecticut. J'ai essayé de me détendre après un hiver et un printemps de travail et de voyages, tout en rattrapant le retard accumulé dans de nombreux domaines durant les mois d'absence. Ma mère était en vacances en Europe et Shira dans un kibboutz en Israël, où elle cueillait des fruits de quatre heures du matin à midi et les emballait dans un entrepôt.

Je n'étais plus membre du conseil du National Endowment for the Arts, ni d'aucun organisme consultatif, mais beaucoup de gens l'ignoraient. Ils continuaient à m'écrire pour demander des subventions pour leurs projets — un physicien voulait faire des recherches sur la production sonore au violon et sur les variantes liées à la mèche, à la colophane et à l'épaisseur des cordes — et il me fallait répondre à leurs lettres. Naturellement, j'étais encore impliqué dans Carnegie Hall, et même au point de me consacrer au problème du bruit provenant du métro qui passait sous la salle. Le grondement était épouvantable, surtout pendant les moments très doux d'une exécution. (Une partie du bruit allait disparaître en 1986, lors d'une rénovation majeure de la salle.) J'ai aussi fait savoir que je ne serais pas à Paris en septembre pour la représentation du *Moses und Aron* de Schoenberg, qui devait ouvrir la saison lyrique et à laquelle j'étais invité, car les dates tombaient la veille et le jour de la Rosh Hashana, le nouvel an juif. Même si je n'étais pas pratiquant, je renonçais à toute apparition en public les jours de grandes fêtes religieuses par respect pour les sentiments de mes coreligionnaires.

Au début du mois d'août, nous sommes partis en famille pour Israël pour l'ouverture du Jerusalem Music Centre, dont je rêvais depuis des années. Sasha Schneider, Leonard Rose et Pablo Casals — jeune et alerte à quatre-vingt-seize ans — ont participé avec moi à cette inauguration. Pendant le reste du mois, nous avons fait de la musique avec de jeunes instrumentistes de quatorze à vingt ans. À un moment donné, j'ai passé cinq jours et demi à interviewer Casals. Nous avons parlé de ses premières années à Paris, des étés de musique de chambre et des parties de tennis avec Fritz Kreisler, Eugène Ysaÿe et d'autres grands artistes qui étaient ses amis proches ; des tournées pendant lesquelles il donnait un concert par jour et deux le dimanche ; de ses souvenirs sur Anton Rubinstein et Pablo de Sarasate ; de ses premiers concerts à Saint-Pétersbourg à peu près à l'époque de la révolution manquée de 1905. Une conversation cordiale à bâtons rompus, la lumière du soleil de Jérusalem s'infiltrant dans la pièce. Je me souviens que, pendant que nous parlions, la porte s'est ouverte sur Golda Meir et David Ben Gourion venus saluer Casals. Quelle rencontre mémorable !

En septembre, je me suis envolé vers l'Europe et la famille est rentrée à New York. Le jour du Yom Kippour, j'étais à Paris et je suis allé rendre visite à un ami pour attendre avec lui la fin de la journée de jeûne ; c'est là que j'ai appris que les armées égyptiennes et syriennes avaient attaqué Israël. J'ai tout d'abord pensé que cela se terminerait rapidement, avec une déroute des armées arabes, mais les jours ont passé et les nouvelles se sont aggravées. J'étais alors à Strasbourg. Je me souvenais de la guerre de 1967, lorsque j'avais voulu arriver en Israël aussitôt, mais que je n'y étais pas parvenu et n'étais arrivé que cinq jours après la fin des combats. J'ai téléphoné à la maison et ai parlé à Vera : « Je pense que je vais devoir y aller. » Il y a eu un long silence, puis sa réponse : « Je pensais bien que tu en avais l'intention. Vas-y. Mais fais attention à toi. Et ne fais rien que tu ne doives pas faire ».

Je devais jouer le lendemain à Rotterdam. Connaissant la gentillesse dont avaient témoigné les Néerlandais envers les juifs sous l'occupation nazie et leur soutien à Israël au fil des ans, j'ai décidé de ne pas annuler le concert. Mais je n'aurais pas pu annuler avec plus de plaisir le concert de la semaine suivante en Yougoslavie, pays opposé depuis longtemps à Israël. Il y avait toutefois un problème : l'ambassadeur des États-Unis en Yougoslavie m'attendait ; il fallait que je l'informe de mon intention d'annuler ce concert. J'ai essayé de le joindre de Paris, mais les Français étant en grève comme d'habitude, les lignes internationales ne fonctionnaient pas. J'ai demandé à l'ambassade des États-Unis à Paris de télégraphier l'annulation. Je n'ai pas dit aux organisateurs de concerts en Yougoslavie que j'étais malade ou que j'avais un autre engagement ; je leur ai dit franchement que j'étais en route pour Israël.

J'ai ensuite appelé l'ambassadeur d'Israël à Paris pour lui annoncer que je désirais me rendre dans son pays et lui demander de me mettre sur le premier vol disponible. Deux jours plus tard, à 5 h 30 du matin, j'ai quitté Rotterdam à bord d'un avion de transport d'El Al. L'appareil a fait plusieurs escales en Europe, pour prendre des fournitures et des réservistes. Nous avons atterri à Tel-Aviv vers minuit. C'était le couvre-feu. C'était inquiétant de voir une ville de la taille de Tel-Aviv dans une totale obscurité ! Le lendemain matin, des représentants de plusieurs orchestres sont venus discuter avec moi à mon hôtel de ce que je pourrais faire. Il y avait encore des concerts, mais ils étaient donnés assez tôt pour permettre aux auditeurs de rentrer chez eux avant la nuit. Mais il était difficile de se rendre au concert : la plupart des autobus et des voitures particulières servaient à transporter des soldats. Je suis passé à la télévision le soir après les nouvelles et j'ai donné mon premier concert pour faire savoir à la population que j'étais dans le pays et que je participais à la guerre au mieux de mes capacités. Du studio de télévision, je suis allé au Mann Auditorium, où je suis arrivé au moment où le concert se terminait. Je suis monté sur scène et j'ai commencé à jouer avec l'orchestre — sans répétition.

Les jours suivants, j'ai joué plus d'une douzaine de fois, matin, midi et soir : des concerts gratuits, à 14 h 30, lorsque les gens pouvaient y assister. Des familles entières venaient, avec des enfants et des bébés dans les bras. Des soldats traversant la ville pour rejoindre leurs unités faisaient une apparition, des médecins en congé, des membres du personnel d'El Al. L'une de ces employés m'a dit qu'elle avait travaillé vingt-six heures d'affilée avec les passagers qui quittaient le pays et ceux qui y arrivaient. « Vous n'avez aucune idée de ce que cela a représenté d'avoir de la musique pendant une heure et demie et de se plonger dans autre chose que l'horreur à laquelle nous sommes confrontés chaque jour. »

Un jour, je suis arrivé, avec l'Orchestre philharmonique d'Israël, dans une grande base aérienne, où les avions Phantom se trouvaient à environ trois minutes de vol des hauteurs du Golan. Le commandant de la base nous a dit qu'ils n'avaient encore jamais rien fait de tel, mais qu'ils aimeraient voir comment ça se passerait. Cette base comportait une petite salle avec une scène. L'officier commandant nous a dit :

— Ne jouez rien de long, pas une symphonie entière.

Nous sommes montés sur scène. J'ai demandé à Zubin Mehta ce qu'il avait apporté.

Il m'a répondu :

— J'ai apporté Tchaïkovski, Mendelssohn, Bach.

— Aucune importance pour moi. Quoi que vous commenciez, je terminerai.

Au début, il y avait davantage d'instrumentistes sur scène que de personnes dans l'auditoire. Des avions atterrissaient et décollaient tout le temps. On entendait le ronflement des moteurs. Si un avion avait été touché et réussissait à rentrer, il était réparé et prêt à voler de nouveau en quelques heures. Les mécaniciens vivaient à quelques mètres de l'appareil dont ils étaient responsables. On leur apportait de la nourriture et des vêtements de rechange. Ils étaient en alerte permanente. Personne ne savait ce que la musique pourrait représenter sur cette base. Nous avons commencé à jouer. Bientôt, il y a eu dix personnes dans la salle. Puis vingt. Puis soixante-dix. Très vite, elle a été aux trois quarts pleine. J'ai vu des hommes en treillis entrer, rester un moment, puis repartir très calmement. J'ai ensuite découvert qu'il s'agissait de pilotes en état d'alerte. Une fois, tout un groupe de pilotes a quitté la salle d'un seul coup. Nous avons continué à jouer et, quelques minutes plus tard, nous avons entendu le ronflement des avions en train de décoller. Nous étions toujours en train de jouer lorsqu'ils sont tous rentrés. Ils sont revenus dans la salle, se sont assis pour nous écouter et, lorsque nous avons terminé, ils nous ont amenés à leurs avions, où nous nous sommes regroupés pour discuter.

L'expérience la plus éprouvante a été celle des hôpitaux. Je me vois encore arrivant à l'hôpital Hadassah à Jérusalem, accueilli par un homme blessé la veille sur le plateau du Golan, qui avait perdu quatre doigts d'une main : du sang suintait encore de la blessure pansée. Il avait un trou béant sur un côté du visage. C'était un fanatique de musique et, en apprenant que je venais, il avait insisté pour sortir de son lit et m'accueillir à la porte. Je suis allé dans les salles parler avec quelques hommes. Des ambulanciers ont amené soixante à soixante-dix hommes dans un couloir et ont improvisé une petite scène avec un micro. Je n'avais pas d'accompagnateur et je dois admettre qu'il m'a fallu une certaine dose d'ingéniosité pour imaginer une version du *Concerto pour violon* de Mendelssohn qui puisse se jouer seul, sans orchestre, en cinq à dix minutes — le temps alloué par le personnel à ce groupe de blessés. J'y suis parvenu en fredonnant quelques-unes des parties d'orchestre, puis je suis allé dans d'autres salles. À un moment, le directeur de l'hôpital m'a demandé si je voulais bien l'accompagner auprès de quelques cas plus critiques. Je lui ai dit : « C'est pour cela que je suis ici. Dites-moi ce que je dois faire. » Il m'a expliqué que, jusqu'alors, les personnes chargées des divertissements qui étaient venues à l'hôpital n'avaient pas été autorisées à aller dans les salles où se trouvaient les grands blessés, mais qu'il avait entendu dire que j'avais déjà joué pour des blessés auparavant. Nous sommes entrés dans une pièce. J'ai vu quatre hommes, brûlés presque de la tête aux pieds. Ils étaient tous suspendus pour que le corps n'entre pas en contact avec le lit ; deux d'entre eux avaient le visage vers le bas, les deux autres le visage vers le haut. Deux appartenaient à une unité antiaérienne qui avait descendu un avion égyptien ; celui-ci était tombé en flammes sur le canon et avait tué trois hommes ; ces deux-là avaient survécu. Les deux autres étaient des tankistes, dont les chars avaient été touchés par le nouveau missile antichar de fabrication soviétique jusqu'alors inconnu que pouvait même actionner le soldat le moins averti.

Je me suis penché pour parler à chacun d'eux, pour leur demander si je pouvais jouer. Ils ont tous répondu :

— S'il vous plaît, mais avant, demandez aux autres.

Je me tenais là dans une demi-obscurité ; apparemment, pour les brûlés, les médecins ne voulaient pas beaucoup de lumière dans la pièce. Les infirmières tournaient autour des hommes, contrôlant des tubes auxquels ils étaient reliés. J'ai commencé à jouer du Bach, calme, contemplatif, profond, apaisant. Lorsque j'ai terminé, il y a eu un silence de mort. J'ai pensé que je devrais peut-être les quitter avec quelque chose de plus vivant et j'ai commencé à jouer une pièce de Fritz Kreisler, *Schön Rosmarin* ; pendant que je jouais, j'ai pu voir qu'un de ces hommes, qui était sur le ventre, levait légèrement la tête pour me voir. D'un mouvement de tête, j'ai demandé à l'infirmière de me laisser passer, ce qu'elle a fait. Il y avait de la place entre son lit et le mur ; je me suis donc penché et j'ai joué un moment directement pour lui. Je suis ensuite allé vers les autres lits et j'ai joué pour chacun des trois autres.

Après, en revenant de l'hôpital, la tête et le cœur pleins de cette expérience, j'ai compris à quel point ces heures passées là faisaient ressortir le besoin qu'ont les Israéliens de conserver ces aspects de la vie civilisée grâce auxquels l'humanité est restée unie tout au long de son histoire ; les éléments culturels de leur société n'avaient encore jamais été aussi vitaux pour eux, si fondamentaux à leur existence, que durant cette terrible guerre. J'ai aussi acquis la conviction qu'Israël, tel que je l'avais connu jusqu'alors, n'était plus, qu'il émergerait de cette guerre un pays nouveau. Ce pays devrait se regarder en termes très durs, mettre en valeur toute la force intellectuelle, morale et artistique qu'il possédait pour rester la nation unique et différente qu'il était dans cette partie du monde.

Depuis huit ou neuf ans, je me sens de plus en plus impliqué, parfois profondément attristé, par des attitudes publiques qui s'affichaient rarement de façon aussi ouverte dans le passé : les Israéliens dressés les uns contre les autres avec obstination, véhémence et violence. Je me demande comment les juifs d'Israël, qui savent ce que sont l'avilissement, l'humiliation et l'attaque physique, peuvent à leur tour humilier et insulter d'autres personnes qui sont, pour le meilleur ou pour le pire, leurs voisins permanents. Je m'étonne qu'ils ne se soient pas regardés et qu'ils ne se soient pas dit : « En dehors de la paix, quelle alternative y a-t-il ? Tuer ou être tué ? Voir les jeunes revenir morts ou blessés ? » Je crois ardemment qu'un authentique effort pour résoudre ces problèmes est le seul moyen qui permettrait à Israël de devenir la nation que nous espérons tous qu'elle sera et nous épargnerait d'autres cauchemars comme la guerre du Kippour. Avec les résultats étonnants des élections de 1999, j'ai repris espoir dans un avenir positif. J'opterais volontiers pour un cessez-le-feu strictement administré. La « paix » vient en vivant ensemble et non en signant un document.

J'ai joué dans d'autres hôpitaux. Un jour, un soldat blessé m'a dit :

— Je tiens à vous remercier d'être venu.

Je l'ai regardé, étonné :

— *Vous me* remerciez ?

J'étais déconcerté. J'ai toujours été profondément embarrassé chaque fois que l'on m'a remercié d'être allé jouer en Israël en temps de guerre.

J'ai donné un concert de bienfaisance avec l'Orchestre symphonique de Jérusalem sous la direction de Mendi Rodan, au théâtre de Jérusalem. Les billets ne coûtaient presque rien, mais chacun devait apporter quelque chose à envoyer aux soldats qui étaient au front : des radios à piles, des chaussures de tennis et des chaussettes, du café instantané et du lait en boîte — tout ce que l'armée jugeait utile pour les soldats. Une énorme pile d'objets a commencé à s'accumuler à l'endroit situé entre la scène et les sièges réservés au public, et de tous côtés les gens se sont assis non seulement sur ces sièges, mais sur des chaises et sur des caisses pour écouter le *Concerto pour violon* de Beethoven que nous jouions pour eux.

Je me souviens avoir rendu visite au maire Teddy Kollek à son bureau de Jérusalem, puis au premier ministre Golda

Meir. Je me suis assis avec d'autres personnes dans son bureau : les nouvelles sur la tentative du général Ariel Sharon pour couper en deux les armées égyptiennes arrivaient du front sud ; le problème était de savoir si son attaque audacieuse serait repoussée ou non par les Égyptiens. Golda était très nerveuse. Finalement, le rapport est arrivé : Sharon avait atteint son objectif. Je me souviens encore de l'enthousiasme et des énormes soupirs de soulagement qui ont envahi la pièce.

J'ai passé huit ou neuf jours en Israël. Juste avant de partir, j'ai téléphoné à ma famille de l'aéroport. Les deux garçons, seuls à la maison, ont répondu au téléphone. Je les ai entendus demander :

— Papa, où es-tu ?

Ils pensaient que j'étais encore en Europe ; Vera ne leur avait pas dit que j'étais allé seul en Israël. Lorsque j'ai dit :

— Je suis à Tel-Aviv.

David, dix ans, s'est exclamé :

— Papa, c'est une blague.

Michael, qui avait treize ans et demi, a dit :

— As-tu perdu l'esprit ?

Puis, après une courte pause, il a ajouté :

— Tu sais, tout bien réfléchi, ce n'est pas une mauvaise idée.

Le lendemain, Shira a lancé une souscription à Dalton pour l'hôpital Tel Hashomer en Israël. Elle a recueilli plus de 2 000 dollars. À la fin du mois d'octobre, j'ai joué Prokofiev, Jean-Marie Leclair, Mozart et Ludwig Spohr à Paris, avec Pinchas Zukerman, pour lequel j'avais eu autrefois l'audace d'écrire une lettre personnelle au général Moshe Dayan, lui demandant un sursis d'incorporation permettant au jeune musicien de ne pas interrompre ses études musicales à New York.

De retour à New York à la mi-novembre, j'ai joué les sextuors de Mendelssohn et de Brahms sur la scène du Carnegie Hall le 18 novembre, avec Itzhak Perlman, Pinchas Zukerman, Jaime Laredo, Leonard Rose et Sasha Schneider. Mais je ne parvenais pas à oublier la guerre. J'en ai parlé en décembre à un déjeuner de l'America-Israel Cultural Foundation :

Tel-Aviv dans l'obscurité totale ; les concerts l'après-midi et en début de soirée ; les visites à la base aérienne et dans les hôpitaux ; jouer pour les blessés ; et la façon dont le soldat gravement brûlé, couché sur le ventre, levait la tête pour me voir jouer Bach et Kreisler.

Cette année-là fut encore plus assombrie par la mort soudaine et fracassante de David Oïstrakh, le 23 octobre, à l'âge de soixante-six ans. C'était l'être humain le plus gentil et un géant du violon. Sa maîtrise de jeu était magnifique et totale, dans les passages rapides ou longs, comme dans les phrases lentes. Un éclat subit de force virile et la tendre caresse d'une nuance douce, un son égal et doux infaillible, quelle que soit la partie de l'archet, dans toutes les nuances, jamais forcé, jamais laid. Et en plus, cette intonation d'une merveilleuse pureté qui, en outre, était toujours juste sur le plan harmonique. Telles étaient les caractéristiques de son jeu. Quant à l'individu lui-même, on aurait pu croire que sa vie en Union soviétique l'aurait rendu amer, mais je ne l'ai jamais entendu prononcer un seul mot désobligeant contre un collègue, ni le moindre ragot sur les défauts et les faiblesses de quiconque. C'était vraiment un homme en or.

# 23.

Vers le milieu des années 70, Shira était à l'université Brown et notre fils aîné, Michael, à Harvard. J'étais profondément impliqué dans des affaires qui n'avaient pas grand-chose à voir avec ma propre musique — des questions relatives au Carnegie Hall et au nouveau Jerusalem Music Centre à Mishkenot Sha'anannim : réunions, coups de téléphone, collecte de fonds. En même temps, j'essayais de travailler suffisamment pour que les prochains concerts soient acceptables, au moins à mes oreilles. Le doctorat *honoris causa* que j'ai reçu de Yale, en mai 1975, au cours d'une cérémonie sans prétention, m'a procuré une très agréable distraction. L'accueil enthousiaste des étudiants et du corps enseignant m'a réchauffé le cœur.

J'ai reçu de nombreuses requêtes par courrier, certaines étranges, d'autres assez intéressantes. Parmi les plus agréables, une invitation à participer à un livre collectif réunissant des lettres en hommage à Gregor Piatigorsky, que je considère comme un artiste au talent légendaire et un grand pédagogue qui a inspiré de jeunes violoncellistes pendant des dizaines d'années — et c'est précisément ce que j'ai dit dans la lettre que j'ai écrite. Il a été l'un des grands violoncellistes de la seconde moitié du XXe siècle — les premiers noms qui venaient toujours à l'esprit lorsque l'on parlait de violoncellistes étaient Pablo Casals et Piatigorsky. Je l'avais rencontré à Los Angeles peu après qu'Alexander Zakin fut devenu mon partenaire régulier au piano en 1940. Zakin l'avait connu à

Berlin au milieu des années 1920 ; ils avaient fait leurs études ensemble à la Hochschule für Musik et étaient de proches amis. Piatigorsky mesurait un mètre quatre-vingt-treize ; il était beau, bien élevé et j'éprouvais pour lui — son talent, son humour, sa connaissance courtoise du monde — le plus grand respect et la plus grande affection. Il s'était installé à Beverly Hills et chaque fois que Zakin et moi-même étions à Los Angeles, nous allions le voir. Nous pouvions utiliser son studio pour répéter — s'y trouvaient un merveilleux piano et d'extraordinaires tableaux de Soutine, Léger, Dufy, Matisse, Picasso, pour n'en citer que quelques-uns, ainsi que de la vodka et des sandwiches. Il y avait également une table à jeu et un échiquier, car sa femme, qui était une demoiselle Rothschild, avait été championne féminine d'échecs aux États-Unis et a continué à y jouer toute sa vie. Nous avons connu de nombreux moments de bonheur musical avec Grisha, comme nous l'appelions. Nous avons fait de la musique de chambre en Californie et, des années plus tard, nous avons donné des concerts ensemble, jouant le *Double Concerto pour violon, violoncelle et orchestre* de Brahms. Une fois, nous avons fait une tournée avec les plus grands orchestres américains. Il possédait un tel talent naturel qu'il n'aimait pas particulièrement travailler beaucoup. À son arrivée à Seattle pour y donner un concert, les organisateurs lui ont demandé quand il voulait répéter avec le chef d'orchestre et s'il aurait besoin d'une pièce pour travailler avant la répétition. Il leur a répondu : « Travailler ? Que voulez-vous dire par travailler ? » Ils ont mentionné quelques artistes célèbres qui étaient récemment venus à Seattle jouer avec l'orchestre symphonique et avaient demandé un endroit tranquille pour répéter. La réponse de Piatigorsky fut très claire : « Eh bien, certains doivent le faire. »

Ceux qui m'ont entendu en concert au fil des ans se souviennent peut-être que parfois j'entre en scène en traversant le pupitre des violons pour prendre ma place de soliste au centre de la scène en tenant mon violon en l'air, la main gauche presque au niveau des yeux pour franchir tous les pupitres à musique et les violonistes de l'orchestre qui me tournent le dos. J'ai appris cela de Piatigorsky, car, lorsqu'il entrait en scène, il s'inquiétait de son violoncelle en raison de la taille de l'instrument et de la nécessité de le manœuvrer dans un couloir étroit entre les musiciens d'orchestre. Il le portait à la hauteur de l'épaule, droit devant lui, en marchant — un geste magnifique et une leçon pour moi qui cherchait à trouver une façon personnelle d'entrer en scène. Pour ces raisons, et pour bien d'autres encore, j'ai participé avec grand plaisir à l'hommage rendu à Piatigorsky.

Certaines lettres me demandaient de témoigner de mon estime artistique — en fait, de donner mon imprimatur — pour les grandes qualités de l'école de musique de l'université d'Indiana, de l'Orchestre philharmonique de Tulsa, qui célébrait ses vingt-cinq ans d'existence, de la Southern Methodist University, dont l'artiste en résidence, Alexander Uninsky, un vieil ami que je chérissais, venait de mourir. Il y en a eu beaucoup d'autres. Les voyages, la nécessité de travailler et la fatigue m'ont empêché de répondre à toutes.

J'ai commencé à recevoir ce genre de requêtes dès le début des années 60, notamment pour soutenir le luthier Carl Becker et pour faire une déclaration sur mes anciennes et chaleureuses relations musicales avec la YM & YWHA [1] de la 92ᵉ rue. L'*Esquire* m'a demandé de sélectionner « un endroit dans le monde à visiter ou pour passer des vacances, ou pour faire un long séjour ». (Je leur ai répondu que j'étais allé dans trop d'endroits magnifiques et séduisants pour en choisir un entre tous.) *Playboy* m'a adressé une requête plutôt stimulante, me demandant des commentaires sur les sources de la créativité ; j'y ai répondu assez longuement, en expliquant que je ne considérais pas les interprètes comme des « créateurs », mais comme des « recréateurs », filtrant les idées que leur donnait le génie créateur du compositeur.

En 1962, j'ai été sollicité de façon très étrange par Alice S. Morris, rédactrice de la rubrique littéraire de *Harper's Bazaar*. Elle voulait savoir si j'accepterais de figurer dans un prochain numéro qui serait essentiellement consacré au lit. Un certain nombre de personnes éminentes allaient

1. Young Men & Young Women's Hebrew Association : Union hébraïque des jeunes gens et des jeunes femmes. (*N.d.T.*)

être photographiées dans leur lit ; un essai malicieux de l'écrivain français Jean Dutourd traiterait de la relation unique que l'on a de son lit avec le monde. J'ai répondu : « Au lit ? ? Ma chère Miss Morris ! Cordialement vôtre, Isaac Stern. »

Il y a très peu de violons dont les fissures ont été réparées dans le passé. Cela n'a pas grand-chose à voir avec la valeur intrinsèque de l'instrument, sauf s'il était gravement endommagé et si le son ou l'apparence de l'instrument étaient affectés. Les grands violons que jouent les artistes sont rarement aussi parfaits que lorsqu'ils ont été fabriqués au XVIIIe siècle. Nous les jouons quand même, avec leurs petites fissures et tout le reste.

Le violon est un tyran. Plus je vieillis, plus je suis exigeant. C'est surtout le cas lorsque j'étudie une œuvre nouvelle. La différence entre « créateur » et « recréateur », entre compositeur et interprète, est restée intacte pour moi au fil des ans. Néanmoins, il y a une qualité absolument nécessaire pour le créateur comme pour le recréateur, qu'il s'agisse d'un écrivain, d'un auteur dramatique, d'un poète, d'un peintre, d'un musicien, d'un sculpteur, d'un chorégraphe ou d'un interprète. Cette qualité est la perception — la faculté de voir plus loin, de sentir davantage, de comprendre plus en profondeur que l'observateur moyen. En un sens, la différence est celle qui distingue deux personnes contemplant un coucher de soleil : l'une en voit les couleurs et donne libre cours à son imagination quelle que soit la forme artistique choisie, l'autre se contente de regarder le soleil descendre, de sentir le refroidissement de l'air et d'aller se mettre à l'abri.

La créativité est tellement inexplicable, elle est l'œuvre de Dieu. Comme la musique elle-même, on peut la décrire, mais jamais l'expliquer. Mozart a composé cinq concertos pour violon. Entre le premier et le dernier, les idées ont mûri et la compréhension s'est approfondie comme s'il s'était écoulé la moitié d'une vie. Pourtant, il les a composés tous les cinq en l'espace d'environ neuf mois, entre dix-sept et dix-huit ans ! Quelqu'un peut-il expliquer la source de cette créativité, ou de celle de l'une des œuvres les plus brillantes de l'ère romantique, l'octuor que Mendelssohn a composé à l'âge de seize ans ? Et, à l'autre bout du spectre de la vie, comment peut-on expliquer que Verdi ait écrit certaines de ses plus belles œuvres après soixante-dix ans ? Le seul fil qui semble relier toutes ces réussites artistiques — et il en va de même dans les autres disciplines — est le don d'imagination de cet esprit, la faculté de voir ce qui reste au-dessous de la surface, de voir avec précision ce que les autres ne perçoivent qu'à peine et d'accomplir avec une aisance apparente ce qui semble impossible aux moins talentueux.

Dans les années 70, George Rochberg et Krzysztof Penderecki se sont vu commander des concertos pour violon à mon intention. Je me souviens avec quelle frénésie j'ai appris le *Concerto pour violon* de Rochberg. En avril 1975, j'ai dû présenter mes excuses à l'historien Isaiah Berlin car je m'étais montré incorrect en ne prenant pas contact avec lui lors de mon séjour à Londres au début de l'année. Je lui ai expliqué que je m'étais rendu à Paris pour une conférence urgente à propos de l'Unesco, à la demande du gouvernement américain, alors que je souffrais d'une laryngite. J'avais cherché en vain à le joindre de Paris, j'étais parti pour Genève, d'où j'avais essayé de lui téléphoner, tentative renouvelée d'un hôtel de l'aéroport Charles-de-Gaulle : la ligne était toujours occupée et je n'avais donc pas pu lui faire savoir qu'il me fallait annuler mes projets originaux de passer quelque temps avec lui à Oxford, car je devais rentrer à New York le plus vite possible pour préparer la création mondiale du concerto de Rochberg. Celui-ci avait fait ses études au Curtis Institute de Philadelphie et enseignait alors à l'université de Pennsylvanie, où il avait composé le concerto, qui était prêt. J'y ai travaillé dix à douze heures par jour. Il durait quarante-cinq minutes, comportait cinq mouvements et une ligne de violon presque ininterrompue du début à la fin de l'œuvre.

La création a eu lieu à Pittsburgh au début du mois d'avril 1975. Je l'ai joué avec l'Orchestre symphonique de Pittsburgh sous la direction de Donald Johanos. Je l'ai rejoué, à Chicago, avec Georg Solti, puis au Carnegie Hall de New York, avec l'Orchestre symphonique de Pittsburgh. En apprenant cette œuvre, j'ai trouvé qu'elle faisait beaucoup d'effet, mais je me suis parfois demandé si le matériel intrinsèque et son traitement assez long et mélodramatique passeraient l'épreuve de la scène. Pourtant le public comme la critique lui ont réservé d'emblée un accueil chaleureux — et je leur en suis profondément reconnaissant. Ce concerto est bien écrit pour le violon et, heureusement, après l'avoir joué dans plusieurs grandes villes américaines et européennes, il a été repris par un grand nombre de mes jeunes collègues.

Par la suite, Rochberg m'a écrit, en citant son journal . « Une chose... fondamentale s'est passée en même temps que la naissance du concerto, avec sa venue à la vie publique. Quelque chose a eu lieu qui a beaucoup rapproché tous ceux qui étaient impliqués. L'œuvre a créé un lien vivant. Elle a procuré de la joie et du plaisir ; elle a dégagé un sens de la vie et de la musique que tous ont partagé... Ce n'est pas le simple fait des réactions incroyables... de tous les auditoires... C'est ce que signifient ces réactions — la vie répondant à la vie... N'est-ce pas la raison pour laquelle ce que nous appelons musique nous est donné : créer une énergie et une joie nouvelles et particulières... ? » Il m'a beaucoup remercié de ma participation : « ... infatigable, toujours prêt à donner et donner encore... » Le fait est que j'admirais cette œuvre et que j'étais fier d'être le premier à la présenter au monde.

Deux ans plus tard, le 27 avril 1977, j'ai donné la première exécution mondiale du *Concerto pour violon* de Penderecki[1] avec l'Orchestre symphonique de Bâle, sous la direction de Moshe Atzmon. Ce concerto est une œuvre extrêmement complexe, que j'ai dû apprendre en moins de six semaines. Mais il est merveilleusement évocateur pour l'orchestre et pour le violon, un récit très personnel fait avec une habileté et une nécessité musicale intérieure que j'ai trouvé très émouvant. C'est l'une des compositions majeures du XX$^{e}$ siècle.

Steffi Geyer, la femme de mon agent en Suisse, Walter Schulthess, qui était également compositeur, jouait dans un orchestre zurichois. Un jour, il me demanda si je pourrais rendre visite à sa femme qui était très malade. Comme je l'aimais bien, j'ai immédiatement accepté et me suis rendu chez eux.

1. Il s'agit du premier concerto pour violon de Penderecki qui, depuis, en a écrit un second. (*N.d.T.*)

Elle m'a alors révélé que, dans sa jeunesse (et j'ai appris par d'autres sources qu'elle était une très jolie jeune violoniste), elle avait eu une aventure avec le jeune Béla Bartók. En guise de lettre d'amour, il lui avait envoyé le premier mouvement d'un concerto pour violon inédit. Ce sont les « Deux Portraits pour orchestre » qui ont été imprimés et cette « lettre d'amour » - mouvement de concerto constituait l'un de ces portraits. Maintenant que Bartók était mort et que Steffi Geyer savait qu'elle ne vivrait pas bien longtemps, elle désirait qu'il soit publié et que je le joue. Naturellement, j'ai immédiatement accepté et l'ai remerciée pour cet honneur insigne. J'ai tout de suite appelé Eugene Ormandy à Philadelphie pour lui en parler, car je devais jouer avec lui la saison suivante ; il a accepté d'en donner la création mondiale. Il s'est passé beaucoup de temps entre le moment où Steffi Geyer m'a remis le manuscrit et celui où la question a été réglée avec la famille Bartók, qui contrôlait toutes ses œuvres ; en attendant, elle avait prévu que la première exécution, si elle devait jamais avoir lieu, se déroulerait en Suisse. J'avais compris que ce serait à Winterthur, mais ceux qui ont vérifié les sources m'ont appris qu'elle avait finalement été donnée à Bâle par un violoniste du nom de Schneeberger. Après cette création, qui est passée relativement inaperçue, le mouvement du concerto a été confié à un éditeur, les parties d'orchestre ont été imprimées et, durant la saison 1977-1978, j'en ai donné la première exécution américaine avec l'Orchestre de Philadelphie et Eugene Ormandy. Nous l'avons également enregistré, puis joué dans le monde entier. Depuis lors, ce mouvement de concerto est entré au répertoire des violonistes et des orchestres.

Toujours à propos de Bartók, quelqu'un m'a demandé pourquoi j'avais pris la décision apparemment discutable de ne pas donner le moindre bis à la fin d'un concert. Pourquoi ? J'ai répondu que la *Sonate nº 2* de Bartók, avec laquelle j'avais terminé le concert, était sans doute la plus grande œuvre pour violon et piano écrite depuis la dernière sonate de Brahms. Au concert, avant la sonate de Bartók, j'avais joué la *Fantaisie en ut* de Schubert, une pièce rarement programmée en raison de son immense difficulté. Peu d'auditeurs avaient conscience des énormes problèmes techniques auxquels devait faire face le soliste dans l'exécution de ce morceau ; en fait, il fallait donner l'apparence d'une absence de difficulté pour interpréter cette œuvre. La *Sonate n° 2* de Bartók occupait une place très spéciale dans mon cœur et dans mon esprit et, en raison de son énorme puissance et de son brio, elle devait terminer un concert, sinon tout ce qui suivait risquait de paraître pâle sur le plan musical. J'étais convaincu qu'après Schubert et Bartók le public serait totalement épuisé. Je l'étais en tout cas et j'ai refusé de donner le moindre bis.

Une profonde tristesse m'a affligé en 1977. Alexander Zakin, mon compagnon d'armes pendant trente-trois ans, est tombé gravement malade. Depuis deux ans, il devait utiliser une canne ; nous ne quittions pas la scène avant la fin du concert, car il avait trop de mal à marcher. Mais je ne l'aurais pas laissé partir avant qu'il me dise : « Je ne peux pas, je ne peux plus. » Dès que nous avons cessé de jouer ensemble, il a décliné très rapidement. Il a souffert d'une terrible déviation de la colonne vertébrale — je ne l'avais jamais remarquée auparavant — puis a été atteint de la maladie d'Alzheimer. Il a presque totalement perdu l'esprit. Il arrivait à reconnaître les gens et les choses, mais ne parvenait plus à établir un lien entre eux, il ne pouvait plus faire la relation entre les personnes ou les événements. Il ne pouvait plus parler. Cette période a été très pénible et difficile.

L'État d'Israël a célébré son trentième anniversaire au printemps 1978. L'année précédente, j'avais aidé Teddy Kollek, alors maire de Jérusalem, à organiser le concert de la fête de l'indépendance, qui avait remporté un grand succès. Dès lors, j'ai eu la ferme conviction que le travail de l'America-Israel Cultural Foundation, avec les efforts de nos amis et collègues en Israël, devenait de plus en plus important dans une atmosphère où la situation politique était un flux et un reflux perpétuellement tendus en quête de la paix. Jamais dans le passé, on avait eu besoin aussi clairement des forces intellectuelles et artistiques d'Israël comme fondement de la paix future. Ces forces seraient certainement un jour des facteurs essentiels pour la reconnaissance de la valeur de la paix par les peuples de cette région.

L'une des carrières musicales les plus longues et les plus extraordinaires a été celle de Vladimir Horowitz, qui a été invité à donner un récital à la Maison-Blanche en février 1978. Le président et Mme Carter étaient des hôtes agréables ; l'atmosphère fut joyeuse, détendue et très adaptée à l'importance musicale de la circonstance. Pour ce qui est des personnes occupant de hautes fonctions politiques, je ne me faisais aucune illusion sur l'influence que pourraient avoir sur eux mes idées à propos des affaires importantes de l'État. Je ne pense pas qu'il soit très utile de provoquer une conversation approfondie entre un instrumentiste et des politiciens ou des commerciaux après un concert. La plupart des gens ont tendance à ranger les artistes interprètes dans des compartiments assez dorés ; ils écoutent avec intérêt tout commentaire de l'interprète sur son domaine spécifique — la musique ou toute autre discipline artistique — mais ne portent qu'une attention polie et superficielle s'il s'aventure dans le « monde réel ». Même lorsque j'ai joué aux Chequers et, après le concert, lorsque j'ai parlé directement au premier ministre Heath et à ses invités, ils ont écouté le « divertisseur » s'impliquer dans des questions dépassant de loin sa compétence avec une touche de condescendance souriante. En revanche, un déjeuner assis ou une réunion autour d'un verre — où l'interprète n'est pas là pour divertir — est généralement beaucoup plus efficace, surtout si les gens savent à l'avance que, par son expérience dans le monde, l'instrumentiste peut ajouter un élément intéressant à ce genre de conversation.

La vie de soliste est grisante et épuisante. J'ai fait des tournées pendant presque toute l'année 1978 ; un jour, quelqu'un m'a demandé mon opinion sur John Corigliano, qui était un collègue solide, sûr et qui avait toujours fait preuve d'une coopération chaleureuse en tant que violon solo de l'Orchestre philharmonique de New York. Cette question a commencé à me faire penser aux ressemblances et aux différences entre un soliste et un violon solo. Un violon solo vigilant et subtil peut apporter une aide incommensurable dans la préparation d'un concert en comprenant vite ce que veut faire le soliste et en transformant ce désir en réalité dans le pupitre des premiers violons ; il influence ainsi le jeu de toutes les cordes. Le temps de répétition étant toujours plus court que l'idéal souhaité, la vitesse est primordiale. Un bon violon solo met en œuvre d'une façon pratique, vite et calmement, la plus fine nuance du soliste, le moindre changement de phrase, de coup d'archet ou de doigté. Cela évite parfois une longue conversation entre le soliste et le chef d'orchestre, qui est obligé d'arrêter l'orchestre et d'expliquer les changements. Un violon solo efficace peut apporter ces changements même pendant que l'orchestre continue à jouer.

Il arrive que les solistes ne soient pas convenablement préparés à jouer l'immensité et la complexité du répertoire symphonique. Un bon violon solo connaît non seulement le répertoire et s'impose d'apprendre les œuvres qui ne lui sont pas familières ; mais il est également le bras droit du chef d'orchestre pour traduire ses idées en matière d'interprétation de l'œuvre préparée et il mène son pupitre avec une autorité suffisante pour que les membres de ce pupitre n'aient aucun doute, jusqu'au dernier instrumentiste du dernier rang, sur la façon dont il faut jouer un passage spécifique. Quant à la différence de tempérament entre un soliste et un violon solo, le fait d'être capable de jouer extraordinairement bien au sein d'un groupe n'implique pas nécessairement qu'un instrumentiste donné ait la personnalité et le magnétisme nécessaires pour se produire seul et dominer l'auditoire par son exécution, même si son jeu est de premier ordre sur le plan musical comme sur le plan technique. Le soliste doit avoir un tempérament spécial, un panache et une assurance inébranlables, très différents des qualités requises pour être un excellent violon solo ; en fait, celui-ci doit être davantage un collègue enthousiaste qu'un « leader » indépendant qui prend des risques.

Ce sont probablement ces qualités qui m'ont conduit à pousser Carnegie Hall sur la voie de l'indépendance et de la prise de risques. Certains ont prétendu que j'ai changé la nature générale du marché des concerts. J'ai certainement fait tout ce qui était possible pour parvenir à des changements majeurs dans la nature et la direction de Carnegie Hall. En 1978, j'ai écrit un mémorandum détaillé et assez long sur les besoins immédiats et les possibilités futures de la salle :

> « Il est devenu clair que Carnegie Hall doit très rapidement décider où, quand et comment prendre des risques financiers en stimulant une programmation imaginative, en programmant ce qui risque d'aller ailleurs, ce qui sera "acheté" par des contrats plus avantageux ou n'apparaîtra pas dans une grande salle de New York. Un exemple du premier cas : l'English Chamber Orchestra avec Vladimir Ashkenazy comme soliste et chef d'orchestre au Lincoln Center pour un cachet moyen de 13 000 dollars. Comme les récitals de M. Ashkenazy au Carnegie Hall font régulièrement salle comble avec une recette brute de 22 500 dollars et qu'il est en train de se forger une réputation de chef d'orchestre de plus en plus brillante, le risque aurait été assez faible ; mais cette opportunité n'a même pas été offerte à cause de la timidité inévitable dont a fait preuve notre équipe et parce que nous n'avons pas de politique en matière budgétaire et que nous dépendons d'opérations au cas par cas ; maintenant je trouve ce processus trop lent, impossible à gérer sur le plan professionnel et dangereux pour notre avenir. L'Orchestre symphonique de Pittsburgh et plusieurs autres orchestres vont donner leurs concerts au Lincoln Center plutôt qu'à la salle qu'ils préfèrent, Carnegie Hall, en raison d'un contrat qui leur offre une garantie minimum de 12 500 dollars contre nos 2 000 dollars plus une éventuelle participation aux bénéfices. Pour la saison prochaine, plusieurs autres orchestres sont maintenant programmés dans la série de l'IFVO [International Festival of Visiting Orchestras] ; par exemple, l'Orchestre symphonique de Toronto, l'Orchestre symphonique de Moscou et l'Orchestre de la radio allemande sont tous dans l'incapacité d'accepter notre contrat habituel, comme je l'ai souligné plus haut, et de supporter les pertes ajoutées à un déficit déjà important que les voyages

infligent toujours aux organisations musicales... Nous n'avons encore rien fait pour exploiter la richesse d'artistes qui se produisent régulièrement chaque année au Carnegie Hall ni pour constituer avec leurs prestations et en accord avec les divers bureaux de concerts la plus prestigieuse et attrayante série de concerts en abonnement, qui fasse davantage autorité que n'importe quelle autre au monde... Autrement dit, nous devons mettre tout en œuvre pour faire savoir, aux yeux de l'ensemble de la profession, ce que nous pouvons faire et ce que nous ferons. Je suis sûr qu'une fois que nous aurons montré des intentions sérieuses, en renforçant ces intentions par des propositions concrètes auxquelles nous apporterons une participation financière, les plus grands artistes et les plus grands bureaux de concerts viendront nous faire des propositions... Nous devons leur montrer maintenant comment nous pourrons en tirer des avantages mutuels à long terme et que c'est leur intérêt autant que le nôtre. Par exemple, la création d'une série d'une telle importance permettrait au Carnegie Hall, en partenariat avec divers bureaux de concerts, de présenter *chaque saison* deux ou trois jeunes interprètes exceptionnellement doués mais encore relativement inconnus, qui deviendront les éléments de base de notre profession dans cinq à dix ans... »

J'ai tout tenté pour parvenir à la création d'une organisation musicale chargée d'établir des plans et de chercher des fonds substantiels ; pour élaborer un programme dans les faubourgs de la ville ; pour que des jeunes de talent puissent participer à notre American Symphony Orchestra ; pour que ces jeunes musiciens reçoivent un salaire annuel garanti décent et suffisant pour s'assurer leur fidélité. Et le mémorandum s'achevait ainsi :

« Le premier qui parviendra à créer une organisation viable devrait presque nécessairement prendre la tête de ce secteur et rendre difficile, sinon impossible, la présence de toute autre organisation majeure. *Nous devons être les premiers !* »

Ce n'est pas seulement le côté artistique du Carnegie Hall qui m'a préoccupé — l'évolution future de la musique — mais également des questions plus terre à terre : le salaire du personnel, les coûts d'entretien, la reconstruction de ce grand et vieux bâtiment pour qu'il puisse résister aisément au monde moderne de la musique. Un effort important a été accompli pour recueillir des fonds. J'ai eu parfois l'impression d'être projeté des années en arrière, peu après le sauvetage de la salle, lorsque j'avais dû interrompre toute tournée pendant six mois et passer tout mon temps à m'occuper de détails, grands et petits, pour transformer ce que nous venions de sauver en quelque chose de viable et de vraiment vivant.

L'été 1978 a été illuminé par la célébration des soixante ans de Leonard Bernstein ; l'hiver a été marqué par la mort de Golda Meir. « Lenny » a été la figure dominante de la musique américaine — comme chef d'orchestre, compositeur et instrumentiste — depuis son entrée volcanique sur la scène musicale en 1943. La majorité des compositeurs et des interprètes, au concert comme au théâtre, ont été touchés par son talent et, surtout, par son amour de la musique. Les dizaines d'années que nous avons partagées, où nous avons joué et où nous avons parlé ensemble me sont revenues à l'esprit ; des années de concerts ici ou à l'étranger ; de nombreux enregistrements ; des conversations sur la situation de la musique, sur le monde qui nous entourait, sur nos espoirs et notre travail. Malheureusement, cette époque a été marquée par une grande angoisse personnelle pour Leonard Bernstein : sa femme était morte d'un cancer l'année précédente. Il était donc encore plus important pour tous ceux qui l'aimaient d'être avec lui, physiquement ou par la pensée, pour lui faire clairement comprendre à quel point nous appréciions l'homme, l'ami et le musicien.

La mort de Golda Meir m'a profondément touché. Elle a fait partie des géants qui ont établi l'État moderne d'Israël ; personne n'a défendu le pays et le peuple avec plus de ferveur. J'ai été invité à me joindre à la délégation américaine qui s'est envolée pour Israël dans l'avion de la Maison-Blanche avec la mère du président Carter, mais je n'ai pas pu y aller en raison d'engagements auxquels il m'était impossible de me soustraire, notamment un important concert de bienfaisance.

Un peu plus tard, j'ai appris que, dans ses derniers moments de conscience, elle avait vu le film *Music from Jerusalem* à la télévision en Israël. Ce film, tourné en 1973, montrait l'envers du décor des activités du Jerusalem Music Centre : des étudiants en train de jouer, Sasha Schneider, Yefim Bronfman, William Steinberg, Claude Frank et moi-même en train d'enseigner ; et Pablo Casals, alors âgé de quatre-vingt-seize ans, conversant avec David Ben Gourion, lui-même âgé de quatre-vingt-sept ans, leur dernière année à tous les deux. On m'a rapporté qu'après avoir vu le film Golda Meir avait déclaré qu'il lui avait procuré les moments les plus heureux qu'elle ait jamais connus.

Dans notre immeuble, il y avait un couple, le docteur Sheldon Atlas et sa femme Helen, avec lequel nous nous sommes étroitement liés d'amitié, Vera et moi. Le docteur Atlas était un chimiste accompli ; ses nombreuses découvertes ont fait l'objet d'applications commerciales importantes et l'ont mis en relation avec un certain nombre de pays étrangers, notamment l'Union soviétique et la République populaire de Chine. Il était également l'un des principaux consultants de la NASA et du programme spatial américain dans le domaine des matières plastiques. Helen Atlas était rédacteur en chef d'une revue consacrée à la danse et s'intéressait beaucoup au ballet. C'étaient des hôtes généreux et de grands défenseurs des arts, particulièrement des jeunes talents. Beaucoup d'artistes connus aujourd'hui ont bénéficié d'une aide personnelle et financière des Atlas ; leur maison était toujours ouverte aux personnes appartenant au monde du ballet et aux artistes de passage en provenance d'Union soviétique. Le docteur Atlas a eu l'occasion de se lier d'amitié avec Huang Hua, alors ambassadeur de Chine aux Nations unies, qui est ensuite devenu ministre des Affaires étrangères. Le Dr Atlas est allé en Chine à plusieurs reprises à l'invitation du gouvernement chinois, afin de donner des conseils dans le domaine des matières plastiques. Il savait l'intérêt que je portais à ce pays et, un jour, il nous a invités chez eux ; l'ambassadeur de Chine aux Nations unies serait là avec sa femme. C'était un dîner privé. Au cours de la soirée, j'ai mentionné à Huang Hua mon intérêt pour la Chine et mon désir de m'y rendre. Sa femme m'a demandé ce que je faisais et lorsqu'elle a su que j'étais violoniste, elle s'est exclamée :

— Oh, vous jouez professionnellement ?

— Oui, j'ai donné quelques concerts.

— Eh bien, si vous continuez à travailler dur et si vous croyez à ce que vous faites, je suis sûre qu'un jour vous progresserez afin de pouvoir entrer dans un bon orchestre et bien gagner votre vie.

Je n'ai pas fait le moindre commentaire — l'un de mes rares moments de silence diplomatique. Je dois ajouter que cette version de la rencontre est la bonne, même si elle est légèrement différente dans le film *Isaac Stern : A Life*.

Grâce à Huang Hua, il est ressorti de ce dîner une invitation en Chine. L'invitation officielle, émanant de la République populaire, est arrivée en mars 1978, proposant une date la même année. J'ai essayé de réorganiser mon emploi du temps, fixé depuis l'année précédente, et je me suis rendu compte que c'était impossible. J'ai écrit à Huang Hua, qui était alors retourné en Chine en qualité de ministre des Affaires étrangères, et je l'ai informé que la meilleure époque pour moi serait la fin du mois de juin 1979, pour une période de deux ou trois semaines. J'ai ajouté qu'en remerciement de sa généreuse invitation j'aimerais pouvoir faire de la musique pour le peuple chinois et donner quelques concerts avec mon collègue, le pianiste David Golub, en récital et, si possible, rencontrer et également jouer avec l'Orchestre symphonique de Pékin : « Les rencontres professionnelles constituent, après tout, le meilleur moyen de se connaître et de se faire des amis. » Je lui ai également fait savoir que ma femme et mes enfants rêvaient de m'accompagner dans ce voyage exaltant. En fait, tous les membres de la famille m'avaient clairement expliqué que si je ne les emmenais pas avec moi ils ne m'adresseraient plus jamais la parole. Le voyage a finalement été fixé pour la seconde moitié du mois de juin 1979. Un ami proche, un homme d'affaires du nom de Walter Scheuer, m'a alors suggéré de partir avec une petite équipe de cinéma pour filmer le voyage et conserver l'enregistrement pour mes archives familiales. La famille était violemment opposée à l'idée d'être accompagnée par cette équipe dans ce qu'elle pensait être une visite familiale privée, mais, finalement, Walter Scheuer, à ses propres frais et sans avoir la moindre idée de ce qui ressortirait de cette entreprise, a non seulement fait venir une équipe de cinéma mais également un réalisateur, Murray Lerner. En juin 1979, nous nous sommes envolés pour le Japon, où je devais donner des concerts et des récitals à Tokyo, Osaka et Kyoto pendant quelques jours.

David Golub était un grand jeune homme trapu à la mine agréable. J'avais cherché pendant quelque temps un partenaire qui soit à la fois un interprète et un voyageur pour remplacer Zakin. Dès que David s'est assis au piano dans mon studio, il n'est sorti que de la musique pure. Son corps s'exprimait avec aisance et ne faisait qu'un avec la musique qu'il jouait ; son attitude physique au piano et la façon dont la musique sortait de ses mains étaient très naturelles. Je l'ai engagé sur-le-champ.

Le 18 juin, nous sommes arrivés à Pékin.

# 24.

D'autres orchestres et d'autres artistes — notamment le pianiste Walter Hautzig — étaient allés en Chine avant moi, mais je savais qu'aucun n'avait fait une tournée dans le pays et qu'aucun n'avait vu les villes que nous allions visiter. À cet égard, le voyage en Chine m'a rappelé celui que j'avais fait vingt ans plus tôt en Union soviétique.

Il y avait toutefois une différence entre ces deux voyages : les Soviétiques ne nous auraient pas laissés entrer dans leur pays avec notre propre équipe de cinéma. Bien sûr, les Chinois savaient que nous serions en permanence sous leur contrôle ; nous ne pouvions aller nulle part sans autorisation. Mais ils n'ignoraient pas que nos intentions étaient entièrement amicales et ils voulaient se faire une bonne publicité. D'une façon générale, il m'a semblé qu'il y avait chez eux un attachement aux plaisirs de ce monde que j'ai rarement rencontré chez les Soviétiques. En outre, nous avions ce que les Chinois appellent *kwan-shee*, seule orthographe phonétique que je connaisse pour ce mot, autrement dit « des relations ». Bien sûr, notre hôte officiel était le ministre des Affaires étrangères, ce qui nous a valu davantage d'attention et l'autorisation d'entrer où nous voulions aller. Sur le vol en provenance du Japon, j'ai expliqué à Vera que, lorsque nous serions en Chine, ce ne serait peut-être pas une bonne idée de parler en russe, comme nous le faisions souvent. Parmi les personnalités venues nous accueillir à l'aéroport se trouvait le chef d'orchestre chinois Li Delun, qui allait diriger le concert que je devais donner avec l'Orchestre symphonique de Pékin. Il nous a accueillis en russe. En fait, un grand nombre des musiciens chinois que nous avons rencontrés avaient fait des études en Union soviétique. J'ai expliqué aux membres du comité d'accueil que j'étais venu dans l'intention de rencontrer le peuple de Chine ; qu'il s'agissait moins d'une tournée de concerts que d'un salut par le biais de la musique. J'utilisais la musique comme une sorte de passeport pour entrer dans le pays.

Le meilleur moyen de découvrir un autre pays consiste à rencontrer les professionnels dans son propre domaine. J'avais accepté une invitation à jouer avec l'Orchestre philharmonique central, le principal orchestre de Pékin. Il était convenu que je me contenterais de jouer en répétition avec des membres de l'orchestre et que je donnerais peut-être un récital au conservatoire. Aucun concert formel n'était prévu ; je n'ai pas voulu donner de concerts rémunérés pendant ce voyage. Et bien que nous ayons l'intention de quitter la Chine en passant par Canton et Hong-kong, je ne voulais pas donner de concert dans ce territoire, car il ferait alors très chaud et aussi parce que je ne souhaitais pas être lié par une date spécifique au cas où notre voyage en Chine serait prolongé ou écourté pour quelque raison que ce soit. En entrant dans la salle de répétition à Pékin, je l'ai trouvée pleine de gens qui, j'en ai eu très vite la confirmation, connaissaient la musique. En outre, j'ai compris immédiatement que le chef d'orchestre et l'orchestre avaient une approche plutôt limitée de la musique occidentale ; ils n'avaient pas l'habitude de jouer avec une grande variété de couleurs et avec passion. Leur façon de jouer était raide, technique et démodée.

Un problème s'est posé d'emblée : comment traiter avec le chef sans lui faire perdre la face devant son orchestre ? Avant la répétition, j'ai passé quelques minutes seul avec lui, pour passer en revue les points essentiels de la musique. En présence de l'orchestre, j'ai fait clairement comprendre — par un sourire, une plaisanterie, un geste amical — que je ne cherchais pas à jouer au personnage important et que je n'avais nullement l'intention d'écraser le chef. Au contraire, j'essayais de leur permettre de s'affermir ; il y a une différence que tous les orchestres perçoivent. Dans le cas de l'Orchestre philharmonique central, le chef comme les instrumentistes ont immédiatement compris que, lorsque je leur demandais de faire quelque chose, je ne leur enseignais pas une façon de jouer ; je leur donnais à chacun la possibilité d'aller au-delà de ce qu'ils faisaient avant. En fin de compte, j'ai donné un concert complet avec l'Orchestre philharmonique central, un récital à Pékin et deux à Shanghai, ainsi que des cours d'interprétation dans les conservatoires des deux villes ; j'ai écouté beaucoup de jeunes instrumentistes et parlé à des dizaines de professeurs de musique. Le concert avec l'orchestre de Pékin a remporté un immense succès et été suivi d'une série de banquets, durant lesquels on a porté des toasts aux bonnes relations entre la République populaire de Chine et les États-Unis d'Amérique. Dans tous les mets qui nous ont été servis — pas mauvais, mais pas vraiment mémorables — celui qui manquait et que je mourais d'envie de déguster était le canard à la pékinoise. Comme si la chance s'en mêlait, j'ai reçu un coup de téléphone de l'ambassade des États-Unis : apparemment, aucun membre du personnel diplomatique — en fait, la totalité de la communauté diplomatique — n'avait réussi à obtenir de billets pour l'un de mes concerts, car ils avaient été vendus à l'avance aux Chinois ; viendrais-je à l'ambassade jouer pendant au moins une heure ? J'ai, bien entendu, accepté et j'ai joué une heure et demie — pour découvrir par la suite que j'avais raté le seul banquet auquel les Chinois avaient servi du canard à la pékinoise.

Dans tous les conservatoires de musique que j'ai visités à Pékin, j'ai entendu des instrumentistes d'un niveau exceptionnel d'une dextérité étonnante, mais ils ne comprenaient pas la musique. Ils voulaient jouer des œuvres rapides, fortes, clinquantes, difficiles, faire montre de leur virtuosité technique. On ne leur avait pas suffisamment enseigné les valeurs musicales fondamentales qui font partie de la tradition européenne et ils pensaient en outre que la technique seule leur fournirait les meilleurs emplois. J'ai essayé de leur montrer que l'excellence technique était nécessaire pour être un bon musicien, mais que ce n'était pas tout ; je leur ai parlé de faire valoir l'esprit, de jouer chaque note avec l'oreille et le cœur.

Certains instrumentistes étaient très jeunes. Je me souviens d'un tout jeune violoncelliste et d'un tout jeune pianiste aux capacités remarquables. J'ai pensé que le meilleur moyen de les aider consistait à les encourager, à leur donner ainsi qu'à leurs professeurs le sens de la direction musicale. Et je me souviens particulièrement d'un incident avec une jeune violoniste, qui a joué devant moi en scène dans une salle entièrement pleine d'un public chaleureux, qui connaissait manifestement la musique occidentale. Elle avait dix ou onze ans et portait une robe bleu pâle et un foulard rouge. Pour moi, les enfants sont des fleurs ouvertes — il faut les traiter avec précaution. Lorsque je lui ai demandé de cesser de jouer et de me chanter la musique, je ne savais pas si elle savait chanter ; je ne pensais pas non plus qu'elle risquait de perdre la face. J'ai remarqué à quel point elle était timide et j'ai senti son hésitation, mais ça n'a duré qu'une ou deux secondes. Elle a chanté le passage d'une voix douce et sensible, puis je lui ai demandé de le jouer de la même façon. Et le changement a été si évident que le public a applaudi à tout rompre.

Si elle n'avait pas voulu chanter, si elle s'était mise à pleurer, je l'aurais embrassée et lui aurais demandé de faire autre chose. Il y a toujours une façon de sortir d'une telle situation. Tous ces jeunes étaient tellement impatients et tellement remplis de bonnes intentions que les relations que j'entretenais avec eux étaient de l'ordre de celles qui se nouent entre deux être humains plutôt qu'entre un violoniste international et une petite fille chinoise. En regardant l'enfant, on savait instantanément s'il se cachait un réel talent qu'on pouvait révéler ou épanouir. On ne peut jamais vraiment savoir à quel point ce talent peut se développer, mais, s'il fait défaut, il est inutile d'essayer. Quiconque connaît son métier est capable de reconnaître immédiatement s'il y a une possibilité de faire quelque chose pour un nouveau talent ou avec lui ; on le cherche. Je l'avais déjà fait dans le passé. En l'occurrence, cette charmante petite fille avait un don. Il y avait quelque chose dans son regard, dans son comportement, une certaine tension, une certaine nervosité, une certaine grâce timide. Ce fut l'un de ces moments où j'ai pris des risques sans réfléchir. Et ce fut finalement l'un des événements mémorables du voyage.

Nous avons voyagé en train, en autocar et en bateau, une vingtaine de personnes en tout : ma famille, David Golub, Wally Scheuer et l'équipe de cinéma, nos guides. À Xi'an, nous avons vu les premières phases des fouilles archéologiques qui ont mis au jour une armée de personnages en argile grandeur nature, des soldats enterrés symboliquement avec leur empereur mort, pour le protéger au cours de son voyage dans l'au-delà. Nous n'avons pas été autorisés à prendre des photos, et l'équipe de cinéma n'a pas pu tourner ; mais la tentation était irrésistible et, de temps à autre, j'ai ouvert ma veste et l'appareil photographique suspendu autour de mon cou a crépité. J'ai quelques bons clichés de ce spectacle étonnant.

À Xi'an, il faisait chaud à l'intérieur de l'hôtel. Il y avait des climatiseurs, mais, pour une raison quelconque, ils étaient installés dans des boîtes à l'extérieur du bâtiment et toutes les fenêtres grandes ouvertes laissaient entrer la chaleur torride de l'été. Nous étions venus en touristes, ce qui n'a pas découragé un groupe de musiciens d'un conservatoire voisin de se pointer à l'hôtel pour demander si j'accepterais d'écouter quelques instrumentistes locaux. Une salle de cinéma avoisinante a été vidée de ses habitués, et trois ou quatre personnes ont joué devant moi, notamment un jeune homme de grand talent. La formation et le niveau artistiques des autres étaient assez primitifs, mais je les ai encouragés autant que j'ai pu. Leurs professeurs étaient assez médiocres et il leur était presque impossible d'obtenir des fonds et la permission d'aller étudier à l'étranger. Pendant ce voyage, je me suis souvent demandé si l'un de ceux que j'ai rencontrés pourrait jamais quitter la Chine pour étudier la musique à l'étranger.

Nous avons longé des rizières, des villages et traversé de vastes plaines fertiles en train. À l'approche de Kweilin, nous sommes montés à bord d'un bateau — nos guides nous avaient réservé tout le pont supérieur. Les collines plongeaient directement dans le fleuve, comme si une main avait gratté tout un pan de la montagne pour le faire descendre jusqu'à l'eau. Une vision vraiment magnifique. Il y avait des pêcheurs sur le fleuve qui nous ont regardés tout en continuant à pêcher et à faire leur ménage. Ils vivaient sur leurs bateaux. Au retour, nous avons fait la route dans un bus climatisé, traitement exceptionnel et nous le savions. Nous savions également qu'aucun Chinois ne pouvait entrer dans un hôtel pour étrangers sans passer par la police, omniprésente ; personne n'a donc tenté de nous rendre visite. Seules les personnes que nous attendions avaient le droit de pénétrer dans notre hôtel : il fallait informer à l'avance les policiers en civil et demander de laisser passer le ou les visiteurs. Shira et les garçons ont trouvé des Chinois de leur âge parmi les musiciens et se sont liés d'amitié avec eux, mais ils n'ont pas pu passer beaucoup de temps ensemble ; nous étions très pris par la visite du pays.

À Kweilin, nous avons assisté à un spectacle de cirque : des gymnastes, des exercices d'équilibristes et deux remarquables comédiens chinois qui imitaient les bruits des trains et les cris d'oiseaux. C'est certainement l'une des plus agréables soirées que nous avons passées dans ce pays.

Je devais donner un récital avec David Golub à Shanghai, la ville chinoise la plus cosmopolite. Nous y avons découvert des gens qui connaissaient la culture populaire occidentale : John Denver, Dolly Parton et divers groupes de rock. La ville respirait l'animation, l'ouverture intellectuelle et l'absence de formalisme. Toutefois, ce qui manquait — nous l'avons découvert en arrivant à la salle où le concert devait avoir lieu — c'était un bon piano. Celui de la salle de concertss était injouable. On nous a expliqué que c'était le meilleur piano de Shanghai. J'ai dit au directeur de la salle de concertss qu'il y avait un très bon piano à Pékin et que j'allais téléphoner à certains fonctionnaires du gouvernement pour qu'il soit expédié dans la nuit par avion et par camion. Ce monsieur s'est subitement souvenu qu'après tout il y avait un autre instrument à Shanghai et il l'a fait transporter à l'auditorium. Il était tout juste jouable.

Le concert a remporté un grand succès. Le public a été chaleureux et très réceptif, c'était palpable.

Pendant notre séjour à Shanghai, nous sommes tous allés visiter un centre d'entraînement physique appelé palais des sports. Les gens qui s'y trouvaient avaient l'air assez jeunes. Un tintamarre d'activités — ping-pong, joutes avec de longues perches, des gymnastes réalisant toutes sortes d'exploits étonnants. L'incroyable concentration de ces jeunes gens ! Il était manifeste qu'ils étaient organisés et entraînés dès leur prime jeunesse. Cette discipline se retrouvait également dans l'éducation musicale. Nous sommes allés au conservatoire de Shanghai, où n'entraient que les plus talentueux, sélectionnés par des concours nationaux. Soit dit en passant, le bâtiment du conservatoire était, avant la révolution, le très imposant et très bel édifice du centre de la communauté juive. À la révolution, tous les membres de cette communauté s'étaient dispersés au Japon, à Hong-kong ou aux États-Unis. Un candidat sur quatorze était admis dans cette école. Ils y entraient à l'âge de dix ans et ils y vivaient. Chaque étudiant apprenait l'un des instruments principaux, en plus des autres matières. On nous a dit que la Chine essayait de se moderniser dans tous les aspects de sa vie nationale, y compris la musique.

J'ai trouvé la musique chinoise aussi proche de la musique occidentale que toutes les autres musiques que je connaissais, sinon plus proche. Le violon chinois — le *p'ip'a* —, par exemple, était enseigné et joué avec le même phrasé que celui que j'utilisais lorsque j'enseignais la musique classique. La musique chinoise est de la musique pure. Il est vrai que ce n'est pas le même genre que celle d'une symphonie, d'un quatuor ou d'un solo de violon. En outre, les Chinois ne possédaient pas d'infrastructure musicale : ni salles de concertss, ni théâtres, ni lieux de rassemblement strictement réservés à la musique. Néanmoins, il y a une tradition ancienne dans la musique chinoise ; certains joueurs de p'ip'a étaient remarquables, mais ils étaient habitués à jouer pour quelques personnes dans une pièce à l'intérieur d'une maison de thé. Il n'y avait pas en Chine de tradition de grandes exécutions ou de salles de concertss. Et l'idée même de musique occidentale avait été mise à mal entre 1966 et 1977, lorsque les extrémistes du Parti communiste, la Bande des Quatre, avaient institué ce qui allait devenir la Révolution culturelle. Apparemment, Mao avait commencé à craindre qu'un virus culturel extérieur détruise la révolution chinoise, qui n'avait alors que quarante ans ; il en était venu à contrecarrer toute curiosité indiscrète et à détruire toute influence extérieure — pour isoler la Chine

© Serge Foucault

L'équipe que j'ai formée avec Alexander Zakin, durant trente-trois ans, a été l'une des plus durables entre un violoniste et un pianiste. J'ai été profondément attristé quand, en 1977, malade, il a dû arrêter de jouer.

© Erich Auerbach

Le trio Eugene Istomin, Isaac Stern, Leonard Rose.
Nous étions trois hommes qui essayions de travailler à l'unisson en écoutant cette quatrième voix : celle du compositeur. Dès notre première tournée, en Israël, en 1961, nous avons reçu un accueil extrêmement chaleureux.

Avec Artur Rubinstein ...

... Leonard Bernstein ...

… Charles Münch …

© Jean-Pierre Leloir

© Betty Engle Le Vin

Midori est l'un des talents les plus extraordinaires que j'ai entendus depuis quarante ans. J'ai tenu à accompagner sa formation. Pinchas Zukerman, dont j'ai suivi toute la carrière, avait neuf ans la première fois que je l'ai entendu jouer.

© Jacques E. Boubli

Yo-Yo Ma *(au piano)*, Emanuel Ax et Jaime Laredo.

En 1962, le grand luthier Étienne Vatelot m'a demandé d'entendre un jeune garçon d'origine chinoise. Yo-Yo Ma avait à peine sept ans et son violoncelle était plus grand que lui…

Yehudi Menuhin, Dietrich Fischer-Dieskau, Mstislav Rostropovitch, Vladimir Horowitz, Leonard Bernstein et moi, chantant l'Alléluia du *Messie* de Haendel au « Concert du siècle », pour le quatre-vingt-cinquième anniversaire du Carnegie Hall, en 1976.

Avec Pablo Casals *(à gauche)* et Sasha Schneider.
Pablo Casals a été le musicien le plus remarquable de son temps. Pendant les répétitions il était parfois ému aux larmes et devait s'arrêter de jouer.

En Israël avec *(dans le sens des aiguilles d'une montre)* : Leonard Rose, Golda Meir, Eugene Istomin, David Ben Gourion, Teddy Kollek et Pablo Casals *(avec la pipe)*.

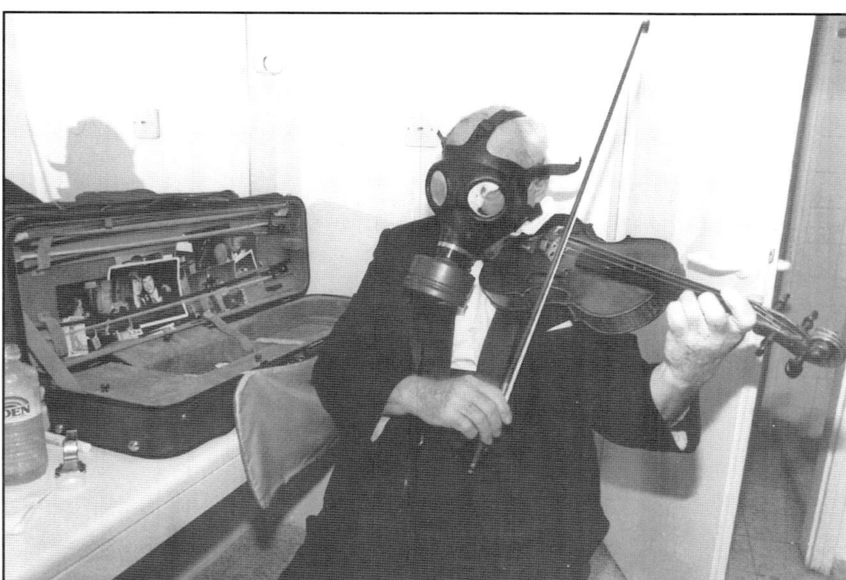



Durant la guerre du Golfe, à Jérusalem : au milieu d'un concerto de Mozart a lieu une alerte aérienne. Il fallait que chacun mette son masque à gaz. La nervosité gagnait le public. J'ai décidé de remonter sur scène sans mon masque et j'ai joué Bach pour les apaiser.

Mon fils, Michael et sa femme, Jeanette.

David, sa femme Katta et mes petites-filles, Talia et Sophia *(dans mes bras)*.

Shira, son mari Don Weber et leurs trois fils…

© Tom Levy, San Francisco Chronicle

Mes soixante-dix ans : Rostropovitch en tutu et Gregory Peck…

© Gary Gunderson

Linda et moi nous sommes mariés en 1996, dans notre maison du Connecticut. À soixante-dix ans passés, j'étais follement amoureux. Pianiste, organisatrice de concerts, Linda a toujours su quel genre de vie mènent les musiciens.

Il y a une qualité absolument nécessaire au créateur comme au recréateur… cette qualité est la perception la faculté de voir plus loin, de comprendre plus en profondeur que l'observateur moyen. En contemplant un coucher de soleil, l'un voit les couleurs et laisse libre cours à son imagination, l'autre se contente de regarder le soleil descendre, de sentir le froid, et va se mettre à l'abri.

du reste du monde et gouverner par des doctrines didactiques simplistes que chacun pourrait comprendre. Tout ce qui avait trait à l'Occident — y compris Mozart, Beethoven et les violons — était censé avoir été contaminé par les « démons occidentaux » et pouvait à son tour contaminer la culture de la Chine communiste. Les professeurs de musique ont alors été emprisonnés, battus, humiliés, réduits à la famine. Un grand nombre d'entre eux se sont suicidés.

Les choses avaient considérablement changé lorsque nous sommes arrivés ; le simple fait d'avoir été invités à faire ce voyage à l'intérieur du pays donne une idée de cette évolution. Bien sûr, en trois semaines, nous ne sommes pas devenus des experts de la Chine, mais nous avons clairement compris que, au moins dans le domaine culturel, les Chinois étaient plus libres qu'auparavant et que leur curiosité se développait de jour en jour. Ils essayaient de compenser le temps perdu pendant cette abominable période ; ils tentaient de reprendre contact avec la musique occidentale.

Les mélodies chinoises ressemblent un peu à la musique de Dvořák ; si l'on fait abstraction de la gamme pentatonique, il existe entre elles une certaine affinité. Leur musique met l'accent sur le choc émotionnel, sur l'instrument qui imite la voix humaine ; le fossé qui les séparait de la musique occidentale n'était donc pas trop considérable pour eux. Le fait que les Chinois n'en aient pas beaucoup entendu ne semblait pas avoir une grande importance ; lorsqu'ils réagissaient, c'était instantanément — de façon insensée, avec enthousiasme. Je me souviens avoir déclaré à un groupe d'étudiants que leurs instruments étaient là pour la musique et non le contraire. À chaque fois que l'on prend son instrument, on fait une déclaration, la déclaration de l'instrumentiste : une déclaration de foi, on déclare que c'est ainsi que l'on veut faire parler la musique. J'ai eu l'impression très nette que, pour la plupart, ils avaient parfaitement compris ce que je voulais dire.

Toute la famille a passé un moment merveilleux. Nous avions pris des dispositions pour quitter la Chine en passant par Canton, sur l'hydroptère à destination de Hong-kong, et je n'oublierai jamais notre interprète, que nous avons tous serrée dans nos bras, debout sur le quai, des larmes plein les yeux. Elle a pleuré comme un enfant lorsque l'hydroptère s'est éloigné lentement. Nous avons regardé le rivage s'estomper. L'interprète était encore sur le quai.

Nous avons bondi et rebondi avec bonheur jusqu'à Hong-kong. Lorsque l'hydroptère a accosté, nous avons été accueillis par deux Rolls-Royce de l'hôtel Mandarin, où nous devions descendre. Les enfants sont passés de l'atmosphère poussiéreuse et arriérée de la Chine à la richesse scintillante et boire au confort de Hong-kong. Avant toute chose, ils ont commencé par prendre des douches, puis déguster des hamburgers et boire du Coca. Le gouverneur de Hong-kong, que j'ai rencontré un ou deux jours plus tard, nous a invités à venir le voir dans son palais. Nous avons longuement parlé de notre séjour en Chine. Shira et les garçons avaient entendu parler des *boat people* en provenance du Vietnam et ont demandé au gouverneur s'ils pourraient les rencontrer. Après les difficultés en Chine et, maintenant, la richesse sybarite de Hong-kong, ils ressentaient le besoin de voir comment vivait une autre partie de l'Asie.

Par l'intermédiaire du bureau du gouverneur, j'ai organisé la visite d'un camp de *boat people.* Nous y étions juste au moment où arrivait un bateau rempli de réfugiés vietnamiens. Il regorgeait littéralement d'êtres humains, d'hommes, de femmes et d'enfants ahuris, à moitié morts de faim. Shira et les garçons ont observé la scène : des Asiatiques sortant du bateau en trébuchant, regardant autour d'eux. Des policiers étaient présents sur le quai. Par la suite, j'ai parlé en français avec des Vietnamiens dans un camp de réfugiés et je les ai écoutés me raconter la peur que leur inspirait les Nord-Vietnamiens, leurs difficultés avec les Chinois de Hong-kong, leur véritable terreur d'être renvoyés au Vietnam.

Nous avons passé environ cinq jours à Hong-kong, puis nous sommes rentrés chez nous. Cette visite en Chine nous avait permis de découvrir un monde totalement différent de celui que nous connaissions. Mais c'était un monde d'êtres humains, envers lesquels nous en sommes venus à éprouver une grande sympathie et avec qui nous avons finalement partagé une langue commune — l'humanité de la musique. En fin de compte, Mao n'avait pas triomphé de Mozart.

Pendant toute la durée de notre voyage, à l'exception de la visite aux fouilles de Xi'an, l'équipe de cinéma réunie par Walter Scheuer a régulièrement tourné. Dans un seul cas, nous avons fait une mise en scène. Un jour, je suis allé écouter des musiciens chinois jouer des mélodies de Stephen Foster sur des instruments chinois. Ils étaient charmants, épatants. L'équipe de cinéma était ailleurs et je l'ai envoyée chercher ; les musiciens ont rejoué et ont été filmés. Sinon, il n'y a eu aucune logique dans ce qui a été filmé. Le réalisateur n'avait apparemment en tête aucune ligne directrice ni aucun script. Il a filmé au hasard, saisissant les scènes au fur et à mesure qu'elles survenaient. Nous avons eu de la chance que les Chinois nous fassent confiance. Lorsque Bob Hope est allé en Chine pour un spectacle, son équipe a eu quelques problèmes et les autorités lui ont confisqué plusieurs de ses films. Tout notre métrage a pu, lui, sortir de Chine.

Le film brut a été envoyé par avion aux États-Unis et est arrivé sain et sauf. Il y en avait plus de soixante heures. Walter Scheuer et le réalisateur se sont ensuite brouillés et ce dernier est parti. Personne ne semblait savoir que faire de tout ce film. J'ai présenté Walter à Alan Miller, un cinéaste et un musicien averti. Alan a visionné le film un nombre incalculable de fois pour trouver une seule ligne viable sur laquelle il pourrait construire une histoire vraisemblable. Cela lui a pris un an. Il en est finalement sorti avec quatre-vingt-huit minutes de pellicule. J'en ai coupé quatre autres minutes que je trouvais incorrectes envers les Chinois. Par exemple, l'incident à propos du piano de Shanghai — j'avais voulu avoir gain de cause et j'y étais parvenu, mais je ne voulais pas embarrasser le directeur de la salle. En fin de compte, les soixante heures de métrage brut sont devenues un documentaire de quatre-vingt-quatre minutes, qui porte maintenant le titre *De Mao à Mozart* et qui, du début à la fin, a été financé par Walter Scheuer. Il ne connaissait rien à la fabrication d'un film, à la production ou à la distribution, et il l'a prouvé à maintes reprises en accumulant toutes les erreurs possibles ; il en a même inventé quelques-unes qui font maintenant partie du cinéma moderne. Mais ce qu'il possédait alors, et qu'il a encore à ce jour, c'est une extraordinaire générosité, l'amour des autres et le désir d'aider à rendre le monde meilleur. Nous avons connu beaucoup de personnes généreuses dans notre vie, mais très peu se sont montrées aussi altruistes, aussi correctes et aussi profondément gentilles que Walter Scheuer. On l'a beaucoup fait tourner en rond, mais il a continué à montrer le film et à y intéresser des gens. Lentement, les choses ont commencé à bouger. Il a été présenté pendant six mois dans un théâtre parisien et pendant quatre mois à Zurich. Il a commencé également à être visionné dans de petits théâtres d'art et d'essai aux États-Unis, avec d'excellentes critiques. Walter l'a ensuite soumis aux oscars. Le soir où le film a remporté l'oscar du meilleur documentaire de 1980, j'étais tranquillement assis chez Sophie et Leonard Davis, en Floride, en train de regarder à la télévision la cérémonie avec intérêt mais sans trop d'excitation ; je ne m'attendais vraiment pas à ce que notre petit film remporte le prix. Au moment des nominations pour le meilleur film documentaire, j'ai commencé à me sentir un peu plus nerveux. Lorsqu'ils ont annoncé que nous avions gagné, j'ai poussé un tel cri qu'on a dû l'entendre jusqu'à New York et en Californie.

Ma mère est morte en décembre 1979, cinq mois après le voyage en Chine. Elle a beaucoup souffert les dernières semaines et c'était très pénible pour la famille de ne pouvoir rien faire pour la soulager. Elle n'a trouvé la sérénité ultime dont elle avait besoin que trop lentement et à grand-peine. Elle est morte à la maison, soignée par sa famille, et repose près de mon père, dans une terre baignée de soleil, avec les mots doux de ses enfants et petits-enfants.

# 25.

Autrefois, le service des relations publiques chez Hurok avait l'habitude d'envoyer un dossier de presse avant mon arrivée à chaque étape de mes tournées. Celui distribué en 1949 contenait des informations et des histoires caractéristiques sur mes premières années à San Francisco, sur mes réalisations musicales, sur mes derniers voyages. Des anecdotes, des bons mots, des citations, des critiques.

Dans l'une de ces histoires, je suis en train de battre Jascha Heifetz au ping-pong — trois sets à deux. (Cela m'aurait plu, mais c'est inexact en réalité. Avec la crainte respectueuse que j'éprouvais pour ce géant du violon et sachant ce qu'il pensait de ses propres capacités comme joueur de ping-pong, je me suis prudemment arrangé pour ne gagner qu'un set sur cinq, et le laisser me battre aux quatre autres. Je jouais mieux que lui, mais je n'allais certainement pas le prouver à ce moment-là !) L'histoire raconte que j'aime le tennis en plein air, que je nage beaucoup et que je dévore les pages sportives des journaux. Le football et le base-ball sont « ma tasse de thé ». Lorsque je suis en route avec Zakin, selon ce dossier, nous avons des journées d'en moyenne huit à dix heures ; nous donnons plus de cent concerts par an. « Quand le train entre en gare, ils règlent leur ardoise au gin-rummy et se préparent à des séances de travail de trois à quatre heures. La nuit, bien sûr, il doit encore travailler quelques heures épuisantes pour satisfaire les clients. » L'histoire me cite en train de déclarer : « Laissez-moi jouer du violon aussi bien que je le peux. Il est tout aussi important pour moi de vivre comme un être humain. Si je peux montrer aux gens qu'un musicien n'est pas nécessairement cinglé, qu'il n'est pas fondamentalement différent de son voisin, que la musique n'est pas un luxe, mais qu'elle est aussi naturelle que la lecture ou l'arithmétique — si j'y parviens, j'aurai vraiment fait quelque chose. »

J'avais vingt-neuf ans en 1949 lorsque ce battage rédigé dans un style assez familier a été écrit. En 1980, à soixante ans, j'aurais certainement eu beaucoup à redire et j'aurais ajouté quelques mots sur l'expérience très spéciale permettant de jouir à la fois d'une vie de famille privée — élever mes enfants — et d'une vie de famille publique — enseigner la musique aux jeunes étudiants.

À l'approche de la soixantaine, j'ai ressenti de plus en plus qu'il n'y avait pas de plus grande richesse que sa propre famille et quelques amis proches. Michael, notre fils aîné, était alors en dernière année d'études à Harvard ; il s'était spécialisé en histoire américaine et devait encore déterminer son avenir professionnel. David, notre plus jeune fils et aussi le plus grand (de deux centimètres et demi, avec son mètre quatre-vingt-huit), avait dix-sept ans ; il faisait ses études à Dalton et vivait encore à la maison ; il rêvait d'entrer à Yale, pour étudier — allez savoir pourquoi ! — la musique. J'ai essayé de le dissuader de poursuivre sérieusement ce choix étrange, mais il semble que son entourage et certaines influences ont agi sur son jeune esprit. Je ne pensais pas qu'il deviendrait un soliste, mais il était certainement capable d'être un musicien intelligent et talentueux. Il en avait l'oreille et l'esprit ; c'était un bon élève et un être heureux.

Shira avait vingt-quatre ans et était en troisième année de troisième cycle ; elle voulait devenir rabbin. Elle faisait ses études à l'université Brown, où un membre du corps enseignant, lui-même rabbin et professeur d'études hébraïques, l'avait fortement influencée à mener sa vie au sein du judaïsme. Ce choix n'enthousiasmait ni sa mère ni moi ; en fait, je dois reconnaître que, dans un accès d'autorité irréprochable, lorsque Shira nous en a parlé pour la première fois, j'ai piqué une crise de colère. On ne pouvait en aucun cas nous considérer comme des juifs pratiquants. Nous participions beaucoup à une vie publique internationale ; nos amis étaient musiciens, peintres, danseurs, écrivains. Mais Shira nous rétorquait : « J'ai ma propre personnalité et je dois être différente. » Elle savait que ses frères étaient doués pour la musique et elle avait l'impression que j'étais plus proche d'eux. À la lumière de cela, elle ferait ce qu'elle pensait devoir faire : elle allait devenir elle-même et pénétrer dans un monde très éloigné de la musique professionnelle. Dans l'ensemble, elle avait déjà fait preuve d'une extraordinaire compassion pour les plus jeunes, les grands malades et tous ceux qui se trouvaient dans le besoin. Elle a un don naturel de pédagogue et de conseiller. Par la suite, elle nous a dit à quel point elle avait souffert du favoritisme dont, à son avis, je faisais bénéficier ses deux frères grâce à leur talent musical. Je ne pensais pas que c'était vrai à cette époque et ça ne l'est certainement pas aujourd'hui ; mais on ne peut pas toujours lire dans le cœur et dans l'esprit de ses enfants et comprendre comment ils perçoivent leurs relations avec leurs parents.

En fait, je n'ai jamais voulu que mes fils deviennent des musiciens professionnels ; je ne les ai jamais poussés dans cette voie. Apprendre à jouer d'un instrument, oui ; dans nos milieux, on considérait que l'éducation d'un enfant était incomplète s'il n'apprenait pas la musique — c'était impensable. Mais les enfants suivent souvent leur propre voie. Michael, tout en faisant d'excellentes études d'histoire à Harvard, jouait également du violon et de l'alto dans des ensembles de musique de chambre. L'un de ses partenaires, un étudiant plus âgé, était Yo-Yo Ma. Et lorsque Michael a obtenu son diplôme, au printemps 1980, il a décidé de devenir chef d'orchestre.

Cette année-là, Vera a continué à diriger nos vies avec bonheur, de manière charmante et compétente, de main ferme et en restant impliquée dans les réjouissances du Carnegie Hall et de l'America-Israel Cultural Foundation. Notre vie n'a jamais été ennuyeuse, surtout l'année de mes soixante ans.

J'ai souvent pensé aux étudiants que j'ai rencontrés au cours de mon voyage en Chine, surtout à la jeune violoniste à la robe bleu pâle et au foulard rouge, ainsi qu'à ceux que j'ai pu voir pendant la tournée de mes soixante ans en Europe et en Israël. J'ai pu leur montrer des trucs, des trucs techniques et des trucs que j'ai essayé de leur communiquer — il ne s'agissait pas de savoir *comment* mais *pourquoi* ils jouaient un morceau de musique d'une certaine manière. Trop souvent, j'ai manqué de temps — raison pour laquelle je me suis senti de plus en plus frustré en donnant des cours d'interprétation : on met les élèves en pièces, puis on doit repartir avant d'avoir recollé les morceaux. J'ai essayé de prolonger cet enseignement au-delà du cadre de la *master class*, en écrivant des lettres, en parlant à des groupes de musiciens, en donnant des interviews — partout où l'occasion s'est présentée. Les étudiants en musique sont devenus pour moi une famille à l'échelon mondial, l'homologue de la famille très privée et tant aimée qui se trouve à la maison. J'étais ravi de pouvoir jouer et enregistrer, et j'étais heureux que mes exécutions soient préservées, mais j'espérais qu'à l'avenir on se souviendrait non seulement de mes bonnes interprétations, mais qu'on saurait également comment et pourquoi j'étais arrivé à ces exécutions. Je me suis mis à rêver d'être capable de l'exprimer clairement aux étudiants et aux jeunes professeurs de musique.

J'ai rencontré des étudiants partout en tournée et chez moi, à New York et dans le Connecticut. Un professeur me sollicitait. Ou une personne que je connaissais me téléphonait au dernier moment : ils avaient entendu parler d'un musicien doué. Si j'avais le temps, j'acceptais de le recevoir. Si l'instrumentiste n'était pas très bon, je m'en rendais vite compte et en un quart d'heure c'était terminé ; il n'y avait aucune raison de perdre du temps avec quelqu'un qui n'allait pas être réceptif. Mais si l'instrumentiste était bon, si, par exemple, il était en train de préparer un concert, il rentrait chez lui, pensait à ce que j'avais dit et se mettait à écouter chaque note qu'il jouait. Il n'allait pas donner son concert de la même manière que le précédent. J'ai souvent dit aux jeunes violonistes étudiants : « Si vous vous posez la moindre question sur la façon de faire sonner une phrase, laissez votre instrument et chantez-la. Puis écoutez à nouveau la façon dont vous l'avez chantée, où vous avez respiré, et essayez de faire la même chose avec le violon et l'archet. Huit fois sur dix, nous chantons la phrase naturellement et correctement ; c'est ce qu'il faut essayer de faire avec votre instrument. »

Je les exhortais à ne pas écouter d'enregistrements de violon. Je leur disais : « Écoutez un quatuor, mais avec la partition. Sachez la partition avant d'écouter et lisez-la quand vous entendez le Quatuor de Budapest jouer les quatuors de Beethoven — vous aurez l'impression que la partition est en train de s'écrire devant vous. Si vous voulez entendre ce qu'est la beauté, écoutez une grande voix chanter des lieder allemands. Ou écoutez une bonne représentation d'un opéra de Mozart. Voyez comment les chanteurs utilisent leur voix, comment celle-ci change à chaque mot. Les notes sont nos mots. Et nous devons les employer avec naturel, comme on parlerait, et personnalité. » J'ai répété sans cesse aux jeunes élèves : « Avant tout, apprenez à vous regarder et à dire avec honnêteté : "Je ne cherche pas à impressionner l'auditeur ; ce que je veux réellement, c'est qu'il entende à quel point ce qu'a écrit le compositeur est beau. Je veux que l'auditeur sente combien j'aime cette musique et je veux le convaincre que cette musique est très importante pour nous : elle nous est nécessaire en tant qu'êtres humains." »

J'ai entendu une trentaine d'élèves par an. Certains ont vraiment fait de belles carrières. Et à tous ces étudiants qui m'écrivaient du monde entier, j'ai répondu. À l'un deux j'ai envoyé cette lettre :

> « Votre professeur... a eu tout à fait raison de vous dire d'utiliser votre imagination lorsque vous faites de la musique. Qu'il s'agisse d'une histoire banale ou simplement d'une idée de forme ou de contenu, il n'y a en réalité aucune différence, car plus vous étudierez, plus vous lirez et apprendrez à analyser, moins vous trouverez nécessaire d'avoir présentes à l'esprit des images d'un événement ; alors la musique elle-même vous parlera dans sa propre langue et vous commencerez à apprendre à établir un dialogue entre votre compréhension de la musique et ce qu'a écrit le compositeur. Tout ce à quoi vous aurez recours pour exciter votre imagination en

jouant ou en écoutant sera utile, car cela vous mènera toujours dans la direction de la musique qui est, en fait, une façon de parler. Elle ne parle pas en paroles, elle parle en images que chacun de nous crée à sa propre manière ; et c'est le seul moyen d'entrer dans la musique, de découvrir les différentes façons de parler dans la même phrase. »

J'ai adressé une réponse plus pratique à la tante d'un jeune violoniste talentueux dont la critique avait ignoré le récital et qui s'en indignait :

« Ça ne vous apportera probablement aucun réconfort, mais je peux vous dire qu'un artiste comme Shlomo Mintz, qui s'était déjà forgé une réputation internationale... a fait ses débuts au Carnegie Hall — son premier grand récital à New York — et aucun critique ne s'est déplacé... Personne, ni organisateur de concerts ni artiste, ne peut insister ou forcer les journaux à couvrir un récital donné... Les deux premiers récitals au Carnegie Hall de New York de Pinchas Zukerman n'ont pas davantage fait l'objet de critiques. La seule réponse que je peux vous donner, à vous ou à votre neveu, est que s'il a vraiment du talent et de la détermination il doit continuer et il sera entendu et déplacera la critique. Les véritables talents ne restent jamais ignorés et un seul concert n'est pas une vie tout entière. »

Mon vœu le plus cher était de transformer Carnegie Hall en un conservatoire de musique consacré à ce qu'il y a de meilleur dans l'art de l'interprétation et de la formation musicale, et qui attirerait tous les jeunes talents du monde. Ce serait un endroit difficile d'accès ; les élus recevraient une formation rigoureuse. Ils seraient aidés, affinés — jusqu'à ce qu'ils deviennent des maîtres pour la génération suivante.

Dans ma vie, aucun événement ne m'a poussé à enseigner. Pendant quelque temps, une anecdote a circulé selon laquelle, au début de ma carrière, Jascha Heifetz m'aurait dit que j'avais tout le talent et les capacités nécessaires pour devenir un virtuose, un musicien et un instrumentiste extrêmement accompli, mais que si je m'appliquais et exprimais mon talent au maximum, je pourrais atteindre un niveau suffisant pour enseigner. En vérité, cette conversation n'a jamais eu lieu entre nous. Il n'existe aucun violoniste vivant qui ne considère, à juste titre, Heifetz comme le premier violoniste du XXe siècle ; mais ce n'était pas un homme très généreux ou compatissant ; il n'a pas vraiment donné de sa personne envers les jeunes instrumentistes ; ce n'était pas un grand pédagogue.

J'ai commencé à enseigner parce que j'éprouvais un dégoût instinctif pour les enseignements centrés sur la perfection mécanique. Je n'ai jamais joué avec une dextérité automatique — mon esprit travaille constamment lorsque je joue. C'est un mode de vie dangereux, mais tellement enrichissant. Chaque moment a un sens. Il ne peut y avoir aucune exécution réelle sans tension intérieure et chaque interprète doit trouver sa propre façon de résoudre cette tension. Je l'ai appris de mon professeur Naoum Blinder, et plus tard j'ai été influencé par des collègues et des pédagogues passionnés comme Rudolf Serkin, Gregor Piatigorsky, Nathan Milstein, Leonard Rose. Et je ne peux pas oublier tous les autres musiciens qui ont marqué mes années de formation, chacun à sa manière : Pierre Monteux, les quatre membres du Quatuor de Budapest — Joseph Roisman, Alexander (Sasha) Schneider, Boris Kroyt et Mischa Schneider —, Myra Hess, Pablo Casals, Maureen Forrester, Kirsten Flagstad, Lotte Lehmann, Jan Peerce, Richard Tucker, Lily Pons, Elisabeth Rethberg, Elisabeth Söderstrom, Jussi Björling, Artur Rubinstein, Vladimir Horowitz, Arturo Toscanini, Bruno Walter, Otto Klemperer, Fritz Reiner, William Steinberg, Charles Munch, Erich Leinsdorf, Sir Thomas Beecham, Eduard Van Beinum, Leonard Bernstein. Cette liste est très courte et incomplète. Autrement dit, j'ai appris en écoutant, en connaissant, en respectant et en ayant de l'affection pour de grands artistes que j'ai eu l'occasion de côtoyer pendant les soixante-cinq dernières années du XXe siècle. Il m'incombe et j'estime qu'il est de mon devoir de transmettre à mon tour aux générations suivantes d'instrumentistes. Ceux qui m'ont particulièrement influencé à propos de l'importance de l'enseignement et de l'apprentissage de l'enseignement furent Sasha Schneider et Pablo Casals. Les années que j'ai passées en leur compagnie, ce qu'ils m'ont appris, leur amitié sincère, m'ont servi de modèle et m'ont permis de comprendre que léguer quelque chose a une valeur inestimable.

Ce legs ne serait pas sincère si je n'étais pas honnête avec moi-même. À l'approche de mes soixante ans, je ne pensais pas avoir vraiment atteint la réussite que j'aurais aimé connaître. Il y avait beaucoup de choses que je ne réalisais pas bien et certaines œuvres, comme le *Concerto pour violon* de Paganini, que je ne pouvais plus jouer. Il y avait d'autres choses dont je n'étais pas satisfait. J'espérais que Dieu me donnerait le temps, au cours des quinze ou vingt années à venir, de me concentrer sur les domaines auxquels j'accordais de l'importance et qui seraient mon testament artistique.

Après avoir cherché pendant de nombreuses années, j'étais donc parvenu à faire la part des choses entre ce que je jugeais bon et ce qui me semblait mauvais ; et je devais désormais faire ce qui était bien. J'avais blessé certaines personnes, j'en avais négligé d'autres, des moments de stupidité, d'excès, d'arrogance que j'aurais préféré oublier. J'aurais beaucoup mieux fait de mener une vie plus saine, de travailler davantage, de manger moins. Mais j'aimais la nourriture et la boisson. J'aimais les saveurs et les textures. J'aimais vivre. C'était la source vive de mon jeu. Lorsque je faisais de la musique, c'était très sensuel. Je suis sans doute un sensuel. J'adore les sensations et j'adore satisfaire mes sens. Il me serait difficile de tomber dans la sobriété.

Le fait d'avoir conservé une étonnante faculté d'insouciance ne changeait rien à l'affaire. En réalité, ma façon de faire de la musique était devenue plus profonde — et cela ne pouvait qu'augmenter. Aussi longtemps que je pourrais tenir un violon décemment et produire une belle sonorité, je pourrais toujours faire de la musique et l'enseigner. C'est la résolution que j'ai prise en juillet 1980, en fêtant mon soixantième anniversaire.

# 26.

Cette année 1980 a été une belle année de célébrations, placée sous le signe du bonheur, tant dans ma vie publique et que dans ma vie privée. À Paris, en mai et juin, j'ai donné une série de onze concerts : treize concertos avec deux orchestres et six chefs d'orchestre, ainsi qu'un ensemble de programmes d'une heure, avec des pièces plus courtes pour violon et orchestre de chambre, et j'ai animé une série de séminaires consacrés aux instruments à cordes avec les cordes des deux orchestres avec lesquels j'avais joué en soliste. J'ai travaillé environ soixante à quatre-vingts heures par semaine pendant sept semaines. J'étais complètement épuisé, mais c'était un moment plein de vie ; je n'avais pas ressenti une telle vitalité en moi depuis des années.

Au moment de mon anniversaire, j'ai joué en Grande-Bretagne, puis en Israël. Je me souviens de la fête donnée au Hilton de Tel-Aviv où j'arrivai dans une Ford de 1930, découverte et pétaradante, avec un trio de musique Dixieland à l'arrière jouant une version bruyante de *When the Saints Come Marching In*. Un peu plus tard, une jolie violoniste a surgi d'un énorme gâteau d'anniversaire et s'est mise à jouer quelques-unes de mes mélodies préférées. L'un des concerts que j'ai donnés en Israël s'est déroulé en plein air devant un public de quinze mille personnes, avec l'Orchestre philharmonique d'Israël sous la direction de Zubin Mehta. Nous n'avions pas eu le temps de répéter. Nous sommes entrés en scène et avons joué le *Concerto pour violon* de Mendelssohn et *Schön Rosmarin* de Kreisler. Tout s'est passé comme l'enfance de l'art. C'est *ça* le métier. Et la chance.

J'ai ouvert la saison de l'Orchestre philharmonique de New York en septembre, avec un concert télévisé au profit des caisses de retraites, sous la baguette de Zubin Mehta, avec mes amis Pinchas Zukerman et Itzhak Perlman. En octobre, j'ai donné cinq concerts avec le National Symphony Orchestra au Kennedy Center de Washington sous la direction de Rostropovitch, Ormandy, Mehta, Rudel et Slatkin. À l'un de ces concerts, Rosalyn Carter est entrée sur scène au volant d'une voiturette de golf magnifiquement décorée. C'est Abe Fortas qui avait eu l'idée de ce cadeau d'anniversaire. Même si j'avais encore soixante ans à vivre, je n'aurais pas eu l'idée d'un tel cadeau. Je l'ai fait envoyer dans ma propriété du Connecticut, où je m'en sers pour vagabonder dans la propriété, ce qui me permet ainsi de ne pas faire trop d'exercice et de ne pas perdre trop de poids.

La première semaine de novembre, j'ai donné des concerts au Carnegie Hall et, durant les dernières semaines du même mois, je suis retourné à San Francisco, où j'ai donné quatre concerts avec l'Orchestre symphonique de San Francisco dans sa nouvelle salle, le Davies Symphony Hall.

Selon certains critiques, j'aurais pu me trouver alors au sommet de ma carrière si je n'avais pas consacré tant de temps et d'énergie à chercher de nouveaux talents et à m'occuper d'autres causes. Toutefois, ces critiques m'ont laissé indifférent. Si je m'étais limité au violon, au travail digital, j'aurais peut-être joué un peu mieux, je serais allé un peu plus loin sur le plan musical — mais dans quel but ? Je n'ai pas été privé de succès. J'ai parfois raté quelques notes. Mais était-ce vraiment si grave ? J'ai eu la joie d'être entouré de jeunes qui ont acquis un renom international et d'autres qui sont en train d'y parvenir. J'ai vécu au sein d'un univers familial et, en ce sens, j'étais l'homme le plus comblé du monde.

J'ai également entendu certains bruits sur la nature des relations que j'entretenais avec mes jeunes protégés et avec d'autres : on nous a surnommé la « Kosher Nostra », une communauté frisant l'esprit de clan et le favoritisme inconditionnel. J'ai démenti ces bruits odieux et j'ai fait taire la grogne des jaloux toujours en quête d'un motif pour justifier pourquoi ils ne font pas partie des élus. Dans le monde de la musique, certains, surtout les musiciens professionnels, pensaient que je dirigeais Carnegie Hall. Le fait est que je ne l'ai jamais dirigé et je ne cherche pas davantage à le diriger aujourd'hui. Les Israéliens qui se sont produits dans cette salle y sont parvenus par eux-mêmes ; je n'ai pas arrangé la moindre de leurs prestations. En vérité, deux de mes plus proches collègues et amis, Eugene Istomin et Leonard Rose, n'ont pas joué régulièrement au Carnegie Hall. C'est toujours le directeur de la salle qui choisit. Je suis ensuite informé des décisions prises, mais seulement une fois qu'elles le sont. Et cette procédure est encore en vigueur aujourd'hui.

La profession de soliste est à la fois simple et cruelle. Il est impossible de faire carrière si l'on manque de talent et il est tout aussi impossible d'interrompre la carrière de celui qui en a. À titre d'exemple, au début des années 80, une fillette de onze ans, Midori, née à Osaka au Japon, faisait ses études à la Juilliard School of Music de New York ; elle a attiré mon attention. Elle est arrivée un jour chez moi, accompagnée de sa mère et de son professeur — et je me suis retrouvé en train d'écouter l'un des talents les plus extraordinaires que j'ai entendus depuis quarante ans. Toute menue, elle était très attentive et possédait une considérable maîtrise d'elle-même ainsi qu'un étonnant répertoire d'œuvres qu'elle savait déjà par cœur. J'ai décidé de m'intéresser personnellement à sa formation.

Le dernier concert que j'ai donné l'année de mes soixante ans s'est déroulé au Chandler Pavilion, où j'ai joué le *Concerto pour violon* de Brahms avec l'Orchestre philharmonique de Los Angeles, sous la direction de Zubin Mehta. Il m'a fallu admettre, au terme de cette année, que j'étais passablement épuisé. J'ai décidé de passer une partie de l'année suivante en congé sabbatique : pas de voyages, pas de tournées, pas de concerts. Mais la réduction du nombre de concerts ne semble pas avoir vraiment modifié le rythme de mes activités ; elle les a simplement orientées dans une autre direction — Carnegie Hall. En attendant, *De Mao à Mozart*, était projeté aux États-Unis et en Europe, et les compliments et l'attention qu'il suscitait m'ont vraiment surpris. Jamais au cours de ma carrière d'instrumentiste je n'avais obtenu une telle réponse du public. Plus de quarante ans de voyages, de travail et de réflexion semblaient éclipsés par les quatre-vingt-quatre minutes de ce film. Partout, l'accueil était enthousiaste. Le superbe travail d'Alan Miller, qui révélait le sens profond de ce que nous avions essayé de faire en Chine, avait transformé de la pellicule brute en un film de dimension internationale. Tous ceux qui y avaient participé étaient bien sûr très heureux de l'oscar obtenu et des perspectives commerciales qu'il offrait au film. Nous espérions qu'il rapporterait de l'argent et nous étions convenus que toutes les royalties seraient versées au Carnegie Hall pour servir aux jeunes instrumentistes.

Depuis vingt-deux ans, cette salle, qui était l'une des plus importantes au monde de la musique, était au centre de mes préoccupations et de mes activités. Une campagne avait été lancée afin de réunir les 50 millions de dollars nécessaires à la rénovation et à la réhabilitation des structures extérieure et intérieure. Tous ceux qui étaient impliqués dans la vie de cette salle avaient décidé qu'il était maintenant nécessaire de préparer cette grande vieille dame à faire son entrée dans le XXIe siècle.

De nombreuses personnes physiques et fondations avaient fait des dons, souvent généreux. L'un d'eux provenait du Danemark, où, pour célébrer le tricentenaire de la communauté juive, j'avais donné un concert avec l'Orchestre de la Radio danoise, sans demander de cachet. En retour, la communauté avait apporté une contribution substantielle en fournissant du matériel d'éclairage danois pour la remise à neuf de la salle de récital du Carnegie. Il y avait de nombreuses façons d'acheter mes faveurs.

Dès le milieu de l'année 1985, nous avions réuni près de 35 millions de dollars et nous faisions de véritables contorsions pour les 15 derniers millions. Malgré toutes les prédictions les plus pessimistes, il semblait que nous puissions y parvenir.

Mais je dois encore passer de l'euphorie des joyeux anniversaires et des réussites à la tristesse des disparitions — certaines faciles à supporter en apparence, bien que douloureuses, d'autres profondes et fulgurantes.

Le soir du 23 janvier 1982, je me trouvais dans ma suite du Ritz-Carlton Hotel à Chicago en train de préparer un récital pour le lendemain après-midi. J'ai décidé de téléphoner à mon ancien accompagnateur, Shura Zakin, pour lui souhaiter un joyeux anniversaire à l'occasion de ses soixante-dix-neuf ans. En téléphonant, j'avais mon violon et mon archet dans la main gauche, car je voulais jouer pour lui. La sonnerie du téléphone est restée sans réponse. Pendant plus d'une heure, j'ai refait trois ou quatre tentatives pour le joindre, toujours le violon et l'archet en main. À un certain moment, j'ai posé l'archet tout en tenant le violon de la main gauche et j'ai attrapé le téléphone de la main droite. En me penchant sur le bout du lit du côté où se trouvait le téléphone, j'ai glissé et je suis tombé en arrière, la hanche droite sur l'archet que j'ai complètement brisé en son centre.

Ce moment a été terrible, non seulement à cause de la valeur de l'archet, mais, plus important encore, cet archet possédait une qualité et un équilibre spécifiques adaptés à ma main pour certaines œuvres importantes du répertoire du violon. Il n'y a pas deux archets qui aient le même équilibre, le même poids ou le même son ; chacun possède des caractéristiques propres et doit convenir à la main et aux habitudes de jeu de l'instrumentiste. Cet archet faisait partie de mon approche d'exécutant depuis que je l'avais acquis ; il avait une agilité, un son, une attaque qui convenaient particulièrement bien à ma façon de jouer. Il était totalement irréparable. C'était une perte douloureuse.

Mais la maladie du cher ami que j'avais essayé de joindre par téléphone était infiniment plus douloureuse. Shura Zakin était mon compagnon de musique et mon ami depuis près de quarante ans. Nos vies professionnelle et personnelle s'étaient étroitement entrelacées. Le lien musical était si fort qu'une véritable liberté, issue d'une base parfaitement disciplinée, nous permettait de respirer, de phraser, de tisser des lignes musicales en tous sens, parce que nous nous connaissions intimement. Nous nous écoutions jouer réciproquement avec une telle attention que la moindre nuance du violon ou du piano entraînait une réponse et une collaboration instantanées.

Zakin est resté confiné chez lui plusieurs années, presque incapable de sortir faire quelques pas chancelants et sans avoir toujours conscience de ce qui l'entourait. J'allais le voir de temps à autre. Il avait du mal à tenir une conversation cohérente. Sa femme, Isabelle, s'occupait de lui, l'aidant même à s'habiller. C'était terrible de le voir ainsi, dans un tel état de dégradation. Il a payé le prix fort pour une longue vie.

La mort de Jascha Heifetz, en 1981, à l'âge de quatre-vingt-six ans, est venue s'ajouter à cette tristesse. Il avait donné son dernier concert en public neuf ans plus tôt. Lorsqu'il a cessé de jouer, on a dit qu'il avait connu tant de plaisir — la dévotion d'innombrables admirateurs, les faveurs des familles royales et une grande richesse — qu'il avait fini par s'en lasser. Il est plus probable que, lorsqu'il s'est rendu compte qu'il commençait à ne plus pouvoir parvenir à sa propre idée de la perfection, il a décidé de ne plus jouer en public. Le plus étonnant chez Heifetz c'était que, même s'il jouait très vite, il ne donnait jamais une impression de rapidité excessive. Il pouvait filer comme le vent tout en maîtrisant chaque note. Lorsqu'il jouait — et l'on peut en dire autant de Kreisler, Milstein, Oïstrakh et de tous les très grands —, on entendait toujours l'harmonie sous-jacente. Même s'il jouait horizontalement, on pouvait encore entendre l'harmonie verticale. C'est très spécial de jouer juste harmoniquement ; pour y parvenir, il faut avoir l'oreille absolue et une grande technique digitale. Et il faut avoir à l'esprit une vision claire de l'ensemble du tableau harmonique, mélodique et contrapuntique. Heifetz avait ce don. Pour les instrumentistes à cordes, il a été la personnalité la plus influente du XXe siècle. Il est indiscutable qu'aucun autre violoniste ne possédait au même niveau *cette* maîtrise, *ce* contrôle, *ce* flux constant de fougue raffinée. Il compte parmi les quatre ou cinq géants de trois cent cinquante ans d'histoire de l'interprétation violonistique. Au cours des quinze ou vingt dernières années de sa vie, il s'était de plus en plus retiré. Il ne se liait pas facilement d'amitié et il n'aurait pas davantage modifié sa façon d'être pour aider un jeune violoniste à grimper les échelons d'une carrière. Il a dû être très seul à la fin de sa vie.

Partout où je suis allé au cours des années 80, quelles qu'aient été mes activités, les enjeux politique en matière de musique semblaient omniprésents. Un vent étrange soufflait dans le monde intellectuel. L'émergence prédominante du fondamentalisme devenait très dangereuse pour de nombreuses nations occidentales. Dans le cas des États-Unis, ce danger était peut-être un peu moins immédiat en raison du bon sens naturel dont nous avons tendance à faire preuve à long terme en Amérique. En attendant, on pouvait faire beaucoup de dégâts, surtout dans le domaine artistique.

Quelques données historiques peuvent être utiles à ce sujet. Le premier National Council on the Arts avait vu le jour en 1965, en partie à la suite de conversations que j'avais eues avec le président Kennedy, Mme Kennedy et Pierre Salinger. Après l'assassinat du président Kennedy, j'avais reparlé de cette idée avec Pierre Salinger et Abe Fortas. Abe, qui n'était pas encore à la Cour suprême, était alors mon avocat et un ami proche. Par son intermédiaire — il était alors le conseiller personnel le plus proche du président Johnson, qu'il voyait quotidiennement —, l'idée du National Council on the Arts avait refait surface avant d'être soumise à l'attention du président. Je me souviens très précisément que l'on m'avait prié de venir voir le président Johnson. Il m'avait fait asseoir et m'avait dit : « Isaac, je ne connais rien aux arts, mais si vous et Abe me dites que c'est une chose très importante, alors pour moi aussi c'est important ; je vous soutiendrai. Et je vous promets de ne pas m'en mêler. »

Peu de temps après, Abe et moi-même cherchions qui présiderait le National Council on the Arts et il m'a demandé d'appeler Roger Stevens, qui était alors à la tête du Kennedy Center, et de lui proposer le poste. À partir du moment où Roger Stevens a accepté cette présidence, c'est lui qui a tout organisé, qui nous a tous rassemblés. Quand on pense aux personnalités qu'il a réunies dans cette première équipe du National Endowment for the Arts ! Albert Bush-Brown, René d'Harnoncourt, Paul Engle, Philip Hanes, Jr., Oliver

Smith, George Stevens, Sr., Minoru Yamasaki, Leonard Bernstein, Anthony Bliss, David Brinkley, Warner Lawson, William Pereira, Richard Rogers, David Smith, James Johnson Sweeney, Elizabeth Ashley, Agnes De Mille, Ralph Ellison, le père Gilbert Hartke, Eleanor Lambert, Gregory Peck, Otto Wittmann et Stanley Young en faisaient partie, tout comme moi-même. Roger Stevens a joué un rôle essentiel en nous protégeant des attaques et des pressions du Congrès.

Une fois, à l'époque de Reagan, la mise en place des budgets du National Endowment for the Arts a connu quelques contretemps, et le National Council on the Arts est intervenu comme consultant. Par chance, j'ai été invité au même moment à un dîner informel avec le président à la Maison-Blanche ; juste deux tables, huit ou dix personnes par table. Le président parlait à tout le monde de son expérience récente, de la tentative d'assassinat, de ce qu'il avait ressenti, du temps qu'il lui avait fallu pour se rétablir. Il était d'humeur joviale. Après le dîner, nous nous sommes réunis dans une autre pièce pour parler et boire. J'ai abordé le président Reagan : « Monsieur le Président, peut-être suis-je en train de profiter d'un moment privé, mais j'aimerais que vous prêtiez attention à la mise en place des budgets pour le National Endowment for the Arts, car de nombreuses personnes du monde artistique ont fait des projets, signé des contrats et pris des engagements pour les quelques années à venir en pensant que ce qui a été voté sera réellement appliqué. » Il m'a écouté et m'a dit : « Je ferai une note. » Je me souviens que Henry Kissinger m'a dit alors avec colère : « Isaac, vous n'aviez aucun droit de vous adresser ainsi au président au cours d'une réunion informelle. » Et je lui ai répondu : « Oh-h-h. » Je ne connaissais pas les usages.

Je ne peux pas savoir si mon intervention s'est révélée utile, mais, environ une semaine plus tard, la mise en place des budgets a été subitement débloquée et le président les a signés. Il est possible, et certainement probable, que quelqu'un d'autre s'attribue, de bon droit, le crédit de cette intervention du président Reagan. Dans l'atmosphère fondamentaliste des années 80, les arts étaient devenus la cible et la victime des bigots de droite et des fanatiques des coupes budgétaires. Plus je rencontrais l'esprit fondamentaliste — chrétiens, juifs ou musulmans —, plus j'étais convaincu que c'était une menace. Je n'ai cessé de répéter que l'éducation artistique n'était pas un luxe élitiste mais plutôt le fondement de toute société civilisée. Je me suis adressé à des groupes d'influence, à des membres du corps législatif des États et à des commissions du Congrès.

Le juge Abe Fortas est mort en 1982. Pendant quelques années, il avait travaillé avec Bella Linden et ils étaient également de proches amis. La jeune femme m'avait été présentée comme une personne compétente et astucieuse, qui pourrait être particulièrement utile comme conseiller juridique.

Bella était intelligente ; elle comprenait vite la teneur d'un problème et connaissait admirablement le monde de la finance, le droit d'auteur et le droit immobilier. Elle était opiniâtre et, comme elle le disait elle-même, elle avait « parfois tort, mais ne doutait jamais ». En outre, elle n'avait aucun scrupule à demander conseil à d'autres si elle pensait qu'ils en savaient plus qu'elle. Dans les confrontations judiciaires, elle était un croisement entre le pitbull et le tigre à la démarche digne, toujours très calme et maîtresse d'elle-même. Elle adorait la musique et le théâtre et allait tout le temps au concert ; elle était douée pour le jardinage, elle collectionnait les chemisiers à fanfreluches, les porcelaines américaines et anglaises anciennes et l'art américain ancien. En même temps, elle adorait le yiddish, qu'elle parlait d'une façon très cultivée et littéraire. Malgré tous ces défauts, je lui ai demandé de devenir mon avocate quelques années après la mort d'Abe et elle a accepté.

En décembre 1984, je me suis rendu à Washington pour la cérémonie de remise des « honneurs » du Kennedy Center. Danny Kaye faisait également partie des récipiendaires, avec Lena Horne, Gian Carlo Menotti et Arthur Miller. Ce fut une soirée éblouissante, avec une réception privée à la Maison-Blanche, donnée par le président Reagan, et la cérémonie publique au Kennedy Center, présidée par Walter Cronkite. Quelques semaines plus tard, au début du mois de janvier, nous avons fait une croisière musicale en famille aux Caraïbes. Shira, alors rabbin et mariée à un rabbin, Don Weber, menait sa propre vie et avait décidé de rester chez elle. Elle était enceinte de son premier enfant.

À la fin de ce même mois, les journaux ont annoncé que j'allais donner un concert pour la paix à Hiroshima en juin 1985, dont la recette contribuerait à la construction d'un centre pour la paix commémorant la tragédie de la ville sœur d'Hiroshima, Oęwiścim (Auschwitz).

Entre la fin du mois de janvier et ce concert, j'ai fait des tournées d'un bout à l'autre des États-Unis, puis je me suis rendu à Madrid, Paris, Manchester, Oslo, Dublin, Londres, Philadelphie, Hong-kong et Taipei — avant d'arriver à Hiroshima la deuxième semaine de juin. J'avais presque soixante-cinq ans. Néanmoins, mes doigts savaient encore ce qu'il fallait faire si je travaillais dans le calme et la concentration. Il y avait une seule différence entre cette époque et celle de ma jeunesse : cela me demandait maintenant un effort accru de concentration. Je l'ai donc fait.

À Hiroshima, l'événement était présenté sous le titre d'« Un récital pour la paix ». David Golub m'avait quitté pour mener une carrière musicale séparée, qui allait connaître beaucoup de succès, et mon nouvel accompagnateur était Paul Ostrovsky. Le concert a eu lieu au Yubin Chokin Kaikan Hall de Hiroshima, le 10 juin. Je n'ai demandé aucun cachet ; tous les bénéfices étaient destinés aux victimes de la bombe atomique et au centre pour la paix de Kurosé, ville jouxtant Hiroshima.

J'ai prononcé quelques mots après le concert : « Tous les pays, à commencer par les plus grandes puissances actuelles de la terre, doivent croire qu'il est non seulement possible, mais absolument nécessaire de trouver le moyen de vivre ensemble sans menacer le mode de vie des uns et des autres. » J'ai ajouté que la guerre était un mal qu'il fallait éradiquer de l'esprit des hommes, qu'un mode de vie naturel reposant sur le concept de nation supérieure ou de race supérieure ne mènerait qu'à un mode de mort naturel et que l'esprit humain était à mon avis assez fort pour nous souder dans un désir mutuel de jouir des fruits de notre planète et de croire en la promesse d'une paix durable pour nos enfants et petits-enfants.

Ensuite, j'ai fait une tournée avec Paul Ostrovsky au Japon, en Corée et en Australie. Nous avons donné huit concerts en vingt jours, voyages et lessives compris. J'étais de retour à la maison début juillet.

Le voyage en Extrême-Orient avait été épuisant. J'espérais me détendre dans notre maison du Connecticut et passer les deux mois suivants à préparer deux créations mondiales — des concertos d'Henri Dutilleux et de Peter Maxwell Davies — et le *Kammerkonzert* d'Alban Berg, que je n'avais encore jamais joué. Mais un événement exceptionnel allait survenir.

J'étais rentré d'Extrême-Orient le samedi à une heure du matin et le lendemain, à 17 heures, Shira donnait naissance à un garçon. Il avait décidé d'arriver trois semaines avant la date prévue, ayant peut-être pris de son grand-père une prédilection pour les déplacements rapides d'un point à un autre. Il pesait sept livres et était né le septième jour du septième mois de l'année, le mois où j'allais fêter mes soixante-cinq ans. Il allait s'appeler Noah Lev Stern Weber. Vera et nos deux fils, Michael et David, étaient fous de joie. Un superbe bébé, en bonne santé. Le premier de mes petits-enfants ! Je l'ai pris dans mes bras avec une émotion particulière en faisant des bruits encore plus bêtes que l'enfant lui-même. Je n'ai pas pu m'empêcher de me demander s'il jouerait un jour d'un instrument de musique. Il recevrait sûrement une instruction musicale.

Mes deux fils avaient choisi eux-mêmes de devenir chefs d'orchestre. Diplômé de Harvard, Michael avait commencé à travailler avec Max Rudolf, chef de l'Orchestre symphonique de Cincinnati, avec lequel j'entretenais des relations chaleureuses et amicales. Lorsque Michael m'a dit qu'il voulait devenir chef d'orchestre, j'ai appelé Max Rudolf. Il m'a demandé au téléphone quel genre de personne était Michael, comment il se conduisait à l'école, s'il avait un tempérament de second ou de meneur ; son questionnaire était assez approfondi. Max Rudolf était l'un des musiciens les plus cultivés que j'aie jamais rencontrés, avec une grande connaissance de l'histoire de la musique dans son ensemble et de sa place dans la société. Il possédait une magnifique bibliothèque musicale. Il mesurait environ un mètre soixante-quinze, était assez mince, avec un nez aquilin et des yeux pétillants ; il aimait entre tout lire des textes sur la musique et réfléchir sur son art. C'était en outre un homme doux. Il a accepté de voir Michael. À l'époque à laquelle j'ai pris contact avec lui, il se trouvait dans sa résidence d'été du Maine et Michael a pris sa voiture pour se rendre au rendez-vous. Michael a très vite tissé avec lui des relations beaucoup plus proches qu'il n'en a sans doute jamais eues avec moi. Je pense que Max est devenu le grand-père que Michael n'a jamais eu ; en tout cas, j'ai toujours eu l'impression que Max le considérait comme son petit-fils. Michael a travaillé pendant cinq ans avec lui au Curtis Institute de Philadelphie et a participé à l'édition et à la rédaction de l'édition révisée de son deuxième livre, *The Art of Conducting*[1]. Lorsque Max Rudolf est mort, il a légué une grande partie de sa bibliothèque à Michael.

Michael a obtenu son premier engagement professionnel en Floride, en juin 1985, puis il a passé six semaines à l'école Monteux de Hancock, dans le Maine, où il est resté jusqu'à la fin du mois de juillet. La naissance du fils de Shira a interrompu son séjour et l'a conduit dans le Sud pour passer quelques jours agréables avec son neveu.

David est passé de la Dalton School de Manhattan à Yale, car, à son avis, « ils ont le meilleur cours de musique pour étudiant non diplômé que je puisse trouver ». Après avoir obtenu son diplôme de Dalton et avant d'entrer à Yale, il a travaillé pendant un an à New York avec un merveilleux professeur de piano, Herbert Stessin. En même temps, il a travaillé comme placeur dans une YMHA (Young Men Hebrew Association), où il a pu assister à quelques-uns des meilleurs concerts de la ville. Il est allé au concert au Carnegie Hall et s'est imprégné de musique. À Yale, il a étudié avec plusieurs professeurs et, pour la direction d'orchestre, avec Otto Werner-Mueller, un musicien d'une immense subtilité, originaire d'Europe centrale, très cultivé et excellent pédago-

1. *L'Art de la direction d'orchestre.* (*N.d.T.*)

gue. Il a beaucoup aidé David, qui est bientôt devenu le chef de la Yale Bach Society et a commencé à diriger l'Orchestre de Yale. J'ai été son soliste à l'un des concerts qu'il a dirigés et j'ai également joué au quatrième pupitre dans la symphonie qui terminait le concert, à côté de sa petite amie, Katta, qui allait devenir sa femme. Quelle expérience ! J'étais vraiment fier. L'été où Shira a donné naissance à son bébé, David revenait juste d'un cours de dix jours à Stuttgart, où il avait travaillé avec l'un de ses professeurs de Yale sur la *Passion selon saint Matthieu*.

Quel été agréable, ce fut ! Toute la famille réunie, émerveillée par ce bébé. La joie que nous ressentions tous, l'impression que la famille se perpétuait !

## 27.

Et ma vie continuait égale à elle-même. Peut-être pas dans tous les domaines — je ne jouais sans doute plus au tennis comme autrefois. Ce sentiment de continuité que j'éprouvais en revanche avec la musique venait en grande partie du fait que j'ai appris deux nouveaux concertos cet été-là. Dutilleux, qui a composé l'un d'entre eux, a passé deux jours en août dans notre maison du Connecticut et nous avons examiné ensemble toute la partition. C'est une œuvre magnifique et très difficile, qui exige un bon orchestre, un chef de niveau international, six ou sept répétitions pour l'orchestre et un joueur de cymbalum. J'étais certain que tous mes efforts en valaient la peine.

Henri Dutilleux est un homme très doux, timide, élégant, sans ostentation. J'ai beaucoup aimé travailler avec lui. Il m'a dédié cette œuvre, ce qui, selon lui, voulait dire qu'il m'accordait le droit de donner toutes les premières exécutions. Radio France lui avait commandé une œuvre depuis longtemps et l'avait payée — si l'on peut appeler cela payer — 20 000 francs, somme totalement ridicule pour une œuvre majeure d'un compositeur de renommée internationale.

En novembre 1985, j'ai créé son *Concerto pour violon*[1] à Paris, avec Lorin Maazel à la tête de l'Orchestre national de France. Le concerto a remporté un grand succès. Nous l'avons ensuite enregistré. L'année suivante, je l'ai rejoué à Montréal,

1. *L'Arbre des songes*. (*N.d.T.*)

Boston et New York. Je l'ai également donné à Baltimore et en tournée avec l'Orchestre symphonique de Baltimore, sous la direction de David Zinman. Pendant notre voyage, ils l'ont surnommé le concerto « qu'on vous doit ». Je suis heureux de constater qu'au fil des ans il est entré au répertoire du violon. En juin 1986, j'ai créé le *Concerto pour violon* de Peter Maxwell Davies — à Kirkwall, en Écosse, dans l'île d'Orkney, résidence du compositeur. Nous étions cernés par la mer, le terrain rocailleux et les oiseaux tournoyant au-dessus de nos têtes — cette nature immuable sublimait la vision du compositeur. Quatre jours plus tard, j'ai rejoué ce concerto au Royal Festival Hall de Londres, avec André Previn à la tête du Royal Philharmonic Orchestra.

Bien évidemment, je me suis consacré à d'autres activités : un programme d'enregistrement assez épuisant avec l'intégrale des sonates pour violon et piano de Beethoven ; et le *Kammmerkonzert* pour violon, piano et treize instruments à vent d'Alban Berg, avec Peter Serkin au piano et Claudio Abbado dirigeant des membres de l'Orchestre symphonique de Londres. Cette année-là, j'ai donné une soixantaine de concerts et parcouru environ 320 000 kilomètres. Un vol, qui devait m'amener de Denver à Chicago, m'a semblé retardé sur la piste sans raison valable, alors que la tour donnait à de petits avions l'autorisation de décoller les uns après les autres. Je voyais disparaître ma correspondance de quarante minutes pour attraper le vol de Montréal. Le commandant de bord a envoyé un message radio pour qu'on m'attende. C'était plus qu'une simple politesse de sa part ; c'était une prévenance très délicate. Je lui avais dit que je devais répéter ce soir-là à Montréal une nouvelle œuvre, dont j'allais donner la première exécution américaine la même semaine et que je devais arriver à l'heure. J'ai attrapé mon vol, j'ai fait la répétition et j'ai joué le nouveau concerto de Dutilleux.

J'ai également continué à enseigner — en personne et par correspondance. Un jour, j'ai reçu une lettre d'un étudiant de Shanghai ; un Américain lui avait donné mon adresse. Il avait écouté, en secret, mon enregistrement d'œuvres de Bach : la musique classique occidentale était interdite à l'époque. Il m'a écrit qu'il avait entendu parler du film *De Mao à Mozart*, mais qu'il ne l'avait pas vu ; le film n'était pas présenté en Chine. Il m'a expliqué que Shanghai était une ville de dix millions d'habitants — avec seulement trois professeurs de violon. Les gens s'intéressaient davantage à la science qu'à la musique occidentale. Il m'a demandé à quel âge il fallait commencer à apprendre le violon ; j'ai répondu : entre six et neuf ans, car les mains sont encore molles et les muscles bien contractés et que l'on peut attendre de l'élève un certain degré de concentration. Je lui ai également écrit qu'il y avait plusieurs copies du film *De Mao à Mozart* en Chine, au ministère des Affaires étrangères et ailleurs, et qu'il fallait qu'il s'arrange pour le voir. Je n'ai pas jugé utile de lui faire savoir que j'étais resté en contact avec plusieurs personnes apparaissant dans le film : une jeune fille qui avait joué le *Concerto pour violon* de Brahms et qui faisait alors des études à Londres et jouait avec plusieurs orchestres, ainsi qu'un professeur de musique, qui avait été jeté en prison pendant la Révolution culturelle et qui s'était récemment rendu à New York. En fait, tous les jeunes instrumentistes du film *De Mao à Mozart* ont quitté la Chine pour étudier : certains ont commencé de belles carrières, certains sont entrés dans de bons orchestres, d'autres enseignent.

Une partie de mon enseignement m'a conduit à expliquer les choix que j'ai faits pour mes concerts, notamment lorsque j'ai joué la musique de compositeurs nouveaux, qui ne m'étaient pas familiers. Je me souviens avoir défendu Bartók face à un amateur de concerts en colère, qui s'était profondément ennuyé à l'écoute d'une de ses œuvres. Il m'avait fait part de ses réactions dans une lettre et je lui avais expliqué que les solistes choisissaient la musique en laquelle ils croyaient. Pour moi, Bartók était le prolongement important, naturel et incontestable de la grande tradition musicale, de Beethoven et Brahms à nos jours. Et j'ai ajouté qu'aujourd'hui de nombreuses personnes considèrent Beethoven comme un compositeur assez démodé.

Ainsi, j'ai donc continué à voyager, à jouer et à enseigner. Mes fils avaient commencé leur carrière. Shira a été de nouveau enceinte. Vera a été fort occupée par l'America-Israel

Cultural Foundation. Malheureusement, notre mariage a connu quelques tensions.

En 1986, j'ai donné un récital avec Marvin Hamlisch au Public Theater de New York : Kreisler et des pièces du *Violon sur le toit* de Jerry Bock. En outre, j'ai donné des récitals avec Yefim Bronfman — un merveilleux jeune musicien que je considère comme l'un des plus grands talents de notre époque — et j'ai fait de la musique de chambre avec Emanuel Ax, Yo-Yo Ma, Jaime Laredo et Cho-Liang Lin. Mon parcours musical se poursuivait avec bonheur.

Mais ce parcours s'est subitement interrompu au milieu de l'année 1987.

Mon cœur m'a joué des tours. Depuis déjà quelque temps, je prenais des comprimés de trinitrine, tout en repoussant le souvenir de mon attaque cardiaque de 1968. En juin 1987, j'ai dû me rendre en Israël donner quelques concerts de bienfaisance. Je n'ai jamais annulé le moindre concert de ce genre : ils sont prévus des années à l'avance et tant de personnes dépendent des bénéfices ainsi obtenus. Mon médecin avait insisté pour que je n'y aille pas, mais je lui avais promis de l'appeler. Et je me suis envolé pour Israël. Je n'ai pas bien joué. Ce n'était pas seulement la douleur ; je me sentais parfois au bord de l'évanouissement. Après le deuxième concert, je suis allé voir un ami médecin. Après m'avoir examiné, celui-ci m'a dit que j'allais avoir des problèmes. Je lui ai répondu : « Je sais. Je rentre à la maison juste après le dernier concert, dans deux jours. » Il a acquiescé et m'a prescrit un peu plus de trinitrine. Après l'ultime concert, j'ai pris à Paris un Concorde à destination de New York. À Kennedy Airport, j'ai téléphoné à mon médecin qui m'a ordonné : « Ne rentre pas chez toi, va directement à l'hôpital. » J'ai fait porter mon violon et mes bagages à l'appartement. Après les examens, il m'a dit : « Je crois qu'on va te faire un pontage coronarien demain matin. — Bon sang de bonsoir ! » J'ai donné un coup de poing sur le mur. J'étais en colère. Je savais qu'il me faudrait finalement passer par cette opération : la douleur, le souffle court, l'impression de fatigue, les comprimés de trinitrine. Pourtant, j'étais vraiment furieux.

Tôt le lendemain matin, on m'a préparé pour l'intervention. Les infirmières étaient un peu contrariées car j'ai insisté pour garder mes lunettes afin de surveiller ce qui se passait sur le moniteur. Toujours curieux ! En descendant à la salle d'opération, je leur ai dit : « Je vous verrai après, j'espère. Si c'est le cas, je serai heureux. Sinon, c'est mon problème. »

J'ai eu la chance que le chirurgien, le docteur Wayne Isom, qui dirigeait le service de chirurgie cardiaque à l'hôpital, adore la musique et sache que s'il utilisait une certaine artère pour le pontage, il y avait un risque que mes doigts en subissent les conséquences. Mais il a totalement écarté cette possibilité. Bien sûr, à l'époque, je n'avais aucune idée de ce qu'ils étaient en train de faire. Je n'ai pas immédiatement compris ce qu'était le morceau de viande morte sur la table. J'étais là, on m'opérait, mon cœur battait grâce à une machine, mes poumons respiraient grâce à une autre et la température de mon corps était refroidie au point de geler pour l'opération. On a dû me pratiquer un triple pontage coronarien. J'avais plein d'agrafes sur la poitrine. Couché dans ma chambre d'hôpital, j'ai suivi le procès d'Oliver North à la télévision du matin au soir. C'était une excellente chose pour éviter de penser à moi-même.

J'ai découvert par la suite à quel point mes enfants m'en voulaient. Comment avais-je pu penser si peu à eux et mettre à tel point ma vie en danger ? Je leur ai répondu que j'avais fait ce que j'avais à faire. J'avais promis de donner ces concerts de bienfaisance en Israël et je devais tenir ma promesse.

Je me suis rétabli assez vite. Trois mois après l'opération, je repartais en tournée à Hong-kong et au Japon, puis aux États-Unis et en Europe. Par bonheur, non seulement l'opération avait été une totale réussite, mais je me sentais plus jeune et plus énergique qu'au cours des dernières années. J'ai utilisé cette énergie retrouvée en mars de l'année suivante pour m'adresser au Sénat de l'État de Washington et l'inciter à patronner la demande de budget de 7,7 millions de dollars pour la commission artistique de l'État :

> « Les arts ne sont pas des parures sociales fortuites pour la société ; ils sont essentiels à notre mode de vie.

> Le fœtus dans le ventre de sa mère a un cœur qui bat... Lorsque l'enfant vient au monde et que la langue de cette petite chose se délie en criant “Aaaa” — elle produit son premier son. Réunissez le battement du cœur et le son, et vous avez votre première musique ; c'est pour cette raison que la musique est essentielle à la façon dont nous vivons... et que tout le monde, partout, réagit au pouvoir de la musique — n'importe quelle musique. Plus vous avez la chance d'en écouter, plus vous l'appréciez — plus s'intensifie votre besoin de vivre avec la musique. »

J'ai parlé de l'histoire du National Endowment for the Arts, comment nous avons débuté avec à peine 3 millions de dollars, comment nous avons contré les tentatives répétées de certains membres du Congrès pour amputer le budget courant de 150 millions de dollars. J'ai rappelé à leur souvenir les villes qui ont été ramenées à la vie grâce à la construction de centres pour les arts :

> « Je n'ai pas à vous donner des chiffres sur ce que les artistes, les organisations musicales et les groupes de théâtre peuvent faire pour vous. Les groupes de pression sont assez bien représentés ici pour vous donner tous les chiffres. Écoutez-les... Nous possédons la plus grande richesse au monde dans notre jeunesse. Cette pépinière de talents fera fonctionner ce pays au cours des décennies et des siècles à venir. »

Le 11 décembre 1989, j'ai donné mon dernier concert des années 80 au Carnegie Hall, avec Cho-Liang Lin, Jaime Laredo, Michael Tree, Yo-Yo Ma, Sharon Robinson et Emanuel Ax : le *Quatuor en la majeur* et le *Sextuor en si bémol majeur* de Brahms. Mais le bonheur de faire de la musique a été quelque peu terni par les difficultés croissantes que Vera et moi rencontrions dans notre couple. Shira nous avait alors donné deux nouveaux petits-fils, Ariel et Eytan ; j'étais donc un triple grand-père avec un triple pontage lorsque nous avons abordé la dernière décennie du siècle.

## 28.

Un jour, au cours des années 60, j'ai joué à Sarajevo durant un festival de musique d'été. Le maréchal Tito se trouvait dans l'assistance avec les présidents des diverses républiques yougoslaves. Il y a eu soudain une coupure de courant et la lumière s'est éteinte. L'obscurité était telle que je n'arrivais même pas à discerner mes mains et le pianiste ne voyait rien non plus. Au bout de deux ou trois minutes, j'ai senti le public s'énerver. Je me suis mis à jouer dans le noir une œuvre de Bach pour violon seul. La plupart des violonistes en sont capables. Le public s'est tu. J'ai joué jusqu'à ce que la lumière revienne.

J'ai joué sous la pluie, dans le froid, par une chaleur qui me donnait des ampoules, par des vents violents, dans le noir et dans l'obscurité qui a marqué la disparition d'êtres chers. J'ai joué aux funérailles de Sol Hurok. J'ai joué le cœur plein de tristesse après la mort de Shura Zakin. Et j'ai joué avec un immense chagrin à la mort de Leonard Bernstein. Shura et Lenny — tous deux partis subitement en 1990.

Je me trouvais à Philadelphie, où je venais de jouer avec l'Orchestre du Curtis Institute — une occasion pour eux de se préparer au concert du Carnegie Hall deux jours plus tard — et lorsque je suis sorti de scène, mon fils Michael m'a dit que Leonard Bernstein nous avait quittés quelques heures plus tôt. Plusieurs de ses proches savaient qu'il était malade et que sa résistance physique avait beaucoup diminué. Mais quand on aime quelqu'un, on peut s'armer de courage pour lutter contre la douleur et l'on espère toujours un miracle. Hélas, il n'y a pas eu de miracle. Nous avions passé tellement de temps ensemble, à parler, à faire de la musique, à marcher dans les rues de Venise et de Paris. J'ai repensé à ce concert à Rochester, en 1947, la première fois où nous nous étions produits ensemble. Nous avions joué le *Concerto en ré majeur* de Prokofiev et le *Concerto en la mineur* de Bach, et nous projetions de redonner ce programme à l'Avery Fisher Hall au mois d'avril suivant. Ce fut non seulement un collègue, mais un excellent ami pendant quarante-trois ans. Je me souviens avec précision de son esprit, aiguisé par cet appétit insatiable de toute sorte de savoir. Le plaisir qu'il avait à se laisser défier par les mots croisés du *Sunday Times*, son amour des mots. Il s'intéressait à ses semblables et à ses amis. Comme beaucoup de génies, il était parfois profondément ambivalent sur le plan personnel comme sur le plan professionnel, équivoque dans certains rapports avec les individus et tiraillé entre sa double passion pour la direction d'orchestre et la composition. Je l'avais vu à deux ou trois reprises dans le Connecticut quelques semaines plus tôt et il m'avait joué le dernier mouvement de l'œuvre dont il venait de terminer la révision environ un mois auparavant : l'un des plus beaux moments de toute la musique qu'il ait jamais composée, à la mémoire de ses amis déjà partis. Il m'a été très difficile de parler de lui au passé, de ne pas pouvoir prendre le téléphone, de dire « Lenny » et d'entendre sa voix au bout du fil. J'étais certain que d'autres lumières allaient voir le jour, mais qu'elles ne brilleraient pas de la même façon. Il était unique en ce siècle.

Je n'avais aucun doute dans ce genre de situation : pour défier l'obscurité, je faisais de la musique et je l'enseignais, surtout en jouant en soliste avec des orchestres dirigés par mes fils.

Ces moments ont compté parmi les plus heureux lorsque j'ai fêté mes soixante-dix ans. J'ai commencé à moins jouer, mais à en profiter davantage. Je ne me sentais pas du tout l'âme patriarcale. J'avais les cheveux gris, mais je ne marchais pas — ou je ne jouais pas, du moins je l'espère — à pas comptés. Je n'avais aucune intention de remiser mes deux guarnerius. Il est vrai qu'il me fallait davantage d'entraînement pour courir le mile en quatre minutes. Mon planning a chuté d'une centaine de concerts par an à environ soixante-cinq. Mais j'ai fait encore plus de musique de chambre que jamais, souvent avec des partenaires plus jeunes — Emanuel Ax, Yo-Yo Ma, Daniel Barenboïm — et j'ai fait beaucoup d'enregistrements : Mozart, Schubert, Vivaldi, Rameau, Brahms. J'ai joué ce qui me faisait plaisir, où et quand j'en avais envie.

En juillet 1990, j'ai été invité à un dîner de gala dans ma bonne vieille ville de San Francisco. David, qui s'était marié en mai, est venu avec sa femme, Katta, et Michael, avec sa fiancée, Jeanette. Le lendemain, j'ai assisté à un concert gratuit en plein air donné à Stern Grove par l'Orchestre symphonique de San Francisco pour mon soixante-dixième anniversaire. Une soirée relativement intime, avec seulement vingt mille personnes présentes. Je n'ai pas eu à jouer une seule note. Michael et David étaient présents, mais ils n'ont pas dirigé. Sur scène, il y avait Gregory Peck, qui a parlé, ainsi que Mark Peskanov, Jimmy Lin, Jaime Laredo et Gil Shaham, qui ont joué ensemble pour me rendre hommage. De vieux copains, comme Alexander Schneider, Jean-Pierre Rampal et Mstislav Rostropovitch, et des collègues de plus fraîche date, Cho Liang-Lin, Yefim Bronfman, Robert McDonald et Sharon Robinson, étaient tous dans l'orchestre. David Zinman était au pupitre et ils avaient travaillé dans la joie et sans s'arrêter pour monter le tout de la plus merveilleuse façon. Quel privilège fantastique d'avoir des amis qui vous manifestent leur ferveur et leur affection aussi ouvertement et aussi volontiers !

Il y a eu également des festivités en Europe. Au festival d'Évian, David a dirigé un orchestre français de jeunes dans un concerto de Mozart ; je tenais la partie soliste. À Londres, Michael a dirigé l'Orchestre symphonique de Londres avec lequel j'ai joué le *Concerto pour violon* de Beethoven.

À chacun de mes concerts, au fil des ans, il y a toujours eu un moment où le temps s'arrêtait et où tout était suspendu, sauf la beauté de la ligne musicale qui planait dans l'air. Je savais que c'était éphémère et que ça ne se reproduirait jamais plus exactement de la même façon. Il fallait donc le savourer, essayer de s'en souvenir. J'adorais être sur scène et cet amour s'est élevé jusqu'à l'extase, jusqu'aux larmes, lorsque j'ai joué Mozart et Beethoven avec mes fils. La presse a beaucoup parlé de moi cette année-là — du sauvetage du Carnegie Hall, de la première tournée en Union soviétique, de la création du National Endowment for the Arts, de mes jeunes protégés, de mon enseignement, de la tournée en Chine, de mon rôle d'ambassadeur culturel. Un parfum de noblesse semblait rôder autour mon nom. En vérité, je n'appréciais guère le prestige tape-à-l'œil ; je préférais rester accessible et faire partie de la foule. J'aimais les gens : les chauffeurs de taxi, les portiers, les vendeurs. Je pensais en outre qu'une saine dose d'autodésapprobation était un antidote utile aux excès d'amour-propre. Dans le miroir en pied, je voyais un personnage d'un mètre soixante-sept et demi, aux cheveux gris, avec des lunettes, assez rondelet, ce qui m'avait un jour amené à déclarer aux personnes assises sur la scène pour un concert à guichets fermés, « Veuillez excuser mon dos », puis après m'être retourné pour faire face au public, « Veuillez excuser ma face ». Aucun prestige ni noblesse dans ce cas ; c'est ma musique que je prenais au sérieux, pas moi-même.

Et j'ai aussi pris la fidélité très au sérieux. Toute ma vie, je suis resté fidèle aux amis qui ont cru en moi dès mes débuts : musiciens, chefs d'orchestre, agents artistiques, la maison de disques avec laquelle j'ai enregistré de la musique pendant plus de cinquante ans, en passant par ses diverses mutations. J'ai entretenu avec eux des rapports amicaux. Ils ont fait partie de mon univers. Par exemple, Zubin Mehta. Dès son premier poste à Montréal, puis au cours des nombreuses années qu'il a passées à la tête de l'Orchestre philharmonique de Los Angeles, de l'Orchestre philharmonique d'Israël et de l'Orchestre philharmonique de New York — pendant plus de quarante ans —, nous avons été les amis et les collègues les plus proches qu'on puisse imaginer. D'innombrables concerts, manifestations de bienfaisance, enregistrements. Jouer avec Zubin Mehta, c'est la certitude d'un soutien absolu et d'une ferveur musicale mutuelle.

J'ai aussi été un ami fidèle, sévère et compatissant pour une nouvelle génération de violonistes. En 1991, alors que certains se lamentaient de la crise de la direction d'orchestre, de la pénurie de grands ténors et de pianistes de haut niveau, les virtuoses du violon, l'instrument le plus difficile de tous, se multipliaient de façon étonnante : Itzhak Perlman, Anne-Sophie Mutter, Gidon Kremer, Maxim Vengerov, Gil Shaham, Midori, Joshua Bell. Certains ont vu ma présence derrière cette floraison d'instrumentistes à cordes : une sorte de Svengali[1] surnommé « le parrain » dans le milieu du violon, qui aurait arraché à leur famille les enfants doués dès l'âge de dix ans, qui aurait financé leur éducation à la Juilliard School of Music avec Dorothy DeLay, et qui, lorsqu'ils auraient été prêts à affronter le monde, aurait pris le téléphone et appelé Lee Lamont à ICM pour la persuader de les écouter. C'est complètement faux, mais certains l'ont cru.

Évidemment, un jeune doté d'un grand talent mérite la fidélité et le bénéfice de l'érudition de l'ancienne génération qu'il ou qu'elle remplacera un jour.

Et je reste fidèle à Israël — non seulement envers les élèves que j'ai fait entrer dans des classes de musique de chambre, mais envers tout le peuple israélien. Je n'y suis pas allé au début de la guerre du Golfe, car il n'y avait aucun endroit où j'aurais pu jouer : les autorités israéliennes avaient dû interdire toute réunion publique à cause du risque d'attaque aux gaz par les missiles Scud. Mais quelques jours après le début de la guerre, lorsque j'ai appris par téléphone qu'on autoriserait des rassemblements dans de petites salles permettant une évacuation rapide, j'ai décidé de venir. J'y ai donné cinq concerts en trois jours et je me suis arrangé pour donner un dernier concert à Jérusalem un samedi soir. C'était le 23 février 1991. Je savais que je devrais quitter Israël cette nuit-là, car j'avais une répétition le lendemain à Montréal. Le concert était prévu à 18 h 30. À 18 h 55, nous étions, l'orchestre, Zubin Mehta et moi, au milieu d'un concerto de Mozart, quand subitement Zubin a baissé les bras et m'a dit : « Il y a un problème. » Quelqu'un est alors monté sur scène pour annoncer qu'il y avait une alerte aérienne en cours et que,

1. Personnage de *Trilby*, roman de George Du Maurier : Svengali est un musicien au pouvoir hypnotique irrésistible. (*N.d.T.*)

même si la salle où nous nous trouvions était étanche et protégée contre les gaz, il fallait que chacun mette son masque à gaz et reste calme. Nous avons tous quitté la scène. Nous savions qu'il fallait compter entre quatre et sept minutes après l'avertissement pour que le missile tombe quelque part. C'était la première soirée musicale à Jérusalem depuis le début de la guerre, et les auditeurs attendaient, avec leurs masques. J'ai compris que la nervosité les gagnait. C'était étrange d'attendre que quelque chose arrive. On pouvait sentir la peur et l'agitation dans toute la salle. Il m'a alors semblé que ce que je pouvais faire de mieux consistait à prendre mon violon et à jouer. Je suis donc remonté sur scène, sans masque, je les ai apaisés de quelques mouvements de mains, calmés, et je leur ai dit : « Écoutez » ; puis j'ai commencé à jouer la sarabande de la *Partita en ré mineur pour violon seul* de Bach.

Tout le monde s'est tu. Cette expérience était très mystérieuse et très étrange : un auditoire de masques à gaz, l'effet de la musique une fois les gens apaisés, l'attente du bruit sourd du missile. Nous savions que les Irakiens ne dirigeraient pas leurs missiles sur Jérusalem, à cause des lieux saints musulmans et des Arabes qui s'y trouvaient. Mais nous savions également à quel point les tirs de missiles étaient imprécis ; ils tombaient parfois très loin de leur cible initiale. Jamais de ma vie mon cœur n'a été aussi éprouvé. Et pourtant, j'ai continué à jouer. J'avais choisi cette musique car elle était calme, contemplative. Pendant que je jouais, on a entendu une explosion très lointaine et nous avons appris par la suite que le missile était tombé à mi-chemin entre la salle de concertss et l'aéroport Ben-Gourion. Après être sorti de scène, j'étais nerveusement épuisé, tout comme Zubin et les membres de l'orchestre. Quand l'alerte a pris fin, les militaires nous ont annoncé qu'il n'y avait aucune trace de gaz ; nous sommes donc revenus sur scène et avons repris le concert. Il y a eu un hurlement dans l'auditoire. Les spectateurs se sont mis à sauter de joie. Après avoir joué le concerto de Mozart avec l'orchestre, j'ai donné une sonate de Brahms et un bis avec un jeune pianiste israélien de talent, puis Zubin m'a conduit à une vitesse folle, comme un missile volant à basse altitude, jusqu'à l'aéroport. J'ai attrapé le vol à vingt minutes près et j'ai pu faire la répétition prévue à Montréal, le lendemain. En survolant l'Atlantique, le pilote a annoncé le début de l'attaque au sol « Tempête du désert » en Irak.

C'était important pour moi d'être allé à Jérusalem à ce moment-là, d'avoir fait ce que j'avais fait, d'avoir exprimé ma fidélité continuelle à Israël et ma foi en l'humanité. D'ailleurs, c'est quand on rencontre des difficultés qu'il faut témoigner de son amitié. Combien de fois pouvez-vous dire que vous étiez à un endroit donné au moment où l'on avait vraiment besoin de vous ? On a beaucoup trop monté en épingle le fait que j'ai joué pendant une attaque de missiles Scud. Un grand acte de courage ? Sottise ! J'y suis allé dans un but très précis : apporter du réconfort par l'intermédiaire de la musique. Et ça a été une véritable bénédiction pour moi de me sentir utile en de telles circonstances. Nous en avions tous assez de la destruction. Je voulais la compenser — la défier — avec la musique.

Ma fidélité envers Carnegie Hall est restée intacte. Nous avons recueilli les 15 derniers millions de dollars nécessaires et 10 millions de dollars supplémentaires pour couvrir les dépenses imprévues. Je me souviens d'une description de la salle que j'ai faite dans une lettre à Frank Sinatra où je le remerciais de m'avoir offert à titre personnel un somptueux double paquet de cigares cubains emballés chacun dans un tube et un beau coupe-cigares. C'était en 1986. Je lui ai écrit que la salle ressemblait « un peu à un poisson qu'on vient de sortir de l'eau, vidé, décapité, écaillé. Mais ce que nous avons commencé à faire semble déjà prouver le bien-fondé de tous nos projets et espoirs ».

Nous nous sommes rencontrés, Frank et moi, à un concert de bienfaisance à New York et nous sommes devenus bons amis, nous montrant une affection et un respect mutuels. J'ai eu l'occasion de séjourner dans sa magnifique maison à Palm Springs et j'ai découvert que Frank était un musicien-né qui comprenait et respectait le sens des exécutions musicales dans le domaine de la musique classique comme dans celui des variétés. Il aimait aussi préparer une merveilleuse sauce pour les spaghettis et partager un verre ou quinze avec des amis. Au fil des ans, il est devenu l'un des alliés les plus sûrs et l'un des généreux défenseurs du Carnegie Hall. Quelques années plus tard, à la place du poisson décrit dans la lettre que je lui avais adressée, s'élevait un grand bâtiment revenu à son concept d'origine, un monument vibrant aux merveilles de la musique, de différentes musiques.

J'y ai joué toute sorte de musique — à une seule exception près. La seule musique d'un compositeur bourré de talent que je n'ai jamais pu jouer, ni au Carnegie Hall, ni ailleurs, c'est le *Concerto pour violon* de Schoenberg. Un jour, Leonard Bernstein a voulu que je le joue avec lui — pour lui c'était du Schumann avec des fausses notes — mais il y avait quelque chose dans cette œuvre à laquelle je ne pouvais pas me faire.

Et puis il y a la musique rock, que je n'ai jamais aimée ; elle a toujours représenté pour moi la musique des jeunes en colère. Mais j'adore le jazz, et j'aime qu'il soit présent au Carnegie Hall. J'ai grandi à l'ère du jazz. Je me souviens avoir descendu la 52ᵉ rue à New York et être entré dans ces pièces qui ne contenaient pas plus de quarante personnes. Il aurait fallu un ventilateur pour traverser toute la fumée. Là, j'ai entendu Art Tatum, Cleo Brown et Artie Shaw ; et Duke Ellington qui transcendait le jazz pour parvenir à de nouveaux royaumes de la musique ; et d'autres, de grands musiciens. J'aime tellement entendre ces sonorités dans la nouvelle vie du Carnegie Hall !

Il y a eu aussi des nouveautés au Jerusalem Music Centre, où j'ai enseigné. Je n'ai jamais aimé l'expression *master class*, avec son idée d'asservissement, et nous avons appelé ces classes des « rencontres ». Ce nouveau nom était destiné à traduire un changement dans les rapports entre maîtres et élèves, une réunion entre des musiciens professionnels de grande expérience et des jeunes musiciens.

Divers ensembles européens, américains et israéliens sont venus à Jérusalem. En 1996, il y a eu quatre trios avec piano, un trio à cordes, un quatuor avec piano, un quatuor à cordes et un duo. Les jeunes musiciens — entre quinze et trente ans — avaient tous une certaine expérience de la scène en matière de musique d'ensemble. Ils ont été sélectionnés, parmi trente-quatre groupes, pour passer durant l'été deux semaines à Jérusalem, avec moi et un certain nombre de mes collègues, tous des musiciens professionnels de niveau international et des instrumentistes expérimentés. Pour n'en nommer que quelques-uns : Jaime Laredo, Michael Tree, Yo-Yo Ma, Sharon Robinson, Emanuel Ax, Yefim Bronfman, Joseph Kalichstein et Henry Meyer. Je leur suis reconnaissant de la générosité et de la délicatesse dont ils ont fait preuve en se réunissant à Jérusalem et, pour certains d'entre eux et d'autres encore, au Carnegie Hall. Nous organisons maintenant ces rencontres tous les deux ans à Jérusalem et au Carnegie Hall, et nous sommes en train d'en créer d'autres dans des pays comme le Japon, les Pays-Bas et l'Allemagne. Et nous avons d'autres projets en Europe et aux États-Unis pour les années à venir : une perspective de travail qui me réjouit plus que je ne saurais le dire. Pendant leur séjour à Jérusalem, les jeunes instrumentistes sont confrontés à deux cent cinquante ans d'expérience collective de grands musiciens. Les aînés ne jouent pas. Nous n'avons pas voulu que les jeunes nous imitent ; nous avons voulu leur enseigner comment apprendre par eux-mêmes. À l'occasion, l'un de nous prend un instrument pour démontrer quelque chose ; mais je n'y suis pas tellement favorable. Certains jeunes instrumentistes sont remarquablement doués. Leur talent ne me fait pas peur ; au contraire, quand je trouve un jeune musicien dont le talent dépasse le mien, cela me rend heureux.

Je me suis trouvé pris dans un tourbillon d'activités. On m'a souvent demandé d'intervenir auprès de membres des corps législatifs d'États pour obtenir le maintien des budgets consacrés aux arts. Je faisais du *lobbying*, de la musique, je voyageais, j'écoutais des jeunes, je les guidais, j'essayais d'allumer une étincelle dans leur cœur, je recueillais des fonds pour Carnegie Hall, je traitais devant des groupes de questions artistiques et d'éducation musicale. Et j'ai reçu la médaille de la Liberté au Kennedy Center en décembre, la pire journée de 1992 ; la tempête faisait rage sur la côte est, c'était la cohue dans les gares, et il fallait arriver à Washington après dix heures de train et trois heures de sommeil le lendemain d'un gala en mon honneur donné par l'Orchestre philharmonique de New York ; tout cela m'avait mis à l'épreuve. Et Washington, où je me trouvais quand Itzhak Rabin, Shimon Peres et le président Yasser Arafat se sont réunis autour du président Clinton en un moment d'histoire exceptionnel qui a amené les larmes aux yeux de tous dans l'auditoire ; et un doctorat honoris causa de l'université d'Oxford en 1993 ; et, quatre ans plus tard, le 28 janvier 1997, le gala donné au Carnegie Hall en mon honneur avec un recueil de lettres me rendant hommage émanant d'amis du monde entier — il m'était difficile au milieu de tout ça de ne *pas* me considérer comme une sorte d'animal politique. En fait, la fidélité envers la musique a été l'élément qui a uni les parties les plus disparates de ma vie. Je suis, pour le meilleur et pour le pire, un musicien activiste.

J'ai continué à voyager et à jouer, mais pas plus de quatre ou cinq mois par an et uniquement là où je voulais aller. J'ai fait de plus en plus de musique de chambre et j'ai enregistré les quatuors de Brahms et de Gabriel Fauré avec Emanuel Ax, Yo-Yo Ma et Jaime Laredo, ainsi que les sextuors à cordes de Brahms avec Jimmy Lin, Michael Tree, Jaime Laredo, Sharon Robinson et Yo-Yo Ma. Ces jours-là étaient des jours de grand bonheur avec des séances de musique hors de l'ordinaire. J'étais en outre au milieu de l'enregistrement de l'intégrale des sonates de Mozart avec Yefim Bronfman, l'un des géants du clavier d'aujourd'hui. Nous avions déjà enregistré ensemble toutes les sonates de Brahms en concert à Saint-Pétersbourg lorsque nous y étions allés en 1992, après la chute de l'Union soviétique — la première fois où j'étais retourné jouer en Russie en vingt-cinq ans !

J'ai eu soixante-treize ans en 1993 et j'ai passé la dernière partie de l'année à donner des concerts à Hong-kong et au Japon avec Bronfman. Du Japon, nous avons pris un vol vers l'Occident, à destination de la Grande-Bretagne et d'Oxford. J'avais deux proches amis à Oxford, Sir Isaiah Berlin, le philosophe et président fondateur de Wolfson College, et Sir Claus Moser, recteur de Wadham College. Oxford me décernait un doctorat honoris causa, qui coïncidait avec le départ à la retraite de Sir Claus. Nous avons donné un agréable concert en son honneur. J'ai habité chez Aline et Isaiah, à Headington House.

La cérémonie de remise du doctorat s'est déroulée selon certaines traditions, qui m'ont profondément touché. J'ai revêtu la robe de circonstance et j'ai attendu dans une chapelle latérale qu'un appariteur frappe avec cérémonie à la porte pour m'inviter officiellement à me joindre à la procession jusqu'à Sheldonian Theatre. J'ai pris place à l'endroit qui m'a été indiqué et j'ai écouté un discours très élogieux dont on avait eu la prévenance de me remettre une traduction en anglais, puisqu'il était prononcé en latin. Au moment voulu, j'ai gravi les marches menant à la scène, j'ai incliné la tête, j'ai revêtu l'écharpe de couleur de circonstance et la coiffe à la Brueghel — qui est sans doute le bonnet carré le plus beau du monde. Isaiah Berlin m'a offert un *high tea*, un moment très cérémonieux avec plus d'une centaine d'invités.

Ce soir-là au Sheldonian Theatre, Fima Bronfman et moi-même avons donné un récital en l'honneur de Sir Claus et, pour la fin du programme, nous avions préparé deux bis surprises. Lorsque nous avons quitté la scène à la fin du programme imprimé, j'ai rapidement revêtu la robe et le bonnet carré que j'avais eu l'honneur de recevoir dans l'après-midi et je suis revenu en scène ainsi vêtu et armé de mon violon, ce qui a beaucoup amusé le public, particulièrement nos proches amis. Nos bis impliquaient tous deux Sir Claus. Le premier était un mouvement d'une sonate de Mozart que j'ai joué avec lui, Fima Bronfman lui tournant les pages. Après les applaudissements de joie qui ont couronné cette prestation, nous avons à nouveau quitté la scène ; puis je suis revenu sans mon violon avec Sir Claus, j'ai pris la place de Fima pour que Sir Claus et elle donnent un bis à quatre mains. Toute cette soirée a été particulièrement réussie pour moi comme pour toutes les personnes concernées, notamment Claus, sa femme Mary, Isaiah, Aline et les nombreux amis qui nous entouraient. Dans la vie, il y a des moments qui ne s'oublient pas.

Isaiah Berlin a été l'une de mes idoles et probablement le plus bel esprit que j'aie jamais rencontré. Nous avons partagé de nombreuses conversations agréables, à propos de tout, de la musique à la politique, des gens, des commérages, chez lui, au téléphone ou par lettre. Nous nous sommes vus à Londres, à Oxford, à Jérusalem, à New York, chaque fois que nous nous trouvions tous les deux dans un même endroit. Je l'aimais profondément et il me manque.

Vera était devenue présidente de l'America-Israel Cultural Foundation (je suis resté président honoraire du conseil d'administration) et était très engagée dans la campagne de collecte de fonds pour aider le maire Teddy Kollek à se faire réélire à Jérusalem en ce mois de novembre. Notre mariage connaissait alors de sérieux problèmes et était une source de tristesse et de conflit pour nous deux. Michael et David menaient de belles carrières de chefs d'orchestre : David, essentiellement dans le domaine lyrique, vivait à Paris ; et Michael était invité à diriger dans toute l'Europe, et aux États-Unis ; il vivait en Floride, où sa femme Jeanette était hautbois solo de l'Orchestre de Floride. Shira et son mari, Don Weber, qui étaient rabbins dans des temples différents, travaillaient dur. Leurs trois fils avaient maintenant huit, six et quatre ans.

En regardant aujourd'hui en arrière, leurs années d'enfance me paraissent très particulières. Je n'ai pas été aussi présent que les autres pères ; par nécessité, j'étais légèrement obsédé, si ce n'est davantage, par ma vie de musicien. Je n'ai pas emmené mes fils à leur premier match de base-ball ou de football, ni ma fille à son premier thé et je n'ai pas joué à la poupée avec elle. Mais nous avons quand même passé du temps ensemble — il y a eu les remises de diplômes, les saignements de nez, les larmes, les cris de bonheur, les marches main dans la main de temps à autre. Le fait que ces moments aient eu lieu est la plus grande joie que j'aie jamais connue. Par la suite, lorsqu'ils ont grandi, rien ne m'a fait davantage plaisir que de jouer avec des orchestres sous la direction de mes deux fils, ou de m'asseoir au temple pour écouter ma fille prononcer un sermon profond, ou faire de la cantillation avec une belle et douce voix de soprano, en chantant parfaitement juste car elle a une oreille remarquable.

Je me suis trouvé dans le public lorsque Michael dirigeait un concert et j'ai ressenti un frisson de joie pure et le plaisir d'une larme en constatant que c'était un musicien professionnel tellement sérieux et communicatif. Et en regardant David diriger un orchestre symphonique ou une représentation d'opéra, je me suis délecté de son bonheur d'être musicien. Il a une affinité particulière pour les voix. Shira et son mari, Don, sont des parents attentionnés, sérieux et extrêmement attentifs. Leurs fils partagent les responsabilités rabbiniques de leurs parents et assistent à presque tous les services. Chez eux, ils observent à la lettre les traditions juives. Les Weber s'occupent également beaucoup de leur communauté : Don est chauffeur d'ambulance volontaire, toujours prêt à s'habiller à la hâte, à quitter la maison comme une flèche en cas d'urgence au premier appel de son bip ; Shira participe aux efforts de la communauté, qu'il s'agisse des droits des femmes, des droits à l'avortement ou de la nature de la vie politique dans leur communauté. Tous deux participent avec leurs enfants aux sports et aux jeux d'adolescents en compagnie de leurs amis, et ils pratiquent même le covoiturage. Et lorsqu'ils veulent vraiment prendre un peu le large, ils montent à bord du petit avion que Don pilote comme un professionnel et vont là où les guide leur envie. Shira et les trois garçons partagent ces escapades dans les limites de capacité de l'avion, qui ne peut contenir que trois personnes à la fois, pilote compris. Mais ils ont fait des voyages dans toutes les directions, atterri et pris des repas dans de bons restaurants à proximité de petits aérodromes ; en général, ils aiment la liberté que leur offre le ski à quelques centaines de kilomètres de chez eux, dans le New Jersey. Évidemment, les trois garçons ont toutes sortes de souvenirs mémorables en avion, surtout Noah. À plusieurs reprises, ils ont atterri à Danbury, près de notre maison du Connecticut, et sont venus déjeuner avant de rentrer chez eux.

Michael poursuit une très belle carrière de chef d'orchestre ; il est directeur général de la musique à l'Orchestre radio-symphonique de Sarrebruck, en Allemagne, où il travaille énormément et couvre un immense répertoire ; la nature même de la radio de Sarrebruck l'oblige à apprendre et à jouer constamment des œuvres nouvelles et contemporaines. Sa femme Jeanette est une merveilleuse hautboïste ; elle fait beaucoup de musique de chambre en soliste et donne des concerts en soliste. Ils construisent leur vie commune avec bonheur.

La femme de David, Katta, est une violoniste de talent, particulièrement dans le domaine de la musique baroque, qu'elle connaît et joue à merveille. Ils m'ont tous deux présenté avec joie et prévenance mes deux premières petites-filles : Sophia, qui a eu quatre ans en août 1999, et Talia, qui a eu deux ans en janvier 2000. David réussit très bien comme chef d'orchestre à l'Académie européenne d'art lyrique à Aix-en-Provence. Il remporte beaucoup de succès dans les opéras de chambre qu'il y dirige, ainsi que dans toute l'Europe.

Vera et moi ne sommes pas le premier couple dans lequel les deux partenaires se sont éloignés petit à petit l'un de l'autre, parfois de façon imperceptible, jusqu'à ce que le fossé devienne si grand qu'aucun pont ne puisse plus les réunir. Je pense qu'aucun de nous ne s'est rendu compte à quel point deux fortes personnalités peuvent difficilement cohabiter sans heurts dans la même maison. Pendant de nombreuses années de mariage, notre couple a été dysfonctionnel, nos vies souvent rancunières avec des affrontements pleins de colère. Les enfants le savaient, bien sûr, mais leur monde était si bien ordonné et si confortable qu'ils ne pensaient pas qu'il fallait changer quoi que ce soit. Presque tout le monde nous considérait comme une famille idéale. Il a été difficile, déchirant, affreusement douloureux d'accepter de reconnaître l'impossibilité de faire se rejoindre nos chemins qui s'orientaient dans des voies si différentes. Ce qui est ensuite arrivé relève entièrement du domaine de la vie privée et il n'y a aucune raison d'ajouter quoi que ce soit à ce que j'ai déjà dit.

Depuis que j'ai participé à l'inauguration du Kennedy Center for the Performing Arts à Washington, il y a plus de vingt-cinq ans, j'y ai joué très souvent dans divers rôles : en soliste avec le National Symphony Orchestra, en récital avec piano, en trio avec Leonard Rose et Eugene Istomin, puis avec Yo-Yo Ma et Manny Ax, et en quatuor avec Yo-Yo Ma, Manny Ax et Jaime Laredo. Au bureau et dans les réceptions qui suivent toujours ces concerts, j'y rencontrais parfois une magnifique jeune femme, Linda Reynolds, qui y travaillait.

Lorsque mon mariage s'est désintégré et que j'ai demandé la séparation, je me suis senti de plus en plus attiré par Linda et, finalement, j'ai osé l'inviter. Nos relations, avec le temps, sont devenues intimes. Et soudain, j'ai découvert une chose que je ne croyais vraiment plus possible : à soixante-dix ans passés, je pouvais tomber amoureux à en perdre la tête. Ce moment a été une extraordinaire découverte de moi-même. J'ai commencé à me griser de la joie et de l'art de vivre heureux — sentiments que je pensais ne plus jamais connaître. J'ai ensuite découvert que Linda était originaire de Lumberton, en Caroline du Nord, l'État dans lequel les deux branches de sa famille s'étaient installées à la fin du XVII^e^ et au début du XVIII^e^ siècle. C'est elle qui m'a appris que le « charme sudiste » n'est pas un simple cliché. Son père était l'honorable William D. Reynolds (membre élu de la législature d'État). Elle idolâtrait ses deux parents dont elle était la fille unique. C'est sa mère qui l'avait initiée à la musique : Mme Reynolds était une extraordinaire pianiste, professeur de piano, organiste et chef de chœur, une musicienne complète, ancienne élève, entre autres institutions, de la Juilliard School of Music. Elle était la référence culturelle de son comté et de ses environs. Avec l'aide d'un petit comité, elle avait fondé et dirigé bénévolement, pendant environ vingt-cinq ans, une série de concerts de musique classique, jusqu'à ce qu'elle tombe malade. Cette série existe encore aujourd'hui. Elle et son mari étaient très aimés dans la communauté et, par la suite, j'ai même donné à Lumberton un concert de bienfaisance à la mémoire de Mme Reynolds. J'y ai rencontré des personnes charmantes, affectueuses et chaleureuses.

Linda elle-même était une pianiste de grand talent ; elle avait étudié avec des professeurs d'université dans toute la Caroline du Nord. Mais au lieu d'aller dans un conservatoire, elle avait décidé d'entrer au Sweet Briar College pour se spécialiser dans l'histoire de la musique et s'y faire des amis. Elle s'est ensuite installée à Washington et a travaillé au John F. Kennedy Center for the Performing Arts, institution qui reste encore aujourd'hui chère à son cœur. Comme collaboratrice du directeur du Kennedy Center, puis du président du National Symphony Orchestra et finalement du directeur général de l'Opéra de Washington, tous trois se trouvant être mon vieil ami de chez Hurok, Martin Feinstein, elle a non seulement approfondi les aspects de la production d'événements musicaux, mais a également rencontré de nombreux grands artistes et leurs agents. Elle savait donc quel genre de vie mènent les musiciens. C'était un avantage supplémentaire pour moi, outre notre passion partagée de la musique et celle que nous éprouvions l'un pour l'autre.

La procédure de divorce devenait de plus en plus compliquée et apparemment interminable. Linda et moi avons donc commencé à vivre ouvertement ensemble dans notre maison du Connecticut. En 1995, nous sommes allés ensemble en France, en Italie, en Espagne, en Suisse et en Suède, puis à Singapour, Hong-kong, Tokyo, Shanghai, Pékin et Jérusalem. J'ai donné des concerts dans toutes ces villes, à l'exception de Pékin et de Jérusalem. Avant le départ, j'ai téléphoné à tous les membres de ma famille, y compris à Vera, pour leur annoncer que j'allais faire ce tour du monde avec Linda, afin qu'ils ne l'apprennent pas de la bouche d'« amis ». J'ai présenté Linda partout comme ma fiancée, ce qui était vrai, en réalité.

Une fois le divorce d'avec Vera prononcé, nous nous sommes mariés assez vite. La cérémonie a eu lieu l'après-midi du 3 novembre 1996 dans une petite pièce de notre maison du Connecticut, face au jardin. Toutes les personnes qui travaillaient à la maison — cuisinière, gouvernante, jardinier, gardien — étaient présentes comme témoins et comme invités, ainsi que quelques amis de Linda venus de Washington et d'Atlanta et six amis communs de New York. La cérémonie, la journée baignée de soleil, le caviar, le champagne et des amis vraiment enthousiastes, tout a été divin.

Je dois ajouter que, parmi les avantages inattendus de ma vie actuelle, il y a les amis heureux, intelligents et charmants de Linda. Ils nous rendent souvent visite et éclairent nos vies ; en outre, ils se sont entendus très facilement et merveilleusement avec mes anciens amis. Au milieu d'eux, j'ai l'impression d'avoir leur âge ! Ce présent inespéré a été la meilleure dot. Tout comme moi, Linda aime les bons petits plats, le bon vin et elle est francophile. Outre son intelligence innée, elle possède un sens de l'humour insensé, parfois même malicieux. *Quelle chance*[1] ! Linda est également une hôtesse très détendue et charmante. Maintenant, notre maison du Connecticut et notre pied-à-terre à New York regorgent de rires et de conversations agréables. Ces demeures sont magnifiques, confortables et, le plus important, elles sourient. La vie peut être belle !

Le divorce a choqué beaucoup de gens, surtout les enfants. Ils ont fait un énorme effort, plein d'amour, pour se rapprocher toujours davantage de moi — et j'ai été heureux de faire la même chose à leur égard. Je ne peux pas dire qu'ils ont accepté toutes les facettes de ma nouvelle vie. Le jour viendra peut-être où nous partagerons le bonheur d'être réunis, d'aller au théâtre, à l'opéra, au concert, de prendre des repas, des hot-dogs, de boire un verre et de glousser de rire ensemble. Et des conversations normales et heureuses. Voir la vie en rose ?

En avril 1999, je me suis rendu en Allemagne pour la première fois. Il y a une dizaine d'années, en assistant à une conférence sur les problèmes des orchestres dans le monde, j'avais rencontré M. Franz Xaver Ohnesorg, directeur de la salle de la Philharmonie de Cologne. Il m'avait demandé si je viendrais en Allemagne et j'avais formulé des objections courtoises. Quelques années plus tard, il me l'a redemandé et j'ai encore refusé. Pour de nombreuses raisons, au début de l'année 1998 j'ai décidé de m'y rendre. Pas pour jouer, pas même pour y emporter mon violon, mais simplement pour écouter des jeunes et rencontrer des musiciens. Après quelques discussions avec les directeurs de l'Orchestre philharmonique de Berlin et de l'Orchestre philharmonique de Vienne, qui voulaient que je donne des concerts dans le cadre de ces visites, ce que je ne pouvais accepter, Lee Lamont et moi avons pensé à M. Ohnesorg ; elle lui a téléphoné et nous avons commencé à dresser des plans pour cette visite. Huit mois plus tard, en décembre 1998, Judith Arron, directeur administratif de Carnegie Hall, a eu une rechute du cancer

1. En français dans le texte.

qui l'avait frappée huit ans plus tôt et est morte peu après. Elle a été incontestablement l'un des administrateurs de concerts les plus novateurs du monde ; elle voulait sincèrement que M. Ohnesorg soit invité à collaborer avec elle pour devenir finalement le nouveau directeur de la salle. À sa mort, on a envisagé sérieusement de nombreuses candidatures pour ce poste. Finalement, le président du conseil d'administration, Sandy Weill, et moi-même, en tant que président, avec le soutien du bureau exécutif, avons proposé le poste à M. Ohnesorg, qui l'a accepté. L'annonce a été rendue publique le seconde semaine de janvier 1999. Deux mois plus tard, je m'envolais pour l'Allemagne.

J'y allais les yeux grands ouverts pour voir l'Allemagne d'aujourd'hui et non celle d'hier. Tous ceux que nous avons rencontrés essayaient de retrouver la voie d'une normalité sensible et saine ; ils n'ont pas oublié leur passé. Ils n'ont aucun besoin qu'on leur rappelle leur histoire ; ils la connaissent mieux que nous ne le croyons. Les jeunes gens en particulier ont besoin d'apprendre le plus de choses possible sur leur histoire avant 1933, mais ce qui est postérieur à 1933 doit rester clair. À la fin du compte, j'ai ressenti une inquiétude profonde à propos des habitudes insouciantes dans lesquelles il faut éviter que les Allemands retombent. La discipline rigide est une vieille tradition allemande, avec laquelle il n'est pas facile de composer.

Avec Linda, nous avons vu beaucoup de villes. Nous avons visité la maison de Beethoven, et celle de Mendelssohn. C'était si émouvant de se trouver dans les lieux où Bach, Beethoven, Brahms et Mendelssohn ont vécu, de toucher leurs clavecins et leurs pianos, de se tenir près de leurs tombes. Notre visite à Leipzig chez mon collègue Kurt Masur et sa femme, Tomoko, a été particulièrement agréable. Mais, sur le plan musical, ce voyage ne m'a pas transformé. En fait, les idées que j'ai eues toute ma vie sur la musique se sont trouvées confirmées. Je suis heureux de toutes les rencontres et des nouveaux amis que nous nous sommes faits. Je suis heureux d'avoir appris beaucoup de choses que j'ignorais auparavant — notamment sur l'attitude ouverte des Allemands à l'égard d'eux-mêmes et de leur histoire. Cette expérience a été positive et enrichissante.

Un jour, quelqu'un m'a demandé de classer les dix plus grands violonistes de l'histoire. En omettant de mentionner mes contemporains, à l'exception de Heifetz, dont l'importance est indiscutable, et en omettant les instrumentistes d'aujourd'hui qui sont tous mes amis, j'ai dressé la liste suivante : Nicoló Paganini (1782-1840), Antonio Vivaldi (1678-1741), Ludwig Spohr (1784-1859), Henri Vieuxtemps (1820-1881), Henri Wieniawski (1835-1880), Pablo de Sarasate (1844-1908), Joseph Joachim (1831-1907), Eugène Ysaÿe (1858-1931), Bronislaw Huberman (1882-1947) et Jascha Heifetz (1901-1987).

J'ai toujours su que je ne pouvais pas jouer du violon aussi bien que Heifetz, Oïstrakh, Milstein, ou, de nos jours, Perlman ou Zukerman. Ou Anne-Sophie Mutter, Gidon Kremer, ou Midori. J'ai toujours été gêné de ne pas avoir la formation de base et la discipline physique indispensables à un violoniste. Cela m'a peut-être permis de trouver cette pénétration musicale qui fait ma force et constitue mon plaisir, ma raison d'être. Je ne pense pas avoir jamais eu l'impression d'atteindre le cœur même d'une œuvre. Ces temps-ci, lorsque je reprends une œuvre que j'ai jouée pendant des années, j'ai souvent le sentiment de faire de nouvelles découvertes. Ces dernières années, j'ai fait un rêve : j'adorerais construire un petit centre de téléconférence dans le studio de notre maison du Connecticut, m'y asseoir et entendre des groupes de jeunes musiciens jouer pour moi au Japon et à Moscou, Paris, Londres, Tel-Aviv, Buenos Aires, Newark dans le New Jersey, El Paso au Texas et Bismarck dans le Dakota du Nord, puis leur parler, ainsi qu'à leurs professeurs.

Entre 1990 et 1997, mes exécutions ont été parfois plus irrégulières qu'elles ne l'auraient dû et on me l'a rappelé en maintes occasions. Je dois maintenant m'habituer à l'idée qu'il y a des œuvres que je ne jouerai jamais plus, car j'ai perdu l'énorme liberté physique dont je disposais. Et même avec le répertoire que je m'autorise encore à jouer en public, je commence à me demander encore combien de temps je devrais continuer. Je voudrais en décider par moi-même plutôt que d'entendre quelqu'un me dire : « N'est-il pas temps de quitter la scène ? » J'aimerais tellement avoir encore une vingtaine d'années devant moi dans les doigts, avoir les mains de mes jeunes collègues — pour faire sonner toute la richesse de la musique. J'aime tellement être en scène ! J'aime tellement jouer ! Et je tiens à remercier Robert McDonald, qui, depuis huit ans, est un précieux partenaire musical et un compagnon de voyage. Son calme sérieux, son sens de l'humour et son admirable musicalité ont toujours pour moi une énorme valeur.

Il est certain que je continue à jouir du plaisir sensuel, personnel de parler à d'autres au travers de la musique ; ma passion à cet égard s'est accrue. Je veux continuer à jouer, surtout avec de jeunes musiciens. Ce serait une belle façon de commencer ma neuvième décennie. Je veux partager mes idées et ce que j'ai appris sur *tout* qu'il est possible de faire en musique, avec de jeunes instrumentistes et particulièrement avec de jeunes enseignants ; et comment chercher en nous-mêmes ce qui est réalisable. Il n'y a pas d'interprétation, pas d'exécution qui soient définitives ; il n'y a que des possibilités infinies de beauté. Et quand mon heure viendra, ce qui est inévitable, j'aimerais être sur scène en train de jouer, tel le violoneux qui meurt l'archet à la main. Alors je penserai que ma vie a été utile et que je peux être fier de ce que je laisse derrière moi.

# *Épilogue*

Dans ce livre, j'ai évoqué un grand nombre de personnalités musicales de premier plan qui ont exercé une influence majeure sur ma vie de musicien. Ici, il me faut remonter à mes années de jeunesse et à Pierre Monteux. Il jouissait déjà d'une renommée internationale lorsqu'il est venu à San Francisco. Petit, rondelet — en fait corpulent —, généralement souriant, il était, comme disent les Français, « bien dans sa peau ». Il maîtrisait totalement l'art de la direction d'orchestre, sa battue claire et gracieuse lui assurait une maîtrise complète de l'orchestre et modelait toujours les phrases musicales. Son plus grand don, qui m'a tant appris, était sa faculté à utiliser ses yeux et à voir où en étaient tous les musiciens, près d'une centaine, à tout moment de la musique, et de sentir immédiatement si l'un d'entre eux était perdu. Juste avant une entrée instrumentale sur la partition, il jetait un coup d'œil au musicien, qu'il s'agisse d'un instrumentiste à cordes ou à vent, captait son regard, pinçait les lèvres et s'assurait que l'entrée de la ou des personnes concernées s'opérait au moment voulu. Des années plus tard, j'ai inventé une formule un peu raccourcie : « Si je dois éternuer dans deux semaines, mon mouchoir est prêt. »

L'autre grand chef d'orchestre dont j'ai fait la connaissance dans ma jeunesse — 1936, 1937 — c'est Otto Klemperer, qui était non seulement un géant sur le plan physique (une mètre quatre-vingt-treize), mais également sur le plan musical. À l'époque, il était déjà reconnu comme l'un des dix plus grands chefs d'orchestre au monde. La première fois que j'ai joué avec lui, il y a eu un petit problème — il dirigeait sans estrade à cause de sa taille, mais, moi, avec mon mètre soixante-cinq, je devais constamment regarder en l'air pour voir sa battue et croiser ses yeux, ce qui m'a donné une terrible douleur dans le cou à la fin du concerto de Tchaïkovski. Au cours des années suivantes, nous avons souvent joué ensemble et j'ai compris pourquoi il était considéré comme l'un des plus grands représentants de la culture musicale d'Europe centrale. Il m'a beaucoup appris sur le phrasé des lignes mélodiques longues.

Dans ma jeunesse, j'ai rencontré un autre musicien : le grand violoniste Nathan Milstein. C'était un ami de mon professeur Naoum Blinder, qui, bien sûr, m'a présenté à lui lorsqu'il est venu jouer à San Francisco. Il avait une technique transcendantale et un sens musical naturel. Rien de ce qu'il jouait, pas même les passages incroyablement difficiles, ne semblait lui demander le moindre effort. Il m'a toujours semblé avoir un radar à la place des doigts à la main gauche. Il ne faisait jamais de fausse note et le son qu'il produisait était toujours beau et parfaitement juste sur le plan musical. Au fil des ans, nous sommes devenus des amis très proches et, lors de nos rencontres, il aimait passer les vingt ou trente premières minutes à discuter de musique, de peinture ou de littérature. Ensuite, il sortait son violon, jouait du Bach en solo avec la clarté du laser et, avec un sourire, exhibait quelques idées pour sa prochaine transcription diaboliquement difficile. Un jour où je lui demandais comment il avait développé ce talent extraordinaire, il m'a dit le plus sérieusement du monde : « J'ai grandi en Russie où il était difficile d'avoir de la musique imprimée, particulièrement entre 1917 et 1924. Mais ma sœur, qui était pianiste, possédait toutes les études et tous les nocturnes de Chopin. Je les ai donc utilisés comme exercices. » Bien sûr, cela voulait dire qu'il avait appris à jouer au violon des tierces, des sixtes, des gammes et des arpèges pianistiques ! En jetant un coup d'œil à ces partitions, on comprend aisément quelle incroyable formation de base il a eue.

J'ai connu un autre violoniste, plus célèbre en Europe qu'aux États-Unis : Arthur Grumiaux. Très élégant, merveilleusement raffiné, c'était un musicien cultivé ; son approche musicale profondément classique et sa maîtrise totale de la technique du violon lui permettaient de surmonter sans peine la moindre difficulté. Nous sommes devenus d'excellents amis, je lui vouais un très grand respect et une profonde affection. J'ai essayé de l'aider à se forger une grande carrière aux États-Unis, mais celle-ci a été bloquée par sa femme, qui contrôlait davantage sa carrière que lui et qui n'a pas compris l'énorme différence qu'il y avait entre la vie de concert en Europe et aux États-Unis. Elle demandait des cachets et posait des conditions déraisonnables, ce qui a empêché toute évolution de sa carrière américaine. Il a fait des enregistrements mémorables, de véritables trésors encore aujourd'hui, des sonates de Mozart et de Beethoven, avec Clara Haskil, une pianiste suisse d'origine roumaine que je connaissais et admirais. C'était une petite femme avec une légère touche de cheveux gris qui semblaient n'être peignés qu'occasionnellement. Elle était très voûtée, mais était magique au piano. Avec Grumiaux, elle formait un duo idéal. Ils avaient en commun une telle profondeur musicale et un tel bonheur aristocratique. Une fois, j'ai donné avec elle quelques concerts en Suisse et en Italie ; je m'en souviens très bien à cause de la beauté claironnante de sa sonorité, quel que soit l'instrument, quelle que soit la ville ; je me souviens également que nous avons eu toutes les peines du monde à nous entendre avec les passagers des chemins de fer italiens en allant de ville en ville.

À cette époque, à San Francisco, entre 1934 et 1939, j'ai entendu beaucoup d'artistes qui ont marqué ma conscience musicale de façon inoubliable, je l'ai compris des années plus tard. Je me souviens encore, non pas des prestations réelles mais du timbre des voix de Giovanni Martinelli et d'Elisabeth Rethberg chantant des airs et des duos d'*Otello* de Verdi. Le pouvoir immense, imposant et merveilleux de Kirsten Flagstad dans les opéras de Wagner, la voix chaude comme du miel de Lotte Lehmann, à l'opéra et dans des récitals de lieder, où chaque mot avait la nuance et la portée qui convenaient à son sens poétique.

Je me souviens de l'impression de majesté absolue se dégageant d'une soirée entièrement consacrée aux sonates pour piano de Beethoven par Sergueï Rachmaninov. La musique rugissait, coulait comme un torrent, puis murmurait, vous saisissait tendrement. Tout cela en un seul récital. On n'écoutait pas de la musique, on était dans un océan de musique. Je me souviens aussi avoir entendu, sans pouvoir croire à une telle clarté, une telle beauté et une telle précision, l'enregistrement étonnant du *Concerto pour violon* de Paganini que Yehudi Menuhin, à peine âgé de treize ou quatorze ans, avait fait avec Pierre Monteux à Paris. Il l'avait enregistré en une seule prise, d'un bout à l'autre, après quoi Monteux l'avait serré dans ses bras et Menuhin était retourné heureux à son hôtel. Quelles exécutions extraordinaires a-t-il pu donner dans sa jeunesse ! Il laisse en outre un héritage généreux dans ses activités humanitaires et sa dévotion à ceux qui sont dans le besoin.

Je me souviens également de concerts de Mischa Elman, qui caressait chaque note avec soin, avec une sonorité brillante et très douce, une sonorité riche mais jamais sirupeuse, instantanément reconnaissable ; c'était la sienne.

J'ai joué régulièrement avec Fritz Reiner à Pittsburgh, à la Syria Mosque, puis au merveilleux Heinz Hall. Il possédait une maîtrise et une technique de direction absolument incroyables, une maîtrise reconnue par tous les musiciens qui ont joué avec lui ou qui l'ont entendu ; il exerçait en outre une tyrannie légendaire sur les musiciens de son orchestre. Un ou deux exemples : nous roulions en taxi avec Morton Gould lorsqu'il m'a raconté cette anecdote ; il demandait à Reiner comment il donnait le début du troisième mouvement du *Concerto pour violon en sol majeur* de Mozart dans le bon tempo. Reiner l'a regardé par-dessus ses lunettes demi-lunes en disant :

— Contentez-vous de donner la levée de cette façon et ce sera le tempo.

— Mais qu'est-ce que je fais s'ils n'entrent pas exactement dans le bon tempo ?

Et Reiner a répondu sans sourciller :

— Virez-les.

D'ailleurs, il le pensait. Un jour, au cours de son long mandat à la tête de l'Orchestre symphonique de Chicago, nous avons joué le *Concerto en sol mineur* de Prokofiev. Il y a une petite transition d'un tempo à un autre qui est confiée au violoncelle solo de l'orchestre. Pour une raison ou une autre, le violoncelliste, qui était hongrois, n'arrivait pas à attraper instantanément le nouveau tempo. Reiner l'a repris une ou deux fois et je voyais sa colère monter, son visage s'empourprer et ses yeux s'enflammer. Il était sur le point d'exploser et tout l'orchestre tremblait de peur. Il s'est arrêté et a dit avec une voix d'un calme effrayant : « Oh, nous avons ici un Hongrois très romantique. » Dans le silence de mort qui a suivi, je l'ai regardé, j'ai regardé le violoncelliste et j'ai dit : « Lequel ? » Heureusement, ce petit mot a désamorcé la bombe. Reiner était le chef d'orchestre le plus merveilleux qu'on puisse imaginer ; il dominait complètement l'orchestre du bout de la longue baguette qu'il préférait à toute autre, créant ainsi la base musicale qui permet les plus belles exécutions. Le soliste est alors libre d'échanger des idées et des phrases instinctives comme dans un ensemble de musique de chambre, jouant avec ses collègues sur un pied d'égalité.

J'ai été imposé comme soliste à Sir Thomas Beecham au début des années 50. Je me souviens d'un concert que je donnais à Paris un dimanche après-midi après lequel je devais ensuite prendre un vol à destination de Londres pour une première répétition, le lundi, du *Concerto pour violon* de Beethoven avec Sir Thomas et le Royal Philharmonic Orchestra. À cause du brouillard qui, malheureusement, recouvre souvent Londres, mon vol a été retardé de plusieurs heures ; j'ai dû partir le lendemain matin, après une nuit très courte, et me précipiter à la répétition. J'ai eu l'impression d'avoir très mal joué ; j'ai présenté mes excuses à Sir Thomas et lui ai promis de faire mieux le lendemain. Et il m'a dit : « Oh, ne vous en faites pas, mon garçon. Tout marchera très bien demain. » Mais voir l'un des plus grands chefs d'orchestre faire ce qu'il a fait ce soir-là a été une expérience unique pour moi et un soulagement. Tout le monde connaissait le concerto de Beethoven, en tout cas certainement les musiciens de l'orchestre ; mais Beecham a emporté la partition chez lui ce soir-là, il y a porté à la main de la première à la dernière page d'innombrables petites indications pour toutes les cordes, les bois et les cuivres. Le bibliothécaire les a méticuleusement reportées sur les parties le lendemain matin, avant mon arrivée à la répétition. J'ai alors vécu l'une des grandes expériences de ma vie : nous nous trouvions dans une salle de répétition, pas au Festival Hall. Sir Thomas et l'orchestre ont commencé le concerto. Nous avons joué sans la moindre interruption jusqu'à la fin. Nous nous sommes contentés de regarder, d'écouter et de faire de la musique. À la fin de la répétition, il y a eu un silence de mort et les musiciens, Beecham et moi avons tous poussé un soupir comme si nous venions d'émerger d'un moment exceptionnel. Beecham et moi sommes devenus de très proches amis et nous avons souvent joué ensemble, notamment mes premiers enregistrements des concertos pour violon de Brahms et de Sibelius en 1952.

Un autre moment musical reste gravé dans ma mémoire : un été, j'étais au festival de Menton, une petite ville sur la Côte d'Azur, et je suis allé avec Jean-Pierre Rampal écouter un concert donné par Dietrich Fischer-Dieskau qu'accompagnait le grand pianiste russe Sviatoslav Richter dans des lieder de Schubert. Le concert avait lieu sur une petite place sur une haute colline devant une église. Une tribune avait été construite pour accueillir le public. Fischer-Dieskau et Richter ont tout à coup créé une atmosphère magique autour de ces joyaux de la musique, une atmosphère tellement stupéfiante que j'ai regardé Jean-Pierre tout à coup : nous pleurions tous les deux. C'est pour de tels moments que nous luttons et, en tant qu'auditeurs expérimentés, ce sont ces moments-là qui ont la plus grande valeur.

Je voudrais également évoquer trois moments mémorables des années au Carnegie Hall qui me sont si chères.

Le premier s'est déroulé en 1976, lorsque Dick Debs, le président du conseil d'administration si dévoué, a conspiré avec moi pour fêter le quatre-vingt-cinquième anniversaire de la salle avec un gala spécial. Il ne nous restait qu'environ quatre mois pour y parvenir ; or les artistes de renommée internationale se réservent généralement deux ans à l'avance. Je me souviens avoir pris le téléphone pour parler à quelques musiciens tels Vladimir Horowitz et Leonard Bernstein, qui habitaient dans la région de New York, à d'autres qui n'habitaient pas trop loin, comme Slava Rostropovitch à Washington, et à quelques amis de l'étranger, comme Dietrich Fischer-Dieskau et Yehudi Menuhin. Je leur ai demandé ce qu'ils faisaient le 18 mai et naturellement d'annuler tout ce qu'ils avaient pu projeter. Et aucun d'entre eux n'a dit non. Le fait que personne n'ait refusé de venir montre clairement ce que représente Carnegie Hall pour tous les musiciens. La veille du concert, j'étais assis au milieu du parterre avec Wanda Horowitz, la femme de Vladimir Horowitz qui était aussi la fille d'Arturo Toscanini. Ces deux hommes ont sans doute contribué davantage que n'importe qui à améliorer la qualité de l'interprétation au XX^e^ siècle. Et, naturellement, leur vie a été intimement liée au Carnegie Hall pendant près de trois quarts de siècle. Assis à côté de Wanda, j'écoutais des lieder chantés par Fischer-Dieskau, l'un des plus grands chanteurs de notre époque, accompagné par Vladimir Horowitz ; Leonard Bernstein tournait les pages et Mstislav Rostropovitch était appuyé contre le piano. J'écoutais avec une totale concentration la beauté qui coulait à flots et je me suis mis à pleurer. J'ai compris qu'un tel moment justifiait mon implication dans Carnegie Hall et pourquoi ils étaient tous venus. J'ai regardé Wanda assise à côté de moi, elle aussi pleurait ouvertement. Nous nous sommes serré la main très fort. Je me souviens encore de ce moment comme de l'un des plus gratifiants de ma vie de musicien. L'enregistrement du concert a été intitulé avec raison le *Concert du siècle*.

Le deuxième grand moment a eu lieu en 1986, lorsque le conseil d'administration, que présidait alors le redoutable et imaginatif Jim Wolfensohn, a décidé de faire procéder aux réparations nécessaires à la vieille douairière de la 57^e^ Rue. Le plafond commençait à s'effondrer, il fallait remplacer le système de climatisation et les ascenseurs et changer les vieux sièges ; une grande opération de nettoyage et de peinture s'imposait, et, d'une façon générale, il fallait rafraîchir cette salle qui allait avoir quatre-vingt-quinze ans. Comme nous ne pouvions nous permettre de suspendre les activités ou les sources de revenus pendant une trop longue période, nous avons fixé un délai de six mois pour la complète reconstruction, ce que les ingénieurs et les conducteurs de travaux jugeaient pratiquement irréalisable. Mais nous avons insisté et un calendrier a été établi. Je me souviens avec précision du jour où les premiers ouvriers sont entrés dans la salle pour commencer à arracher les sièges, les vieux rideaux et les supports au-dessus de l'avant-scène, en un mot, mettre à nu l'ossature de la vénérable salle. Les travaux se sont déroulés à une allure frénétique ; nous avons réussi à trouver les rares maîtres artisans capables de restaurer les plâtres du plafond au-dessus de la scène et de réaliser les travaux de ferronnerie dans tout le bâtiment. La qualité et le dévouement des ouvriers m'ont tellement impressionné que j'ai pensé que les premières notes entendues dans la nouvelle salle devraient être réservées à tous ceux qui y avaient travaillé, un concert spécial pour eux. Pour la réouverture, nous avons organisé une soirée de gala, mais comme nous dépendions de la date réelle de la fin des travaux, nous n'avions que deux mois pour tout mettre au point. Une fois encore, j'ai fait appel à des amis : Leonard Bernstein et Zubin Mehta, mes vieux collègues et amis de l'Orchestre philharmonique de New York ; Frank Sinatra, qui était devenu un grand ami et m'avait montré l'amour et le respect qu'il portait au Carnegie Hall ; l'incomparable Marilyn Horne, qui s'était souvent produite sur la scène du Carnegie ; mon cher Yo-Yo Ma, avec qui j'ai souvent travaillé ; et, à nouveau, mon ami pianiste local, Vladimir Horowitz. Ils étaient tous disponibles pour dévoiler au monde la nouvelle salle dans sa rutilante majesté. La salle se situait enfin au même niveau de qualité que la musique présentée sur scène. Aujourd'hui, après quelques retouches depuis les restaurations, le son du Carnegie est encore plus grandiose et magnifique que jamais.

Le troisième moment inoubliable des années passées au Carnegie Hall a été celui de la dédicace de la grande salle : « Isaac Stern Auditorium ». L'idée a germé au sein du comité directeur, puis a été présentée au conseil d'administration pour rendre un hommage spécial aux années de dévouement que j'ai consacrées à la salle. Je ne savais rien des projets précis, mais j'avais entendu certaines rumeurs ; je me suis aussitôt fait excuser de toutes les réunions où ce projet risquait d'être évoqué. Le conseil d'administration a apprécié cette attitude et m'a prévenu à l'avance des réunions où le sujet serait à l'ordre du jour. J'en ai entendu parler pour la première fois en téléphonant de ma voiture aux secrétaires de la salle qui m'ont répondu : « Oh, M. Untel n'est pas disponible. Ils sont en réunion pour discuter du nom de la salle de concertss en votre honneur. »

C'était en novembre 1996. La célébration, « Isaac Stern . un hommage du Carnegie Hall », a eu lieu le 28 janvier 1997. Et ce qui s'est passé est incroyable. La grande salle du Carnegie Hall avait été entièrement transformée en une immense salle de banquet, où un merveilleux dîner était offert à plus de mille cinq cents personnes. La salle était ornée de fleurs et des draperies suspendues aux gradins supérieurs descendaient jusqu'au niveau de la scène, où se trouvaient un pupitre et sept ou huit chaises. À la table d'honneur, Linda et moi étions entourés de M. et Mme Gregory Peck, Brooke Astor, Kitty Carlisle Hart, M. et Mme Walter Scheuer, et Hillary Rodham Clinton. Les interprètes étaient Sarah Chang, Sylvia McNair, Carlo Scibelli, Sanford Sylvan, Martin Katz, Jonathan Feldman, Grant Wenaus et Marietta Simpson (comme on pouvait s'y attendre, cette soirée était également donnée au profit de Carnegie). La somme recueillie lors de cette soirée en mon honneur a atteint le montant fabuleux de 15,3 millions de dollars. Lorsque Sandy Weill, président actuel du conseil d'administration, a annoncé le chiffre, Mme Clinton, qui était assise à ma droite, s'est exclamée : « Hou là ! » Et elle avait raison : c'est je crois la plus grosse somme jamais réunie en une seule fois pour un événement de ce genre. Naturellement, ce soir-là, il s'est passé beaucoup de choses touchantes, inoubliables et très personnelles. On m'a notamment offert deux recueils de lettres émanant de dirigeants du monde entier, comme Bill Clinton, Jacques Chirac et Nelson Mandela ; et d'artistes renommés comme Cecilia Bartoli, Marilyn Horne, Maurizio Pollini, Leontyne Price, Robert Shaw, Beverly Sills, Sir Georg Solti et John Williams, pour n'en citer que quelques-uns.

Je n'ai jamais cherché ni même rêvé que la salle porte mon nom définitivement. J'ai trouvé encore plus émouvant que cela vienne d'une initiative volontaire et amicale, et c'est bien sûr quelque chose à quoi je resterai particulièrement attaché jusqu'à la fin de mes jours.

Lorsque vous lirez ces lignes, j'aurai franchi un tournant de ma vie et de ma carrière.

J'ai souvent dit que je préférerais cesser de donner des concerts importants en soliste avant que d'autres ne le souhaitent à ma place. Je me suis récemment rendu compte que mes capacités physiques diminuaient rapidement ; j'étais très mécontent de ma façon de jouer, beaucoup plus que ce que voulaient bien admettre des amis loyaux et courageux, particulièrement ma femme, Linda, qui m'aime et qui m'est d'un grand secours. Et tout en me critiquant avec amour, mes enfants m'ont aussi aidé dans tous les domaines où je me suis efforcé de faire de mon mieux.

Au cours de ces trois dernières années, j'ai eu des problèmes d'arthrite dans les deux mains. Mais la diminution régulière du contrôle du bras droit était beaucoup plus sérieuse et douloureuse. Pendant des dizaines d'années, j'ai eu la réputation d'avoir l'un des bras droits les plus forts et les plus souples, un bras capable d'offrir un éventail de couleurs différentes et de transmettre ce que ressentent mon oreille et mon cœur aux oreilles et à la sensibilité de mes auditeurs. Le bras de l'archet c'est le larynx, la gorge, la langue, l'individualité parlante de tout instrumentiste. La maîtrise de l'archet, la vitesse de l'archet et le vibrato sont trois des éléments qui différencient les instrumentistes. Plus il est souple, plus la gamme d'émotions et d'idées qu'il peut traduire est étendue. Au cours de ces deux dernières années, la difficulté croissante que j'ai éprouvée à maîtriser le bras de l'archet a été à l'origine de quelques moments malheureux et terrifiants. Il m'est arrivé d'être dans l'incapacité de tenir l'archet avec les doigts et d'être obligé de le saisir avec le poing. Il m'est même parfois tombé des mains. J'ai pensé que c'était dû à l'arthrite, à cause de la douleur dans le pouce et l'index de la main droite. Mais un examen neurologique très approfondi a révélé que je souffrais du syndrome du canal carpien, une maladie des muscles et des nerfs de la main qui peut toucher les instrumentistes, les athlètes et les secrétaires qui utilisent leurs doigts et leurs mains avec rigueur et régularité. On m'a dit que le traitement chirurgical de cette affection pouvait aboutir à la régénération des muscles comme des nerfs, ce qui permettrait à la main de retrouver presque toute sa force d'origine. Si c'est le cas, j'aurai récupéré la maîtrise physique et musicale qui me permettent de vivre avec fierté et je pourrai continuer à faire de la musique de chambre avec des amis et à me produire occasionnellement en soliste. Lorsque ce livre paraîtra, je devrais avoir la réponse. J'invoque le ciel et j'espère de tout cœur qu'elle sera positive.

## *Remerciements*

Sans l'aide, la prévenance et les conseils des personnes et des institutions citées ci-dessous, ce livre aurait été bien ennuyeux.

Notamment Bach, Beethoven, Brahms, Mendelssohn, Mozart, Schubert, Tchaïkovski et Guarneri del Gesù.

Les archives de Leonard Bernstein, Carnegie Hall, l'Orchestre symphonique de Chicago, l'Orchestre philharmonique de Los Angeles, l'Orchestre philharmonique de New York et l'Orchestre philharmonique d'Israël.

Amberson, Inc., Joan Benny Blumofe, Jacques Boubli, Laura Case, Allen Damerell, Joan Davidson, Roméo Enriquez, Sam Guy, Eva Hornyak, Gino Francesconi, Peter Gelb, Bob Gottlieb, Marta Istomin, Lee Lamont, Bella Linden, Anthea Lingeman, Rita Madrigal, Nancie Monteux-Barendse, William S. Moorhead III, René Morel, la Bibliothèque municipale de New York, Lynne Normandia, Lionel Rudko, le conservatoire de musique de San Francisco, l'Orchestre symphonique de San Francisco, Walter Scheuer, Ken Schneider, Henry Shweid, Teri Stein, David Stern, Michael Stern, Shira Stern, Linda Reynolds Stern et Roman Terleckyj.

Pour la version française, la traductrice remercie Madeleine de Beauchêne, André Bernstein, Alain Pâris, Jeantou, Élisabeth Sayegh et Marie-Hélène Vellieux de leurs conseils et de leur participation à la relecture du manuscrit.

# *Index*

# *Orientation discographique*

L'œuvre enregistrée d'Isaac Stern, abondante comme il se doit pour cet interprète considérable, figure tout entière au catalogue Sony Classical.

Il est difficile d'y faire un choix en raison de l'intérêt de la totalité des nombreux enregistrements du grand violoniste.

Une monumentale « Éditions Isaac Stern » a rassemblé, en 27 volumes composés de coffrets de 2 à 3 CD et de CD simples, une très large anthologie de ces gravures.

On y retrouve groupés, sans souci particulier de chronologie, des enregistrements devenus classiques de l'interprétation musicale. Il faudrait pouvoir tout écouter.

De Mozart (SM 3K 66475), Tchaïkovski et Sibelius (SM K 66829), Vivaldi et Stamitz (SM 2K 66472) à Schubert et Haydn (SM 2K 64516) ou Bruch, Wienavski, Tchaïkovski, Sibelius (SMK 66830 et 66829) et bien sûr Beethoven (SM 2K 6694, 64510, 64513 et 64524), les diverses facettes d'Isaac Stern brillent ici de tous leurs feux : du Stern « concertiste » sous la baguette d'Eugène Ormandy à la tête de l'orchestre de Philadelphie, Georges Szell dirigeant celui de Cleveland ou, plus tard, Daniel Barenboïm et l'English Chamber Orchestra, au « chambriste », avec notamment ses complices de toujours Eugène Istomin et Léonard Rose.

Ses enregistrements plus récents, avec de brillants représentants de la nouvelle génération vis-à-vis desquels Stern s'est toujours montré attentif et bienveillant, sont disponibles séparément : sonates pour violon et piano de Mozart ou Bartók avec Yefim Bronfman (SK 61962 et 69245), quatuors de Dvorak et Mozart avec Emmanuel Ax, Jaime Laredo et Yo Yo Ma (SK 62597 et 62841).

Des disques plus anciens sont disponibles dans les intégrales Casals et Léonard Bernstein publiées chez le même éditeur : avec le premier, un mémorable sextuor de Brahms (SMK 58994), Bach (SMK 58982), Schubert (SMK 58992) ; avec le second, une version du concerto de Beethoven que d'aucuns préfèrent à celle, ultérieure, enregistrée avec Daniel Barenboïm (SMK 63153).

À signaler encore l'anthologie « My First 79 Years — A Musical Celebration » (SMK 89049) et celles parues dans la collection économique « Les Absolus ». Pour ceux qui veulent entrer en Stern à petits pas.

Jean-Claude ZYLBERSTEIN
Septembre 2000

*Cet ouvrage a été imprimé par*

FIRMIN DIDOT

GROUPE CPI

*Mesnil-sur-l'Estrée*

*pour le compte de NiL éditions*
*en octobre 2000*

composition réalisée
par Nord Compo

NiL éditions
24, avenue Marceau
75381 Paris cedex 08

*Imprimé en France*
Dépôt légal : octobre 2000
N° d'édition : 3455/01 - N° d'impression : 52871